U0674843

"十四五"职业教育国家规划教材

国家文化产业资金支持媒体融合重大项目

21世纪新概念教材:"多元整合型一体化"系列

高职高专教育市场营销专业精品课程教材新系

市场调查与预测
——理论、实务、案例、实训

(第五版)

杜明汉　刘巧兰　主编

郝春霞　副主编

东北财经大学出版社

Dongbei University of Finance & Economics Press

大连

图书在版编目（CIP）数据

市场调查与预测：理论、实务、案例、实训/杜明汉，刘巧兰主编. —5版. —大连：东北财经大学出版社，2023.7（2025.5重印）
（高职高专教育市场营销专业精品课程教材新系）
ISBN 978-7-5654-4848-5

Ⅰ. 市… Ⅱ. ①杜… ②刘… Ⅲ. ①市场调查-高等职业教育-教材 ②市场预测-高等职业教育-教材 Ⅳ. F713.5

中国国家版本馆 CIP 数据核字（2023）第 090574 号

东北财经大学出版社出版
（大连市黑石礁尖山街217号 邮政编码 116025）
网 址：http://www.dufep.cn
读者信箱：dufep@dufe.edu.cn
大连天骄彩色印刷有限公司印刷 东北财经大学出版社发行
幅面尺寸：185mm×260mm 字数：417千字 印张：19.5
2023年7月第5版 2025年5月第5次印刷
责任编辑：许景行 石建华 李 丹 责任校对：伊 一
封面设计：张智波 版式设计：原 皓

定价：49.80元

总序："'整体论'课程观"指导下的新时代中国特色高等职业教育专业教材建设

改革开放以来，中国高等职业教育教学改革的重要任务，是通过回眸西方主要发达国家课改历程，分析其各阶段主流教育理念和课程模式的利弊得失，在"逻辑反思"基础上，探索新时代中国特色高等职业教育专业教材建设创新之路。

"21世纪新概念教材：'多元整合型—体化'系列"，就是在这种分析、反思和探索中，由东北财经大学出版社携手国内高职院校众多知名专业带头人共同推出的。

一、教材定位

本系列专业教材定位以"延伸阅读0-1"中阐述的"'整体论'课程观"为释题依据，以"延伸阅读0-2"中阐述的"美西方国家课改回眸"为事实依据，以"延伸阅读0-3"中阐述的"逻辑反思"为借鉴依据，以"延伸阅读0-4"中阐述的"中国高等教育课改"为经验依据，以"延伸阅读0-5"中阐述的"中国高等职业教育课改对策"为对策依据，以"延伸阅读0-6"中阐述的"弯道超车"为"'整体论'课程观"理论依据，以"延伸阅读0-7"中阐述的"简要表述"为结论依据①。其相关"模式选择"可简述如下：

1.21世纪新概念

在"代型设计"上，本系列专业教材名为"新概念"，是指以"'整体论'课程观"为教材建设的"指导理念"；冠以"21世纪"，是因为该"指导理念"吸收了世界特别是欧美发达国家高等教育课程改革21世纪主流趋势的合理内核②，并带有"弯道超车"的新时代中国特色。

2."多元整合型"一体化

"'多元整合型'一体化"作为本系列教材的"代型设计"定位，有两层含义：

含义之一是指教材体系蕴含"三重整合"的"一体化"。"三重整合"即"'专识与通识'整合""'专能与通能'整合""'整体知识'与'整体能力'整合"。

含义之二是指教材设计"四大环节"的"一体化"。"四大环节"即"理论

---

① 见"总序"二维码"延伸阅读0-1"至"延伸阅读0-7"。

② 在世界高等教育领域，20世纪末至21世纪初，课程与教材建设的大势所趋是向"'整体论'课程观"转型。其间呈现的"整体论"课程模式多种多样，诸如：整合"专能"与"通能"的"整体能力观"（美国"职业群集课程"、英国BTEC课程、德国"双元制"课程，20世纪70至80年代）；整合"职业教育与学术教育"的AIO、STW和STC（美国社区学院，20世纪90年代）；整合"专识"与"通识"的"整体知识观"课程（美国普通高校，1990）；"博洛尼亚进程"中的"整体能力观"（29个欧洲国家，1999—2010）；整合"职业教育"与"普通教育"的"一体化"课程（美国，21世纪初）；兼顾"学术性因素"与"典型职业性因素"的《教育与培训框架2020》（欧盟委员会，2010）；整合"整体知识观"与"整体能力观"的"21世纪技能""PISA 2018全球胜任力评估框架"（美国，2011，2017）和中国普通高校"双一流大学建设"（2017—2022）。

"实务""案例""实训"。此处的"一体化"有三层含义：一是指每门专业课教材的"四大环节"，从"学习目标"到"教学内容"，再到"基本训练"和"考核评价"一贯到底；二是指每章"四大环节"皆向"预期胜任力"的"阶段性建构"聚焦；三是指各章"预期胜任力"的"阶段性建构"通过"终极体验"，收官于其全课程的"总体性建构"。

3. 类型与层次

在"教育类型"上，本系列教材区别于"普通高等教育"和"应用本科教育"教材，

定位于"高等职业教育"；在教育层次上，本系列教材介于"中等职业教育"和"专业研究生教育"之间，定位于"高职高专"。

在教材类型上定位于"高职高专"，就是其内容重心不在"学科知识"及其"应用"，而在"技术"及其"应用"；在教材层次上定位于"高职高专"，就是以教育部新近颁布的财经商贸大类和旅游管理大类"高等职业学校专业教学标准"为层次标准。

4. 编写原则

在编写原则上，本系列教材编写以教育部《职业院校教材管理办法》中的"总则"为原则，以贯彻落实其中"一个坚持"、"六个体现"、"四个自信"和"第十二条"各项要求为基点，以《中国教育现代化2035》及其实施方案中提出的"指导思想""八大基本理念""总体目标""十大战略任务"为全面指导。

5. 课程类型

在"课程类型"上，本系列教材兼顾"学术性"与"职业性"、"人本主义"与"工具主义"、"道德主义"与"功利主义"。

兼顾"学术性"与"职业性"，就是体现课程的"职普融通"，即体现"教育链"、"'学术链''技术链''产业链'"和"人才链"有机衔接。

兼顾"人本主义"与"工具主义"，就是使课程既具有"人本属性"，又具有"工具属性"。课程的"人本属性"是指坚持"以人为本"，把全面提高学生的教育水平、文化品位、价值追求作为课程的根本；课程的"工具属性"是指把树立大学生的"服务意识"作为课程的宗旨。

兼顾"道德主义"与"功利主义"，就是使课程既具有"道德属性"，又具有"功利属性"。课程的"道德属性"是指把"社会公德"和"职业道德"作为课程价值的主导取向[①]；课程的"功利属性"是指把"为社会、为国家、为人民谋利益"作为课程价值的基本取向，把"三个有利于"作为判断课程价值的最终标准。

6. 课程导向

在"课程导向"上，本系列教材正视并顺应欧盟 QF-EHEA 和 EQF 弃用"工

---

① "道德属性"或"立德树人"，即"扎根中国大地，站稳中国立场，充分体现社会主义核心价值观，加强爱国主义、集体主义、社会主义教育，引导学生坚定道路自信、理论自信、制度自信、文化自信，成为担当中华民族伟大复兴大任的时代新人"。

作导向"和向"学习结果"转型的主流趋势，并由此前行，从"专注学习结束"进向"兼顾'预期胜任力'连同其'发育过程'"。

"新系"的"兼顾导向"，以"'职业个体学力发育'与'职业成体行动'的主导机制不同"为理论依据。

"新系"的"过程模式"选择"'学力发育'导向"。其中："学力"是指"通过学习获得的能力"，"职业学力"包括"学术""技术""技能""价值"四重基本要素（以下简称"四重要素"）；"发育"是借用生物学概念，指高职院校在校生"职业学力"的发展，即其从高中阶段"原格局"到高职毕业之"完全成熟"的变化过程（包括各学期其在课程教学中经历的变化过程）。

"新系"的"目标模式"选择"'预期胜任力'导向"，即将"有机论"的"内在目的性"作为方法论主导原理，以"预期胜任力生成（成熟）"为最终"目标状态"。"目标模式"可阶段化和具体化为专业教材各章的"学习目标"。

7. 课程目标

以"课程标准"为总体规划和基本依据的"课程目标"，是"课程标准"的具体化和细化，即课程实施应达到的预期结果；在教材中、"课程目标"通过"学习目标"得以实现。

本系列教材用"'传承'为主，兼顾'创新'"模式取代"专注'传承'"的传统"目标描述"。

1）传承型目标

"'传承型'目标"以"健全职业人格①"为"整合框架"，以全人类共同价值、党和国家意志、社会主义核心价值观及道德伦理等"多维规范融入"为"价值引领"，通过各章"学习目标"中的"理论目标""实务目标""案例目标""实训目标"等环节和侧面的阶段性"学力'结构-建构'"，实现向"'预期胜任力'生成"的课程"总目标"汇集和聚焦。其中：

"理论目标"描述"应当学习和把握"的"学科知识"（陈述性知识），包括概念、原理、特点和作用等；"可据以指导"的各种认知活动，包括"同步思考"、"教学互动"、"随堂测"和"基本训练"中"理论题"各题型；"应当体验"的"初级学习"中"专业认知"的横向正迁移，以及"相关胜任力"中"专业认知要素"的阶段性生成。

"实务目标"描述"由原理向技术延伸"，即："应当学习和把握"的"专业规则与方法"（"程序性知识"）；"可据以解析"的"基本训练"中"实务题"各题型；"应当体验"的"初级学习"横向正迁移，以及"相关胜任力"中"专业技术要素"的阶段性生成。

"案例目标"描述"应当多元表征"的"专业情境"和"思政情境"；"应当体验"的"高级学习"中"专业知识""通用知识""思政元素"的协同性重组迁

---

① "健全职业人格"作为立足于中国特色社会主义制度、物质经济关系、科学技术、道德文化、价值取向、理想情操、行为方式和全球视野等全方位"职业要素"的整合框架，是新时代中国职业人"职业胜任力"的核心和灵魂。

移，以及"相关胜任力"中"认知弹性要素"的阶段性生成。

"实训目标"描述关于"技术应用"的实践操练，即："应当完成"的各项实训任务；"应当实施"的系列技能操作；"应当融入"的"专业能力""通用能力""职业道德"等多维素质要素；"应当准备、撰写与讨论"的《实训报告》；"应当体验"的"实践学习"中"专能"、"通能"与"职业道德"元素的协同性"重组-产生"迁移，以及相关胜任力中"求知韧性"和"复合性'技术-技能'"要素的阶段性生成。

2）创新型目标

"创新型目标"聚焦"自主学习""教学闭环""产学研结合"三者中的"觅母突变"。一方面，将"4Cs"导入"自主学习"和"教学闭环"中，更新"四重要素"；另一方面，通过"产学研结合"，发展"四重要素"。

3）整合型目标

"'整合型'目标"作为"综合训练"的"训练目的"，汇总各章"传承型学习"中的"既定习得"，将其与"自主学习""教学闭环"和"产学研结合"中更新和发展的"四重要素"融为一体，并将基于后者的"技术应用"作为专业课"终极体验"的"综合实训"题目[①]。

8.课程内容

在"课程内容"上，本系列教材对标新近修订的国家专业教学标准，重点反映"知识经济""数字经济""服务经济""体验经济""共享经济"叠加背景下的现代服务业新发展，特别是反映与5G、人工智能、生物技术、大数据、云计算、物联网和智能移动终端App等新技术融合的新趋势，突出现代服务业"两新四高"的时代特征，即"新服务领域""新服务形式""高'文化品位和技术'含量""高增值服务""高'素质和智力'的人力资源结构""高'情感体验和精神享受'的消费服务质量"。

就内容布局而言，本系列课程教材兼顾"传承与创新"，以体现"'科学⇌技术⇌产业'"辩证关系的"协同性共建"为"展开模式"，即：一方面，通过"传承机制"将教学内容展现在相互联系、密不可分的"认知基础""技术延伸""情境表征"和"技术应用"诸环节，重点反映专业领域的"高新技术规范"，突出"技术延伸"和"技术应用"在高职高专专业课教学中的"重心"地位；另一方面，通过"创新机制"，将"教学闭环"和"产学研结合"中产生的"觅母突变"同步反馈到"课程觅母"中。

"认知基础"是指专业"理论"（包括"基础研究中的创新"）中的"主要概念和基本原理"；"技术延伸"是指基于"认知基础"的"实务知识"，即专业"基础理论"在"应用研究"中发明、创造与开发的"新成果"，包括"新方法、新规范、新规则、新标准、新工艺"；"情境表征"是指能够用"'认知基础'和'技术延伸'"分析的关于"学术-技术-价值"的案例知

---

① 课程"终极体验"比照专业"顶峰体验"而来，后者是美国《博耶报告》倡导的"多种学习方式"之一（详见博耶本科教育委员会.彻底变革本科教育［J］.全球教育展望，2001（3）：67-73.）。

识；"技术应用"是指应用"新技术"的"同步体验"和"终极体验"，即"实践学习"中的"'技术-技能'操作"。

"课程内容"四环节的分量关系，是兼顾"学科知识"与"产业实践"两端，重在"'技术'的'传承-创新'与'应用'"，做到"'理论教学'必需够用、'实务教学'周详充分、'案例教学'典型多样、'实训教学'具体到位"。

"课程内容"中的"思政要素"即"价值引导"，体现在教材各章正文、功能性专栏、"基本训练"相关题型和考核评价中。

9.课程设计

在"课程设计"上，本系列教材兼顾"目标模式""过程模式""情境模式"。课程设计的"目标模式"，是指"学力'结构-建构'"的"总目标"，即专业"'预期胜任力'生成"；课程设计的"过程模式"，是指前述"学力发育导向"；课程设计的"情境模式"，是指关于"'校本学习'专业'课程觅母'选择"的"内外情境"要素。其中：

"'校本学习'专业'课程觅母'选择"，就是从"基于教育类型和层次定位"的专业"文化觅母库"之"价值链""学术链""技术链""产业链""教育链"中，择优选取"人类文化'传承-发展'信息"要素。

"内外情境"要素中的"内部情境"，是指"教学闭环"内"参与'觅母表达'"的各种要素关系；"外部情境"，是指其"教育环境"中的诸多要素关系。

10.课程组织

在"课程组织"上，本系列课程教材兼顾"要素组织"和"结构组织"。其中："课程要素组织"对标"深度融合"中的"当代前沿'学科知识'与'技术规则'要素关系"；"结构组织"既关注"层次结构"的合理化，又关注"内容结构"的无限化。

对标"深度融合"中的"当代前沿'学科知识'与'技术规则'要素关系"，就是课程的"学术性要素"与"职业性要素"依照"纵向为主，横向为辅，纵横交错"的线索展开；"层次结构的合理化"，就是合理配置"深层""中层""浅层"知识，通过深层知识对中层知识、中层知识对浅层知识的"一般性"、"稳定性"和"指导性"作用，赋予课程以应对"知识流变"的弹性；"内容结构的无限化"，就是在"授之以鱼"的同时"授之以渔"，即通过"学会学习"，导入关于"学习理论"、"学习方法"与"学习策略"的"自主学习'否定性'"机制，赋予课程以应对"从学校到生涯"的"知识流变"之无限潜力。

11.课程方法

在"课程方法"上，本系列教材以"中心法则"假说为理论依据，将"学科中心"与"工作中心"、"知识中心"与"活动中心"、"教师中心"与"学生中心"等"两极对立"，以及"多中心""无中心"等传统执念，转型为"以'觅母表达过程'为中心，以'教师为引导、学生为主体'、'教学闭环与教育环境良性互动'为'开放系统'"的"'整体论'方法"模式。

12.教材结构

在"教材结构"上，高职高专的专业课教材此前有两个主要选项，即"模块化结构"和"多样化结构"。

"模块化结构"是北美DACUM、国际劳工组织MES和德国"双元制""工作导向"课程结构的标配；"多样化结构"是欧盟各国QF-EHEA和EQF"学习结果导向"课程结构的标配。

鉴于"工作导向"被QF-EHEA和EQF"范式转换"多年，已不可取；"学习成果导向"不仅方法论基础有局限性，而且重"结果"轻"过程"，特别是轻"校本学习"中"教学闭环"的"过程"，是"一种倾向掩盖另一种倾向"，也不足取。

本系列教材的"课程导向"兼顾"过程模式"（学力发育）与"目标模式"（预期胜任力），且其"要素结构"以"纵向为主，横向为辅"，故以"章节结构"为教材结构的标配。

13.教学途径

在"教学途径"上，本系列课程教材的"理论教学"遵循"从抽象上升到具体"的路径；"实务教学"同步跟进，向"技术环节"延伸；"案例教学"紧随其后，穿插其间；"实践教学"理实统一，从阶段性收官。

"教学途径"如此布局的理论依据如下：麦克·扬"基于知识分化的理论"观点，即关于"强有力的知识"是"专门化的""系统性的、通过概念在'学科'或'科目'的形式下彼此系统关联"的观点[①]；马克思关于"从抽象上升到具体的方法"是"科学上正确的方法"[②]；J.安德森"产生式迁移理论"关于"'产生式规则'的获得必须先经历一个'陈述性阶段'"；弗拉威尔"认知策略迁移理论"关于"'反省认知过程'是在新的情境下使用'认知过程'的前提"；斯皮罗（R.J.Spiro）和乔纳生（D.H.Jonassen）"认知灵活性理论"关于"'高级学习'以'初级学习'为前提"；约翰·杜威关于"学习也来自经验"；库尔特·勒温关于"理论应该与实践统一"；让·皮亚杰关于"智力在体验中形成"。

14.教学方法与学习方式

在"教学方法"上，本系列教材将各种教学方法"兼收并蓄"，即将"学导教学法""互动教学法""案例教学法""讨论教学法""体验教学法""分众教学法""项目教学法"等诸多教学法，有针对性地运用于相应教学环节，使其相得益彰。

在"学习方式"上，融"听讲学习""自主学习""协作学习""讨论学习""互动学习""探究学习""考察学习""实践体验学习""网络学习"等多种方式于一体。

---

① YOUNG M，LAMBERT D. Knowledge and the future school: curriculum and social justice ［M］. London: Bloomsbury，2014: 74-75.
② 参见中共中央马克思恩格斯列宁斯大林著作编译局.马克思恩格斯文集：第8卷 ［M］. 北京：人民出版社，2009: 25.

15.课程训练

在"课程训练"上，本系列教材通过各类题型——对标四大"学习目标"和"教学环节"的"理论题""实务题""案例题""实训题"————操练，复习与巩固"单元教学"的各种习得，体验不同类型的"学习迁移"，强化"学术""技术""技能""价值"等要素"聚焦'胜任力'"的"学力阶段性"建构。

教材末章之后设有作为课程"终极体验"①的"综合训练"，旨在体验将"产学研结合"和"教学闭环"（特别是"自主学习"）中获得的"技术更新"与先前各章"技术习得"融为一体的"'传承-创新'型""胜任力建构"。

在上述训练中，着眼"高素质"人才的"核心素质"培养，本系列教材借鉴英国"普通国家职业资格证书"（GNVQ）课程中关于"'通用知识'应用转化为'通用能力'"授课方式，通过学生组建学习团队，自主学习和应用教材所附"'职业核心能力训练'参照知识和规范"，将"通识"和"通能"融入各章"案例分析""课程思政""实训操练"等"专业能力"、"4Cs"和"韧性"的诸训练环节中。

16.课程考核

关于"课程考核"，本系列课程教材的定位如下：

考核模式：采用"寓练于考""以考促练"的"多元整合型"考核模式，兼顾"知识测试"和"能力与素质评估"，"融多种考核方式于一体"，即融"理论考核""实务考核""案例考核""实践考核"，以及"形成性考核"与"成果性考核"（课业考核）等考核方式于一体。其中："成果性考核"系借鉴欧盟 QF-EHEA 和 EQF"学习结果"范式中"强化教育输出端管理"的合理内核，请产业界代表参与考核评估和质量把关。

考核目的：全面测评学生在本课程教学训练活动中"学习目标"的达标程度，重点评估以"预期胜任力"为"建构总目标"的"学力建构"阶段性水平。

考核种类：针对考生"学力建构"各阶段不同层面和要素，兼顾"理论题考核"、"实务题考核"、"案例题考核"和"'实训题/自主学习'考核"。

17.评价原则

在"评价原则"上，本系列教材定位于"改进结果评价，强化过程评价，探索增值评价，健全综合评价，完善素质评价，提高评价的科学性、专业性和客观性"，致力于建构新时代中国特色高等职业教育专业课程考核评价体系。

18.质量管控

在"质量控制"上，本系列教材建设坚持基于"产学研结合"的"质量管理"，邀请行业、企业代表及相关领域专家参与由领衔编者主导的教材设计、编写与质量管控②。

---

① 相对于"专业胜任力建构"的"顶峰体验"，每门课程的"终极体验"都是一种"阶段性体验"。
② 最好请通晓当代课程理论研究最新成果的课程专家担任教材设计顾问。

二、各阶段融入要素

1.关于"人才培养目标"

关于高职高专"人才培养目标"定位，本系列教材建设对标各阶段文件精神与要求，同步跟进和转型如下：

"以培养高等技术应用性专门人才为根本任务"（教育部，2000）；"培养生产服务第一线的高素质劳动者和实用人才"（国务院，2002）；"培养高素质的技能型人才，特别是高技能人才"（教育部，2003）；"培养面向生产、建设、管理、服务第一线需要的高技能人才"（教高〔2006〕16号）；"以培养高端技能型人才为目标"（教育部，2011）；"培养高端技能型人才"（教职成〔2011〕9号）；"培养产业转型升级和企业技术创新需要的技术技能型人才"（国发〔2014〕19号）；"培养掌握新技术、具备高技能的高素质技术技能人才"（《现代职业教育体系建设规划》，2014—2020）；"培养创新型人才是国家、民族长远发展的大计。当今世界的竞争说到底是人才竞争、教育竞争。要更加重视人才自主培养，更加重视科学精神、创新能力、批判性思维的培养培育。要更加重视青年人才培养，努力造就一批具有世界影响力的顶尖科技人才，稳定支持一批创新团队，培养更多高素质技术技能人才、能工巧匠、大国工匠"（习近平总书记在中国科学院第二十次院士大会、中国工程院第十五次院士大会和中国科学技术协会第十次全国代表大会上的讲话，2021）；党的二十大报告强调，"育人的根本在于立德。全面贯彻党的教育方针，落实立德树人根本任务，培养德智体美劳全面发展的社会主义建设者和接班人"。

在所述"跟进"与"转型"的靠后阶段，为及时对接"基于'科学-技术-产业'融合"的中国"'技术-产业'链"升级（特别是"新质生产力"）对高级人力资源（特别是"新质型人才"）的新需求，本系列教材结合"经管类服务业"特点，着眼高职高专"培养以'健全职业人格'为职业灵魂，富有科学精神、人文精神、创新精神、政治素质、'4Cs'和'韧性'，'德、知、技、能并修'的新时代'高素质''高技术等级'的'技术-技能'型人才"这一总定位，进一步提升了由公共基础课和专业课体系支撑、作为专业"职业表型"的"预期胜任力"建构内涵。

2.关于"自主学习"

联合国教科文组织研究表明：进入21世纪，不少学科知识更新周期已缩短至2~3年。不仅如此，如《今日世界》作者所指出的，整个"工作世界"都处于变化中，而且变化会越来越快。

这意味着，学生在校学习的旨在"与工作世界对接"的"学习结果"中，有相当多的知识在毕业后已经过时。

为应对日益加速的"知识流变"和"工作世界变化"，本系列教材自2017年起，将"自主学习"视为与"实训操练"同等重要的能力训练：在奇数各章用"自主学习"替换先前各版的"实训操练"，或将"自主学习"直接融入"实训操练"的"技能训练"中，借以培育学生适应"知识流变"的"求知韧性"。

3.关于"教育信息化"

1）二维码资源

为落实教育部关于"进一步推进职业教育信息化发展"，"推广……移动学习等信息化教学模式"（教职成〔2017〕4号）和"推进教育教学与信息技术深度融合"（《教育部高教司2018年工作要点》）等文件精神，本系列教材建设从2019年起增加了可以经常更新的二维码教学资源，旨在解决传统教材所缺少的"互联网+"移动学习，即纸质教材知识信息相对滞后的问题。

2）专业教学资源库

为落实《教育信息化2.0行动计划》（教技〔2018〕6号）中关于"升级职业教育专业教学资源库建设，丰富职业教育学习资源系统"要求，本系列教材及时将网络教学资源由原来的3种扩充为包括"课程概要""教学大纲""教学日历""电子教案""PPT课件""学生考核手册""参考答案与提示""学习指导"8种。

4.关于"三教改革"、"评价改革"和"立德树人"

为全面落实《国家职业教育改革实施方案》（国发〔2019〕4号）、《关于实施中国特色高水平高职学校和专业建设计划的意见》（教职成〔2019〕5号）、《职业院校教材管理办法》、《深化新时代教育评价改革总体方案》（中共中央、国务院，2020）和《职业教育提质培优行动计划（2020—2023年）》（教职成〔2020〕7号）等文件要求与精神，本系列教材建设重点落实"三教"改革中的"教材、教法改革"和"总体方案"中的"教育评价改革"，特别是落实"在立德树人根本任务方面，进一步创新思想政治教育模式，将社会主义核心价值观融入专业课教材"等要求。

5.关于"党的二十大精神进教材"

依照《中共中央关于认真学习宣传贯彻党的二十大精神的决定》中关于"加快推进党的二十大精神进教材、进课堂、进头脑"要求，自2022年年底起，本系列教材建设将研究和落实"育人的根本在立德""培养德技并修"的"高素质'技术-技能'型人才"的"人才强国战略"，作为新时期高职高专院校专业课程教材改革的根本任务。

6.关于"职普融通"和"产学研结合"

为贯彻《关于深化现代职业教育体系建设改革的意见》文件精神，自2023年起，本系列教材建设阶段性落实"以教促产、以产助教、产教融合、产学合作、延伸教育链、服务产业链、支撑供应链、打造人才链、提升价值链"等文件要求，致力于探索体现"产学研合作"和"'科学链''技术链''产业链''教育链'协同发展"的具体方式。

7.关于"加强课程教材体系建设"

自2023年秋季起，本系列教材根据相关文件要求，在建设规划中提出"进一步优化教材体系"和"强化质量控制"的要求，具体如下：

1）关于体系优化

以《中国教育现代化2035》及其实施方案中提出的"指导思想""八大基本

理念""总体目标""十大战略任务"为全面指导，致力于落实关于"加强课程教材体系建设"，特别是"科学规划课程""充分利用现代信息技术""丰富并创新课程形式""增强教材的思想性、科学性、民族性、时代性、系统性""完善教材编写、修订"等任务要求，并以同期修订的"总序"为契机深化共识，探索新时代中国特色高等职业教育专业课程与教材体系建设的"弯道超车"之路。

2) 关于质量控制

贯彻落实《教育部办公厅关于加快推进现代职业教育体系建设改革重点任务的通知》（教职成厅函〔2023〕20号）任务八中关于优质教材建设要求，本系列教材在"质量控制"上，请"教育理论学者""科技专家""产业行家"参与教材设计、编写和质量把关。

学习微平台

延伸阅读 0-7

许景行

2010年9月初稿

2024年6月修订

第五版前言

本书自2011年出版以来，4次再版，16次印刷，相继入选"十二五""十四五"职业教育国家规划教材，被越来越多的高职院校采用。值此第五版出版之际，向广大师生和读者表示最诚挚的谢意，大家的认可，是我们与时俱进、精益求精、努力进取的动力。

随着市场调查与预测在市场营销工作中重要性的提高，市场调查与预测的教学和教材建设应该与时俱进：一方面，要及时反映国内外先进职业教育理念和课程改革新趋势，应对"互联网+""大数据"时代给市场调查与预测带来的挑战和机遇，体现营销业界的新思想、新技术、新业务、新规范和新标准；另一方面，要全面落实《国家职业教育改革实施方案》（国发〔2019〕4号）（简称"职教20条"）、《职业院校教材管理办法》（教材〔2019〕3号），特别是《中共中央关于认真学习宣传贯彻党的二十大精神的决定》等文件在立德树人、创新思想政治教育模式等方面，对教材建设提出的新要求。

在上述背景下，我们对《市场调查与预测——理论、实务、案例、实训》（第四版）进行了修订。

本书以"总序"中阐明的"共识"为基础，内容结构遵循"多元整合型一体化系列"所要求的统一布局，其课程目标是建构以"市场调查与预测'业务任胜力'"为目标的"职业学力"。第五版的主要更新如下：

1.依照《中共中央关于认真学习宣传贯彻党的二十大精神的决定》的相关要求，推进党的二十大精神进教材、进课堂、进头脑，将落实立德树人、培养德技并修的高素质技能人才的"人才强国战略"作为本次教材修订的根本任务。

2.采纳"十四五"教材审核专家反馈的"审读意见"，将其作为本次教材修订的重点依据。这方面的更新包括：

（1）优化了各章"学习目标"，特别是增加了关于"学习迁移"体验和"'相关业务胜任力'阶段性生成"的述项，使"目标描述"更加明确具体。

（2）原"学习目标"中的"职业道德"子目标、正文"职业道德与营销伦理"专栏，和章后"善恶研判"题型，统一升级为"课程思政"，并扩充了思政元素的内涵。

（3）结合线上线下混合式教学需要，在相关章节的学习内容中增加了包括单选题、多选题和判断题的"二维码'随堂测'"，使其成为"可练、可互动、可考核的教学资源"。

（4）更换了第四版中已失去时效性的部分教学内容和各章案例。

　　3.邀请行业、企业技术专家参与教材内容的讨论和教材设计优化，特别是关于各章"本章概要"中"重点操作"和偶数章"基本训练"中"实训题"设计的优化。

　　4.扩充了网络教学资源，将教学资源由第四版的3种扩充至第五版的8种。

　　本书第五版由山西金融职业学院杜明汉、刘巧兰担任主编，郝春霞担任副主编，具体分工如下：杜明汉编写第6章和综合训练；刘巧兰编写第1、3章及第2章的访问法、观察法、实验法；郝春霞编写第5、7章和第2章的文案调查法；王小林编写第4章。全书由杜明汉总纂定稿。

　　许景行撰写"总序"和书后的5个"附录"。

　　在修订过程中，山西省商务厅高级经济师李志胜、山西思瑞经济咨询策划有限公司董事长郭旗参与了教材内容的讨论，并提供了很好的建议和意见，为本教材专栏设计、案例优化做了大量工作，其中包括融入了许多重要的"职业性要素"，使教学内容取舍更加合理。

　　本教材第五版配有如下网络教学资源：课程概要、教学大纲、教学日历、电子教案、教学课件、参考答案与提示、学习指南、学生考核手册。使用本教材的教师可登录东北财经大学出版社网站（www.dufep.cn）下载和使用这些教学资源。

　　本书可作为高等职业教育市场营销、统计等财经类专业学生学习市场调查与预测的通用教材，也可作为企业营销人员、管理人员的工具书。

　　本书在编写过程中参考了国内外许多著作和文献，书中引用的部分案例和与其他同类书刊、互联网有关的内容参考、借鉴均已在书中相应位置或书后参考文献中作了标注，在此向诸位作者表示敬意和感谢。

　　在本次修订中，我们继续致力于将"职教20条"中"三教改革"之"教材改革"目标任务落到实处。尽管如此，也难免会有某些疏漏，欢迎读者提出宝贵意见。

编　者

2023年4月

目 录

第1章
市场调查课题的界定及调查方案的设计

学习目标

通过本章学习,应该达到以下目标:

理论目标: 学习和把握市场调查的相关概念、特点和作用、市场调查课题的类型与背景,市场调查方案的作用等陈述性知识;能用其指导本章"同步思考"、"教学互动"、"随堂测"和"基本训练"中"理论题"各题型的认知活动,正确解答相关问题,体验本章"初级学习"中专业认知的横向正迁移,以及相关业务胜任力中"认知"要素的阶段性生成。

实务目标: 学习和把握市场调查课题的界定、背景分析和调查途径,市场调查方案的设计技巧与可行性研究,以及"业务链接"和二维码资源等程序性知识;能以其建构"市场调查课题界定及调查方案设计"的规则意识。正确解析本章"基本训练"中"实务题"的相关问题,体验本章专业规则与方法"初级学习"中的横向正迁移和"高级学习"中的重组性迁移,以及相关业务胜任力中"专业规则"要素的阶段性生成。

案例目标: 运用本章理论与实务知识研究相关案例,培养和提高在"市场调查课题界定及调查方案设计"特定情境中的多元表征专业能力;通过"组建'学习团队'"等途径,落实"分层教学"要求,培养"团队协作""与人交流"等通用能力;结合本章教学内容,依照相关规范或标准,对"课程思政1-1"专栏和章后"课程思政-Ⅰ"等案例中的企业及其从业人员行为进行思政研判,促进"立德树人"根本任务的落实;体验本章"高级学习"中专业知识、通用知识与思政元素的协同性重组迁移,以及相关业务胜任力中"认知弹性"要素的阶段性生成。

自主学习: 参加"自主学习-Ⅰ"训练。在实施《自主学习计划》的基础上,通过阶段性学习和应用"附录一"附表1"自主学习"(初级)、"'知识准备'参照范围"所列知识,查阅、搜集、整理与综合"市场调查课题的界定"前沿知识,讨论、撰写和交流《"市场调查课题的界定"最新文献综述》,撰写《"自主学习-Ⅰ"训练报告》等活动,培养"自主学习"的通用能力(初级),体验本章"自主学习"中"专能"与"通能"的"重组性"迁移,以及相关业务胜任力中"求知韧性"的阶段性生成。

引例：武汉开展3天集中拉网式大排查

背景与情境： 2020年春节前，中国武汉暴发了一场突如其来的疫情，随着疫情的防控形势日渐严峻，新上任市委书记王忠林提出拉网式大排查的疫情防控举措，要求"确保不漏一户、一人"，以下是两则关于武汉拉网式大排查的新闻。

人民日报武汉2020年2月17日电（记者田豆豆、程远州）2月16日，湖北省委常委、武汉市委书记王忠林召开视频会议，部署开展为期3天的集中拉网式大排查，要求在中央指导组的推动下落实五个"百分之百"工作目标，坚决遏制疫情扩散蔓延。五个"百分之百"举措即"确诊患者百分之百应收尽收、疑似患者百分之百核酸检测、发热病人百分之百进行检测、密切接触者百分之百隔离、小区村庄百分之百实行24小时封闭管理"。王忠林表示，开展3天集中拉网式清底大排查，是贯彻落实应收尽收的重要举措；是坚持人民生命至上的具体举措；是阻断传染源、保民安民的关键举措；是打赢武汉保卫战的具体举措。

新华社武汉2020年2月17日电（记者冯国栋）"请大家按登记表全面排查。住址、姓名、联系电话要登记好。情况特殊的要备注清楚。"17日下午，在武汉市江汉区唐家墩街西桥社区，社区书记董守芝和20多位社区工作人员开短会布置任务。

当天，一场为期3天的拉网式大排查在武汉3300多个社区、村湾同步展开。

"有人在家吗？"在西桥社区三眼桥一村小区，网格员易君、社区派出所民警熊松以及下沉到社区的3名特警对一处出租房进行排查。房东说，"春节前几天，里面的租客一直咳嗽，这几天没听到动静，担心他出事"。

开门的是位小伙。易君先用无接触式体温仪测量了他的体温，确认没有发烧，随后又详细询问了他的健康状况。民警核验了租客的身份，叮嘱他待在屋内不要出门。临走时，易君登记了租客的电话，"遇到问题请跟我联系"。

西桥社区是"万人社区"，实有人口1.3万人。社区距离最先发现疫情的华南海鲜市场不到2千米，疫情较重。

据董守芝介绍，春节至今，社区深入宣传"发热不上报"的危害，广泛发动居民通过电话或微信平台，主动上报发热情况。

疫情发生后，董守芝的手机24小时不间断接听居民电话、解决问题诉求、安抚居民情绪，有时她一天要接上百个来电。

"这次拉网式大排查，目标是确保不漏一户、不漏一人。重点排查与感染相关的所有人员，还包括危重在家的基础病患者，比如尿毒症透析患者、恶性肿瘤患者、其他疾病重症患者，以及孕产妇。"董守芝说。

武汉全市拉网式清底大排查，更是开展得如火如荼，在结硬仗的最终期限日，武汉15个区，齐刷刷交上了答卷。

江岸区共排查居民444 386户、982 199人；江汉区共排查186 045户、427 430人；硚口区共排查599 890户、1 428 458人；武昌区共排查456 602户、998 286人；洪山区共排查535 457户、1 213 161人……

数据是最直观的，19日，武汉新增确诊病例615例，比前一天新增大幅减少1 000例以上。20日新增确诊病例更是降低到319例。

资料来源　田豆豆，程远州. 武汉开展3天集中拉网式大排查［N］. 人民日报，［2020-02-17］；冯国栋. "确保不漏一户、一人" ——武汉拉网式大排查见闻［EB/OL］.［2020-02-17］. https：//baijiahao.baidu.com/s?id=1658800292828480677&wfr=spider&for=pc.

问题：你认为市场调查是什么？结合党的二十大报告中提到的我党始终贯彻以人民为中心的发展思想、让老百姓"病有所医，老有所养"的思想，说说本案例中疫情当前，为了更多群众的健康，作为社区领导和基层干部掌握基层人口数据和调查工作的重要性。

在技术不断发展、产业与市场结构更趋多样化、市场竞争日益激烈的今天，一个国家经济发展政策的制定、针对突发事件的处理决策、企业的产品成功进入市场、一个地区或企业的发展战略的成功制定、专家组对企业成功进行策划包装，都离不开市场调查。在政府部门，想要把工作做得出色，调查工作尤其必要。在党的二十大报告中，习近平总书记强调"我们要实现好、维护好、发展好最广大人民根本利益，紧紧抓住人民最关心最直接最现实的利益问题，坚持尽力而为、量力而行，深入群众、深入基层，采取更多惠民生、暖民心举措，着力解决好人民群众急难愁盼问题"，作为社区领导和基层干部，经常深入基层掌握民生、民情等信息数据是非常重要的。

1.1　市场调查概述

1.1.1　市场调查的含义及特点

1）市场调查的含义

市场调查就是为了满足市场营销需要而进行的调查活动。它有狭义和广义两种理解。狭义的市场调查仅指对消费者的调查，是以科学的方法和手段调查消费者购买及使用产品的意见和要求、购买的行为和动机等并进行研究。广义的市场调查是从整个市场的角度出发，包含了从认识市场到制定营销决策的一切有关市场营销的分析和研究活动。广义的市场调查将调查范围从消费和流通领域拓展到生产领域，是针对市场营销过程中的每一阶段，对消费者、营销环境、市场运行状态、营销效果等进行调查。

从实际来看，由于现代市场调查组织复杂、活动频繁，单一的调查或研究工作已不足以概括其义，因此本书是以广义市场调查作为研究范畴的，即对市场调查的概念作如下界定：市场调查是运用科学的方法和手段，收集产品从生产者转移到消费者的一切与市场营销活动有关的数据和信息，并进行分析研究的过程。

2）市场调查的特点

（1）市场调查的真实性和科学性

这里的科学性是建立在真实客观基础之上的理性分析和规律揭示。市场调查首先应求其真，追求的是事实真理。因此，在调查中必须收集丰富的资料，分析归纳各种消费者心理特征及消费者行为，结合已知的事实，以预测未来的变化。

市场调查的科学性一方面是要求以事实的准确性为依据。但是在调查的实施中，往往会由于经费的不足、认识的偏差，或地点选择的错误、问卷统计的误差而产生不尽如人意的失真。所以，必须从主观和客观两个方面引起高度重视，尽可能提高市场调查的正确性。另一方面是归纳提炼要正确。同一个材料、同一堆数据，往往分析后得出的结论大相径庭。因此，要求市场调查人员有思想的前瞻性和分析的缜密性，从繁杂的数据材料中揭示出本质的和规律性的东西。

（2）市场调查的时间性和连续性

所谓时间性，一是及时性，要求及时反映市场的动态；二是时段的综合性，要对某个时段有个综合的判断。比如，只有分别对商场周一到周日的客流量作调查统计之后，才能得出一周客流规律的综合结论。

调查的连续性，一是指在某个时间段内要有不怕艰苦、不怕疲劳、连续作战的勇气和精神；二是对产品、对商业区调查要跟踪进行，春夏秋冬、淡旺两季都做过相应的调查，才能得出比较准确的判断。

（3）市场调查的比较性和竞争性

首先，在资讯越来越受到重视的时代，各行业的资料、信息、数据和报告非常多，需要比较。在选定一个课题进行调查时，应注意收集各类资料、信息，比较分析，理出思路；然后通过实地调察，明确调查目的，确定调查方案。

其次，面对众多的咨询公司、调查组织，企业也需要比较，并从中选择最优良的服务，这就使调查市场的竞争更为激烈。因此，没有科学的设计、周密的计划、认真的调查、优秀的报告，调查组织就无生存立足之地。

（4）市场调查的系统性和相关性

企业的生产和经营活动既受内部因素也受外部因素的影响和制约，而各因素之间是相互联系和相互作用的，这就要求必须从多方面描述和反映调查对象本身的变化和特征，需积累多方面的信息。另外，各种数据之间都或多或少地存在内在的联系，如某商业街的兴盛、某商业区的繁荣，除了营销手段外，还与周边消费群的变化、交通路线的顺畅程度、政府的相关政策有着密切的关系。

1.1.2　市场调查的作用及步骤

1）市场调查的作用

在市场竞争日趋激烈的今天，拥有市场比拥有一个工厂更为重要。如何发现市场、分析市场和确定市场已成为企业关注的关键问题，因此市场调查被称为企业的"眼睛"，其重要作用主要表现在以下几方面：

（1）有利于为企业经营决策提供依据

一般来说，企业市场营销决策的正确与否，取决于决策者的能力与素质、企业的内部条件以及企业所面临的市场营销外部条件这三个因素。其中前两个因素常常是已知的、确定的，而企业所面临的市场营销外部条件，则是未知的、不确定的，这也正是造成企业市场营销决策失误的重要原因。

企业要做出正确的市场营销决策，就必须通过市场调查，及时准确地掌握市场情况，使决策建立在坚实可靠的基础之上。

同步案例1-1

A品牌汽车公司新车型设计调查

背景与情境： A品牌汽车公司开办了一个市场调查所，对自己设计的新车型进行检验。该所邀请客户在预定的路线上驾驶新汽车。同时，派一位受过训练的调查人员坐在驾驶人员的旁边，记录驾驶员对汽车的全部反应。驾驶结束后，给每一位参与者长达6页的调查问卷，了解参与者对汽车每一部分优缺点的评价。通过参与者提供的信息，A品牌汽车公司就可以了解到驾驶员对新车型的反应，然后进行适当的改进，使之更受目标消费者的欢迎。

问题： A品牌汽车公司开发的新车型为什么会受到目标消费者的欢迎？

分析提示： A品牌汽车公司开发的新车型受到目标消费者的欢迎有多方面的原因，公司重视市场调查，重视收集消费者对新车型的意见等相关信息，把顾客意见作为优化改进产品的线索。公司把顾客视为上帝，根据顾客的需要设计、生产产品，根据顾客的意见改进产品和提供服务。A品牌汽车公司成立市场调查所，运用观察法、问卷调查法等市场调查方法收集消费者的意见，为公司对新车型的改进提供了可靠的依据。

（2）有利于企业发现市场营销机会

市场营销机会与市场营销环境的变化密切相关，通过市场调查，可以使企业随时掌握市场营销环境的变化，并从中找到市场营销机会，为企业带来新的发展机遇。不断寻找新的市场营销机会，如新产品、潜在市场等，是企业在市场竞争中寻求发展、扩展业务的需要。

（3）有利于企业在竞争中占据有利地位

现代市场的竞争是谁先获得了重要的信息，谁就会在市场竞争中立于不败之地。通过市场调查可以摸清竞争对手占有市场的情况，是采取以实力相拼的策略，还是采取避开竞争、另辟蹊径的策略，要根据调查结果并结合企业实际做出决断。这样，就可以在竞争中绕开对手的优势，发挥自己的长处，或针对竞争者的弱点，突出自身的特色，以吸引消费者选择本企业的产品，提高企业的市场份额。

业务链接1-1

"三明瓜子"是如何进入休闲食品市场的

21世纪初，上海三明公司的"三明瓜子"取得市场成功，一时成为炒货龙头。三明公司在欲进入其他休闲食品市场时，想到了CIS形象整体包装，想先进行市场调查。专家团队为此对上海休闲食品的总体市场进行了分析评估，对未来竞争对手的经营策略、产品竞争优势、发展战略等进行了调查分析，对企业自身的市场份额和竞争力进行了评估和研究，又对三明公司欲进入的牛肉干、蜜饯、萨其马等分类市场，进行了食品零售市场及消费者的问卷调查，为其准确定位及

学习微平台

资源1-1

制定合适的营销策略提出了建议，保证了三明公司新产品的成功开发，以及顺利进入这几个休闲食品的分类市场。

课程思政 1-1

巧设餐馆

背景与情境： A国企业界有一则流传甚广的故事：该国人对另一个国家纺织面料在世界久享盛誉一直不服，却无从得知其中的奥秘，于是便萌生一计——集中本国丝绸行业的部分专家进行烹饪培训，然后派往这个纺织技术先进国的纺织厂附近开设餐馆。自然有很多厂里人前来就餐，餐馆工作人员便千方百计搜集情报，结果还是一无所获。不久餐馆宣布"破产"，由于很多"厨工"已同工厂的主管人员混熟，所以部分人就进入这家工厂工作。一年后，餐馆工作人员分批辞职回国，成功地把技术带回了自己的国家，并改进为更先进的工艺返销给这个纺织技术先进国。为了得到技术情报，A国人可谓煞费苦心打了一个迂回战。有人指责这完全超出了市场调查方法的范围，近乎间谍行为了。

资料来源　庄贵军. 市场调查与预测［M］. 北京：北京大学出版社，2020：78-79.

问题： 故事中A国人为什么要宣布餐馆"破产"？请对A国人的行为进行思政研判，并结合党的二十大报告中提出的我们要"加大文物和文化遗产保护力度"推进文化自信自强，谈谈该案例对你的启发。

研判提示： A国人为了获取别国纺织面料的生产技术，可谓煞费苦心，起初是专门培训自己国家丝绸行业的专家成为餐馆的烹饪师傅，在这个纺织技术先进国家最有名的纺织厂附近开设餐馆，随后在餐馆"破产"的情况下，好多"厨工"潜伏进这个纺织厂工作，最终把纺织技术带回A国。这种近乎间谍的行为完全超出了市场调查的范围。通过该案例，我们得到的启示是：市场竞争非常激烈，企业必须善于竞争，敢于竞争，同时要有家国情怀和责任担当，要做好商业秘密的保护，特别是一些我国的独特技术和传统工艺，一定要做好保护工作。

（4）有利于为企业预测未来市场发展提供基础

每个企业在进行市场营销的同时，还要注重对未来市场的研究，即不断了解、分析市场未来的发展趋势，抓住新的发展契机；而对未来市场的了解就是在市场调查的基础上进行的市场预测，否则市场预测只能是空中楼阁，甚至会造成预测失误。

教学互动 1-1

麻烦的预订

互动问题：

（1）你的市场调研小组为当地的一个电影院服务。你们的目标是调研看电影的人数及每位消费者在影院营业场所的平均花费。作为一个小组，需要准备好哪些方面的信息？为何每一方面的信息都是必需的？

（2）就你们小组的观点在班级内作一个陈述。

要求：

（1）在其他任意两组中各选一名代表对该组的回答进行点评。

（2）教师对学生的回答和其他同学的评论作最后点评。

2）市场调查的步骤

一个完整的市场调查应包含以下步骤：

（1）确定调查问题

随着企业外部环境的变化，企业会面临一系列的问题。正确提出问题，才能正确认识问题和解决问题。市场调查的问题一般来自生产经营决策的需求，为此，应注意了解生产经营活动中出现的新情况、新问题，了解企业管理决策层最需要什么样的信息以满足决策的需要。

（2）设计调查方案

调查方案是指导整个调查项目实施的全盘计划，包括调查背景、调查目的、调查内容、调查对象、调查方法、进度安排、费用预算、报告提交等内容。调查方案一般由调查项目的承担方负责设计，在调查项目组中往往是由研究人员负责具体设计调查方案。

（3）确定调查方法

根据调查问题，确定具体调查项目后，调查人员接下来需要确定收集数据的手段，即确定调查方法。基本的调查方法有一手资料调查法和二手资料调查法，一手资料调查法主要有实地调查法和问卷调查法，二手资料调查法主要是指文案调查法。

（4）正式调查、收集数据

市场调查方案得到企业决策层批准之后，即可按照市场调查方案设计的要求，组织调查人员展开调查，收集数据和有关资料。在整个市场调查过程中，调查资料的收集是信息获取的起点阶段，关系到市场调查的质量和成败。为此，必须科学细致地组织正式调查，严格管理调查过程，使数据的收集准确、及时、全面和系统，确保调查的质量。

随堂测1-1

单选题

（5）调查资料的整理与分析

市场调查收集的各项数据和有关资料，大多是分散的、零星的、不系统的，为了反映研究项目的总体数量特征，必须对调查资料进行整理。调查资料的整理是对调查信息的初加工和开发。为揭示调查对象的情况与问题，掌握事物发展变化的特征与规律，找出影响市场变化的各种因素，提出切实可行的解决问题的对策，还必须使用数理统计的分析方法对调查资料作进一步的分析。

随堂测1-1

多选题

（6）编写调查报告

市场调查报告是根据调查资料和分析研究的结果而编写的书面报告。它是市场调查的最终成果，其目的在于为市场预测和生产经营决策提供依据。

随堂测1-1

1.2　市场调查课题的界定

要确定市场调查课题，先要了解何为调查课题。调查课题是指一项调查研究

判断题

所要解决的具体问题和主要问题下的分支问题。由企业单位或其他客户提出的市场调查问题，大多数是最初没有经过仔细深入的考虑提出的，因此问题范围会较广泛，针对性不强，如新产品不被市场上的消费者所认可、销售局面难以打开、企业缺乏知名度、产品在市场上的竞争力弱及市场份额逐渐下滑等问题。这就需要将调查问题逐层地分解为若干个分支问题，从而确定调查课题。当企业遇到问题时，应该围绕问题，和相关人员进行充分的研究分析，以这些问题为基础，通过分析，找出原因，这样才能清晰地确定调查意图，明确调查课题。

1.2.1　调查课题的类型

从市场调查的研究性质看，调查课题的类型可以分为三种：探索性研究、描述性研究、因果关系研究。

1）探索性研究

探索性研究是为了使问题更明确而进行的小规模调查活动。这种调查特别有助于把一个大而模糊的问题表述成小而准确的子问题，并识别出需要进一步调查的信息。比如，某公司的市场份额去年下降了，公司无法一一查找原因，就可用探索性研究来发掘问题：是经济衰退的影响，是广告支出的减少，是销售代理效率低，还是消费者的习惯改变了等。探索性研究具有试验的性质，其特征是小样本，对原始数据的分析通常是定性的。探索性研究常用的方法有小样本调查、专家咨询、座谈会、个人访谈、二手资料分析等。

2）描述性研究

描述性研究是寻求对"谁""什么事情""什么时候""什么地点"这样一些问题的回答。它可以描述不同消费群体在需要、态度、行为等方面的差异。描述的结果，尽管不能对"为什么"做出回答，但也可用作解决营销问题所需的信息。比如，某商店了解到该店67%的顾客是年龄在18~44岁的女性，并经常带着家人、朋友一起来购物。这种描述性研究提供了重要的决策信息，使商店特别重视直接向女性开展促销活动。

描述性研究以大样本为基础，有事先制定好的假设，所需的信息有很清楚的定义，研究者在调查前对所研究的问题也有相当多的定性了解，只在对有关情形缺乏完整的知识时采用。描述性研究主要利用二手资料及定量调查等方法收集数据。

业务链接1-2

市场调查要了解消费者的具体细节

对一些大公司来说，知道顾客买什么、在哪里买、为什么买和什么时候买等相关情况，是有效营销的前提。

可口可乐公司通过市场调查发现：人们在每杯水中平均放2.3块冰；每年看到69个该公司的商业广告；喜欢售点饮料机放出的饮料温度是35华氏度；100万人在早餐时喝可乐。

我国台湾地区某纸业公司通过调查了解到，台北市民喜欢450克塑胶包装卫生纸，台南市民则喜欢300克的纸包装卫生纸；台北市每人每天卫生纸的消耗量为6.97克，台南市则为4.91克；台北市的消费者重视卫生纸的品质，台南市的消费者则以习惯来决定其购买的品牌。

资料来源　马连福. 现代市场调查与预测［M］. 北京：首都经济贸易大学出版社，2020.

3）因果关系研究

因果关系研究是调查一个因素的改变是否引起另一个因素改变的研究活动，目的是识别变量之间的因果关系，如预期价格、包装及广告费用等对销售额是否有影响。这项工作要求调查人员对所研究的课题有足够的知识，能够判断一种情况出现了，另一种情况会接着发生，并能说明其原因所在。需要对问题严格定义时可使用因果关系研究，因果关系研究可以采用实验法和可以检验因果关系的统计模型。

上述三种不同的调查课题类型也不是完全独立的。有时，一个调查项目需要将不同类型的研究结合起来，如何结合取决于调查课题的性质。

同步思考1-1

问题：是否所有的调查都必须从探索性研究开始？为什么？

分析说明：如果对调查的问题了解甚少，就需要从探索性研究开始。通常在探索性研究的基础上还应继续进行描述性研究或因果关系研究，以便对探索性研究得到的假设进行检验，但也不是任何情况下都从探索性研究开始。

理解要点：

（1）如果能够对调查的问题准确地定义，对处理问题的途径有完整的把握，也可以直接进入到描述性研究或因果关系研究。

（2）描述性研究、因果关系研究的成果又会成为下一轮探索性研究的新起点。

1.2.2　调查课题的界定

界定市场调查课题是市场调查的第一步，也是一项关键性的工作，只有对市场调查课题有清晰的认识和准确的定义，市场调查项目才能有效地实施。界定市场调查课题应当包括界定经营管理决策课题和具体的市场调查课题这两个层面的内容。经营管理决策课题是指企业在经营管理中所面临的问题，主要回答决策者需要做什么，关心的是决策者可能采取的行动，属于行动导向型。例如，"如何进一步扩大市场占有率""是否向市场推出系列产品""是否需要利用广告进行促销"等。

市场调查课题是信息导向型的，是以信息为中心的，它的主要内容是确定需要什么信息，以及如何有效地获取信息。在实际情况中，只有确认好经营管理者想作何种决策后，我们才能最后确认市场调查的课题。

例如，经营管理决策课题是：应该推出新产品吗？

将之转化为市场调查课题则是：确认顾客对计划推出新产品的偏好和购买意愿。

又如，经营管理决策课题是：应该改变广告促销方式吗？

将之转化为市场调查课题则是：确认现有广告促销方式的效果。

界定市场调查课题是一项重要又细致的工作，涉及不同方面的工作内容，其一般的工作程序如图1-1所示。

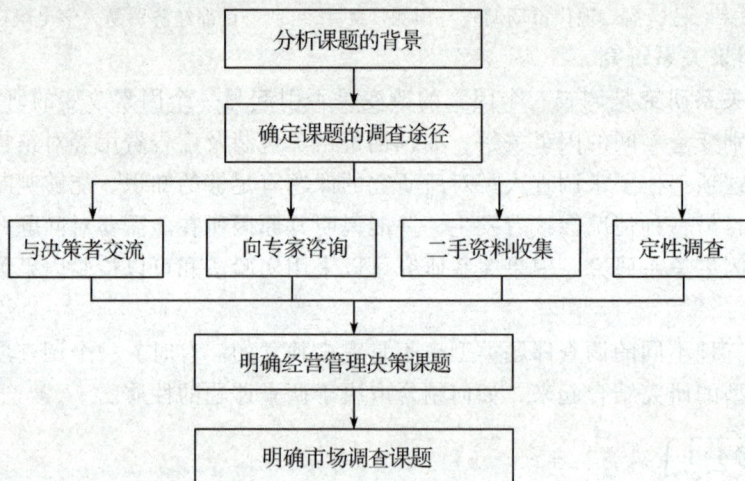

```
          ┌─────────────────────┐
          │    分析课题的背景    │
          └─────────────────────┘
                     │
          ┌─────────────────────┐
          │  确定课题的调查途径  │
          └─────────────────────┘
                     │
   ┌──────────┬──────────┬──────────┬──────────┐
┌───────┐ ┌───────┐ ┌───────┐ ┌───────┐
│与决策者│ │向专家 │ │二手资料│ │定性调查│
│ 交流  │ │ 咨询  │ │ 收集  │ │       │
└───────┘ └───────┘ └───────┘ └───────┘
                     │
          ┌─────────────────────┐
          │ 明确经营管理决策课题 │
          └─────────────────────┘
                     │
          ┌─────────────────────┐
          │   明确市场调查课题   │
          └─────────────────────┘
```

图1-1　界定市场调查课题的工作程序

1.2.3　分析课题的背景

任何问题的产生或机会的出现，都在一定的背景之下。了解这些背景有助于更准确地认识和把握课题。

为了了解营销调查课题的背景，调查人员必须首先了解客户的公司和产业，尤其应该分析对界定调查课题会产生影响的各种因素，诸如购买者的行为、法律环境、经济环境，以及公司的营销手段和生产技术等。

1）了解企业本身的条件

（1）了解企业历史资料和发展趋势

了解企业的销售量、市场份额、盈利性、技术、人口及与生活方式有关的历史资料，并对未来趋势进行预测，能够帮助调查人员理解潜在的营销调查课题。对这种资料的分析应该在产业和公司的层面上进行。例如，一个公司的销售业绩下滑，而同时整个产业的销售业绩却在上升，这和整个产业销售业绩同时下滑是完全不同的问题，前者可以具体到这个公司。历史资料和未来趋势预测对于发现潜在的问题和机遇很有价值，尤其在公司资源有限和面临其他限制条件的时候。

（2）了解企业的各种资源和调查面临的限制条件

作为专业调查公司，如果想恰当正确地确定调查课题的范围，必须要考虑到公司可以利用的资源（如调查技术），以及面临的限制条件（如成本和时间）。任何调查策划都必须考虑经费支持的限度。如果说一个大规模的调查项目需要花费10万元人民币，而公司的预算经费只有4万元，显然这个项目不会被企业管理者批准。在很多时候，市场调查课题范围都不得不被压缩以适应预算限制。比如，在做公司的顾客调查方案时，就会将调查范围从全国压缩到几个主要的区域市场。

一般情况下，在市场调查计划中只增加少量成本，就会使调查课题的范围大幅度扩展，这会显著地增强调查项目的效用，也容易获得委托单位管理者的批准。

（3）分析决策者的目标

在界定管理决策课题时，必须分清两个目标：组织目标和决策者个人目标。组织目标有时比较抽象，对它的描述常常是笼统的而不是准确的，如"改善企业的形象""增强企业的竞争力"等。调查人员必须有能力把概括性的目标分解，找出具体目标。一个经常使用的方法就是，就一个问题当面告诉决策者各种可行的思路，然后问决策者愿意采取何种解决思路，如果决策者回答"不"，就进一步探讨寻找新的目标，使调查服务于组织目标和决策的需要。

2）了解企业的环境条件

（1）了解消费者行为

在大多数的营销决策中，所有的问题都会回到预测消费者对企业营销具体行为的反应上来。理解潜在的消费者行为对于理解市场调查课题非常有用，预测消费者行为应考虑以下因素：消费者和非消费者的人数及地域分布；消费者人口统计和心理特征；产品消费习惯以及相关种类产品的消费；传播媒体对消费者行为以及产品改进的反应；消费者对价格的敏感性；零售店的主要光顾人群；消费者的优先选择。

（2）了解法律环境

法律环境包括公共政策、法律。重要的法律领域包括专利、商标、特许使用权、交易合同、税收等。另外，还有各个产业的相关法律。法律对营销活动有很大影响，法律环境对于界定营销调查课题有重要作用。

（3）了解经济环境

营销调查课题环境内容的另一个重要组成部分是经济环境，包括收入总额、可支配收入、价格、储蓄、可利用的信息以及总的经济形势。经济的总体状况（快速增长、慢速增长、衰退和滞胀）会对消费者和企业信用交易以及购买昂贵产品的意愿产生影响，因此，经济环境对于市场营销调查课题的潜在影响也是巨大的。

（4）了解营销能力和科技水平

企业的营销能力和科技水平状况同样会影响市场调查的性质和范围。试想一下，如果一个缺乏技术背景的公司把推出一款高技术含量产品作为目标，显然是不可行的。通过对企业原有营销知识及技术手段的了解，我们可以从中找到一部分确定市场调查课题的依据。

技术的进步，如信息技术的持续发展，对营销调查产生了深刻的影响。例如，计算机结账系统，使超级市场经营者能够了解每天消费者对于产品的需求，并能向调查者随时提供相关的数据。数据收集的快速性和精确性使调查者能够对复杂的问题进行调查研究，如改进产品所带来的市场份额的每日变化。

在对营销调查课题的环境内容有了充分的了解之后，调查者就能够识别出管理决策课题和市场调查课题。

1.2.4 确定课题的调查途径

为了更科学、准确地确定市场调查课题，先期的调查和交流工作是必要的，这包括与决策者交流、向专家咨询、二手资料收集、必要的定性调查等。

1）与决策者交流

与决策者交流是因为市场调查要为经营管理决策提供依据，决策者所面临的问题是什么，希望从市场调查中得到些什么，这些都是市场调查人员在确定课题过程中所需要的重要信息。通常决策者都了解比较全面的情况，与决策者进行交流，交换彼此的观点和对问题的看法，不仅有助于将调查的课题确定得更为准确和恰当，还有助于增进双方的了解，为今后的合作奠定基础。一般在和决策者沟通前，调查人员已对课题作了初步的分析，这时的沟通是一种为了发现营销问题的实质和产生的原因而进行的全面综合检查。

2）向专家咨询

专家有不同的类型，与不同的专家交流有助于对市场调查课题进行了解和认识。有时，发现那些既了解情况又愿意合作的专家并非易事，调查人员应通过多种渠道发现和利用这些宝贵的资源。向专家咨询可以采用文字形式，也可以采用座谈形式，轻松的气氛有助于专家充分发表自己的见解。

3）二手资料收集

通常情况下，收集二手资料是市场调查活动的开始，在此基础上，才进行原始资料的收集。尽管二手资料不可能提供特定调查课题的全部答案，但二手资料在很多方面都是有用的。随着信息传播方式的不断丰富和传播渠道的不断拓展，收集大量的二手资料越来越容易。

4）定性调查

有时，通过与决策者交流、向有关专家咨询和收集二手资料获得的信息仍不足以确定调查的课题，这就有必要进行定性调查。定性调查属于探索性调查，以小样本为基础，具体的调查方式也是灵活多样的，如深层访谈法、座谈会法、德尔菲法等。

经过上述步骤，市场调查人员应该对经营管理的决策课题有比较清楚的了解，对范围也有了明确的界定，在此基础上，将经营管理的决策课题转化为市场调查的课题。但是，在转化的过程中易出现两种错误：其一是过于空泛，以至于不能为整体调查方案提供清晰的指导。比如，探寻品牌的营销策略、增强企业的竞争能力等。其二是定得过于狭窄，可能限制了研究者的视角，妨碍研究者去设计管理决策问题中的重要部分。为了避免出现这两种错误，可以先将调查问题用比较宽泛的、一般的术语来陈述，然后再具体规定问题的各个组成部分，为进一步的操作提供清楚的思路。

　　总之，调查课题的确定既要考虑管理的信息需求，又要考虑获取信息的可行性及信息的价值，以保证所确定的调查课题具有价值性、针对性和可操作性。

同步案例1-2

市场调查课题的错误界定

　　背景与情境：在一项为某商务公司进行的调查中，管理决策课题是"如何对付某竞争对手发动的降价行动"。由此，研究人员最初确定的市场调查课题为：作相应的减价以应对该竞争者的价格；维持原价格但加大广告力度；适当减价，不必与竞争者相适应，但适当增加广告量。事实证明，以上述调查课题为中心的调查，并没有给公司带来令人满意的结果。后来公司请来调查专家展开专业调查，才真正改变了公司的面貌。首先，他们将调查的课题确定为"扩大市场份额，加强产品线的生产能力"。另外，定性研究的结果表明：在双盲试验中，消费者并不能区分不同品牌的产品，而且，消费者将价格看作代表产品质量的一个因素。这些发现就导出了另一个有创造性的备选行动路线：提高现有品牌价格的同时引进两个新品牌，一个品牌的价格与竞争者相适应，另一个品牌将价格降得更低些。

　　问题：为什么围绕最初调查课题开展的调查，并没有给公司带来满意的结果？该公司第二次是如何确定调查课题的？

　　分析提示：在该公司的调查中，起初的调查课题太具体，以至于成了备选行动，而这些备选行动可能都没有什么希望。后来经过向专家咨询，对所要调查的课题重新进行了界定，第二次将调查课题确定为"扩大市场份额，加强产品线的生产能力"，课题确定得既不过于空泛，又不过于狭窄，并且经过定性研究后，对所要调查的课题的界定更加清晰准确了。

1.3　市场调查方案的设计技巧

　　调查方案是进行市场调查工作的框架和蓝图。当明确了调查课题之后，如何进行具体的实践操作？那就必须编写调查方案。任何正式的市场调查活动都是一项系统工程，为了在调查过程中统一认识、统一内容、统一方法、统一步调，圆满完成调查任务，在具体开展调查工作以前，应该根据调查研究的目的、调查对象的性质，事先对调查工作的各个阶段进行通盘考虑和安排，制定出合理的工作程序。也就是说，要编写相应的调查方案。

1.3.1　调查方案设计技巧

　　市场调查方案有两方面的作用：一是用来提供给雇主即调查委托方审议检查之用，以作为双方的执行协议；二是用来作为市场调查者实施执行的纲领和依据。一个完整的市场调查方案，必然有一定的格式，我们不妨从方案所涵盖的主要内容谈起。

随堂测 1-2

单选题

随堂测 1-2

多选题

随堂测 1-2

判断题

不同项目的调查方案格式有所区别，但一般格式均包括以下几部分：前言部分、调查课题的目的和意义、调查对象和调查单位、调查的主要内容和具体项目、调查的方式和方法、资料整理和分析方法、调查工作的时间进度安排、经费预算、调查结果的表达形式和附录等。在本章中，我们以针对×××口服液广告效果而作的市场调查为例，说明市场调查方案设计的技巧及主要内容。

1）前言部分的编写

前言部分也就是方案的开头部分，应该简明扼要地介绍整个调查课题的情况或调查课题提出的背景、原因。编写时尽量从满足调查需求方的角度出发，简明扼要地把委托方的问题说清楚。

业务链接1-3

×××口服液广告效果调查前言

×××公司是我国饮料市场五巨头之一，以前很少做广告宣传，但两年前公司年度广告投入额达到800万元，主要是投在电视广告、各种方式的售点POP广告、印刷品广告及少量的灯箱广告等方面。为了有针对性地开展本年度的产品宣传推介工作，促进产品品牌形象和产品销售量的进一步提高，以便在竞争激烈的保健品市场中立于不败之地，公司拟进行一次广告效果调查，以供决策层参考。

2）确定调查课题的目的和任务

调查的目的和任务是编写调查方案的首要问题，因为只有调查目的和任务明确，才能确定调查的对象、内容和方法，才能保证市场调查具有针对性。

在该部分要写清楚市场调查的目的，也就是明确特定的调查课题所要解决的问题，即为何要调查，要了解和解决什么问题，调查结果有什么用处，能给企业带来哪些决策价值、经济效益、社会效益，以及在理论上的重大价值，因此，该部分编写应较前言部分稍微详细点。

例如，在×××口服液广告效果调查方案中，其调查目的就十分明确，即分析现有的各种广告媒介的宣传效果，了解顾客对现行的广告作品的知晓度和认同度，了解重点销售区域华南和华东地区消费者的消费特征和消费习惯，为×××口服液本年度的广告作业计划提供客观的事实依据，并据此提供相应的建设性意见。

在实际中，有的客户对市场调查比较熟悉，所提要求也十分明确。如德国汉高化学品公司委托西安菲伦市场研究公司所做的建筑用黏合剂的中国市场调查，提出包括市场、需求、竞争对手、未来发展趋势四方面在内的各种指标60个；而有些对市场调查还不熟悉的客户，提出的问题未经考虑，范围广泛，这就需要研究人员针对企业本身和企业想要了解的问题进行调查、访问，熟悉企业背景，讨论企业的生产、销售情况，明确企业调查的目的和内容。如进行凯迪牌山地车的市场调查，就是针对为山地车进行广告宣传从方式到内容提供决策依据这个意向，确定了把目标顾客、需求特点、竞争对手情况三方面作为调查的主要内容。

3）确定市场调查对象和调查单位

确定了市场调查的目的后，接下来的工作就是要确定调查对象和调查单位，这主要是为了解决向谁调查和由谁来具体提供资料的问题。调查对象就是根据调查目的、任务确定的一定时空范围内的所要调查的总体，它是由某些性质上相同的调查单位所组成的。调查单位是指所要调查的社会经济现象总体中的个体，是调查项目的承担者或信息源。例如，上述案例中华南和华东地区的所有30岁以上的×××口服液的消费群体都是该次调查的调查对象，而被抽样的11个城市中的4 400名消费者则是本次调查的调查单位。

可见，确定调查对象和调查单位，就是要根据调查目的，确定我们想调查何种群体、何种人（细分下来将包括人口特征、社会特征、心理特征和生活方式、个性、动机、知识、行为、态度和观念），判断这些人是否是合适的人选及其未来的消费倾向。

需要注意的是，必须严格规定调查对象的含义和范围，以免调查登记时由于含义和范围不清而发生错误。例如，针对城市个体经营户经营情况的调查，必须明确规定个体经营户的性质、行业范围和空间范围。

同步思考1-2

问题：调查对象是否就是调查单位？为什么？

分析说明：调查对象是所要调查的许多个体单位组成的整体。调查单位就是调查总体中的各个个体单位，它是调查项目的承担者或信息源，所以二者是不同的。

理解要点：

（1）调查单位应根据调查的目的和对象而确定。如调查城市个体经营户的经营情况时，调查对象是所有的个体经营户，调查单位是每一个个体经营户。调查研究城市居民家庭耐用品的拥有量和需求量时，调查对象是所有的居民家庭，调查单位是每一户居民家庭。

（2）调查单位的确定取决于调查方式。在普查方式下，调查总体所包括的全部单位都是调查单位；在重点调查方式下，选定的少数重点单位才是调查单位；在典型调查方式下，所选择的代表单位才是调查单位；在抽样调查方式下，按随机原则抽出的样本单位才是调查单位。

4）确定调查的主要内容和具体项目

调查的主要内容和具体项目是依据调查课题和目的所必需的信息资料来确定的，也就是调查课题如何转化为调查内容。这个问题与前面所讲到的如何将经营管理决策课题转化为调查课题完全不同。管理决策课题转化为调查课题时，由于在提出课题时调查者大多数时候自己都没弄清楚，因此有必要通过多种途径帮助自己重新审视和定义。在调查课题基本固定下来达成共识后，先要做的是用10个甚至20个、30个不等的组合问题来探索调查课题要了解的信息。关于具体的转化，我们再回到本部分开头的案例中。该次调查的课题是"×××口服液广告效果调查"，将其转化为具体的调查内容则为：

（1）×××口服液的知名度，以及该产品在提高免疫力方面在口服液市场中的排名情况。

（2）消费者知晓×××口服液品牌的主要信息来源和信息渠道。

（3）了解顾客对×××广告口号的喜好程度。

（4）了解顾客对公司的售点POP广告的评价。

（5）了解华南、华东地区消费者的特征，包括其职业、年龄、受教育程度、经济收入等，以及上述特征对消费者偏好的影响。

（6）上述地区顾客的消费心理和消费特点。

（7）了解消费者对×××口服液产品的口感、包装、容量的期望。

调查项目的选择要尽量做到"准"而"精"。具体而言，"准"就是要求调查项目反映的内容与调查主题有密切的相关性，能揭示调查要了解的信息；"精"就是要求调查项目所涉及的资料能满足调查分析的需要，不存在对调查主题没有意义的多余项目。盲目增加调查项目，会使资料统计和处理等相关的工作量增加，既浪费资源，也影响调查的效果。

教学互动1-2

互动问题：

（1）假设你是一个国内酸奶连锁店的营销主管。你有义务收集信息来帮助销售经理做出增加公司的销量和收益的决策，你认为需要哪些信息？

（2）可以以小组为单位，在班中挑选1~2组的代表陈述自己的观点。

要求： 同"教学互动1-1"的"要求"。

5）确定调查方式和方法

该部分主要是详细说明选择什么方式和方法去收集资料，具体的操作步骤是什么。如采取抽样调查方式，那么必须说明抽样方案的步骤、选取样本的大小和要达到的精度指标。

（1）根据调查内容和要求，确定调查方式。在调查方案中，应事先确定采用何种组织方式和方法取得调查资料。如在上述案例中，本项调查拟在华南、华东两个重点市场开展，调查的范围将深入到上述地区的中心城市和有代表性的市县。调查对象将锁定为30岁以上的消费群体。考虑到本次调查工作涉及面广，因此拟采用多级抽样的方法，即在上述两个区域按月销量的大小分层，从市场调查的效果考虑，主要在×××口服液的重点销售地区进行，即上海市和广东、江苏、浙江等省的重点城市，并拟定每个城市抽取的样本数为400人，按年龄层次和性别比例分配名额。年龄层分段：30~40岁，41~50岁，51~60岁，61岁及以上；各层比例采用近似的1:1:1:1，性别比为1:1，总样本数为4 400人。

（2）确定具体的实施方式，包括面访调查、电话调查、观察调查、网络调查等市场调查方法。在上述案例中，调查的实施要求各地的访问员对所有抽中的400个样本实行面对面的街头访问，执行访问的访问员由当地的市场营销专业的大学生担任，调查方付给其一定的劳务费用。每个调查地点由两名调查员执行访问，每个城市大约需要20个访问员。访问工作的质量监督控制以及资料的统计处理工作均由ABC市场调查公司负责。

要评价一项市场调查结果的科学性、客观性，最重要的是检查调查方法的科学性和合理性。要获得可靠的调查结果，就必须将调查方案用得正确合理。

6）确定资料整理和分析方法

目前，采用实地调查方法收集的原始资料的处理工作一般由计算机进行，这在实际中也应予以考虑，包括采用何种操作程序以保证必要的运算速度、计算精度及特殊目的。

随着经济理论的发展和计算机的运用，越来越多的现代统计分析手段可供我们在分析时选择，如回归分析、相关分析等。每种分析技术都有其自身的特点和适用性，因此，应根据调查的要求，选择最佳的分析方法并在方案中加以规定。

7）确定调查时间进度安排

在实际调查活动中，根据调查范围的大小，时间有长有短，但一般为一个月左右。其基本原则是：

（1）保证调查的准确性、真实性，不走马观花；

（2）尽早完成调查活动，保证时效性，同时要节省费用。

一般情况下，调查过程安排如下：

第一周准备：与客户商讨、确认计划建议书，进行二手资料的收集，了解行情，设计问卷；

第二周试调查：修改、确定问卷；

第三周具体实施调查；

第四周进行数据处理；

第五周编写报告，结束调查。

通常，在安排各个阶段工作时，还应具体详细地安排需做哪些事项、由何人负责，并提出注意事项，所以需制作时间进度表。市场调查计划进度表一般格式见表1-1。

表1-1　　　　　　　　　　　**市场调查计划进度表**

时间	工作与活动内容	参与单位和活动小组	主要负责人及成员	备注

业务链接1-4

×××口服液广告效果调查案例中市场调查计划进度

此方案若得以认可，调查组将在本年度5月28日前完成调查工作，并提交调查报告。具体时间安排见表1-2。

表1-2　　　　　　　　　　　　　　调查计划进度表

时间	工作与活动内容	参与单位和活动小组	主要负责人及成员	备注
4月1日至4月10日	总体方案、抽样方案和问卷初步设计			
4月11日至4月15日	预调查及问卷测试			
4月16日至4月18日	问卷修正、印刷			
4月19日至4月20日	访问员挑选与培训			
4月21日至5月18日	调查访问			
5月19日至5月24日	整理并打印报告			
5月25日至5月28日	报告打印提交			

切记：计划应该设计得有一定的弹性和余地，以应对可能的意外事件之影响。

8）确定经费预算开支情况

调查费用根据调查课题的不同而不同。在制定预算时，应当有较为详细的工作项目费用计划。费用项目具体如下：

①资料收集、复印费；②问卷设计、印刷费；③实地调查、劳务费；④数据输入、统计、劳务费；⑤计算机数据处理费；⑥报告撰稿费；⑦打印装订费；⑧组织管理费；⑨税费。

一般为使经费预算一目了然，通常编成预算表，见表1-3。

表1-3　　　　　　　　　　　　　　市场调查经费预算表

调查题目：

调查单位与主要负责人：

调查时间：

经费项目	数量	单价	金额	备注
A.印刷费				
B.会议费				
C.差旅费				
D.租赁费				

续表

E.劳务费				
F.邮电费				
G.培训费				
H.杂费				
⋮				
合计				

调查费用的估算对市场调查效果的影响很大。对市场调查部门或单独的市场调查机构而言，每次调查所估算的费用当然是越充裕越好，但是费用开支数目要实事求是，不能过高也不能过低。合理的支出是保证调查顺利进行的重要条件，在这个问题上应避免两种情况：一是调查时间的拖延，这样必然造成费用开支的加大。二是缩减必要的调查费用。调查活动必须有一定的费用开支来维持，减少必要的开支只会导致调查不彻底或无法进行下去。

根据若干市场调查案例可以总结一般的经费预算比例，即策划费（20%）、访问费（40%）、统计费（30%）、报告费（10%）。若是接受委托代理的市场调查，则需加上全部经费20%~30%的服务费，作为税款、营业开支及代理公司应得的利润。

9）确定市场调查结果的表达形式

确定市场调查结果的表达形式，如最终报告是书面报告还是口头报告，是否有阶段性报告等。例如，在上述×××公司口服液广告效果的调查案例中，调查结果的表达形式如下：本次调查结果的形式为调查书面报告。具体内容包括前言、摘要、调查目的、调查方法、调查结果、结论和建议以及附录七个部分，交给客户两份书面材料。

10）附录部分

该部分一般可列出课题负责人及主要参加者的名单，并可扼要介绍一下团队成员的专长和分工情况；抽样方案的技术说明和细节说明；调查问卷设计中有关的技术参数、数据处理方法、所采用的软件等。

1.3.2　调查方案的可行性研究

在对复杂社会经济现象所进行的调查中，所设计的调查方案通常不是唯一的，需要从多个调查方案中选取最优方案。同时，调查方案的设计也不是一次完成的，而要经过必要的可行性研究，对方案进行试点和修改。可行性研究是科学决策的必经阶段，也是科学设计调查方案的重要步骤。对调查方案进行可行性研究的方法有很多，现主要介绍逻辑分析法、经验判断法和预调查法三种方法。

随堂测1-3
单选题

随堂测1-3
多选题

随堂测1-3
判断题

1）逻辑分析法

逻辑分析法主要是检查所设计的调查方案的内容是否符合逻辑。比如，对某市高、中档商品房市场需求的调查，对于调查对象来说，不符合逻辑的调查就是调查对象包含了没有经济收入的学生。

2）经验判断法

经验判断法是组织一些具有丰富调查经验的人士，对设计出的调查方案加以初步研究和判断，以说明方案的可行性。经验判断法能够节省人力和时间，在比较短的时间内得出结论。但这种方法也有一定的局限性，这主要是因为人的认识是有限的、有差异的，事物在不断发生变化，各种主、客观因素都会对人们判断的准确性产生影响。

3）预调查法

预调查是整个调查方案可行性研究中一个十分重要的步骤，对大规模市场调查来讲尤为重要。通过预调查，可以发现调查指标设计得是否正确，哪些需要增加，哪些需要减少，哪些说明和规定需要修改和补充。预调查可以优化调查方案，使其更符合实际，真正能解决实际问题。

本章概要

　□ 内容提要与结构
　▲ 内容提要
● 市场调查是运用科学的方法和手段收集产品从生产者转移到消费者的一切与市场活动有关的数据和信息并进行分析研究的过程。市场调查具有真实性和科学性、时间性和连续性、比较性和竞争性、系统性和相关性等特征。

● 市场调查有利于为企业经营决策提供依据，有利于企业发现市场营销机会，有利于企业在竞争中占据有利地位，有利于为企业预测未来市场发展提供基础。

● 一个完整的市场调查应包含确定调查问题、设计调查方案、确定调查方法、正式调查、收集数据、整理与分析调查资料、编写调查报告等步骤。

● 市场调查课题是指一项调查研究所要解决的具体问题和主要问题下的分支问题。市场调查课题常用的有探索性研究、描述性研究、因果关系研究等三种类型。为了对市场调查课题有一个清楚的界定，必须分析企业自身和企业的外部环境等营销调查的课题背景。

● 为了更科学、准确地确定市场调查课题，与决策者交流、向专家咨询、二手资料收集、必要的定性调查是非常必要的。

● 市场调查方案是市场调查的框架和蓝图。一份完整的市场调查方案一般包括前言部分、调查课题的目的和意义、调查的对象、调查的主要内容和具体项目、调查的方式和方法、资料整理和分析方法、调查工作的时间进度安排、经费预算、调查结果的表达形式和附录部分等。

● 市场调查方案的可行性研究经常采用逻辑分析法、经验判断法和预调查法三种方法。

▲ 内容结构

本章内容结构如图1-2所示。

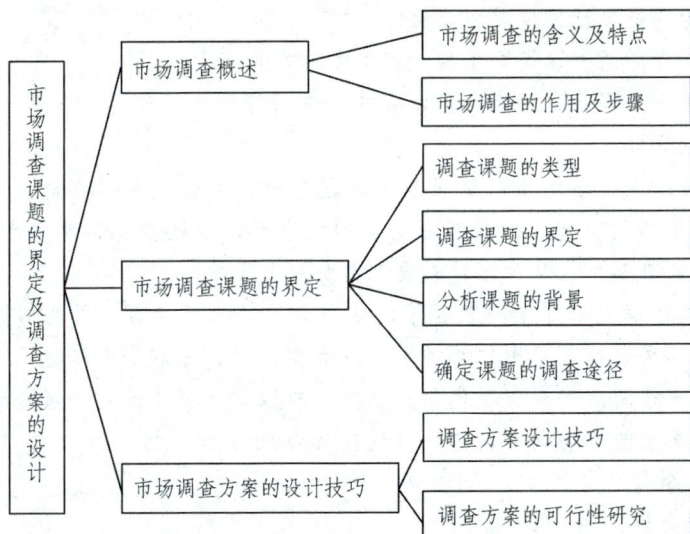

```
                    ┌─────────────┐    ┌──────────────────┐
                    │ 市场调查概述 │────│ 市场调查的含义及特点 │
                    └─────────────┘    └──────────────────┘
                                       ┌──────────────────┐
                                       │ 市场调查的作用及步骤 │
                                       └──────────────────┘
                                       ┌──────────────────┐
                                       │  调查课题的类型    │
                                       └──────────────────┘
┌───┐                                  ┌──────────────────┐
│市场│               ┌─────────────┐    │  调查课题的界定    │
│调查│               │市场调查课题的│────└──────────────────┘
│课题│               │   界定       │    ┌──────────────────┐
│的界│───────────────└─────────────┘    │  分析课题的背景    │
│定及│                                  └──────────────────┘
│调查│                                  ┌──────────────────┐
│方案│                                  │ 确定课题的调查途径  │
│的设│                                  └──────────────────┘
│计 │                                  ┌──────────────────┐
└───┘               ┌─────────────┐    │  调查方案设计技巧   │
                    │市场调查方案的│────└──────────────────┘
                    │  设计技巧    │    ┌──────────────────┐
                    └─────────────┘    │ 调查方案的可行性研究 │
                                       └──────────────────┘
```

图1-2 本章内容结构

□ 主要概念和观念

▲ 主要概念

市场调查 探索性研究 描述性研究 因果关系研究 调查方案

▲ 主要观念

市场调查的特点 市场调查的作用 调查课题的界定 调查方案可行性研究

□ 重点实务和操作

▲ 重点实务

市场调查的步骤 调查课题界定程序 调查方案设计技巧 调查方案可行性研究方法 相关"业务链接"

▲ 重点操作

"市场调查课题界定"知识应用 "市场调查方案的设计"知识应用

━ 基本训练 ━➤

□ 理论题

▲ 简答题

1) 市场调查的含义与特点是什么？

2) 市场调查方案的内容有哪些？

3) 市场调查课题有哪几种类型？

▲ 讨论题

1) 如何理解正确界定调查课题是调研过程中关键的内容之一？

2）如何理解市场调查在企业营销中的作用？

☐ 实务题

▲ 规则复习

1）市场调查包括哪些基本步骤？

2）界定市场调查课题常用的途径有哪些？

3）通常采用哪些方法对市场调查方案进行可行性研究？

▲ 业务解析

1）在某一项关于耐用品销售公司的调查中，管理决策问题是如何应对市场占有率持续下滑的态势，而调查者定义的调查问题是调整价格和加大广告力度，以提高市场占有率。你认为这样对吗？为什么？

2）小张在市中心开了一家餐馆，他每天接触很多顾客，并且知道他们的名字和喜好。如果餐馆菜单中的某种食物没有卖出去，他就会知道他们不喜欢这种食物。他也常常阅读《饭店现代化》杂志，所以知道餐饮业的发展趋势。他认为这就是他所需要的市场调查，你认为这样对吗？为什么？

☐ 案例题

▲ 案例分析

【训练项目】

案例分析-I。

【相关案例】

冲浪浓缩洗衣粉为何失败？

背景与情境： 在冲浪（Surf）浓缩洗衣粉进入日本市场前，联合利华公司作了大量的市场调查。Surf 的包装经过预先预测，设计成日本人装茶叶的香袋模样，很受欢迎；调查发现消费者使用 Surf 时，方便性是很重要的性能指标，于是又对产品进行了改进。同时，消费者认为 Surf 的气味也很吸引人，因此联合利华就把"气味清新"作为 Surf 市场开拓的主要诉求点。可是，当产品进入日本后，发现市场份额仅能占到 2.8%，远远低于原来的期望值，一时使得联合利华陷入窘境。问题出在哪里呢？

问题 1：消费者发现在洗涤时 Surf 难以溶解，原因是日本当时正流行使用慢速搅动的洗衣机。

问题 2："气味清新"基本上没有吸引力，原因是大多数日本人是露天晾晒衣服的。

显然，Surf 进入市场时实施的调查设计存在严重缺陷，调查人员没有找到日本洗衣粉销售中应该考虑的关键属性，而提供了并不重要的认知——"气味清新"，从而导致了对消费者消费行为的误解。而要达到调查目的，只要采用合适的定性调查就能实现。

资料来源　魏炳麒，陈晖. 市场调查与预测［M］. 6 版. 大连：东北财经大学出版社，2019：102.

问题：

1）联合利华的Surf进入日本市场后，市场份额远远低于期望值的原因是什么？

2）从背景资料推断，Surf进入日本市场时主要采用了哪些调查方法？你认为还有什么方法可采用？

3）Surf进入日本市场时的调查设计存在哪些问题？并结合这些现存问题提出解决办法。

【训练要求】

1）形成性要求

（1）以小组为单位组建学习团队，解决"案例分析"中可能出现的学生水平参差不齐问题；各团队研究案例提出的问题，分别拟定《案例分析提纲》；各团队成员对案例中的"背景与情境"进行多元表征，经交流、汇总后形成本团队《案例分析报告》；各团队在班级交流并修改其《案例分析报告》；教师对经过交流和修改的各团队《案例分析报告》进行点评；在班级展出附有"教师点评"的团队优秀《案例分析报告》，供学生研究借鉴。

（2）了解"附录二"附表2中"形成性考核"的"考核指标"与"考核内容"。

2）成果性要求

（1）案例课业要求：以经班级交流和教师点评的各团队《案例分析报告》为最终成果。

（2）课业的结构、格式与体例要求：参照本教材"课业范例"的范例-1。

（3）了解"附录二"附表2中"课业考核"的"考核指标"与"考核内容"。

▲ 课程思政

【训练项目】

课程思政-I。

【相关案例】

需求调研时，客户不肯说真话怎么办？

背景与情境： A公司上一周通过了新产品立项，开始做需求调研。产品部制订了需求调研方案，以及用户画像分析、问题清单等策略，准备进行全方位的调研分析，以便详细掌握最真实的场景，避免后续运作可能带来的产品方向偏差。

这次该公司要做的产品是采购融资系统，前期主要服务于集团内部的钢贸业务板块，以集团钢贸电商平台为客户主体，解决平台买方线上融资下单的需求。

相关部门首先进行了竞品分析，自行熟悉了产品的业务场景，制定了待沟通的问题清单。由于钢贸平台客户也属于集团内部的子公司，所以沟通起来相对顺畅，工作人员组织了线上会议，进行了初步的需求调研。

金融产品一端面向客户，一端面向银行等资金机构，事实上，资金方的需求主导产品走向，客户需求做得再好，没有资金方认可也绝对行不通，这就是场景金融依赖流动性提供方的客观现实。

正是因为资金方需要了解客户的实际情况，包括电商平台的业务场景和规模情况、平台客户群体情况、交易数据等，所以，A公司迫切需要了解电商平台的真实运营数据。

可是A公司这次视频调研没有达到预期目标，不仅好多关键数据没有拿到，还有很多数据明显不真实。此前工作人员也进行了调研并了解了一些初步情况，这次进行了对比，发现差别竟然很大。于是，相关工作人员赶紧开会讨论，和领导一起分析客户不愿意说出真实数据的原因，研究相应的对策，最终制订了新的调研方案，并亲自去现场实地调研，最终获得了真实的用户调研情况。

问题：

1) 本案例从社会主义核心价值观规范分析，存在什么问题？

2) 本案例对你未来的工作有什么启示？

【训练要求】

1) 形成性要求

(1) 以小组为单位组建学习团队，解决"思政研判"中可能出现的学生水平参差不齐问题；各团队研究案例提出的问题，分别拟定《思政研判提纲》；各团队成员对案例中的"背景与情境"进行多元表征，经交流、汇总后形成本团队《思政研判报告》；各团队在班级交流并修改其《思政研判报告》；教师对经过交流和修改的各团队《思政研判报告》进行点评；在班级展出附有"教师点评"的团队优秀《思政研判报告》，供学生研究借鉴。

(2) 了解"附录二"附表2中"形成性考核"的"考核指标"与"考核内容"。

2) 成果性要求

(1) 课业要求：以经过班级交流和教师点评的《思政研判报告》为最终成果。

(2) 课业结构、格式与体例要求：参照本教材"课业范例"的范例-2。

(3) 本教材"附录二"附表2"案例分析训练考核指标和规范参照表"中"课业考核"的内容。

□ 自主学习

【训练项目】

自主学习-Ⅰ。

【训练目的】

见本章"学习目标"中的"自主学习"目标。

【教学方法】

采用"学导教学法"和"研究教学法"。

【训练要求】

1) 以班级小组为单位组建学生训练团队，各团队依照本教材"附录三"附表3"自主学习"（初级）的"基本要求"和各技能点的"参照规范与标准"，制订《团队自主学习计划》。

2) 各团队实施《团队自主学习计划》，自主学习本教材"附录一"附表1

"自主学习"（初级）各技能点的"'知识准备'参照规范"所列知识。

3）各团队以自主学习获得的"学习原理"、"学习策略"与"学习方法"知识为指导，通过校图书馆、院资料室和互联网，查阅、搜集和整理近两年以"市场调查课题的界定"为主题的国内外学术文献资料。

4）各团队以整理后的文献资料为基础，依照相关规范要求，讨论、撰写和交流《"市场调查课题的界定"最新文献综述》。

5）撰写作为"成果形式"的训练课业，总结自主学习和应用"学习原理"、"学习策略"与"学习方法"知识（初级），依照相关规范，准备、讨论、撰写和交流《"市场调查课题的界定"最新文献综述》的体验过程。

【成果形式】

训练课业：《"自主学习–I"训练报告》。

课业要求：

1）内容包括：训练团队成员与分工；训练过程；训练总结（包括对各项操作的成功与不足的简要分析说明）；附件。

2）将《团队自主学习计划》和《"市场调查课题的界定"最新文献综述》作为《"自主学习–I"训练报告》的"附件"。

3）《"市场调查课题的界定"最新文献综述》应符合"文献综述"规范要求，做到事实清晰，论据充分，逻辑清晰。

4）结构与体例参照本教材"课业范例"的范例–4。

5）在校园网的本课程平台上展示班级优秀训练课业，并将其纳入本课程的教学资源库。

━ 单元考核 ➡

评价原则与考核要求："评价原则""考核模式""考核目的""考核种类""考核方式""内容与成绩核定""评价主体"等规范与要求，见本教材网络教学资源包中的《学生考核手册》。

第2章
选择调查方法

学习目标

通过本章学习，应该达到以下目标：

理论目标：学习和把握文案调查法、访问法、观察法、实验法的相关概念、优缺点、主要作用、应用范围和注意事项等陈述性知识；能用其指导本章"同步思考"、"教学互动"、"随堂测"和"基本训练"中"理论题"各题型的认知活动，正确解答相关问题，体验本章"初级学习"中专业认知的横向正迁移，以及相关业务胜任力中"认知"要素的阶段性生成。

实务目标：学习和把握文案调查法的操作程序，入户访问、电话访问、街头拦截访问和网络调查法的操作技巧，观察法的准备、观察和记录技巧，对实验法的选择、实验设计和实验结果分析，以及"业务链接"和二维码资源等程序性知识；能以其建构"选择调查方法"的规则意识，正确解析本章"同步思考"、"教学互动"和"基本训练"中"实务题"的相关问题，体验本章专业规则与方法"初级学习"中的横向正迁移和"高级学习"中的重组性迁移，以及相关业务胜任力中"专业规则"要素的阶段性生成。

案例目标：运用本章理论与实务知识研究相关案例，培养和提高在"选择调查方法"特定情境中的多元表征专业能力；通过"组建'学习团队'"等途径，落实"分层教学"要求，培养"团队协作"与人交流"等通用能力；结合本章教学内容，依照相关规范或标准，对"课程思政2-1"至"课程思政2-4"专栏和章后"课程思政-Ⅱ"等案例中的企业及其从业人员行为进行思政研判，促进"立德树人"根本任务的落实；体验本章"高级学习"中专业知识、通用知识与思政元素的协同性重组迁移，以及相关业务胜任力中"认知弹性"要素的阶段性生成。

实训目标：参加"'选择市场调查方法'知识应用"的实践训练。在了解和把握本实训所及"能力与道德领域"相关技能点和素养点的"规范和标准"基础上，通过各项实训任务的完成、系列技能操作的实施、《实训报告》的准备与撰写等有质量、有效率的活动，培养"选择市场调查方法"的专业能力，强化"信息处理"、"与人交流"、"与人合作"、"解决问题"和"革新创新"等职业核心能力（初级），并通过"顺从级"践行"职业情感"、"职业态度"、"职业良心"、"职业作风"和"职业守则"等行为规范，促进健全职业人格的塑造，体验本章"实践学习"中"专能""通能""职业道德"元素的协同性"重组-产生"迁移，以及相关业务胜任力中"求知韧性"和"复合性技能"要素的阶段性生成。

引例：跟物业大妈查电表，一年卖出50万杯奶茶

背景与情境： 随着电商的发展，线下客流量减少，连锁店的生意越来越难做。茶尖尖靠一招"笨方法"打破实体店客流下滑的魔咒，2020年卖出50万杯奶茶，年营收千万元。这主要归功于它与众不同的选址标准。商城、步行街、办公楼不是它的目标，茶尖尖在开店前会针对建筑、人、电表这三个数据进行调查，计算某区域内的小区、学校、医院、办公楼等建筑的数量，再安排员工蹲点小区，用秒表器计算某一时间段的人流量。但是，最具亮点的是电表数据，这个不起眼的数据实际上最能反映某地的人流量。茶尖尖的员工会专门寻找态度亲切的阿姨业主查看她们家里的电表，对于能自由进出的小区则尽可能获取更多的数据。在信息时代，谁掌握了数据，谁就掌握了全局。茶尖尖还通过外卖社群团购的下单量和美团大客服中心的数据，分析出外卖流量最高、最稳定的区域。最后它将这些数据制成表格进行对比，找到最合适的地址，更为日后的社群搭建奠定了流量基础。

资料来源 佚名. 跟物业大妈查电表，一年卖出50万杯奶茶［EB/OL］.［2022-10-09］. https：//www.Bilibili.com/video/av894167815/.

问题： 你认为茶尖尖主要采用了哪些调查方法？党的二十大报告中提到要"加快发展数字经济，促进数字经济和实体经济深度融合"，你认为本案例中的数据获取方法是否有利于促进实体经济的发展？

市场调查必须选用科学的调查方法，调查方法的选择恰当与否，对调查结果影响甚大。每种调查方法都有利弊，只有了解各种调查方法的特点及操作，才能在实际调查过程中正确选择和应用。

2.1 文案调查法

2.1.1 文案调查法概述

1）文案调查法的含义

文案调查法也称案头调查法，是一种间接调查方法，指围绕当前的调查目的对已经存在并已为某种目而收集来的信息、情报资料，经过甄别、统计分析得到调查者想要得到的各种资料的一种调查方法。文案调查收集到的资料叫二手资料，是一些调查者已经根据特定调查目的调查整理过的各种现成资料。当为某一调查目的收集资料时，如果当前资料有限或经费有限，且已有可用的资料，文案调查法必然成为首选。但文案调查法不可能提供特定调查问题的全部答案，如需要更翔实、深入了解市场情况，实地调查是必要的，文案调查是为实地调查先行收集已经存在的信息。

2）文案调查法的主要作用

在市场调查中，文案调查有着特殊的功能和作用，它作为市场信息收集的重要手段，一直得到世界各国的重视。文案调查的主要作用体现在如下几方面：

（1）文案调查是重要的信息来源，为制定营销决策奠定基础

几乎所有的市场调查工作都开始于二手资料的收集。企业在制定营销决策时，可以通过文案调查收集各地区的人口、文化、收入、法律、经济政策等方面的资料。只有当已有资料不能为解决问题提供足够的依据时，才进行实地调查。因此，文案调查可以作为一种独立的调查方法加以采用。

同步案例2-1

小王如何完成他的报告？

背景与情境： 小王刚从大学毕业，他应聘到一家汽车公司，作为市场调查人员被分配到一个产品经营组工作。这个产品经营组正在进行一项紧急任务，要分析目前全球市场上的汽车产品组合，并向高级管理者推荐未来10年内汽车产品的需求。这一过程的第一阶段是对不同细分市场（如新能源汽车、跑车、豪华轿车等）进行背景分析。若干个市场调查组分别对不同的市场细分进行背景研究，小王被分配分析新能源汽车市场，他需要在第二天的晨会上汇报他的初步分析，以及对该市场潜力和未来趋势的初步结论。

问题： 在时间非常有限的条件下，小王想知道要及时完成他的报告，他该如何做？

分析提示： 小王需要通过文案调查，利用互联网、到图书馆收集关于新能源汽车市场规模、目前市场上的领导品牌、10年内新能源汽车的需求量、新能源汽车市场潜力和未来发展趋势等二手资料，完成文案调查报告。

从本案例中我们可以看到，文案调查不仅可以掌握现实情况，还可以获得其他公司生产经营的历史资料。文案调查不受时空的限制，可为科学、准确的市场决策提供重要依据。

此外，文案调查还可以为企业进行直接调查创造条件，通过初步了解市场的性质、范围、内容等，可进一步开展和组织实地调查。

（2）文案调查可为实地调查创造条件

通过文案调查，可以初步了解调查对象的特点，并为实地调查提供理论指导。

文案调查所收集的资料还可用来验证各种调查假设，用文案调查资料与实地调查资料进行对比，可鉴别和证明实地调查结果的准确性和可靠性。

同步思考2-1

背景资料： 某制药厂一位调查者计划进行一项对治疗某种疾病的药物的满意程度的调查，他准备使用电话调查法。在设计调查问卷时，他查阅了一项以往针对该种疾病的治疗药物的市场调查资料，发现电话调查法的拒访率是最高的。于是这位调查者将调查方法改为邮寄问卷调查，并承诺给应答者以物质奖励。

问题： 该调查者的做法是否正确？

分析说明： 该调查者在开展实地调查之前首先通过文案调查了解相关信息，进而改变了市场调查方法，降低了拒访率，所以他的做法是正确的。

理解要点：文案调查为实地调查提供了经验和大量的背景资料；为实地调查打下了基础，节省了大量实地调查费用，节约了调查时间，提高了实地调查效率。

（3）文案调查可作为有关部门及企业常用的收集资料方法

实地调查和文案调查相比，不仅费时、费力，组织也比较困难，一般不经常使用。而文案调查如果组织得当，尤其是已建立内部及外部文案调查体系的企业，具有较强的机动性和灵活性，能随时根据企业经营管理的需要，收集、整理和分析各种市场信息，定期为决策者提供有关的市场调查资料。

（4）文案调查某些时候可以代替实地调查

文案调查既能对企业内部资料进行收集，还可掌握大量的有关市场环境方面的资料，尤其在作外地和国际市场调查时，由于地域遥远、市场条件差异大等情况，采用实地调查，需要更多的时间和经费，加上语言障碍等原因，将给实地调查带来许多困难。相比之下，文案调查显得轻松自如。

课程思政 2-1

两组数据

背景与情境：几个月前，一家做热水器的公司花钱从一家市场调查公司买了一组数据，这组数据非常有利于他们公司的销售；十几天前，他们又从这家市场调查公司获取了一组数据，但不是买的，情况就大不一样了，新数据非常有利于其竞争对手。

问题：你对此行为有何评价？

研判提示：该情境资料说明在市场调查数据背后存在着不光彩的暗地金钱交易。本应成为企业激烈市场竞争中的导航灯的市场调查行业，由于利益的诱惑，自身已有偏离方向的危险。市场调查公司向客户提供虚假数据，这是严重背离职业道德的。

3）文案调查法的特点

（1）迅速便捷和低成本

文案调查法比实地调查法更省时、省力，组织起来也比较容易，在企业日常经营中经常被应用。它可以为企业的产品销售活动提供部分必要的信息，同时也为实地调查打下基础，节省大量实地调查费用开支，节约调查时间，并为实地调查所需提出的问题鉴别资料来源。

（2）不受时空限制

从时间上看，文案调查法不仅可以掌握现时资料，有时还可获得实地调查所无法取得的历史资料；从空间上看，文案调查法既能对企业内部资料进行收集，还可掌握大量的有关市场环境方面的资料。

（3）滞后性和残缺性

文案调查所获得的资料总会或多或少地滞后于现时，而且进行文案调查往往很难把所需的文案资料找全。

业务链接2-1

文案调查法的优缺点

（1）文案调查法的优点：

①可以克服时空条件的限制；

②收集到的资料受各种因素影响小；

③组织工作较简单，实施起来更为方便、自由；

④费用低、效率高。

（2）文案调查法的缺点：

①对所获得资料的加工、审核工作较难；

②文案调查资料难以与当前的调查目的吻合，调查结果的准确性受影响；

③文案调查资料具有严重的滞后性；

④要求更多的专业知识、实践经验和技巧。

2.1.2　文案调查法的操作

1）确定调查目的和内容

调查人员需与报告使用者进行深入沟通，双方对于调查的目的及内容要达成共识，避免日后的调查结果不适用。调查人员必须明确市场调查的目的，限定调查范围，避免调查方向失误。

2）拟订调查计划

拟订调查计划时要列出各种调查目标并排列次序；列出各种资料的可能来源；列出需配备的调查人员及其应具备的知识背景；分配具体调查任务；预计调查时间；估算调查成本。

3）收集文献资料

文献资料按来源分主要有企业内部资料及企业外部资料。调查人员收集资料时应坚持"先里后外，由近及远"的原则，即先从容易得手的资料开始。

（1）企业内部资料

企业内部资料是企业在经营活动中所做的各种形式的记录，包括与企业经营活动有关的各种书面的和存储在各种仪器、设备中的资料。

这些资料可以由企业的营销信息系统提供，该系统中存储了大量有关市场经营的数据资料；也可以由本企业的各种记录来提供，如各种营销资料、业务资料、统计资料、财务资料、顾客资料以及平时所积累的各种各样的报告、总结、会议记录、用户来信、营销活动的照片与录像等。

（2）企业外部资料

企业外部资料的来源很多、信息量很大。这种资料可以通过上网、函索或走访的形式从有关机构获得。外部资料的来源主要有以下渠道：

①互联网

随着网络的发展，互联网上的信息已成为文案调查中重要的外部信息来源，通过网络足不出户就可以收集到世界各地各方面的资料。网络信息量巨大，企业在选择信息服务时要充分考虑其及时性、准确性、经济性和安全性等因素。与传统的二手资料的收集过程相比，互联网能有效地缩短市场调查过程，提高调查活动的时效性。

业务链接 2-2

如何从互联网上收集二手资料

互联网上有不计其数的网站、网页等，内容无所不有。但对调查者而言，怎样迅速地获得自己所需要的网页内容，是文案调查的关键。这时就需要借助网络搜索引擎搜索所需信息的网址，然后访问所要查找信息的网站或网页。如果事先知道载有所需信息的网站名，只要在浏览器的查询框中输入网站名，即可查找到需要的信息。常用的网络搜索工具可以分成四大类：互联网目录服务类网站、搜索引擎网站、集成搜索工具类网站和其他软件工具。

在文案调查收集资料中，互联网目录服务类网站的搜索方式是，先将各种网站按类别进行分组，然后通过逐步缩小搜索范围来指引使用者找到所要查找的网页。例如，雅虎、搜狐就是互联网目录服务类网站，它们通过人工对信息进行分类处理来建立和维护自己庞大的站点信息数据库，用户查找时显示的分类目录就是它们数据库中的信息。互联网还可以进行关键词查询，此时它们就会调用别人的搜索引擎来完成用户的查询工作。互联网目录服务类网站的使用方法是：如果你想在搜狐中查找关于北京市房地产方面的信息，你就可以在网站首页上打开房地产专题的页面，然后再点击"北京"，像这样按主题依次往下寻找，直到找到你所需要的内容。假如你所需要的内容在网站上没有找到，你还可以通过关键词查询，在主页的搜索栏中输入你要查询的关键词，这样也可以找到你所需要的二手资料。

搜索引擎网站如 Alta Vista、Snap 等，它们通过经常扫描 Web 页面来更新其关键词索引。搜索引擎一般是按照关键词进行网络查询的，除 WWW 网址外，通常的搜索引擎还可以查找其他的因特网项目，如网页、新闻、通信地址、名录等。

在收集二手资料时，集成搜索工具类网站和其他软件工具允许用户将关键词提交到相应搜索引擎上进行检索，这样能节省时间，提高效率及找到资料的概率。其查找的结果是多个搜索引擎搜索结果的大集合。

②图书馆

各类综合性或专业性图书馆，如经贸部门的图书馆，大都可以提供有关市场贸易的具体数字和某些市场的基本经济情况等方面的资料，有时还可能提供有关产品、采购单位等较为具体的资料。

③政府机构

这些机构一般包括统计部门、市场监督管理部门、税务部门、专业委员会和工业主管部门等。国家统计局和各地方统计局都定期发布统计公报等信息，并定期出版各类统计年鉴，内容包括全国人口总数、国民收入、居民购买力水平以及有关的经济政策、法规等。政府统计部门的资料中有有关产业的统计数据，包括详尽的库存情况、生产情况、需求情况。虽然这些资料并没有提具体公司的名称，但它们提供了市场上竞争公司的数量、产量、总销售情况等诸多信息。如果能利用这些资料作进一步分析研究，就可能获得有关的数据，可根据生产情况推测其市场占有率。这些均是很有权威性和价值的信息。这些信息都具有综合性强、辐射面广的特点。

④行业协会和联合会

各种行业组织通常定期或不定期地通过内部刊物发布各种资料，包括行业法规、市场信息、经验总结、形势综述、统计资料汇编、会员经营状况和发展水平等，这些信息系统资料齐全、信息灵敏度高。为了满足各类用户的需要，它们通常还提供资料的代购、咨询、检索和定向服务，这些都是获取资料的重要来源。

⑤新闻媒体

近年来，为适应市场经营形势发展的需要，各地电台、电视台、一般报刊的出版者以及广播网和电视网，都相继开设了市场信息、经济博览等以传播经济、市场信息为主导的专题节目及各类广告。有的直接为市场营销服务，对调查者来说是有普遍价值的。

⑥研究机构和调查公司

不少经济、工商业研究所和调查咨询公司经常发表有关的市场调查报告和专题评论文章，能提供大量的背景资料。

课程思政 2-2

一项调查

背景与情境： 一家调查公司给出的一项调查显示，绝大多数人在进行试车之后，都认为某国产品牌车比某外国品牌车好，然而，该项调查在两次测试中只有100人参加，更重要的是，这些人没有一个拥有外国品牌车。

问题： 请你结合党的二十大报告"广泛践行社会主义核心价值观"的要求，对该调查公司的调查行为进行研判。

研判提示： 该调查公司通过微妙控制样本而得出调查结果，由于这些人中没有一个拥有外国品牌车，因此他们易于支持国产汽车。如此可以看出，该项调查是由注重结果的公司出钱请市场调查公司进行的所谓独立调查研究，已经严重违反了市场调查职业规范，不符合党的二十大报告中强调的"用社会主义核心价值观铸魂育人，完善思想政治工作体系""把社会主义核心价值观融入法治建设、融入社会发展、融入日常生活"的要求。

⑦消费者组织

很多消费者组织经常查验在各自地区行销的各种产品的情况，并定期在刊物上公布有关结果，它们还针对零售价格的变动情况提供报告。类似这样的资料对文案调查是十分有用的。

⑧各类会议

国内外各种博览会、展销会、交易会、订货会等促销会议以及专业性、学术性经验交流会议上所发放的文件和材料，如有关企业的产品目录、商品说明书、价格单、经销商名单、年度报告、财务报表或其他资料、有关竞争对手的资料或可能成为竞争对手的资料，也都是非常有价值的信息。

⑨各种国际组织、外国使馆、商务会所

它们能提供各种国际市场信息，为文案调查人员了解国际市场情况提供了渠道。

⑩证券交易所

公开上市公司都必须向证券监督管理部门和有关证券交易所提供大量的文件，如年度报告和中期报告，并予以公告。如果调查对象是上市公司，可到证券交易所查询有关资料。从这些报告中可以了解调查对象的财务状况及变化、战略规划和营销策略。

业务链接2-3

收集文献资料的技巧

收集二手资料要靠调查人员对信息的敏感度，先快速、广泛地收集充足数量的相关资料，再斟酌资料的精确度和可靠性。

收集文献资料时要把文献形成或发表的时间、作者情况、出处、出版单位等记录下来，以备事后查询和作为日后使用时的依据。

调查与预测人员也可主动发函索取资料。索取资料时，调查人员要注意给人留下良好的印象，同时向对方说明本企业的业务范围，并使对方对你提出的问题产生兴趣。此外，还需说明需要什么样的资料，且索取数量应适可而止。

4）评估资料

对文案调查资料进行评估时，可从以下6个方面开展：

（1）是谁收集资料（who）

对于这个问题，调查者要弄清楚这些二手资料是从哪来的，收集者是谁。因为二手资料来源是其正确性的关键，不同的组织所能得到的资料以及对数据质量的把握都不同。

（2）调查的目的是什么（why）

目的不同带来了收集资料的不同倾向，了解二手资料最初的调查动机可以提供评估其质量的线索。因此，作为二手资料的收集者，最理想的状态是收集和自己调查目的相同的二手资料，它们具有的价值较大。

（3）收集的是什么资料（what）

调查主体可以通过多种途径收集到许多研究资料，例如，市场潜力、经济影响、居民生活水平等方面的内容都有比较多的相关资料。二手资料的收集者必须了解所收集资料的具体内容，不能盲目地加以使用。

同步思考2-2

背景资料：某连锁超市想从A省的5个人口在20万以下的城市中选择一个建立新店。经过文案调查，很快就获取了这些地方的收入水平、家庭规模、竞争对手数量和市场潜力预测等信息资料。

问题：现有的调查信息是否能满足该连锁超市的需求？

分析说明：作为一个连锁超市，交通情况也是一个非常重要的市场调查内容。

理解要点：调查者应根据所调查的课题考虑哪些信息资料更能准确地体现出来，如果从文案调查中不能准确地获取，就必须开展实地调查。

（4）资料是如何收集的（how）

资料的收集方法是评价二手资料质量的另一个重要标准，它会对资料的准确性和合理性产生不同的影响。资料收集方法的缺失往往会影响对二手资料质量的最终评价。

（5）资料是什么时候收集的（when）

调查时间和调查时的社会背景不同对数据资料的质量会有影响。此外，资料收集的时间也会影响资料的价值，有些过期资料往往是没有利用价值的。

（6）收集的二手资料和其他同类资料内容是否一致（whether）

二手资料可能存在一些潜在的质量问题，要完全识别这些问题是不容易的，最好的办法是再收集一些同类的可以用来比较的资料，从而了解资料的一致性。

同步案例2-2

当二手资料发生冲突时

背景与情境：阿森是一位营销调查者，正在准备对某一新产品的市场销售情况进行预测。他已经就研究的项目建立了一个模型，所要预测地区的商业机构的数量是其中一个输入条件。关于商业机构的数量数据目前有两份，一份来自国家商业模式统计局，另外一份来自某调查公司。这两个数据的来源都相当可信，但数据却相差悬殊，见表2-1。

表2-1　　　　　　　　　　**两个机构的数据**

二手资料来源	商业机构的数量（家）
国家商业模式统计局	61 372
某调查公司	93 265

通过了解得知，这两个机构都没有实际去计算这一区域商业机构的数量。国家商业模式统计局根据给员工发放工资的资料计算公司的数量，而有的公司可能不会上报这些资料，有的小公司没有"发放工资的员工"（老板就是雇员），所以，这些公司就没有被计算在国家商业模式统计局的数据内。可见，因为没有统

计所有的公司，国家商业模式统计局得出的数目会比实际情况少一些。而某调查公司是通过黄页网上所列机构的数量相加得到的数据。这样就引出了一个问题：比如麦当劳在一个城市有一个授权机构，但在黄页网上可能有九个地址，这算一个商业机构还是九个呢？某调查公司将它们看作九个独立的机构，因此，某调查公司所得的数据就偏大。

随堂测 2-1
单选题

资料来源　伯恩斯，等. 营销调查［M］. 于洪彦，金钰，译. 9 版. 北京：中国人民大学出版社，2021.经过改编.

问题： 阿森应如何使用这些数据？

分析提示： 这取决于阿森的研究目的和如何运用数据，阿森可以从中任选一个，同时要考虑这个数据作为一个输入条件会对最后结果产生的影响。因此关键的一点是：调查者必须充分地评价不同的数据资源，以便能够从中选出最有效和最可信的数据。

随堂测 2-1
多选题

5）调整、衔接和融会贯通资料

市场调查人员应根据市场调查项目的需求，剔除与项目无关的资料和不完整的情报。当使用两种以上的二手资料，各种资料之间有中断、矛盾、互补或互斥的现象时，市场调查人员必须发挥独立思考能力，利用自身的学识和能力克服资料的先天不足，不为资料所误导，并运用自己的判断能力，对资料加以补充、衔接、调整及融会贯通。

随堂测 2-1
判断题

6）撰写调查报告

对二手资料和数据进行总结和分析的基础上，撰写文案调查报告。这是作为报告使用者进行决策参考的依据。

经过以上这些步骤，文案调查过程基本结束。但在某些情况下，市场调查人员发现不离开办公桌，只能收集到一些模糊的二手资料，其他详细资料无从知晓，这时则有必要进行实地调查。

2.2　访问法

访问法是指通过询问的方式向被调查者了解市场情况，获取原始资料的一种方法。采用访问法进行调查，对所要调查了解的问题，一般都事先编列在调查表中，按照调查表的要求询问，所以又称调查表法。根据调查人员与被调查者接触方式的不同，又可将访问法分为入户访问、街头拦截访问、电话访问、邮寄访问、留置问卷访问、网络调查法等形式。这里重点介绍入户访问、街头拦截访问、电话访问法和网络调查法。

2.2.1　入户访问

1）入户访问概述

（1）入户访问的含义

所谓入户访问，就是调查员按照抽样方案中的要求，在被抽中的家庭或单位中，按事先规定的方法选取适当的被访问者，再依照问卷或调查提纲进行面对面直接的访问。

（2）入户访问的优缺点

①优点。

第一，可获取较多的信息和较高质量的数据。入户访问是调查者与被调查者之间面对面的交流过程，调查的时间较长，可以采用比较复杂的问卷，调查比较深入的问题。调查者可以采取一些方法来激发应答者的兴趣，特别是可以使用图片、表格、产品的样本等来增加感性认识，还可以通过追问的技巧提高开放题的回答质量。调查人员通过充分解释问题，可使有问不答的情况和回答误差降到最低程度。

第二，比较灵活。调查者依据调查问卷或提纲，可以灵活掌握提问的次序并及时调整、补充内容，弥补事先考虑的不周，而且一旦发现被调查者与所需的调查样本不符合，可以立即终止访问。

第三，具有可观察性。调查人员可直接观察被调查者的态度，判别资料的真实可信度。

②缺点。

第一，成本高、时间长。调查的人力、经费消耗较多，对大规模、复杂的市场调查来说更是如此。在询问式调查法中，入户访问的费用是最高的。另外，与电话访问相比，入户访问的速度比较慢，一个调查员在周末的一天也许最多只能完成6个成功的入户访问，而在平常的工作日，可能一天只能完成1~2个，大量的时间都会花费在路途和寻找访谈对象上。

第二，受调查者的影响较大。调查者的素质（比如调查者业务水平、与人交往的能力、语言表达能力、语气、工作责任感等）会影响问卷的质量。

2）访问员入户访问的操作技巧

为了提高入户访问的成功率，访问员在入户访问过程中需要遵循一定的步骤和掌握一些操作技巧，具体如下：

（1）做好访问准备工作

首先，要做好资料的准备工作，比如问卷、访问提纲、答案卡片、受访者名单、电话、介绍信、自己的身份证明（如名片）等资料。

其次，要准备好相关的工具和物品，如笔、记录本、录音机、交通地图、礼品等，这些应该是访问员访问客户时的必备物品。

最后，对着镜子再检视一下自己的仪表。发型、衣着、装扮这些基本的要素是否得体。被调查者往往根据访问员的服饰、发型、性格、年龄、声调、口音等来决定是否采取合作态度，因此访问员必须仪容端正、用语得体、口齿伶俐、态度谦和礼貌，给人以亲切感，使被调查者放心地接受访问。

（2）入户技巧

①持介绍信或证明取得居委会或物业管理相关人员的支持或帮助。

②引见。由调查对象的熟人或亲戚朋友介绍。这种方式能确保访问者不被拒访，也容易营造良好的访问气氛。

③约访。对于一些调查对象，在上门调查前，应首先通过电话等方式与其进行访问约定。

④自我介绍。通过自我介绍使调查对象接受访问，这是大多数调查人员经常采用的方式，适当的称呼会使对方感到亲切；而且要考虑访问对象的民族习惯和生活习惯。其主要目的在于得到受访者的信任，争取受访者的合作。例如："您好，我是××大学的学生，利用假期勤工俭学，我们正在为××公司做一项有关洗发水的市场调查，而您被抽选为代表之一，我能占用您一点时间吗？希望得到您的配合。"

访问人员应当避免使用诸如"我可以进来吗""我可以问您几个问题吗"这类请求允许访问的问题，因为在这些情况下，人们更易拒绝接受访问。

⑤敲门。调查人员拜访受访者时，必须要敲门，对方同意后才能进入。这时，调查人员要注意敲门的音量和节奏，敲门声要适中，声音太小，受访者可能听不到。

⑥示意礼品。如果访问备有礼品，在访问开始时，访问人员可以委婉地暗示："我们将耽误您一点时间，届时有小礼品或纪念品以表谢意，希望得到您的配合。"但不可过分渲染礼品，使人觉得有占小便宜的感觉。

（3）开场白和寒暄技巧

入户后简明扼要地解释你是做什么的（即说明调查者的身份）、你访问的目的、为什么要进行这次访问，并解释怎么会抽选到该调查对象、说明不会占用对方太多时间、对数据安全及保密性作承诺，以及表示希望得到对方的支持等。

成功的访问需要在一种轻松、愉快、友好的气氛中进行，访问员必须努力营造这种气氛，业务中也俗称"预热"或寒暄。所以，自我介绍之后的寒暄应该友好而简短，寒暄的话题应该显得"随感而发"，千万不要让被访问者觉得你是事先打好腹稿的。寒暄的方法是在入户后，注意观察受访者的行为和周围的环境，找一些受访者的优点、特长，满足受访者被尊重的需要。你也可以对路上的见闻、被访问者的居家布置等方面简单说上两句，避免双方见面后因不太熟悉而显得拘谨。

教学互动 2-1

互动问题：

（1）某企业为了开发一个更加适合广大行政事业单位使用、方便快捷的办公管理软件，决定进行上门访问调查，请你为这一访问调查编写恰当的开场白。

（2）在班中挑选 2~3 位同学各自模拟开场白。

要求：

（1）请 2 位同学对刚才开场白模拟的内容和肢体语言及表情分别进行评论。

（2）教师对学生的回答和其他同学的评论作最后点评。

（4）询问和追问技巧

①按照问卷中问题的顺序提问。在调查问卷设计过程中，由于问题的先后

次序会对问卷整体的准确性及能否顺利进行访问有重要影响，因此，调查问卷中每个问题的顺序都是经过精心编排的。访问员在提问时，要严格按照问卷上的问题顺序提问，不要随意改变问题的顺序。

②提问用词不能随意改变。调查问卷上的提问用词往往都是经过仔细推敲的，因此，访问员对于每个问题都要严格按照调查问卷上的用词进行提问，如果提问或用词有误，就可能影响调查结果。

③严格按要求询问。当被调查者不理解题意时，访问员可重复提问，但不能自作解释或加上自己的意见而影响被调查者的独立思考。

④调查问卷上的每个问题都应问到。访问员在访问中要注意不可因为访问次数多、同样的问题重复遍数多或认为某些提问不重要而自作主张放弃应该询问的问题。

⑤提问时的音量应控制在被调查者能清晰听到为宜，语速应不快不慢。

⑥提问过程应随时根据被调查者的情绪来加以调节和控制。

⑦在访问中，有时被调查者不能很好地全面回答提问，有时问卷本身就设定了追问问题，这时都需要运用追问技巧来达到预期的目的。

对于开放题，一般要求充分追问。追问时，不能引导，也不要用新的词汇追问，要使被访者的回答尽可能具体。熟练的访问员能帮助被调查者充分表达他们自己的意见。追问技巧不仅能为调查提供充分的信息，而且使访问更加有趣。

同步案例2-3

小王的追问

背景与情境：在一次针对高校学生牙膏使用情况的访问调查中，小王对被调查者给某个牌子的牙膏的评价是"很好，不错"不是很理解，于是小王追问道："您说的'很好，不错'，指的是什么？请具体说一下。"

问题：小王的追问正确吗？常见的追问方法和追问语还有哪些？

分析提示：当被调查者的回答不能满足调查要求或回答不全面时，从被调查者的回答入手，可要求被调查者有更具体的表达。常见的追问方法有重复读出问题，重复被调查者的回答，停顿、无言或使用中性追问语。常见的追问语有：还有其他想法吗？还有另外的原因吗？您的意思是什么？哪一种更接近您的感觉？为什么您会这样认为呢？

（5）记录技巧

封闭式问题的记录规则随具体问卷的变化而变化，一般是在应答者回答内容的代码前打"√"或画"○"。访问人员经常会省略记录过滤性问题的答案，因为他们认为应答者随后的回答会使答案很明显，但编辑和编码人员并不知道应答者对问题的实际回答。

开放式问题记录的规则：在访问期间记录回答；使用应答者的语言；不要摘录或释义应答者的回答；记录与问题有关的一切细节，包括所有追问。

记录看起来非常简单，但错误经常在该阶段发生，每一个访问人员应当学会这些记录技巧。

（6）结束访问技巧

① 感谢被调查者。调查人员要感谢受访者抽出时间予以合作，使用"谢谢您的合作"等用语，并使被调查者感受到自己对这项调查研究做出了贡献。

② 迅速检查问卷。看有没有遗漏，问题的答案有没有空缺；问题的答案是否有前后不一致的地方；是否有需要受访者澄清的含糊答案；单选题是否有多选的情况等。

③ 在准备结束调查时，给被调查者一个最后提问的机会，以示对他的尊重，并告诉他如有可能，还要进行一次回访，希望也给予合作。如果有事先准备的礼品，要在该阶段送出。

④ 离开现场时，要表现得彬彬有礼，为受访者关好门并对受访者及其家人说再见。

3）访问员如何不被拒访

拒绝访问是调查人员经常碰到的现象，如果选用入户访问法，在经济发达地区或经济收入比较高的家庭遭受的拒访率非常高。在实际操作过程中，我们根据拒访的原因采取相应的对策才能使拒访率降到最低。

（1）拒访的原因

拒访的情况一般有两种：一种是开始时拒访；另一种是中途拒访。

① 开始时拒访的原因。开始时拒访是指在访问还没有正式开始就拒绝访问。这种现象也有主客观两方面的原因。

开始时拒访的主观原因包括以下两点：

A.怕麻烦。随着市场调查越来越普及，被调查者因以前有过不愉快的经历或怕麻烦而拒绝接受访问。

B.对访问员不放心。由于社会治安方面的问题，被调查者担心随便让人进家会遭抢劫或让人知道了自己的财产后被盗，所以拒绝访问。

开始时拒访的客观原因包括以下几点：

A.调查人员行为不当。调查人员仪表、态度、语言、举止等令受访者感到不舒服，因而拒绝被访问。

B.回答有困难。受访者在回答问题方面有障碍，比如语言表达不清楚、听力不好、说方言等让调查人员听不懂等。

C.受访者文化程度低。看不懂问卷、不理解问卷的意思等。

D.有不顺心的事而无法配合。比如工作不顺心、生病等原因引起的心情不好而拒绝访问。

E.家中有客人。访问员拜访时正好遇到受访者家中有客人。

② 中途拒访的原因。

A.问卷太长。在回答提问的过程中，受访者发现问卷太长，完成问卷花费的时间太多，因而产生厌烦的情绪，没有了耐心。

B.问题不好回答。问卷上的问题是受访者不太熟悉的领域，与受访者的生活经历相差太远，或者有些问题需要受访者极力去回忆等。

C.问题不便回答。问卷中涉及一些不便回答的问题，如婚姻状况、个人收入等，因而受访者拒绝回答。

D.其他事情的打扰。比如有人拜访、电话打扰、突然有事需要处理等。

在实际调查中，受访者拒访时通常会做出各种反应。常见的反应有：

第一，冷漠拒之。这种情况是指受访者了解了访问员的身份和意图之后，由于主观的原因，断然拒绝接受访问，连门都不让进。

第二，婉言谢绝。许多受访者比较文明，不管是主观原因还是客观原因，当他决定拒绝接受访问时，会找出种种理由来拒绝。

第三，愤怒拒绝。访问员在访问时，有时候也会碰到个别涵养比较差的受访者，一听说访问员来作市场调查，就出口伤人，把访问员轰走。这种情况通常与受访者当时的心情不好以及一些不愉快的经历有关。

（2）拒访的对策

在多数情况下，受访者如果要拒绝访问员的访问，会找出各种各样的借口。所以在访问过程中，为了减少被拒绝的可能性，访问员要多想想受访者可能提出的拒访借口的回应对策，下面举几个实例供参考。

业务链接2-4

拒访的对策

太忙——完成调查只需几分钟，或××时候再来访问可以吗？

身体不舒服——对不起，打扰了，××时候再来访问可以吗？

年龄大——我们正需要听听您的意见。

不好答、不会答——问题一点也不难，答案无所谓对与错，很多人都做过，而且都做得很好。

不感兴趣——我们是抽样调查，每一个被抽到的人的意见都很重要，否则结果就会产生偏差，请您协助一下。

不便说——能理解，这也是为什么调查都是保密的原因。我们不要求您填上姓名，调查结果也不是一个人的意见。

我不太了解情况，访问别人更合适——没关系，您把您知道的说出来就可以了。

您的问题太多——对不起，问题看起来是多一点，但都很简单。

不懂得填写——没关系，很简单，我给您讲一讲，您就会了。

不识字、不会做——没关系，我们不要您填写，只要您回答问题就行了。

2.2.2　街头拦截访问

1）街头拦截访问概述

（1）街头拦截访问的含义

街头拦截访问又称不定点访问，是在街区选择适当的地点（一般为商业街、娱乐场所、生活小区等），由访问员对其拦截的合格受访者进行访问的方法。这种方法常用于总体抽样框难以建立、需要快速完成的小样本的探索性研究。

（2）街头拦截访问的优缺点

①优点。

第一，节省费用。由于被访者自己出现在访问员的面前，因此访问员可将大部分时间用于访谈，且节省了时间及车旅费用。

第二，避免入户困难。在公共场所，被调查者没有怕露底的心理，所以相对来讲比较容易接受访问。

第三，便于对访问员的监控。拦截调查通常是在选好的地点进行，所以可以指派督导员在现场进行监督，以保证调查的质量。

②缺点。

第一，不适合内容较长、较复杂或不能公开的问题的调查。

第二，调查的精确度可能很低。由于所调查的样本是按非概率抽样抽取的，调查对象在调查地点出现带有偶然性，这可能影响调查的精确度。另外，在某一地点调查，很难得到代表性强的样本。

第三，拒访率较高。调查对象有充分的理由来拒绝接受调查。

2）街头拦截访问的具体操作

（1）街头拦截访问的准备工作

① 准备问卷，并对问卷内容全面了解。一般来说，街头拦截访问往往会使被调查者措手不及，这就需要调查者进行说明，介绍调查的目的和内容。为此，作为调查者必须对问卷内容全面了解，只有熟悉内容才能清晰、熟练地进行介绍，赢得调查对象的信赖。

② 相关知识的准备。视不同的调查内容要有相关知识的积累，当涉及某种商品或服务时，要先通过图书馆和网络来查找相关的资料，有时还需要实地考察一番。比如说要调查一件服装产品的市场反应，就需要了解这件衣服的面料、款式、价格、流通渠道等。对调查的事物有了先期的认识，就能对街头拦截访问胸有成竹。

③ 预先观察访问地点。到街头拦截的访问地点，实地了解一下那里的环境、人流等情况，看哪里是作街头拦截访问的好地方。便于访问的地点一般是人流较多的购物休憩之处。

④ 检查访问所需的物品。一般访问需要带两支笔、供回答问卷的硬板等，着装也要求整齐些。

⑤ 了解有关职业规则。调查人员应明确受访者的权利与调查人员的义务。虽然我们的调查是课程实践教学，但也要遵守有关职业规则。

受访者的权利有自愿、匿名，了解调查人员的真实身份、目的、手段等。对未成年人进行调查需要经其监护人同意。

调查人员要遵守以下规则：不做有损市场调查行业声誉或让公众失去信心的举动，不探察他人隐私；不能对自己的技能、经验与所代表机构的情况作不切实际的表述，不能误导被调查者；不能对其他调查人员作不公正的批评和污蔑；必须对自己掌握的所有研究资料保密；在没有充分数据支持下不能有意散布市场调查中所得的结论。

（2）拦截访问操作

①准确寻找调查对象。环顾四周，寻找出可能会接受调查的目标对象。街头人群具体分行走人群和留步人群。对留步人群要找那些单个在一边休息或似乎在等人的，径直走上前去询问他们。如果被拒绝，也要很有礼貌地说："对不起，打扰您了。"

对于行走人群，主要观察对方是否是单人行走、步履的缓急、手中是否提有过多的物品、神色是否轻松等。

②上前询问，注意姿态。选准调查对象后，就应积极地上前询问。上前询问的短短几步也是有讲究的，应该缓步侧面迎上。整个行走过程，目光应对准被调查者。当决定开口询问时，应在被调查者右前方或左前方一步停下。

③开口询问，积极应对。良好的开始是成功的一半，开口的第一句话很重要。在这句话中，要有准确的称呼、致歉词和目的说明。你可以说："对不起，先生，能打扰您几分钟作一个调查吗？"上面所说的良好心态、笑的魅力、语言表达都要协调地配合在一起。

对于询问，调查对象会有许多种反应：第一种是不理睬你，这说明他对街头拦截访问极度反感，向他致歉就可以结束了。第二种是有礼貌地拒绝，这时应当针对对方的借口进行回应，比如对方说没时间，可以应对说只需一点点时间。最好还能让对方看看调查问卷，以调动其兴趣。第三种可能是对方流露出一些兴趣，问你是什么调查。这时要把握住机会，让对方看看调查问卷，并向他解释调查的内容，及时地递上笔。只要对方接过问卷和笔，一般就能够接受你的调查。第四种情况较为少见，对方一口答应接受调查。这就不用多说了。

④随步询问，灵活处理。在访问行走人群时，让对方自动停下脚步是一个不错的切入点，说明对方对你有兴趣。如果对方不愿停下脚步，这就需要我们跟随对方走几步，同时用话语力争引起对方的兴趣，切不可直截了当地要求对方停下脚步。一般跟随对方走出十米依然无法让对方停步，就应当终止。

⑤对被调查者信息的收集需加小心。对于被调查者的信息资料，如姓名、年龄、住址、电话等，有时也需要在街头拦截调查中得知，甚至有时调查的目的就是要了解被调查者的基本信息，以利于开展营销活动。对这一内容的调查要小心处理，在调查中要尊重被调查者的权利，不能强求。在调查开始时，先要诚实地将自己的真实身份、调查的目的、要了解他们的基本资料的原因告知被调查者，同时向他们告知自己的义务，询问他们是否愿意参与其中。只要处理得当，一般在这样的情况下，被调查者都会愿意留下他们的信息资料。

（3）调查完成后的必要工作

①当被调查者回答完所有问题后，应当浏览一遍，不要有所遗漏。

②准确判断不同文化背景的受访者的回答之真正含义。不同职业、文化背

景的人，回答问题时会表现出不同的价值观念。例如，对"××牌自行车外形感觉如何"这一问题，教授、商人可能均回答"很时髦"，但前者的真正意思可能是"虚有其表，不切实际"，后者的意思则可能是"样式新潮，适合需求"。

③ 向被调查者表示感谢，与其告别。

④ 当完成一次调查后，先不要将问卷取下。展开新的调查时，可以当着被调查者的面将已用过的问卷取下，这样可以使被调查者更易于接受调查。

⑤ 等到所有的问卷都完成后，需要整理一下。在调查过程中往往会有废卷和白卷的情况。第一是切忌作假，第二是不要将问卷毁损。在街头拦截调查结束后将所有的问卷交给负责人，这是最原始的资料，需要进行集中整理统计，形成有效的营销信息资料。

2.2.3 电话访问法

1）电话访问法概述

（1）电话访问法的含义

电话访问法是由调查人员通过电话，依据调查提纲或问卷，向被调查者询问以获得信息的一种调查方法，包括传统的电话调查方法和计算机辅助电话调查方法（CATI）。传统的电话调查方法使用的工具是普通的电话，访问员按照调查设计所规定的随机拨号方法确定拨打的电话号码，如拨通则筛选被访者，并逐项提问，同时加以记录。计算机辅助电话调查在一个装备有系统软件设备的场所进行，整套系统软件包括自动随机拨号系统、自动访问管理系统（实时监听系统、双向录音系统）和简单统计系统等。访问员只需戴上耳机，等待电脑自动选号，根据筛选条件甄别被访者，然后按照问卷上的问题进行访问，整个过程最大的优点是质量的监控保证及操作的规范化。

（2）电话访问法的优缺点

①优点。

第一，取得市场信息资料的速度最快。

第二，节省调查时间和经费。

第三，覆盖面广，可以对任何有电话的地区、单位和个人进行调查。

第四，被调查者不受调查者在场的心理压力影响，因而能畅所欲言，回答率高。

第五，对于那些不易见到面的被调查者，如某些名人，采用此法有可能取得成功。

第六，采用计算机辅助电话系统，更有利于对访问质量的监控。

第七，访问员的管理更为系统规范、管理集中、反馈及时有效。

②缺点。

第一，被调查者只限于有电话和能通电话者，在经济发达的地区，电话普及率很高，这种方法能得到广泛应用。但在经济不发达、通信条件比较落后的地区，电话尚未普及，在一定程度上会影响调查总体的完整性，开展调查的面也较窄。

第二，电话提问受到时间的限制，询问时间不能过长，内容不能过于复杂，故只能进行简单的问答，无法深入了解一些情况和问题。

第三，由于无法出示调查说明、照片、图片等背景资料，也没有过多的时间逐一在电话中解释，因此，被调查者可能因不了解调查者的确切意图而无法回答或无法正确回答问题。

第四，无法针对被调查者的性格特点控制其情绪，如对于挂断电话的拒答者，很难作进一步的规劝工作。

电话访问法适用于急需得到结果的市场调查，目前我国许多市场调查机构都采用这种方法。随着我国电信业的发展，电话访问法作为一种快捷、有效的调查方法，将会越来越得到广泛的重视和运用。

（3）电话访问法的应用范围

① 对热点问题、突发性问题的快速调查。

② 关于某特定问题的消费者调查。比如，对某种新产品的购买意向、对新开栏目的收视率调查等。

③ 特定群体调查。比如，对于投资者近期投资意向和打算的调查。

④ 已经拥有了相当的信息，只需进一步验证情况时的调查。

2）电话访问的具体操作

（1）电话访问的准备工作

① 访问员要求有较强的语言表达能力和沟通、理解能力，所以在电话访问前期，应逐一挑选普通话标准、语音优美、有亲和力、吃苦耐劳、做事认真的访问员。

② 必须明确电话访问的目的，要知道你想通过此次电话访问得到什么。

③ 相关知识的准备。视不同的调查内容要有相关知识的积累，特别是调查内容所涉及的行业相关专业知识。

④ 在拨打电话之前，应该对达到预期目标的过程进行设计，可以准备一张问题列表，并对可能得到的答案有所准备，最好选用两项选择法进行询问。

⑤ 要有足够的被拒绝的心理准备。由于人们生活节奏加快，另外还有电话诈骗等社会问题的出现，电话访问频频受阻。这要求访问人员一定要有信心和恒心，坚持下去，就一定能够找到那个提供信息的人。若有可能，应提前寄一封信或卡片告知被调查者将要进行电话询问的目的和要求，以及奖励办法等。

⑥ 进行试访训练。试访是正式访问的战前演练，是为了了解访问员对调查背景、问卷内容以及访问技巧的掌握程度和熟练程度。能否做细、做足试访工作对电话访问成败有非常重要的作用。

应安排1~2名督导进行现场巡视，及时纠正访问员不规范的询问问题方式和记录方式，及时处理访问过程中不可预见的突发问题，保证访问实施正常有序进行。

安排专人对访问过程的录音进行抽查，掌握访问员的共性问题和个性问题，并针对这些问题将访问员再次集中培训，确保访问员在统一口径和规范操作程序下收集信息。

（2）电话访问的开场白

开场白或者问候是访问员与被访者电话接通以后前 30 秒钟所讲的，或者说是访问员所讲的第一句话，其可以建立被访者对访问员的第一印象。在电话访问中，第一印象是决定访问员的这个电话能否进行下去的一个关键因素。开场白一般来讲包括以下几个部分：

① 问候/自我介绍。例如："您好，我是××公司的××。"

② 表明打电话的目的。例如："上个星期您提到……您对我们服务人员的服务态度感到满意吗？"

③ 确认被访者时间是否允许。例如："可能要花您几分钟的时间，现在方便吗？"如果被访者此时很忙，尽可能与被访者约定下次访谈的时间。约定时应采用选择性的问题。例如："您看我们的下次访谈定在明天上午还是下午呢？""是下午两点还是三点呢？"

④ 提出问题把被访问人员引入会谈中。例如："那个问题您怎么看？""它对您有帮助吗？""在什么地方有帮助？""您认为我们下一步如何走？"

（3）电话访问进行中

① 电话访问进行中要注意倾听电话中的背景音，例如，有电话铃声、门铃声或有人讲话时，应询问受访者是否需要离开处理，这表明你对受访者的尊重。

② 提高你提问和听话的能力。通过提问去引导你们的电话访谈，在听取受访者回答时正确理解其意图，包括话外音。

（4）打完电话后

打完电话之后，访问员一定要向被访者致谢。例如："感谢您用这么长时间帮助我们，您的宝贵意见我们会认真考虑，谢谢，再见。"

学习微平台

资源 2-1

2.2.4　网络调查法

网络调查法又称网上调查法或网络调研法，是企业利用互联网收集和掌握市场信息的一种调查方法。网络具有传送电子邮件、信息查询、远程登录、文件传输、新闻发布、电子公告、网络聊天、网络会议等多种功能。网络调查是充分利用网络的这些功能和信息传递与交换的技术优势，将企业需要的市场相关信息通过网络进行收集、处理和分析。

1）网络调查法的方式

如同传统的市场调查方式分为一手资料调查和二手资料调查一样，网络调查，相应的也有两种方式：一种是利用互联网直接进行问卷调查等方式收集一手资料，被称为网络直接调查法，这种方式通常借助网上问卷调查法、网上实验法和网上观察法等实现，最常用的是网上问卷调查法。另一种是利用互联网的媒体功能，从互联网收集二手资料。由于越来越多的传统报纸、杂志、电台等媒体，以及政府机构、企业等也纷纷建立了自己的网站，因此网络成为信息的海洋，信息蕴藏量极其丰富（关键是如何发现和挖掘有价值信息，而不再像过去那样苦于找不到信息），这种方式一般称为网络间接调查法。网络间接调查法主要是利用互联网收集与企业营销相关的市场、竞争者、消费者以及宏观环境等方面的信息。企业用得最多的还是网络间接调查法，因为它获取的信息广泛，能满足企业管理决策需要，而网络直接调查法一般只适合于针对特定问题进行专项调查。关于网络间接调查法已在二手资料调查法中详细介绍，这里不再赘述。在此将重点介绍常用的网络直接调查法。

2）网络调查法的应用范围

网络调查是一种新兴的调查方法，随着电脑的普及、网民数量的增加，这种调查方法得到了前所未有的发展。网络调查的应用领域十分广泛，主要集中在产品消费、广告效果测试、生活形态、社情民意、市场供求、企业生产经营等方面。网络调查将成为21世纪应用领域最广泛的主流调查方法之一。

（1）产品消费调研

网络调查可以实现对现实与潜在消费者的产品与服务需求、动机、行为、习惯、偏好、意向、价格接受度、满意度、品牌偏好等方面的调研，可以帮助企业快速获得目标市场的消费需求状况、特征和趋势等资讯。

（2）广告效果测试

广告效果测试即利用电子问卷、电子邮件、在线座谈等方式对广告的目标受众进行广告投放之后的市场测试，以便迅速获得广告投放的达到率、认知率、接受率和喜好率，以及广告投放对消费者购买决策与行为的影响等方面的信息，亦可对广告的媒体选择进行研究。

（3）生活形态研究

生活形态研究是利用网络调研活动快、成本低的特点，对特定目标群体的生活形态进行连续性的追踪研究。例如，消费群体价值观研究、青少年时尚消费观念研究、妇女消费观念研究、白领人士家庭与职业阶段的研究等，均可利用网络调查进行。

（4）社情民意调研

社情民意调研是利用网络调研法，对一些社会热点问题进行调查研究，如公众消费观念的变化、公众人物的价值认同、就业问题等均可组织网络调研。

（5）企业生产经营调研

企业生产经营调研有两种方式：一是政府用于行业或政府自身的统计调查；二是直接登录有关企业的网站或通过搜索引擎获取有关企业的生产经营资料，以满足某些专项研究的需要。

（6）市场供求调研

企业可利用电子邮件将求购清单传至供货单位，或将求购清单置于网络中供受访者回复，为企业的采购决策提供信息。企业也可将供货清单置于网络中招揽购买者，以寻求产品用户，为企业的产品销售决策提供信息。

3）网络调查法的具体方法

网络调查按照采用的技术方法不同分为站点法、电子邮件法、随机 IP 法、视讯会议法和在线访谈法等；按照调查者组织样本的行为不同，可分为主动调查法和被动调查法。主动调查法是指调查者主动组织调查样本，完成有关调查；被动调查法是指调查者被动地等待调查样本单位造访，完成有关调查。被动调查法的出现是统计调查的一种新情况。下面将主要介绍如何组织使用网上问卷进行调查。

（1）站点法

站点法是将调查问卷的 HTML 文件附加在一个或几个网站的 Web 网页上，由浏览这些站点的网上用户在此 Web 上回答调查问题的方法。站点法属于被动调查法，这是目前出现的网络调查的基本方法，也是近年网络调查的主要方法。这种方法的好处是填写者一般是自愿的，缺点是无法核对问卷填写者的真实情况。为达到一定的问卷数量，站点还必须进行适当宣传，以吸引大量访问者。

（2）电子邮件法

电子邮件法是通过给被调查者发送电子邮件的形式将调查问卷发给一些特定的网上用户，由用户填写后以电子邮件的形式再反馈给调查者的调查方法。电子邮件法属于主动调查法，与传统邮件法相似，优点是邮件传送的时效性大大提高了。这种方法的好处是，可以有选择性地控制被调查者，缺点是容易遭到被调查者的反感，有侵犯个人隐私之嫌。

（3）随机 IP 法

随机 IP 法是以产生一批随机 IP 地址作为抽样样本的调查方法。它属于主动调查法，其理论基础是随机抽样。利用该方法可以进行简单的随机抽样，也可以依据一定的标准组织分层抽样、系统抽样。

（4）视讯会议法

视讯会议法是基于 Web 的计算机辅助访问（computer assisted web interviewing，CAWI），是将分散在不同地域的被调查者通过互联网视讯会议功能虚拟地组织起来，在主持人的引导下讨论调查问题的调查方法。这种方法属于主动调查法，其原理与传统的专家调查法相似，不同之处是参与调查的专家不必实际地聚集在一起，该方法适合于对关键问题的定性研究。

（5）在线访谈法

在线访谈法是指调查人员利用网上聊天室或 BBS 与不相识的网友交谈、讨论问题、寻求帮助、获取有关信息。在线访谈法属于主动调查，适用于定性研究。它比较客观、直接，缺点是不能对某些问题进行深入调查和原因分析。因此，许多企业设立了 BBS 以供访问者对企业产品进行讨论，或者与某些专题的新闻组进行讨论，以更深入地调查来获取有关资料。及时跟踪和参与新闻组和公告栏，有助于企业获取一些问卷调查无法得到的信息，因为问卷调查是从企业角度出发考虑问题，而新闻组和公告栏中的信息是用户自发的感受和体会，他们传达的信息也是最接近市场和最客观的，缺点是信息不够规范，需专业人员进行整理和挖掘。

业务链接2-5

网络调查法的优缺点

优点：

A.费用低。网络调查在信息采集过程中，不需要派出调查人员，不受天气和距离的影响，不需要印制调查问卷。信息采集和录入工作通过分布在网上的众多用户终端完成，信息检验和处理由计算机自动完成。

B.范围广。网络调查不受空间的限制，可以进行区域性的调查，也可以进行全国性的调查，亦可进行无国界的调查和商业咨询。

C.效率高。网络调查能够通过网络迅速地获取信息、传递信息和自动处理信息，因而可以大大缩短调查周期，提高调查的时效性。此外，网络调查还能进行24小时的全天候调查，不间断地接受调查填表，直到满足样本量的要求。

单选题

D.互动性。网络调查能够设计出多媒体问卷，网民可直观地通过文字、图形和其他各种表现形式做出选择和回答。也可以通过视听技术，使网络调查员与网民自由交谈，询问和解释各种调查问题，因而具有较强的互动性。

多选题

E.客观性。与传统调查相比，网络调查的被调查者是主动参与的，如果对调查项目不感兴趣，他不会花费时间在线填写调查问卷，同时，被调查者是在完全独立思考的环境下填写调查问卷的，不会受到调查员和其他外在因素的误导和干扰，能最大限度地保证调查结果的客观性。

判断题

F.可靠性。网络调查的信息质量具有可靠性。主要表现在：一是可在网络调查的问卷上附加全面、规范的项目解释，有利于消除因为对项目理解不清或调查员解释口径不一致而造成的误差；二是问卷的复核检验由计算机依据设定的检验条件和控制措施自动实施，可以有效地保证问卷检验的全面性、客观性和公正性；三是通过被调查者身份验证技术，可以有效地防止信息采集过程中的虚假行为。

缺点：

学习微平台

A.样本对象有较大的局限性。网络调查仅局限于网民，而且参与的人群以年轻人和知识分子为主，对于某些领域的调查来说，这影响了样本的代表性。

B.对访问员要求高。由于网络调查是借助计算机完成的，所以访问员不仅要有一般传统访问的经验，还要有操作计算机的技能。

资源2-2

2.3 观察法

2.3.1 观察法概述

1）观察法的含义和特点

观察法是指通过观看、跟踪和记录调查对象的言行来汇集信息资料的调查方法。其可以依靠调查人员在现场直接观看、跟踪和记录，也可以利用照相、摄像、录音等手段间接地从侧面观看、跟踪和记录。在市场调查中，经常对商场的运行情况、消费者的消费倾向、销售情况、客流量情况等采用观察法来获取信息。

观察法的特点为：①简单易操作、观察结果基本接近事实；②符合经济原则，省时、省力、省钱；③需要一定经验的人才能掌握；④不必与顾客交谈，只能作客观观察。

2）观察法的优缺点

（1）观察法的优点

第一，观察法可以比较客观地收集第一手资料，直接记录调查的事实和被调查者在现场的行为，调查结果直观、可靠。

第二，观察法基本上是调查者的单方面活动，一般不依赖语言交流，不会受到被观察者意愿和回答能力等有关问题的困扰。

第三，可以避免许多由于访问员及询问法中的问题结构所产生的误差。

第四，有利于排除语言交流或人际交往中可能发生的种种误会和干扰。

第五，观察法简便、易行，灵活性强，可随时随地进行观察。

（2）观察法的缺点

第一，观察法只能反映客观事实的发生经过，而不能说明发生的原因和动机。

第二，只能观察到公开的行为，一些私下的行为，如上班前的打扮过程等超出了观察的范围。

第三，被观察到的公开的行为并不能代表未来的行为。

第四，观察法需要大量观察员到现场作长时间观察，调查时间较长，调查费用支出较大。因此，这种方法在实施时，常会受到时间、空间和经费的限制，比较适用于小范围的微观市场调查。

第五，对调查人员的业务水平要求较高，如敏锐的观察力、良好的记忆力及现代化设备的操作技能等。

业务链接2-6

客流量的观察统计

一项调查要求调查员对某商场或某商业中心的客流量的观察数据作详细的记录，然后整理统计出来，见表2-2。

表2-2　　　　　　　　　　**2022年10月上海某购物广场客流量统计**　　　　　　　单位：人

路口时间		正门	南大门	地铁口	北侧门	内街	合计
上午	10：00—10：30 平时	180	498	630	468	186	1 962
	10：00—10：30 双休	319	720	261	972	237	2 509
	10：30—11：00 平时	264	684	870	504	294	2 616
	10：30—11：00 双休	292	732	1 000	1 031	402	3 457

续表

路口时间			正门	南大门	地铁口	北侧门	内街	合计
上午	11：00—11：30	平时	348	642	1 098	468	306	2 862
		双休	251	1 090	1 542	800	270	3 953
	11：30—12：00	平时	342	702	846	306	228	2 424
		双休	235	1 152	1 680	1 100	348	4 515
	12：00—12：30	平时	294	594	828	348	204	2 268
		双休	142	810	2 014	960	288	4 214
下午	12：30—13：00	平时	192	450	756	402	150	1 950
		双休	161	726	2 124	820	402	4 233
	13：00—13：30	平时	162	384	720	348	192	1 806
		双休	335	465	2 780	790	468	4 838
	13：30—14：00	平时	138	246	696	468	210	1 758
		双休	319	534	3 000	1 000	411	5 264
	14：00—14：30	平时	150	216	546	411	216	1 539
		双休	415	396	2 560	732	639	4 742
	14：30—15：00	平时	144	192	624	216	168	1 344
		双休	354	306	3 110	606	555	5 231
	15：00—15：30	平时	126	168	690	348	120	1 452
		双休	672	222	2 500	576	504	4 474
	15：30—16：00	平时	114	150	726	246	180	1 416
		双休	738	366	465	480	612	2 661

续表

路口时间			正门	南大门	地铁口	北侧门	内街	合计
晚上	17：00—17：30	平时	114	264	990	258	246	1 872
		双休	720	465	4 072	558	180	5 995
	17：30—18：00	平时	126	234	1 068	312	254	1 994
		双休	660	612	4 256	516	280	6 324
	18：00—18：30	平时	120	168	1 152	258	288	1 986
		双休	630	312	4 362	402	1 364	7 070
	18：30—19：00	平时	84	186	1 218	192	312	1 992
		双休	582	246	4 212	304	1 680	7 024
	19：00—19：30	平时	86	194	1 230	208	330	2 002
		双休	612	256	4 268	316	1 698	7 102
	19：30—20：00	平时	72	150	1 092	180	258	1 752
		双休	732	210	1 156	270	1 612	7 280
	20：00—20：30	平时	0	132	1 080	132	222	1 566
		双休	660	150	1 824	180	1 090	3 904
	20：30—21：00	平时	6	90	900	183	156	1 335
		双休	666	280	1 840	250	780	3 816
	21：00—21：30	平时	0	36	336	133	60	565
		双休	642	290	1 854	180	1 090	4 056
	21：30—22：00	平时	0	12	228	92	12	344
		双休	412	306	1 237	125	480	2 560
合计		平时	3 302	6 575	18 690	6 873	4 610	39 845
		双休	12 042	11 662	59 471	13 918	14 512	110 573

2.3.2 观察法的操作

1）观察法的准备工作

（1）明确观察目的

观察目的是根据调查任务和观察对象的特点而确定的。明确观察目的，即要明确通过观察解决什么问题，然后确定观察的范围、对象、重点，具体观察计划的步骤。

（2）制订观察计划，特别要明确观察对象与目标

一般说来，观察计划包括观察目的、观察对象、观察重点与范围、通过观察需要获得的资料、观察的途径、观察的时间、观察的次数和位置、观察的方法、观察的注意事项、观察人员的组织分工、观察资料的记录和整理、观察的应变措施等内容。

这里提到的观察对象和目标可以是物（产品、竞争广告、市场关系等），也可以是人（顾客、行人）。观察对象与观察目标是根据调查目的确定的。例如，如果调查商场营业员的服务情况，观察对象就为商场的营业员，观察的内容包括该商场对营业员工作时间内各个方面的要求，诸如，仪容、仪表、言行举止、对顾客的态度等方面。

（3）设计观察记录表

为了将观察结果快速准确地记录下来，并便于随身携带，可将观察内容事先制成便于汇总的小卡片。在制作卡片时，首先根据观察内容，列出所有观察项目；去掉那些非重点的、无关紧要的项目，保留一些重要的能说明问题的项目；列出该项目中可能出现的各种情况，合理编排；通过小规模的观察来测试卡片的针对性、合理性和有效性，以修改卡片；最后，定稿付印，制成观察卡片。

例如，图2-1是某商场为观察购买者的行为而制作的顾客流量及购物调查卡片。使用时，在商场的进出口处，由几名调查员配合进行记录，调查卡片每小时使用一张或每半小时使用一张，该时段内出入的顾客及其购买情况可详细记录下来。

被观察单位 _____   观察时间 ____ 年 ____ 月 ____ 日 ____ 时至 ____ 时

观察地点 _____   观察员 _____

观察内容	入向	出向
人数（人）		
购物金额（元）	—	

图2-1 顾客流量及购物调查卡片

（4）选择观察地点

观察地点的选择既要便于观察，又要注意隐蔽性。

（5）准备观察仪器

市场调查中的观察并不仅限于通过人的视觉，还指通过人的五种感觉器官产生的所有感觉。运用不同器官进行观察，所需配备的观察仪器也是不同的，详见表2-3。

表2-3　　　　　　　　　　　　　感觉和观察工具

感觉	人的器官	在市场调查中的作用	辅助手段
视觉	眼睛	行为观察（广告牌效果检验）	望远镜、显微镜、照相机
听觉	耳朵	谈话观察（顾客的言谈）	助听器、录音机、噪声测量仪
触觉	手指、手掌	表面检验（纹路、结构、皮肤）	触式测试仪、盲视仪、金相仪
味觉	舌、口腔	品味	化学分析仪、味料专用分析仪
嗅觉	鼻	食品、香料检验	香料分析仪

2）进入观察现场

进入现场应取得有关人员的同意，或出示证件说明，或通过熟人介绍，或取得观察对象中关键人物的支持。一旦进入现场，观察者要尽快取得被观察者的信任。

3）进行观察和记录

（1）观察

观察应有计划，与思考相结合，并有序进行。具体可以采用下列几种方法：

①采用直接观察法进行观察。直接观察法就是调查人员直接到调查现场进行观察。例如，在柜台前观察消费者的购买行为，记录他们对商品的挑选情况；在橱窗前观察过往客户对橱窗的反应，分析橱窗设计的吸引力；在大街上观察人们的穿着和携带的商品，以分析市场动向用以开发新产品。

在进行直接观察时需要做好以下工作：

第一，尽可能不让被观察者觉察到你在记录他（她）的表现。

第二，不要先入为主，观察要具有客观性。观察的对象反映的是什么，就记录什么，不要掺杂个人的任何成见或偏见，更不要把个人主观的推测与客观的事实相混淆，这样观察所得到的材料，才会是真实可靠的。为了增加客观性，可以利用仪器进行观察，或者采取几个人同时观察一个研究对象，同时记录，观察后互相核对记录的方法来提高客观性。

第三，在观察的过程中，需要观察者的思维和注意力保持高度的集中，每当一种现象出现时，一定要找出引起这种现象的原因。

第四，冷静处理偶发情况。观察时出现预先没有估计到的特殊情况时，不要慌乱失措，可如实把发生的情况记录下来，在观察过程中或观察结束以后予以适当处理。

②采用痕迹观察法进行观察。痕迹观察法就是在调查现场观察和分析被调查者活动后留下的痕迹。这种方法在各种调查中被广泛应用，也应用于市场调查。

同步思考2-3

资料：从居民的垃圾中分析居民的消费水平，以及派人观察车载收音机频道停留的位置，以便选择受司机欢迎的电台做广告。

问题：这两种方法是否均属于痕迹观察法？为什么？

分析说明：从居民的垃圾中分析居民的消费水平、派人观察车载收音机频道停留的位置，是否及为什么属于痕迹观察法，应根据痕迹观察法的含义来回答。

理解要点：

（1）痕迹观察法是在调查现场观察和分析被调查者活动后留下的痕迹。

（2）观察居民消费后的垃圾从而分析被调查者活动后留下的痕迹，观察车载收音机频道停留的位置从而分析受司机欢迎的电台，这两者均符合痕迹观察法的内涵，所以都属于痕迹观察法。

在实施痕迹观察法时，观察者要有耐心，并且细心，要严格要求自己，不产生厌倦的情绪，具有认真工作的精神。

③采用行为记录法进行观察。行为记录法主要是通过有关仪器，对调查对象进行记录和分析。在我国，有的商家用录像机录下消费者的购买行为，以分析消费者的购买动机和购买意向。

教学互动2-2

资料：在某些情况下，用机器观察取代人员观察是可能的，甚至是人们所希望的。在一些特定的环境中，机器可能比人员更便宜、更精确和更容易完成工作任务。

互动问题：你能列举一些用于观察和记录信息的现代化仪器手段吗？

要求：

①对于回答比较流利的同学，要继续追问信息来源，同时要求教师提前收集相关资料。

②教师对学生的回答进行点评。

（2）记录

在采用观察法时，记录技术的好坏直接影响着调查结果，应注意采用适当的记录技术。良好的记录技术可以减轻观察者的负担，不致因忙于记录而顾此失彼。准确、及时、无漏地记下转瞬即逝的宝贵信息及事项的变化情况，能加快调查工作的进程，便于资料的整理及分析。记录技术主要包括观察卡片、符号、速记、记忆和机械记录五种。

①观察卡片。观察卡片或观察表的结构与调查问卷的结构基本相同，卡片上列出一些重要的能说明问题的项目，并列出每个项目中可能出现的各种情况。

②符号。这是指用符号代表在观察中出现的各种情况，在记录时，只需根据出现的情况记下相应的符号，不需要文字叙述。这样不仅加快了速度，而且便于资料的整理。

③ 速记。这是用一套简便易写的线段、圈点等符号系统来代表文字，进行记录的方法。

④ 记忆。这是在观察调查中，采用事后追忆的方式进行的记录，多在调查时间急迫或不适合、不可能当场记录时采用，如观察敏感问题。记忆虽然可以避免被调查者的顾虑，但容易遗忘一些重要信息。

⑤ 机械记录。这是指在观察调查中运用录音、录像、照相等手段进行的记录。这种方法能详尽记录所要观察的事实，免去观察者的负担，但容易引起被调查者的顾虑，使调查结果失去真实性。

2.3.3　观察法的应用范围和注意事项

1）观察法的应用范围

第一，在消费需求调查中，对消费者购物时对商品品种、规格、花色、包装、价格等的要求进行观察。

第二，在商场经营环境调查中，对商品陈列、橱窗布置、所临街道的车流、客流量情况进行观察。

第三，品牌观察，即用于调查消费者对某品牌产品的需要强度以及其他品牌同类产品的替代强度。例如，在某商店消费者需要某一品牌的商品，而销售人员并没按要求提供，却代之以其他品牌的同类商品，从而可用多个消费者对替代品的接受情况来确定某一品牌的替代强度。

第四，在城乡集贸市场调查中，对集贸市场上农副产品的上市量、成交量和成交价格等进行观察。

第五，在商品库存调查中，对库存商品直接盘点记录，并观察库存商品情况。

此外，观察法还可用于产品质量调查、广告调查等领域。

同步案例2-4

以顾客身份进行的参与观察

背景与情境：一家拥有众多售货员的连锁商店准备对商店的售货员进行一次评价，作为今后对其进行培训的依据，为此聘请了调查人员作为观察者，让他们在购买物品的过程中对各商店售货员进行观察评定。评定的内容主要包括：①当观察人员以顾客身份进入商店时售货员做了些什么？②他们是如何接待这位"顾客"的？③商店里商品布置得怎样？④售货员提供商品咨询服务的能力如何？⑤如果这位观察人员什么也不买，售货员是否还那么热情？

问题：对售货员的观察具体应如何实施？

分析提示：①观察人员是训练有素的人员；②观察手段是看、听；③实施方式为隐蔽的、参与的，在某段时间内由第三者进行实际观察（即现场观察）；④观察对象为售货员及其对商品的布置。

2）观察法的注意事项

第一，为了使观察结果具有代表性，反映某类事物的一般情况，应设计好抽样方案，以使观察的对象和时段具有较好的代表性。

第二，在进行实际观察时，最好不要让被观察者有所察觉，否则，就无法了解被观察者的自然反应、行为和感受。

第三，在实际观察时，必须实事求是、客观公正，不得带有主观偏见，更不能歪曲事实真相。

第四，调查人员的记录用纸和所需观察的项目列表最好有一定的格式，便于尽可能详细地记录调查内容的有关事项。

第五，为了观察客观事物的发展变化，进行动态对比研究，就需要作长期反复的观察。

随堂测 2-3
单选题

随堂测 2-3
多选题

随堂测 2-3
判断题

课程思政 2-3

一名神秘客户

背景与情境： 小王是一名进行银行服务质量提升的培训师，她在进行培训工作前为了更多地了解被培训单位的服务状况，经常扮演神秘客户。在扮演神秘客户的过程中，她经常会像普通办理业务的客户一样进入银行营业大厅，感受银行大堂经理的服务，观察员工的服务形象以及服务规范；有时会亲自上前办理业务，感受柜员或大堂经理的服务态度；同时也会观察营业大厅、营业室、自助区等区域的环境卫生以及物品摆放是否合理和规范；有时还会借助隐蔽设备拍摄和记录观察到的环境、服务现状等画面。她把收集到的信息整理成资料和报告，交给被培训单位的相关负责人，同时也成为自己课堂培训的丰富素材。

问题： 小王采用的是哪种调查方法？对小王的工作作风从社会主义核心价值观角度进行研判。

研判提示： 小王采用的是观察法中的神秘顾客法，是在对对象进行观察时常用的一种方法。神秘顾客又称伪装消费者。他与一个正常购买商品（或服务）的顾客一样，会与服务人员进行交流，咨询与商品（或服务）有关的问题，挑选商品（或服务），比较商品（或服务），最后做出买或不买某种商品（或服务）的决定。但是，神秘顾客与服务人员的交流并不是访问式，其目的是观察服务人员的态度、行为并对此做出评价。神秘顾客法在商业领域应用很广泛。小王作为一名神秘顾客在工作中的表现能够体现出爱岗敬业的职业精神和训练有素的职业技能，所以符合企业工作规范和标准，是对企业负责的行为。

2.4　实验法

2.4.1　实验法概述

1）实验法的内涵和特点

实验调查法（简称实验法）又称因果性调查法，是指市场实验者按照一定的实验假设，有目的、有意识地通过改变或控制一个或几个市场影响因素的实践活动，来观察市场现象在这些因素影响下的变动情况，认识市场现象的本质和发展变化规律。例如，实验者控制一个或多个自变量（如价格、包装、广告等），研究在其他因素（如质量、服务、销售环境等）都不变或相同的情况下，这些自变量对因变量（如销售量）的影响或效果。我们日常见到食品展销会上的品尝活动，就是采用了实验法。

实验法是一个综合性的方法，应用其他方法，如询问法（问卷、电话）、座谈法、观察法等加以辅助，才能取得综合效应。

实验法的特点包括：

① 综合性强，融合了各种调查方法，可以取得综合效应，如活动促销效果、树立企业形象等。

② 反馈性强，可以马上看出消费者的喜好及对价格的态度。

③ 受一定条件的限制，如实验地点、社会关系和实验成本等。

2）实验法的优缺点

（1）优点

第一，结果的客观性和实用性强。实验调查法取得的数据一般比较客观，具有一定的可信度。

第二，方法具有可控性和主动性。运用此法可以主动改变某些变量，从而观察各种因素之间的相互关系。这是其他调查方法无法做到的。

第三，针对性强。本法可针对不同的调查项目，进行适合的调查实验设计。

第四，可以探索不明确的因果关系。本法可在实验过程中探索，总结各种因素及其可能产生的结果。

第五，实验的结论有较强的说服力。在实验单位、实验变量、实验的设计和实验的环境都基本相同的情况下，不管谁来实验，也不管在何时、何地进行实验，结果大致是相同的，这说明实验是可以重复的，故有较强的说服力。

（2）缺点

第一，费用高。实验通常很昂贵，对实验组、控制组以及多次测量的需要大大增加了研究的费用。

第二，花费的时间长。一般在短时间内，实验得不出可靠的结果。

第三，管理控制比较困难。因为实验时不能影响公司的日常工作和批发商、零售商的活动，并且还要考虑外来因素的影响，所以控制起来比较困难。

第四，保密性差。如果是现场实验，则保密性较差，研究计划容易暴露，竞争对手可能会有意破坏现场。

同步思考 2-4

问题： 某调料产品在大规模进入某城市乃至全国的副食品商店和菜市场前，想知道以什么销售方式为好、以什么价格定位为好、还可以开发些什么产品等信息。这是否适合采用实验调查法？为什么？

分析说明：将产品大规模投放到市场前，在小范围、特定市场进行促销获取相关信息是否适合采用实验调查法，应对照实验调查法的内涵和特点来回答。

理解要点：

①实验调查法顾名思义起源于自然科学的实验求证。例如，理论推测某药品具有抗癌作用，但需要等临床试验证实后，才能正式批量生产推向市场。

②实验调查法反馈性强，可以马上看出消费者的喜好及对价格的态度；实验调查法具有可控性和主动性，可以主动改变某些变量，从而观察各种因素之间的相互关系。

③要想知道该调料产品在大规模进入市场前的相关信息，应该先找一家与其关系良好、有代表性的副食品商场进行实验，以对下一步的市场营销工作起到积极的指导作用。这符合实验调查的内涵和特点，所以应该采用实验调查法。

3）实验法的应用范围

实验法主要应用于检验有关市场变量间因果关系的假设，研究有关的自变量对因变量的影响或效应。例如，测试各种广告的效果，测试各种促销方法的效果，研究品牌对消费者选择商品的影响，研究颜色、名称对消费者味觉的影响，研究商品的价格、包装、陈列位置等因素对销售量的影响。

课程思政 2-4

某出版公司的网络问路

背景与情境：国外某出版公司曾计划向亚洲推出一本畅销书，但是不能确定用哪一种语言、在哪一个国家推出。后来公司决定在一家著名的网站作一下市场调查。方法是请人将这本书的精彩章节和片段翻译成多种亚洲语言，然后刊载在网上，看一看究竟用哪一种语言翻译的章节内容最受欢迎。过了一段时间，他们发现，网络用户访问最多的网页是用中国大陆的简化汉字和朝鲜文字翻译的章节内容。于是他们追踪一些留有电子邮件地址的网上读者，请他们谈谈对这本书内容的意见，结果大受称赞。于是该出版公司决定在中国和韩国推出这本书。书出版以后，受到了读者普遍欢迎，获得了可观的经济效益。

问题：该出版公司采用的是哪几种调查方法？该出版公司在进行网络调查的过程中，并没有把调查目的明确告诉网络用户，用社会主义核心价值观相关规范研判这种做法。

研判提示：该出版公司采用了网络调查法和市场实验法（试销）。企业在向调查对象进行市场调查的时候，为了获得调查对象的支持和理解，应该事先把调查目的告诉消费者。该公司没有这样做，所以不符合消费者知情权的要求，对消费者缺乏诚信。

2.4.2　实验法的操作

1）实验法的准备

（1）选择实验对象，根据调查目的，确定实验变量

确定实验对象和实验变量，是实验法的第一步工作。实验对象就是我们要进

行实验的具体产品；实验变量是根据调查目的来确定的。比如，我们想知道不同的广告策划方式对方便面销售量的影响，那么实验对象就是方便面，实验变量就为广告策划；如调查超市里不同的陈列方法对销售量的影响，那么实验变量就为商品的陈列方法。

（2）确定实验场所

一般的实验调查在现场进行。它是在自然的市场环境中实施的，需要注意的是选择的实验环境应该是两个相互匹配的商场、城市或地区。例如，在几个基本情况相同的连锁商场内以不同的价格出售同一种商品，以了解该商品价格对销售量的影响。

（3）确定实验组与控制组

实验组与控制组根据我们选出的几个相互匹配的商场（也可以是城市、地区）中的实验对象确定，选择若干实验对象为实验组，同时选择若干与实验对象相同或相似的调查对象为控制组，并使实验组与控制组处于相同的实验环境之中。实验者只对实验组进行实验活动，对控制组不进行实验活动，根据实验组与控制组的对比得出实验结论。

必须注意实验组与控制组两者应具有可比性，即两者的业绩、规模、类型、地理位置、管理水平等各种条件应大致相同。只有这样，实验结果才具有较高的准确性。

（4）选择实验方法

此内容将在实验法的运用中详细介绍。

（5）制作实验表格

根据实验方法的选择，制作相应的实验表格。如采用单一实验组前后对比的实验方法，实验表格见表2-4。

表2-4　　　　　　　　　　　　　**单一实验组前后对比表**　　　　　　　　　　单位：

商品品种	实验前销售量 Y_0	实验后销售量 Y_n	实验效果 Y_n-Y_0
合计			

（6）测量实验前实验组和控制组的销售量

如果我们采用的是实验前后对比的方法，就必须先测出实验前的销售量，并填入表2-4中。

2）实验法的运用

（1）选择实验方法

①如果能排除非实验变量的影响，或者是在非实验变量的影响可忽略不计的情况下，就选择单一实验组前后对比实验。

该实验选择若干实验对象作为实验组，将实验对象在实验活动前后的情况进行对比，得出实验结论。

其实验程序如下：选择实验对象，对实验对象进行实验前检测，对实验对象进行实验，对实验对象进行实验后检测并得出实验结论。

其公式为：

实验效果=实验后检测结果-实验前检测结果　　　　　　　　　　　　(2.1)

在市场调查中，经常采用这种简便的实验调查。

业务链接2-7

单一实验组前后对比实验

某饮料公司为了提高奶茶的销售量，认为应改变原有的陈旧包装，并为此设计了新的包装图案。为了检验新包装的效果，以决定是否在未来推广新包装，厂家取A、B、C三种口味的奶茶作为实验对象，对这三种奶茶在改变包装的前一个月和后一个月的销售量进行了检测，得到的实验结果见表2-5。

表2-5　　　　　　　　　　　　单一实验组前后对比表　　　　　　　　单位：千瓶

奶茶品种	实验前销售量 Y_o	实验后销售量 Y_n	实验效果 Y_n-Y_o
A B C	50　56　46	60　70　56	10　14　10
合计	152	186	34

②如果需要实验结果比较准确，选择实验组与控制组对比实验。其实验程序如下：选择实验对象，并在相同或相近的市场条件下将其划分为实验组和控制组，分别对实验组和控制组进行实验后检测，得出实验结论。

其公式为：

实验效果=实验组实验后检测结果-控制组检测结果　　　　　　　　　(2.2)

在市场调查中，也常常采用这种简便的实验调查。

业务链接2-8

实验组与控制组对比实验

某品牌服装为了了解广告代言人是否会对消费者购物产生影响，选择了A、B、C 3个专卖店为实验组，再选择与之条件相似的D、E、F 3个专卖店为控制组进行观察。在实验组中，店内置有多幅印有代言人照片的POP广告，而控制组则没有类似的设置。实验为期一个月，其实验结果见表2-6。

表2-6　　　　　　　　　　　实验组与控制组对比表　　　　　　　　　单位：件

	实验后销售量
A　B　C（实验组）	2 800　3 000　2 900
D　E　F（控制组）	2 500　2 400　2 600
实验结果	（300　600　300）=1 200

③如果实验经费充足，需要实验结果更加贴近现实，就选择实验组与控制组前后对比实验。

实验组与控制组前后对比实验的设计，是在实验中对实验组和控制组在实验前后进行检测，然后根据其检测结果得出实验结论。

其实验程序如下：选择实验对象，并将其划分为实验组和控制组，对实验组和控制组分别进行实验前检测，对实验组进行实验，对实验组和控制组分别进行实验后检测，得出实验结论。

其公式为：

实验效果=实验组实验（后检测-前检测）结果-控制组实验（后检测-前检测）结果　　（2.3）

由于这是对实验组和控制组都进行实验前后对比，再将实验组与控制组进行对比的一种双重对比的实验法，它吸收了前两种方法的优点，也弥补了前两种方法的不足。

业务链接2-9

实验组与控制组前后对比实验

某连锁快餐集团为了了解汉堡包调料配方改变后消费者有什么反应，选择了A、B、C、D、E 5个下属连锁快餐店为实验组，选择了F、G、H、I、J 5个下属连锁快餐店为控制组进行观察。对其月销售额进行实验前后对比，得到的实验结果见表2-7。

表2-7　　　　　　　　　　　**实验组与控制组前后对比表**　　　　　　　　单位：千个

	实验前销售量	实验后销售量	实验结果
A B C D E（实验组）	31 29 28 32 29（Yo）	33 31 29 35 31（Yn）	2　2　1　3　2（Yn-Yo）
F G H I J（控制组）	29 33 27 28 30（Xo）	30 32 28 28 31（Xn）	1　-1　1　0　1（Xn-Xo）
实验结果	（Yn-Yo）-（Xn-Xo）=10-2=8		

（2）使实验变量发生变动

在单一实验组前后对比实验中，由于没有控制组，直接使实验变量发生变化，观察实验结果的变化，通常表现为销售量的变化，如在"业务链接2-7"中，改变奶茶的包装，检验包装的变化对销售量的影响。

在有控制组的对比实验中，只使实验组的实验变量发生变动，控制组作为参照对象。

（3）在一段时间后，测量实验结果

实验变量发生变动后，对销售量产生影响所需的时间不同，有些因素在短时间内就能看出影响，比如价格的变动；有些因素产生影响所需时间较长，如包装的变化、产品营销策略的变动等。所以为了使结果更准确，一般选择实验时间为一个月。在一个月后对实验组和控制组的销售量进行测量，填入实验表格中。

3）计算并分析实验结果

根据每种实验方法选择相应的计算方法，计算出实验结果，再结合每种方法的优缺点，综合考虑市场上一些因素的变化和影响，得出最后结论。

同步案例 2-5

改变包装对奶茶销量的影响

背景与情境：见"业务链接 2-7"。

问题：从实验结果分析：改变包装会对奶茶销量产生影响吗？结合案例分析采用单一实验组前后对比实验的弊端。

分析提示：本案例中采用了单一实验组前后对比实验法，所以按公式（2.1）计算出实验结果，并把实验结果填入表 2-5 中。从表 2-5 中的实验结果可知，改变包装比不改变包装的销量大，说明顾客不仅注意奶茶的口味，也对其包装有所要求。因此断定，改变奶茶包装，以促进其销售量增加的研究假设是合理的，厂家可以推广新包装。但应注意，市场现象可能受许多因素的影响，34 000 瓶的销量增量，不一定只是改变包装引起的，也可能是季节原因引起的。因此单一实验组前后对比实验，只有在实验者能有效排除非实验变量的影响，或者是非实验变量的影响可忽略不计的情况下，实验结果才能充分成立。

同步案例 2-6

采用代言人对销量的影响

背景与情境：见"业务链接 2-8"。

问题：从实验结果分析，采用代言人会对销量产生影响吗？结合案例分析采用实验组与控制组对比实验的局限性。

分析提示：本案例中采用实验组与控制组对比实验，按公式（2.2）计算出实验结果，并把相应结果填入表 2-6 中。从表 2-6 中的实验结果可知，一个月内控制组 D、E、F 3 个专卖店共销售了 7 500 件，实验组 A、B、C 3 个专卖店共销售了 8 700 件。这说明采用代言人作促销后增加了 1 200 件销售量，此举对企业是有利的。

在其他因素不变的情况下，销售量增加就可以看成完全是广告影响带来的。但是，市场受多种因素影响，在市场实验期间，消费者的偏好及竞争者的策略都可能有所改变，从而影响实验的结果。而这种方法对实验组和控制组都采取实验后检测，无法反映实验前后非实验变量对实验对象的影响。为弥补这一点，可将上述两种实验进行综合设计。

对于特定的市场研究问题，调查方法的选择不是单一的。要根据问题的性质、研究的目的和要求、经费和时间的限制等，选择适当的调查方法的组合，来完成预定的市场调查项目。

随堂测 2-4

单选题

随堂测 2-4

多选题

随堂测 2-4

判断题

━ 本章概要 ━➤➤

□ 内容提要与结构

▲ 内容提要

● 文案调查法是一种间接调查方法，指围绕当前的调查目的，通过收集企业内部和外部已积累起来的历史和现实的各种信息、情报资料，并经过甄别、统计分析得出调查者想要得到的各种资料的一种调查方法。文案调查法收集的资料叫二手资料，是一些调查者已经根据特定调查目的整理过的各种现成资料。

● 实地调查法是市场调查人员收集原始资料或一手资料最常用的方法，实地调查的具体方法有访问法、观察法和实验法。

● 访问法也叫询问法，是指调查者以访谈、询问的形式，或通过电话、邮寄、留置问卷、小组座谈、个别访问、入户访问、街头拦截访问、网络调查法等形式向被调查者收集市场调查资料的一种方法。其基本原理是以问或听的形式获取信息、挖掘信息。访问法是市场调查中最基本、最常用的方法，主要用于原始资料的收集。

● 观察法就是通过观看、跟踪和记录调查对象言行来汇集信息资料的调查方法，是可以凭自己的视觉、听觉或借助照相机、摄像机、录音机等器材，直接或间接观察和记录正在发生的市场行为或状况，以获取有关信息的一种实地调查法。这种方法主要用于收集原始资料。其特点是，无须向被调查者提问，而是在被调查者不知情的情形下进行有关调查。观察法的优点是直观可靠、简便易行。其缺点是时间长、费用高；只能观察表象资料，不能观察内在原因；对观察人员的素质要求高。

● 实验调查法是通过实验设计和观察实验结果而获取有关的信息，即从影响调查问题的许多可变因素中，选出一个或两个因素，将它们置于同一条件下进行小规模实验，然后对实验观察的数据进行处理和分析，确定研究结果是否值得大规模推广。实验调查法的优点是结果的客观性和实用性强；具有可控性和主动性；可以主动改变某些变量，从而观察各种因素之间的相互关系；针对性强；可以探索不明确的因果关系；实验的结论有较强的说服力。该方法最大的缺点是费用高；花费的时间长；管理控制比较困难；保密性差。实验调查法分为单一实验组前后对比实验、实验组与控制组对比实验、实验组与控制组前后对比实验。

▲ 内容结构

本章内容结构如图 2-2 所示。

□ 主要概念和观念

▲ 主要概念

文案调查法　企业内部资料　访问法　观察法　实验调查法

```
                                    ┌─────────────────┐
                        ┌───────────┤  文案调查法概述  │
              ┌──────────┐          └─────────────────┘
              │ 文案调查法 │          ┌─────────────────┐
              └──────────┘          │ 文案调查法的操作 │
                  │   └────────────┤                 │
                  │                 └─────────────────┘
                  │                 ┌─────────────────┐
                  │       ┌─────────┤     入户访问     │
                  │       │         └─────────────────┘
                  │       │         ┌─────────────────┐
                  │   ┌──────┐      │  街头拦截访问    │
                  │   │ 访问法 ├──────┤                 │
  ┌──────┐        │   └──────┘      └─────────────────┘
  │ 选  │         │       │         ┌─────────────────┐
  │ 择  │         │       │         │   电话访问法     │
  │ 调  ├─────────┤       └─────────┤                 │
  │ 查  │         │                 └─────────────────┘
  │ 方  │         │                 ┌─────────────────┐
  │ 法  │         │                 │    网络调查法    │
  └──────┘        │                 └─────────────────┘
                  │                 ┌─────────────────┐
                  │       ┌─────────┤    观察法概述    │
                  │       │         └─────────────────┘
                  │   ┌──────┐      ┌─────────────────┐
                  ├───┤ 观察法 ├──────┤   观察法的操作   │
                  │   └──────┘      └─────────────────┘
                  │       │         ┌─────────────────────┐
                  │       └─────────┤ 观察法的应用范围和注意事项 │
                  │                 └─────────────────────┘
                  │                 ┌─────────────────┐
                  │       ┌─────────┤    实验法概述    │
                  │   ┌──────┐      └─────────────────┘
                  └───┤ 实验法 ├      ┌─────────────────┐
                      └──────┘      │   实验法的操作   │
                          └─────────┤                 │
                                    └─────────────────┘
```

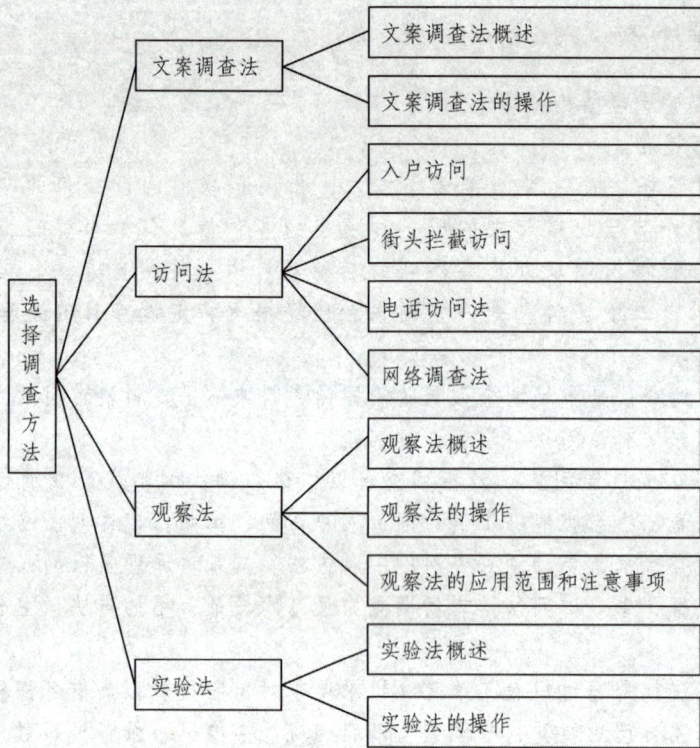

图2-2   本章内容结构

▲ 主要观念

文案调查法的主要作用　文案调查法、访问法、观察法和实验法的特点、优缺点及应用范围

□ 重点实务和操作

▲ 重点实务

文案调查法的操作程序　访问法的操作步骤　观察法的操作步骤　实验法的操作步骤　相关"业务链接"

▲ 重点操作

"选择调查方法"知识应用。

━ 基本训练 ➡

□ 理论题

▲ 简答题

1）电话访问有哪些优缺点？

2）观察法、实验调查法与询问法的优缺点各是什么？

3）文案调查法有哪些优点？

▲ 讨论题

1）为什么说文案调查法是其他几种调查方法的基础？

2）网络调查法在为现代企业收集信息的过程中与经营管理决策中的重要作用有哪些？其优点是什么？

□ 实务题

▲ 规则复习

1）观察法的记录技术有哪些？

2）观察法的操作步骤有哪些？

3）拦截访问操作的策略有哪些？

▲ 业务解析

1）你正准备以注重营养的大学生为目标受试者，为一种新型的快餐食品作市场测试。你将如何选择产品的测试城市？你可能选择什么样的城市？为什么选择这些城市？

2）A公司研制出一种为长尾小鹦鹉特制的冷冻食品。除去食品上的霜并把它放在托盘上，你就可以喂你的小鹦鹉了。A公司正在考虑绕过市场测试阶段直接进入全国市场，你认为这样好吗？为什么？

□ 案例题

▲ 案例分析

【训练项目】

案例分析-Ⅱ。

【相关案例】

楚汉酒店的经营之道

背景与情境：楚汉酒店坐落在南方某个省会城市的繁华地段，是一家投资几千万元的新建大酒店。但开业初期生意很不景气。酒店经理为了寻找症结所在，分别从大中型企业、大专院校、机关团体、街道邀请代表参加座谈会，并亲自走访了东西南北四区的部分居民，还在旅游景点拦截了一些外地游客进行调查。结果发现，该酒店没有停车场，顾客来往很不方便；本市居民及外地游客对该酒店的知晓率很低，更谈不上满意度；与其他酒店相比，该酒店有什么经营特色，大部分居民也不清楚。为此该酒店做出了兴建停车场、在各种媒体上做广告、开展公益及社区赞助活动，以及突出经营特色、开展多样化服务等决策。这些决策实施后，楚汉酒店的生意日渐红火。

资料来源　佚名. 楚汉酒店的经营之道［EB/OL］.［2022-10-09］. https://wenku.baidu.com/view/df7d6c54a65177232f60ddccda38376baf1fe0c5.html.

问题：

1）楚汉酒店的调查分别采用了什么方法？

2）楚汉酒店从开业初期生意不景气，到后来的生意红火，酒店经理做了哪些工作？

【训练要求】

同第1章"基本训练"中本题型的"训练要求"。

▲ 课程思政

【训练项目】

课程思政-II。

【相关案例】

垃圾邮件

背景与情境： 有邮箱的人或许对兜售信息很熟悉。兜售信息是利用电子信息系统发送垃圾信息，最常用的形式是邮件。此外，也采用其他形式如即时信息、新闻组邮件、博客邮件。

兜售信息基本上就是发送垃圾邮件。兜售信息者一般都采用低成本操作。电子邮箱地址的收集、信息的传送，甚至回复信息的人的反馈都能自动化操作。兜售信息的回复率很低，但由于操作成本更低，仍有盈利。

每年人们都要浪费大量时间来删除邮箱里的垃圾信息，为此，政府经常采取措施在法律许可的范围内遏制兜售信息。

问题：

1）本案例中存在哪些思政问题？

2）试对上述问题做出你的思政研判，如果一家公司向你发送垃圾信息，你将怎么看待公司的这种行为？

3）通过网络或图书馆调研等途径收集你作课程思政研判所依据的市场营销职业道德规范。

【训练要求】

同第1章"基本训练"中本题型的"训练要求"。

□ 实训题

【训练项目】

"选择市场调查方法"知识应用。

【训练目的】

见本章"选择调查方法"之"学习目标"中的"实训目标"。

【训练内容】

专业能力训练：其"领域"、"技能点"、"名称"和"参照规范与标准"见表2-8。

表2-8　　　　专业能力训练领域、技能点、名称及其参照规范与标准

能力领域	技能点	名称	参照规范与标准
"选择市场调查方法"知识应用	技能1	"'文案调查法'知识应用"技能	能以本章理论知识为指导，依照相关实务知识规则，有质量、有效率地完成以下操作： （1）初步了解具体课题的资料来源。 （2）通过不同途径收集相应的文案资料。 （3）较准确地评估资料的可靠性与可用度

能力领域	技能点	名称	参照规范与标准
"选择市场调查方法"知识应用	技能2	"'访问法'知识应用"技能	能以本章理论知识为指导，依照相关实务知识规则，有质量、有效率地完成以下操作： （1）根据调研课题要求，选择合适的访问对象。 （2）掌握入户访问和拦截访问的技巧，顺利入户和拦截访问对象。 （3）克服沟通障碍，有效地与人交流。 （4）根据访问对象的不同情况变通，有较强的应变能力
	技能3	"'观察法'知识应用"技能	能以本章理论知识为指导，依照相关实务知识规则，有质量、有效率地完成以下操作： （1）根据调研课题，确定观察对象和观察内容。 （2）将观察内容具体化，做出详细分类，确定观察变量和指标。 （3）依据观察指标设计观察表格、卡片或拟定观察提纲，并规定标准化的观察方法和记录方法。 （4）较规范地进行实地观察，并作好观察记录
	技能4	实训报告撰写技能	（1）能正确设计关于"市场调查方法运用"的实训报告，其结构合理，层次分明。 （2）能依照财经应用文的规范撰写所述《"'选择市场调查方法'知识应用"实训报告》

职业核心能力与职业道德训练：其内容、种类、等级与选项见表2-9；各选项的操作"规范与标准"见本教材附录三附表3和附录四附表4。

表2-9　　　　**职业核心能力与职业道德训练内容、种类、等级与选项表**

内容	职业核心能力						职业道德						
种类	自主学习	信息处理	数字应用	与人交流	与人合作	解决问题	革新创新	职业观念	职业情感	职业理想	职业态度	职业良心	职业作风	职业守则
等级		初级		初级	初级	初级	初级		顺从		顺从	顺从	顺从	顺从
选项	√	√		√	√	√	√		√		√	√	√	√

【组织形式】

1）以小组为单位组成实训团队。

2）结合训练任务对各实训团队进行角色分工，确保组织合理和每位成员的积极参与。

【训练任务】

1）对"选择市场调查方法"专业能力的各技能点，依照其"参照规范与标准"，实施应用相关知识的基本训练。

2）对职业核心能力选项，依照其相关技能点的"参照规范与标准"，实施应用相关知识的"初级"强化训练。

3）对职业道德选项，依照其相关素养点的"参照规范与标准"，实施"顺从级"相关训练。

【情境设计】

组织学生以商品类别划分实训团队，运用"选择市场调查方法"知识，依照"训练要求"，就所选企业商品（或项目）的消费市场选择恰当的调查方法进行市场调查，并在系统体验专业技能操作过程中融入"职业核心能力"和"职业道德"选项的训练，在此基础上撰写、讨论和交流《"'选择市场调查方法'知识应用"实训报告》，完成各项训练任务。

【指导准备】

知识准备：

（1）商品知识。

（2）"调查方案"理论与实务知识。

（3）"调查问卷"理论与实务知识。

（4）"访问法"理论与实务知识。

（5）"观察法"理论与实务知识。

（6）附表1（见本教材"附录一"）的"知识准备"中，与本章"职业核心能力'强化训练项'"各"技能点"相关的"'知识准备'参照范围"。

（7）附表3和附表4（见本教材"附录三"和"附录四"）中，涉及本章"职业核心能力领域'强化训练项'"各"技能点"和"职业道德领域'相关训练项'"的各素养点的"规范与标准"知识。

操作指导：

（1）教师向学生阐明"训练目的"、"能力与道德领域"和"知识准备"。

（2）就"知识准备"中的第（6）、（7）项，对学生进行培训。

（3）教师指导学生就操练项目的消费市场进行调查、资料收集与整理。

（4）教师指导学生就操练项目进行访问调查、观察调查。

（5）教师指导学生进行《调查方法运用计划书》、"观察表"及《观察调查指导书》的制定。

（6）教师指导学生撰写《实训报告》。

【训练时间】

本章课堂教学内容结束后的双休日和课余时间，为期一周。

【训练步骤】

（1）将班级学生每5~6人组成一个实训团队，每个团队确定1~2人负责，结合本训练任务进行适当角色分工与协作。

（2）各团队分别选择一类商品，或就每组第2章实训题中所确定的商品（或项目）类别以及所要调查的课题和调查方案，结合各调查方法的优缺点以及适用范围，选择恰当的调查方法，并制订《"××商品（或项目）调查方法选择"计划书》。

（3）实施《"××商品（或项目）调查方法选择"计划书》，系统体验如下技能操作：

①依照"技能点1"的"参照规范与标准"，运用相应知识，系统体验就该调查商品（或项目）相应课题列举需通过文案调查所要收集的资料，确定相应的文案资料收集途径，并能评估资料的可靠性与可用度等项操作。

②依照"技能点2"的"参照规范与标准"，运用相应知识，系统体验就该调查商品（或项目）所要调查的课题，选择恰当的访问地点、访问对象、制作访问记录表、掌握入户和拦截访问的技巧、克服与陌生人沟通的障碍等项操作。

③依照"技能点3"的"参照规范与标准"，运用相应知识，系统体验就该调查商品（或项目）所要调查的课题，确定观察对象、观察内容、拟定观察提纲、设计观察表格、选择观察方法等项操作。

（4）在"'选择市场调查方法'知识应用"之"专业能力"的上述基本训练中，融入表2-9"职业核心能力"（初级）选项的强化训练和"职业道德"（顺从级）选项的相关训练。

（5）总结以上训练操作体验，汇总各项阶段性成果，依照"技能点4"的"参照规范与标准"，运用相应规范，撰写作为最终结果形式的《"'选择市场调查方法'知识应用"实训报告》的操作，其内容包括：实训团队成员与分工；实训过程；实训总结（包括对专业能力训练、职业核心能力训练和职业道德训练成功与不足的分析说明）；附录（包括阶段性成果全文）。

（6）各团队在班级交流、讨论各自的《"'选择市场调查方法'知识应用"实训报告》。

（7）根据交流、讨论结果，各团队修订其《"'选择市场调查方法'知识应用"实训报告》，并使之各具特色。

【成果形式】

实训课业：《"'选择市场调查方法'知识应用"实训报告》。

课业要求：

1）"实训课业"的结构与体例参照本教材"课业范例"中的范例-3。

2）将《"××商品（或项目）调查方法选择"计划书》以"附件"形式附于《实训报告》之后。

3）在校园网的本课程平台上展示经过教师点评的班级优秀《实训报告》，供相互借鉴。

◀━ 单元考核 ━▶

评价原则与考核要求：同第1章"单元考核"的"评价原则与考核要求"。

第3章
设计调查问卷

学习目标

通过本章学习，应该达到以下目标：

理论目标： 学习和把握"设计调查问卷"的相关概念、问卷的作用和基本结构、问题的类型、适用情况等陈述性知识；能用其指导本章"同步思考"、"教学互动"、"随堂测"和"基本训练"中"理论题"各题型的认知活动，正确解答相关问题，体验本章"初级学习"中专业认知的横向正迁移，以及相关业务胜任力中"认知"要素的阶段性生成。

实务目标： 学习和掌握调查问卷设计的流程、技巧和注意事项，以及"业务链接"和二维码资源等程序性知识；能以其建构"设计调查问卷"的规则意识，正确解析本章"同步思考"、"教学互动"和"基本训练"中"实务题"的相关问题，体验本章专业规则与方法"初级学习"中的横向正迁移和"高级学习"中的重组性迁移，以及相关业务胜任力中"专业规则"要素的阶段性生成。

案例目标： 运用本章理论与实务知识研究相关案例，培养和提高在"设计调查问卷"特定情境中的多元表征专业能力；通过"组建'学习团队'"等途径，落实"分层教学"要求，培养"团队协作"与人交流"等通用能力；结合本章教学内容，依照相关规范或标准，对"课程思政3-1"专栏和章后"课程思政-III"等案例中的企业及其从业人员行为进行思政研判，促进"立德树人"根本任务的落实；体验本章"高级学习"中专业知识、通用知识与思政元素的协同性重组迁移，以及相关业务胜任力中"认知弹性"要素的阶段性生成。

自主学习： 参加"自主学习-II"训练。在实施《自主学习计划》的基础上，通过阶段性学习和应用"附录一"附表1"自主学习"（初级）、"'知识准备'参照范围"所列知识，查阅、搜集、整理与综合"调查问卷的基本结构"前沿知识，讨论、撰写和交流《"调查问卷的基本结构"最新文献综述》，撰写《"自主学习-II"训练报告》等活动，培养"自主学习"的通用能力（初级），体验本章"自主学习"中"专能"与"通能"的"重组性"迁移，以及相关业务胜任力中"求知韧性"的阶段性生成。

引例：××市学生眼镜消费情况调查问卷

背景与情境：

尊敬的先生/女士：

您好!我们是××大学的学生，目前我们正进行有关眼镜消费情况的调查，我们希望通过此次调查可以针对现存的问题为我市眼镜行业提供建议和对策。我们会对您的回答严格保密。您的宝贵意见对我们的研究非常重要，非常感谢您的合作!

（1）请问您戴过眼镜吗?（　　）

A.戴过（进入下一题）　　　　　　　　B.没有戴过（终止访问）

（2）您戴眼镜已经（　　）年了?

A.1年以下　　　　　　B.2年　　　　　　C.3年　　　　　D.4年及以上

（3）您一般多长时间换一次眼镜?（　　）

A.1年以内　　　　　　B.1～2年　　　　　C.2年以上

（4）您一般戴框架眼镜还是隐形眼镜?（　　）

A.框架眼镜　　　　　　B.隐形眼镜

（5）您会选择哪种框架的眼镜?（　　）

A.全框　　　　　　　　B.半框　　　　　　C.无框

（6）请问您现在所戴的眼镜是什么品牌的?（　　）

A.博士眼镜　　　　　　B.亮视点眼镜　　　C.大明眼镜　　　D.宝岛眼镜

E.大光明眼镜　　　　　F.其他＿＿＿＿＿（请注明）

（7）您是通过哪些渠道了解眼镜品牌的?（　　）［可多选］

A.电视　　　　　　　　B.街头广告　　　　C.报纸杂志　　　D.网络

E.售货员介绍　　　　　F.其他＿＿＿＿＿（请注明）

（8）您的镜片是什么材质的?（　　）

A.树脂　　　　　　　　B.玻璃　　　　　　C.不清楚

（9）您眼镜的价格大概是多少?（　　）

A.200元以下　　　　　B.200～400元

C.400～600元　　　　D.600元以上

（10）您会选择哪种方式购买眼镜?（　　）

A.亲自到实体店购买，比较实际且货物可以较快到手

B.网购较方便

（11）您购买眼镜的主要目的是?（　　）

A.看清东西　　　　　　B.视力矫正

C.美化装饰　　　　　　D.其他

（12）您在选择眼镜时最看重哪方面的因素?（　　）

A.款式　　　　　　　　B.舒适度　　　　　C.颜色　　　　　D.价格

E.品牌　　　　　　　　F.耐用程度　　　　G.其他

（13）您会选择什么气质的眼镜类型?（　　）

A.高贵典雅　　　　　B.简约大方　　　　　C.活泼可爱

D.复古　　　　　　　E.青春洋气　　　　　F.其他

（14）您的性别：（　　）

A.男　　　　　　　　B.女

（15）您的身份：（　　）

A.小学生　　　　　B.初中生　　　　　C.高中生　　　D.大学生

很感谢您能抽出自己的宝贵时间来参与我们此次问卷调查!祝您生活愉快!

问题：根据以上背景和情境资料你认为该调查问卷主要由哪几部分组成?

当通过二手调查不能完全收集到想要的调查信息时，我们往往会通过一手资料调查来继续收集，在一手资料的调查中，大多数情况下都要使用问卷来收集调查所需的资料。问卷作为一种标准化和统一化的数据收集程序，对于保证访谈调查的效度和信度具有重要的作用；而作为调查信息的主要载体，问卷表现了调查设计、调查实施、数据处理乃至报告撰写各个环节之间的联系，其作用贯穿在整个调查过程中，因此问卷设计是市场调查中的一个重要环节，学会问卷设计是做好市场调查的基本功。

3.1　调查问卷的基本结构

3.1.1　问卷的含义与作用

1）问卷的含义

问卷是指调查者根据调查目的与要求设计的，由一系列问题、备选答案及说明等组成的用于从调查对象获取信息的一种工具。问卷是市场调查收集资料的基本工具之一。标准化的问卷不仅有利于准确、迅速地收集市场资料和信息，而且便于高速、高效地对这些数据进行处理和分析。

2）问卷的作用

（1）实施方便，提高精度

问卷可以为调查提供标准化和统一化的数据收集程序。调查者将所要获得的资料按照一定的顺序以提问的方式在问卷中列出来，并提供大多数问题的答案选项供受访对象选择，使之易于接受。如果没有问卷，应答者的回答可能会受到访问员用词的影响，而不同的访问员会以不同的方式提问，导致的结果是所收集的资料精度下降，这会影响调查结果的质量。

（2）便于对资料进行统计处理和定量分析。

问卷不仅将人们实际的购买行为以提问和回答的方式设计出来，而且可以将人们的态度、观点、看法等定性的认识转化成定量的研究，这样研究者除了对调查对象的基本状况有一定的了解外，还可以对各种现象进行相关分析、回归分析等。

（3）节省调查时间，提高调查效率

由于问卷设计已将调查目的、调查内容转化为具体的问题和备选答案罗列出来，除了一些特殊情况需要被调查者作文字方面的解答以外，调查对象只需对所选择的答案做上记号即可，因此节省了许多时间，使调查者能在较短的时间内获得更多的有用的信息，调查工作效率大大提高。

3) 一份好问卷具有的特点

（1）能提供必要的决策信息

任何不能提供管理决策信息的问卷都应被放弃或加以修改，因此，在编写问卷问题时，都要围绕尽可能获取更全面、更准确的决策信息加以设计；问卷设计好后，问卷的设计者必须与将要利用数据的高层进行反复沟通，直到问卷被高层主管所认可为止。

（2）问卷设计简洁、有趣、具有逻辑性

一般应答者不会专门等着来回答问题，他们可能在忙于其他事先有所安排的事务，可能在家观看有趣的电视节目，也可能忙于购物，或正忙于家务，所以他们对问卷的题目感觉乏味或不重视时，就不会参与调查。如果问卷题目新颖、有趣，开头问候语亲切、真诚，问题设计简洁，问卷问题的编排富有逻辑性，那么，应答者会考虑给予合作。

（3）与调查目标一致

问卷设计是为调查目标服务的，一份优秀的问卷必须涉及全部所要调查的内容，而且没有遗漏。同时，也应尽量避免多余的问题，尽量不要使问卷过于冗长。在考虑调查目标的同时，设计人员必须将调查目的转化为应答者能理解的形式，并将其转化为满足管理者信息要求的调查结果和建议。

（4）应满足的其他条件

① 与调查对象沟通，获得合作。问卷设计要考虑被调查者的知识和智力水平，这样才能与调查对象沟通，获得合作。

② 便于访问员记录。

③ 便于快速编辑和检查已完成的问卷，易于编码和数据输入。

3.1.2 问卷的基本结构

问卷结构是指问卷的几个组成部分。一般而言，可划分为开头、甄别、主体和结语四个组成部分，其基本的内容应该包括标题、问候语、填写说明、甄别、问题与答案、编码和作业证明的记载等七部分。

1) 标题

问卷的标题是对问卷调查主题的基本概况的说明，它的功能是能够让被调查者一目了然地了解该项问卷调查的主要内容和基本用意。因此调查问卷题目既要简明扼要，又要切中主题，不要简单采用"问卷调查"这样的标题。例如，"××市居民商品房需求状况调查问卷"，不要简单写成"调查问卷"或"问卷"。问卷的标题一般位于问卷的上端居中，起到一目了然的作用。

2) 问候语

问候语也叫前言或问卷说明，它是对调查目的、意义以及有关事项的说明。

其作用主要是引起调查对象的兴趣和重视，消除调查对象的顾虑，激发调查对象的参与意识，以争取他们的积极合作。问候语一般位于问卷的开头，也可以一封信的形式单独成篇。

（1）问候语应该传递的基本信息

在调查问卷的问候语中，调查者至少应该传递如下基本信息：

① 称呼：对被调查对象的称呼语。

② 自我介绍：说明调查人员所代表的公司以及本人的职务或姓名。

③ 调查目的与意义：尽量从被调查者感兴趣的角度说明本次问卷调查的目的与意义，以争取被调查者的合作。

④ 回报：如果举办方有酬谢，应在前言中说明对被调查者的酬谢方式，如赠品或抽奖等。

⑤ 保密承诺：对被调查者的信息承诺保密。

⑥ 感谢语：对被调查者花费时间参与问卷表示感谢。

问候语的语气要谦虚、诚恳、平易近人，文字要简练、准确、有可读性。

（2）问候语的表现形式

问候语的表现形式主要有两种：一种是简单明了，开门见山式；另一种是宣传与引导并重式。

①开门见山式问候语。

同步案例3-1

开门见山式问候语

背景与情境：下面是金星公司市场调查的问候语。

女士们、先生们：

你们好！

我是一名市场调查员，我正在为金星产品作市场调查，请协助我回答几个问题，只占用您3分钟时间，谢谢您的协助与支持。

问题：上例符合开门见山式问候语的要求吗？为什么？

分析提示：该问候语简单明了、直截了当，符合开门见山式问候语的要求。

②宣传与引导并重式问候语。

业务链接3-1

宣传与引导并重式问候语

尊敬的先生/女士：

您好！我是××市场调查公司的访问员××，我们受厂家委托，正在进行一项关于××产品消费的市场调查，您是我们公司按照随机抽样的方式挑选出来的访问对象，希望能听取您的意见。这项调查主要是想了解大家对这个产品在使用过程中的意见，您的意见可以帮助厂家为消费者生产更好的产品和提供更好的服务。请将您的真实想法提供给我们，对您的个人资料我们将严格保密，未经您的书面同意，我们不会透露给第三方，请您放心。可能得耽误您几分钟的时间，希望能得到您的支持和帮助。访问结束后我们将送您一份小礼物以表示感谢。

教学互动 3-1

互动问题：

（1）某企业正在进行一项关于××产品消费的市场调查，按照随机抽样的方式挑选访问对象，访问结束后有小礼品赠送。如果班里某位同学正好为被抽到的调查对象，你将如何采用宣传与引导并重式的问候语使其配合？

（2）选取一名同学扮演被调查对象，另外两名同学扮演访问员。

要求：

（1）扮演调查对象的同学说出哪位同学的问候形式更能打动自己，并对两位同学的问候形式进行点评。

（2）教师对学生的回答进行点评。

3）填写说明

问卷的填写说明通常在自填式问卷中出现，旨在帮助被调查者填写问卷，包括注意事项、填写方法、交回问卷的时间要求以及问卷如何返回被调查者手中等，可在问题前面集中说明，也可在每个问题中说明，用括号括起来。

业务链接 3-2

填写说明

（1）请您在所选答案的题号上画圈。

（2）所有的单选题，只能选择一个答案；可选多个答案的问题，请您在认为合适的答案的题号上画圈。

（3）需填写数字的题目在留出的横线上填写。

（4）对注明要求您自己填写的内容，请在规定的地方填写您的意见。

（5）填写问卷时，请不要与他人商量。

问卷回收注意事项：

此次调查的时间是 4 月 20 日至 4 月 27 日，请您在 4 月 27 日前将问卷填写完毕，您可在完成问卷之后及时来电告知，我们会派人与您商定取回问卷的具体时间，并赠送礼品一份，以示谢意。

4）甄别

甄别也称过滤，是指先对被调查者进行过滤，筛掉不需要的部分，然后针对特定的被调查者进行调查。甄别的主要目的是：一方面确定哪些人是最合适的被调查者，另一方面筛掉与调查项目有直接关系的人，排除干扰因素。

（1）确定合适的调查对象。

一般情况下，市场调查总是有比较明确的调查对象，即企业商品的目标市场消费者。有的市场调查在开始进行主要内容的调查之前，通过问卷的提问，确定面前的人士是否符合调查对象的条件。如果符合就调查，否则就放弃，以确保调查资料的针对性和有用性。

（2）排除其他调查干扰因素。

为了能够了解到真实的信息资料，应该排除一些可能给调查活动带来不利影响的因素。不利的影响因素主要有：与调查内容在职业上有关联的调查者；曾经接受过调查的人士（职业受访者）；调查对象是其他调查公司的人员；在调查活动中可能提供虚假信息的人士等。

业务链接3-3

某项关于居民住宅消费调查问卷的部分甄别问题

Q1.请问您的年龄属于哪一个阶段？

21岁以下1【终止访问】

21~50岁 2【继续访问】

50岁及以上3【终止访问】

Q2.请问您目前的家庭月平均收入是3 000元以下还是3 000元及以上？

3 000元以下1【终止访问】

3 000元及以上2【继续访问】

Q3.请问您和您的家人以及与您交往密切的朋友是否有人在下列单位或行业工作？

广告/媒体公司或公司的广告部门1【终止访问】

市场调查公司或公司的调研部门2【终止访问】

房地产公司3【终止访问】

都没有4【继续访问】

Q4.请问您在××地区居住多长时间了？

5年及以下1【终止访问】

5年以上2【继续访问】

Q5.请问您在过去6个月内有没有接受过同类调查？

有过1【终止访问】

没有2【继续访问】

5）问题与答案

问题与答案又称问卷的主体，是调查问卷中最重要的部分，其篇幅也占整个调查问卷的绝对比重。

问题部分的基本内容包括：根据调查纲要或调查项目而设计各种问句、不同问句的回答方式、对各类回答方式的指导和说明。

6）编码

编码也是问卷主体中的一个组成部分。它是将问卷中的调查项目以代码的形式表示出来。一般的问卷中均须对每个问题加以编码，以便分类整理，并进行计算机处理和统计分析。

调查问卷编码是指把调查问卷记录的所有资料按一定的分类或排序规则转换

成不同的数字组合，即把调查问卷中的各种数字和文字资料以数字的形式填写到调查问卷给定的编码框里。其是实现计算机数据处理的中介、桥梁。

编号和编码不是完全等同的概念。就每个问题而言，编号是进行编码的基础和前期准备；编码除了对每个问题实施之外，每份问卷上还必须有编号，即问卷的编码除了反映顺序号之外，还应包括与该样本有关的抽样信息等。

业务链接3-4

家庭户编码的说明

"第二期中国妇女社会地位调查"的家庭户编码的说明是：由4位数组成，具体含义为：第一位为样本类型代码，全国样本为1，省级追加样本为2；第二位为样本区县内的样本街道、乡、镇的序号；第三位为样本街道、乡或镇内的样本居委会或村委会序号；第四位为样本居委会或村委会内的样本户（即家庭户）序号。其中前三位已给定，请根据省、自治区、直辖市妇联下发的"居（村）抽样结果及编号"填写，最后一位按该户在抽样结果表中的顺序填写。

7）作业证明的记载

其主要包括访问员的姓名、访问日期和时间以及访问地点等表明任务完成的信息，除此之外还包括便于审核和继续跟踪的一些信息，诸如，被调查者的姓名、单位或家庭住址及电话等。

3.2　设计调查问卷的流程

问卷设计的流程是指设计问卷应采取的基本步骤。要设计一份调查问卷，第一步工作不是马上动手写调查问题，而是先做一段时间的探索性工作，然后才是设计问卷初稿，并经过试用和修改，最后形成正式的问卷。因此问卷设计的整个过程大体上分为事前准备、设计问卷初稿、事后检查三个阶段十个步骤。

1）事前准备阶段

事前准备阶段包括明确调查目的、明确所需获取的信息、确定调查所采用的方式和方法。

（1）明确调查目的

调查过程经常是因市场部经理、品牌经理或新产品开发专家在作决策时感到所需信息不足而引发的。明确调查目的不能单纯地交给调查人员来完成，而让委托人提供调查目的更是不对的。明确调查目的需要调查人员和委托人的深入沟通和分析。市场调查不是为调查而调查，所以市场调查机构或企业内部市场调查部门必须要做以下工作：与决策者沟通、访问行业专家、收集并分析二手资料和定性调查。

（2）明确所需获取的信息

明确调查目的和主题后，要对调查目的进行初步的探索性研究，将其转化为具体理论假设和所需获取的信息。研究人员需要先进行一定的二手资料的收集工作，在对二手资料进行充分分析的基础上，确定所需的第一手资料的内容，并分

随堂测3-1
单选题

随堂测3-1
多选题

随堂测3-1
判断题

析哪些资料需要通过问卷来取得、需要向谁调查等。特别是要搜寻与调查对象各种特征相关的资料，如能反映调查对象社会阶层、行为规范、社会环境等特征的资料；反映文化程度、知识水平、理解能力等文化特征的资料；反映需求动机、行为等心理特征的资料。

（3）确定调查所采用的方式和方法

明确所需获取的信息之后，研究人员需要决定怎样收集这些信息，常用的问卷调查方式有派员访问调查、电话调查、邮寄调查和网络调查等，不同类型的调查方式对问卷的格式和要求是有所差别的。在面访调查中，被调查者能与调查员面对面地交谈，就可以询问较复杂的问题。街头拦截式的面访调查，要求问卷内容尽量简短。电话访问要用丰富的词汇描述问题，可用对话的风格来设计。邮寄问卷由被调查者自己填写，要给出详细的指导语。在计算机辅助访问中，可以实现复杂的跳答和随机化安排问题，以减少由于顺序不同而造成的偏差。

2）设计问卷初稿阶段

在准备工作做好的基础上，研究者就可以按照设计原则和要求着手设计问卷初稿。其内容主要包括：调查中所要提问的问句的设计、备选答案的设计、提问顺序的设计以及问卷版面格式的设计等。

（1）确定每个问答题的内容

一旦决定了访问方法，下一步就是确定问卷中具体包括哪些问题以及这些问题都应该询问什么内容、能否准确有效地反映调查所需信息等。一份问卷的内容不宜过多，否则不但浪费时间和增加资料处理的费用，还会使被调查者感到厌烦，影响调查的质量。把所有的问题提出来后，要对已编写好的问题逐一进行检查，将重复的、可要可不要的题目删掉，包括对表述不准确、不恰当的问题加以修改，有的题目如不能充分体现调查内容，还要加以补充。

（2）决定问题的回答形式

这一阶段首先关心的是询问中所使用的问题的类型。在市场调查中，有三种主要的问题类型：开放式问题、封闭式问题、量表应答式问题。每种形式的问题各有利弊，用哪种形式完全取决于研究问题的性质、特点。一般来说，在需要快速回答、对量化结果感兴趣、受访者教育水平较低的情况下，采用封闭式问题比较合适。但在有些预备性调查中，想让受访者充分陈述自己的观点和看法就需要采用开放式问题。在实践中，为了避免各自的缺点，有时需要采用三种类型相结合的方式。

（3）决定问题的措辞

问卷中的问题是为了了解被调查者的意图和提供资料的依据，要想将所需内容转化为被调查者容易接受的句子，就必须注意措辞的技巧。

①措辞要准确清楚

如果调查人员认为问题是绝对必要的，那么问题的表述对每个人来说必须意味着相同的意思，应当避免使用含糊不清的词语。例如，"你住的地方离这里只有5分钟的路途吗"这个问题的回答与交通方式有关（应答者可能是步行也可能是开车来的）。

②考虑应答者回答问题的能力

有时应答者可能对回答问题所需的信息一无所知。例如，询问一位男子他的妻子最喜欢何种品牌的毛衣通常就属于这种情形。还有的时候应答者根本无法记住问题的答案，如："您最近3个月看了哪些杂志？"为了避免应答者记忆力差的问题，时间期限应当设定得相对短一些，如："在过去的1周里，您买过巧克力吗？"

（4）确定问题的顺序

问卷的问题与答案设计好之后，不能随意编排，问卷每一部分的位置都具有一定的逻辑性。要站在被调查者的角度，顺应被调查者的思维习惯，先易后难，循序渐进。安排问题顺序的基本原则有：

①将过滤性问题放首位，用来识别哪些是合格应答者

企业的一些新产品有自己的目标顾客群，市场调查问卷也一样，只有合格的应答者回答的问卷才可能对数据收集有帮助。怎样才能识别合格应答者呢？通常在问卷较前位置设计一些过滤性的问题。

②在得到合格的应答者后，以一个令人感兴趣的问题开始访谈

通过过滤性问题发现合格的应答人员后，最初提出的问题应当简单、容易回答、令人感兴趣，并且不存在任何威胁。用年龄或收入作为初始问题是一个大错误，这些问题经常被认为最具有威胁性，并且会立即使应答者处于防卫状态。

③先问一般性问题

"热身"问题之后，问卷应当按一种逻辑形式进行，接着开始编排一般性问题，使人们开始考虑有关概念、公司或产品类型，然后再问具体的问题。

例如，有关洗发水的一份问卷是这样开始的："在过去的6个星期里，你曾经购买过洗发水、护发素和定型剂吗？"这促使人们开始考虑有关洗发水的问题。然后，再问有关洗发水的购买频率、在过去3个月里所购品牌、对所购品牌的满意程度、购买的意向、理想洗发水的特点、应答者发质特点，最后是年龄、性别等人口统计方面的问题。

以上例子中的问题编排是具有逻辑性的，促使消费者跟着问卷的思路走并以个人资料结束。逻辑清晰的问题编排，再加上适当的访问技巧，应答者对提问就不会有太大反感，双方的融洽关系也能很快建立起来。最终应答者也会认识到，这肯定是进行信息调查的合理要求，不是为了推销产品，由此而建立起信任，并且愿意提供个人信息。

④需要思考的问题放在问卷中间

调查开始，应答者对调查的兴趣与理解是含糊、浅显的，培养兴趣的问题为访问过程提供了帮助。当调查人员转到量表应答式问题时，应答者受到鼓励去理解回答的类别与选择；另外，经历较长时间的事情，一些相关问题需应答者来回忆，这时，应答者已建立起来的回答兴趣以及与访问员形成的融洽关系，就成了这部分访问回答的重要保证。使用自我管理问卷，方法也是同样的，早期建立兴

趣和承诺，以鼓励应答者完成问卷的其他部分。

⑤在关键点插入提示

有时候，由于访谈时间长或应答者有急事等原因，其回答问题的兴趣会出现下降，优秀的访问人员能及时发现并努力重新培养起应答者的兴趣。当然，这样的情形在问卷设计时就应该考虑到。在设计与编排问卷时，在问卷的关键点插入一些简短的鼓励话语，通常是吸引应答者保持兴趣或重新培养应答者兴趣的重要手段。例如："下面没几个问题了！""下面会更容易些！"另外，作为下一部分内容的介绍，可以插入"既然您已帮我们提出了以上的意见，想再多问一些问题"这样的语句，为后面的提问作好铺垫。

⑥开放式问题放在后面

开放式问题一般需要较长时间的思考，填写时间也较长，而受访者一般不愿花太多时间甚至动脑筋思考来完成问卷，如果将开放式问题放在前面，会使被调查者产生畏难心理，影响被调查者填写问卷的积极性。

⑦把敏感性问题、威胁性问题和人口统计问题放在最后

正如前面所提到的，当调查目标要求应答者回答一些感到为难的问题时，可以把这些问题放在问卷最后。这样做可以保证大多数问题在应答者出现防卫心理或中断应答之前得到回答，并且，此时应答者与访问者之间已经建立了融洽的关系，增加了获得答案的可能性。把敏感性问题放在结尾的理由是应答模式已经重复了许多次，访问人员问一个问题，应答者答一个，此时问及尴尬性问题，应答者会条件反射地做出回答。

（5）确定格式和排版

把确定版面格式作为一个步骤似乎有些小题大做，然而实践表明，问卷的版面格式也会影响调查的质量。需要注意的主要问题有：

① 调查人员为节省费用压缩版面，问题之间空间太小，不仅调查者提问或被调查者回答时容易疏漏或串行，后期数据编码录入也容易出错。另外，如果开放式题目留出的作答空间太小，将导致回答者不予以重视，只给出很少的信息。

② 低档的纸张和粗糙的印刷会引起负效应，尽管开头的问卷说明中一再强调本次调查的重要性，低质量的问卷外观还是会破坏被调查者对调查的印象，轻视调查，从而直接影响调查质量。

③ 问卷中重要的地方没有突出，尤其对于自填式问卷，如果答题的规则或提示不醒目，很容易被忽略掉，致使被调查者回答错误。

因此，在问卷版面格式的设计中以下方面不容忽视：

① 外表要求质量精美、专业化。

② 适当的图案或图表会调动被调查者的积极性。

③ 内部要留出足够的空间，方便提问、回答、编码以及数据处理。

④ 重要的地方注意加以强调，以引起被调查者的注意。此外，注意把同一份问卷装订在一起，防止部分数据丢失。

3）事后检查阶段

事后检查阶段包括：问卷的模拟试验、制成正式问卷。

（1）问卷的模拟试验

问卷设计完成后，在进行大规模正式调查之前，需要对问卷的内容、措辞、问题的顺序等进行全面的检查，具体办法是通过模拟调查试验及试调查来检查问卷中是否存在问题，并进行适当的修改。如果试调查是按调查设计严格执行的，试调查的样本可以用作实际调查的样本，从而可节约试访问所付出的成本。

（2）制成正式问卷

问卷经过修正后，就可进入最后的印制阶段。问卷如何印刷和装订也会影响调查结果，如果纸张质量很差或外观很破旧，答卷人会认为该调查项目不重要，因而回答的质量会受到影响。因此，问卷应当用质量好的纸张印刷，要有一个"专业性"或"职业性"的外观。如果问卷有多页，不应该简单地用订书机订一下，必须正规地装订成册，每页最好双面印刷，这样看起来更正规。

3.3 设计调查问卷的技巧

问题和答案设计是调查问卷设计的主要内容，也是直接影响调查质量的关键。问题用词不当，可能会使被调查者产生误解，甚至引起反感；答案选项的顺序排列不同也可能会导致不同的选择，影响调查的结果。因此在设计问卷时，必须根据问卷设计的步骤和原则，针对问题的类型反复推敲，才能设计出高水平的调查问卷。

3.3.1 问卷问答设计技巧

1）开放式和封闭式问答的设计

（1）开放式问答的设计

开放式问答也称自由问答，只提问题，不给具体答案，应答者可以自由地用自己的语言来回答或解释有关想法。开放式问答主要用于某个问题的答案太多或根本无法预料时，或由于研究需要，必须在研究报告中原文引用被调查者的原话。开放式问题的设计很多，概括起来有以下几类：

①自由回答法

它要求被调查者根据问题用文字形式自由表述。

例如：您对网上购物有什么看法？

这类问题能直接了解被调查者的态度和观点，而且回答不拘于形式，被调查者可以自由发挥，能收集大量的信息。

②回忆法

这是用于调查被访者对诸如品牌名、企业名、广告等印象强烈程度的一种问题设计方法。

例如：请列出最近您在电视广告上看到的手机品牌。

请说出您所知道的洗衣粉品牌。

随堂测 3-2
单选题

随堂测 3-2
多选题

随堂测 3-2
判断题

您知道本市有哪些房地产公司吗？

用回忆法获得资料后，在分析时应注意以下问题：

A.计算不同回忆次序和次数的比值，以分析被调查者的回忆强度。

B.根据各项目的回忆量与总回忆量的比值，可分析被访者对各种品牌印象的深浅程度。

③再确认法

再确认法是通过给被调查者提供与调查对象相关的某种线索来刺激其回忆确认。回忆程度可分为"知道、听说过、不知道"或"见过、好像见过、没见过"，刺激材料可以是文字、图画或照片等。

例如：请问您知道这个品牌吗？如果回答知道，可以继续询问：您是通过什么渠道知道的？直到调查对象不能确认为止。

通过这类问题的提问和确认，可以了解整体产品的各个部分给予消费者的不同印象，了解产品的市场知名度，了解广告媒体的选择方式及广告设计创意的成败之处等，也就是说开放式问句经常需要"追问"。追问是访谈员为了获得更详细的材料或使讨论继续下去而对应答者的一种鼓励形式。访谈人员也许会说："还有其他要说的吗？"

设计开放式问题的优点在于：对于被调查者来说，比较灵活，能调动其积极性，使其充分、自由地表达意见和想法；对于调查者来说，能收集到原来没有想到或者容易忽视的资料。同时，由于应答者以自己的体会来回答问题，调查者可以从中得到启发，使文案创作更贴近消费者。这种提问方式特别适合于那些答案复杂、数量较多或者各种可能答案尚属未知的情形。

当然，开放式问题也有缺点，如被调查者的答案可能各不相同、标准化程度较低、资料的整理和加工比较困难，同时还可能会因为回答者表达问题的能力差异而产生调查偏差。

课程思政 3-1

小王的一次调查

背景与情境： 小王是一名大学生，利用暑假时间，在某一市场调查公司做兼职。一次，他被公司派出去为某一委托企业进行消费者问卷调查。调查结束以后，小王发现许多调查对象对开放式问题不予配合，担心这会影响到自己的业绩，于是他找同学帮忙填写了被调查者未填写完整的问卷。

问题： 该市场调查公司在派人员调查过程中存在什么问题？对小王的行为从课程思政角度进行研判。结合党的二十大报告"推进文化自信自强，铸就社会主义文化新辉煌"的目标，我们在工作中应该如何为弘扬诚信文化，健全诚信建设长效机制而努力？

分析提示： 该市场调查公司在市场调查过程中应对调查人员进行培训，尤其是对新员工更应该严格培训，最好采取"传、帮、带"的形式，并且在整个调查过程中该公司应该有严格的督导制度进行监控。小王在调查结束后找同学帮忙填写问卷，这一定会影响到调查信息的质量，这种行为不符合诚实守信的职业道德要求，与党的二十大报告中"提高全社会文明程度""实施公民道德建设工程，弘扬中华传统美德"的思想是相违背的。为了推进文化自信自强，铸就社会主义文化新辉煌，工作中一定要踏踏实实、实事求是。

（2）封闭式问答的设计

封闭式问答是指在设计调查问题的同时，还设计各种可能答案让被调查者从中选定自己认为合适的答案。常见的有二项选择式、多项选择式、排序式、分等量表等。

①二项选择式问答设计

二项选择式问答又称是非式问答，这种类型的问题只允许被调查者在给定的两个性质相反的备选答案中选择其一。最常见的是在"是"与"否"、"有"与"无"、"好"与"坏"中选取其一。

例如：您吃过 A 品牌的饼干吗？

吃过□　　　没吃过□

此方法适合于互相排斥的两项选一项的问题或询问回答较简单的事实性问题。该方法的优点是便于统计处理，缺点是难以反映被调查者意见的程度区别。

同步思考3-1

问题：对于态度方面的调查是否适合采用二项选择式问答形式？为什么？

分析说明：在涉及对被调查者的态度进行调查时，二项选择式问答形式不能反映应答者在态度上的细微差异，所以对于态度方面的调查很少用二项选择式问题。

理解要点：

A.二项选择式问题只适合于互相排斥的两项选一项的问题或询问较简单的事实性问题。

B.对于一些态度性问题看似只有两个选择，其实并非如此。例如，"您是否准备购买小轿车？"这个问题从表面上看答案只有"是"或"否"，实际上却有五个答案：是、可能买、可能不买、不一定买、否。

C.对可能包含多个答案的问题就不能用二项选择式，最好选用多项选择式。

②多项选择式问答设计

多项选择式问答的答案有多项，其优点是可以较多地了解被调查者的态度，但统计时比较复杂。

例如：您购买方便面的原因主要有哪些？

方便□　　　好吃□　　　便宜□　　　营养□　　　无替代品□

③排序式问答设计

排序式问答，是指要求被调查者把列出的各个选项按其重要性排列出来的一种方法。

例如：请您按照喜欢的程度对以下品牌的洗发水进行编号，最喜欢者为1号，依此类推。

花姿□　　　飘柔□　　　力士□　　　舒蕾□　　　潘婷□　　　诗芬□

进行统计时，将每一品牌的商品排序情况进行平均，从而得出该品牌商品在消费者心中的总体印象的排序。

④分等量表问答设计

分等量表，即通过被调查者对事物的属性从优到劣分等选择来设计提问的一种形式。

例如：您认为A品牌方便面的口味如何？

很好□　　　好□　　　尚可□　　　差□　　　很差□

分等量表的优点是比多项选择题的强制性低，答案有一定的范围，可区分被调查者在态度上的差异程度，易于了解消费者的购买动机及对商品的评价，也便于统计处理。

2）直接性和间接性问答的设计

（1）直接性问答的设计

直接性问答是指通过直接的提问立即就能够得到答案的一种方法。

例如：您的职业是什么？

直接性问答适合于一些已经存在的事实或被调查者的一些不很敏感的基本情况。

（2）间接性问答的设计

间接性问答是当被调查者对于一些敏感、尴尬、有威胁或有损自我形象的问题产生顾虑，不敢或不愿真实地表达意见时采用的一种方法。调查者不应为得到直接的结果而强迫被调查者，使他们感到不愉快或难堪。这时如果采用间接的提问方式，使被调查者认为很多意见已被其他被调查者提出来了，他所要做的只不过是对这些意见加以评价，这样被调查者就有可能对已得到的结论提出自己不加掩饰的意见。

同步案例3-2

直接性问答与间接性问答哪个更好？

背景与情境："您认为社区团购应该大力推广吗？"大多数人都会回答"应该"或"不应该"，而实际情况是许多人对社区团购有着不同的看法，如果改问：

A.有人认为社区团购有诸多优点，应该大力推广。

B.另一部分人认为社区团购影响线下实体零售生意，不赞成推广。

您认为哪种看法更为正确？

对A看法的意见：

①完全同意　　　②有保留地同意　　　③不同意

对B看法的意见：

①完全同意　　　②有保留地同意　　　③不同意

问题：背景中的问题采用哪种类型的问答设计更好？为什么？

分析提示：采用间接性问答设计更好一些，因为采用间接性问答可以排除调查者和被调查者之间的某些障碍，从而比采用直接性问答收集到更多的信息。

3）事实性问答和行为性问答的设计

（1）事实性问答设计

事实性问答是要求被调查者回答一些有关事实的问题的一种方法。

例如：您通常什么时候看电视？

提出这类问题可以获得有关事实性资料，因此，问题必须清楚，使调查者容易理解并回答。通常，如被调查者的职业、年龄、收入、家庭状况、受教育程度、居住条件等问题均为事实性问题。

（2）行为性问答设计

行为性问答就是对被调查者的行为特征进行调查。

例如：您是否拥有××？您是否做过某事？

4）动机性问答和态度性问答设计

（1）动机性问答设计

动机性问答是为了了解被调查者采取某种行为的原因或动机的一种方法。

例如：您为什么购买××？

您为什么做某事？

动机性问答所获得的调查资料对于企业制定市场营销策略非常有用，但是收集难度很大。调查者可以将多种询问方式结合使用，尽最大可能将被调查者的动机揭示出来。

（2）态度性问答设计

态度性问答是为了了解被调查者对某些事物的态度、评价、看法或想法等方面的问题而采用的一种方法。

例如：你对公司后勤服务部门的自行车存取服务有何意见？

态度性问答在营销调查中也经常遇到，它是很多调查者准备收集的关键性资料，因为意见常常影响动机，而动机决定着购买者的行为。

在实际市场调查中，几种类型的问答常常是结合使用的。在同一份问卷中，既会有开放式问答，也会有封闭式问答，甚至同一个问题也可能隶属于多种类型。调查者可根据具体情况选择不同的提问方式，使用不同的询问技术。

同步思考 3-2

问题：在现实生活中，许多人认为年龄、收入、受教育程度等都属于个人隐私，不愿意据实回答，在设计问卷时是否可以把这些问题省略，以免影响整个回答的真实性呢？为什么？

分析说明：关于年龄、收入等个人隐私问题往往是能反映调查对象真实特征的一些重要信息，也是研究人员想方设法要得到的信息，所以在设计问卷时不能把这些问题省略。

理解要点：

①为了使被调查者愿意配合回答这些敏感性问题，需要掌握一些设计问题和排列问题顺序的技巧。

②在设计问题时，尽量把敏感性问题设计成间接问答的形式。

③在排列问卷问题的顺序时，可以把这些问题放在问卷最后，也就是说，在访问者与调查对象已经建立了比较融洽的关系，访问者获得了一些信任之后，被调查者真实回答问题的意愿会加大。

3.3.2　问题设计应注意的事项

无论所研究的问题是大还是小，要设计一份科学合理的问卷都是一项系统性工作。要完成这一任务，除了要考虑一些必要的原则、程序以外，还要注意问题设计中的一些技巧和技术问题。

1）措辞的选择

问题的措辞指的是将想要的问题内容和结构翻译成调查对象可以清楚而轻松理解的用语。这是设计一份问卷的关键，同时也是最困难的任务，因此，要注意以下几个问题：

（1）用词要通俗

大规模的调查，调查对象的文化背景、受教育程度、知识经验都有很大差别，应尽量减少使用专业性的词汇。

例如：您认为软饮料的分销充分吗？

（2）用词要确切，尽量少用副词

提出的问题要清楚明了，具有唯一的意义。不确切的词和含混不清的问句会使被调查者不知所云。

例如：您通常读什么样的杂志？

这个"通常"让被调查者很难把握，不知该怎样去理解，它可以指场合，也可以指时间。这也是在问句中少用副词的原因。类似的词语还有"经常""大概""可能""也许"等。

（3）避免一题两问

在一个问句中最好只问一个要点，如果包含过多的询问内容，会使被调查者无从答起。

例如：在为中华民族谋复兴的伟大事业中，您认为自己的文化水平和生产技术水平能否满足企业发展的需要？

这个问题实际上是询问了两件事情，对于两者同高或同低的人来说尚可回答，其余一部分回答者将会陷入难以作答的困境，故应该把该问题分成两个问题来问。

2）避免否定式提问

否定式提问也称假设性提问，是指对有些问题，先做出某种假设，以此为前提让被调查者做出单项或多项选择。

例如：如果 A 杂志涨价 1 元，您是否将改看另一种未涨价的杂志？

出于多数人都愿意尝试一种新东西，或获得一些新经验的心理，被调查者对这类问题多数会选择答"是"。

再如：您觉得这种产品的新包装不美观吗？

否定形式的提问会破坏被调查者的思维，造成相反意愿的回答或选择，因此尽量不要使用否定形式的提问。

3）避免诱导性或倾向性提问

合格的问卷中的每个问题都应该是中立的、客观的，不应该带有某种倾向性或诱导性，应让被调查者自己去选择答案。

例如：您认为这种商品价格是否合理？

问句中的"是否合理"这种提法带有明显的肯定倾向，它会导致被调查者选择肯定的答案。如果把提问改为："您认为这种商品价格水平如何？"就可以消除这种倾向性和诱导性。

又如：某啤酒制作精细、泡沫丰富、口味清纯，您是否喜欢？

这个问题中所使用的字眼也并非"中性"，而是有意向被调查者暗示答案的方向，或者暗示调查者自己的观点。

4）避免提断定性问题

断定性问题是先断定被调查者已有某种态度或行为，再进行提问。

例如：您每天花多少时间健身？

事实上该被调查者很可能根本不健身，那么该如何回答呢？正确处理这种问题的方法是在断定性问题之前加一个"过滤"问题，如"您健身吗"，就可避免这种情况。

5）避免直接提出敏感性问题

有关个人隐私的问题，有些不为一般社会公德所接纳的行为或态度类问题通常被称为敏感性问题或困窘性问题。对于这类问题若直接提问往往会引起被调查者拒答，或不真实地回答。

例如：平均来说，您每个月打几次高尔夫球？

如果您的汽车是分期购买的，一共分了多少期？

您是否向银行抵押借款购买股票？

除了工资收入外，您还有其他收入吗？

这类问题都是敏感性问题，如果一定要获得真实答案，最好采用间接提问的方式，并且语气要特别委婉。具体来说有以下几种方法：

（1）假定法

即用一个假定性条件句作为问题的前提，然后再询问被调查者的看法。

例如：假定允许各类人员自由调动工作，您会更换目前的工作吗？

（2）释疑法

即在敏感性问题的前面写上一段消除疑虑的文字。

例如：打高尔夫球是一项比较高级的娱乐活动，您平均每个月打几次高尔夫球？

学习微平台

资源 3-1

（3）转移法

即让被调查者不以第一人称，而是以第三人称来回答这类问题。

例如：汽车消费将是我国未来消费中的一个热点，您周围的朋友对分期付款购买汽车怎么看？

再如：有些医生认为饮酒有害，也有些医生认为饮酒有益，您认为呢？

3.3.3　答案设计应注意的事项

封闭式问题的答案设计，是问卷的重要组成部分，必须经过多方面周密细致的考虑。

1）答案要穷尽

要将所有的答案尽可能地列出，才能使每个被调查者都有答案可选，不至于因找不到合适的可选答案而放弃回答。

例如：您家目前的收支情况怎样？

A.有较多节余　　　　B.略有节余　　　　C.收支平衡

"入不敷出"的被调查对象将无法回答此题，违背了答案设计的穷尽性原则。有时为了避免列举不全，可在最后列出一项"其他"。但需注意的是，如果选择"其他"答案的被访者过多，说明答案的设计是不恰当的。

2）答案要互斥

在多选一的被选答案之间不能相互重叠或相互包含，即最多只有一个答案适合答卷人的情况。

例如：在您每月的支出中，花费最多的是哪项？

食品□　　服装□　　书籍□　　报刊□　　　日用品□　　娱乐□　　　交际□
饮料□　　其他□

被选答案中食品和饮料、书籍和报刊不是互斥的。

3）选项的排列要科学

答案的顺序也会影响调查结果，在选项较多的情况下，受访者容易接受排在前面的选项，认为这些选项重要。而从设计人员的角度来说，也很容易产生一种倾向，将自认为更重要的选项排在前面。

例如：下列电脑品牌中，给您留下最好印象的是哪个？

（1）联想□　　IBM□　　方正□　　康柏□　　同创□

（2）IBM□　　康柏□　　方正□　　同创□　　联想□

上述第一种排列会造成选联想的比例高，第二种排列选择联想的比例则会大幅度下降。

避免这种偏差的一个办法是设计若干种不同排列的问卷，比如用五套问卷，每套问题完全相同，但在具体选项的排列上进行更换，最后将五套问卷的结果进行汇总。另一种方法是访问员在使用问卷时，通过在问卷上添加人为的记号来修改顺序。

随堂测3-3

单选题

随堂测3-3

多选题

随堂测3-3

判断题

4）多项选择题的答案选择不宜过多

被调查者在阅读与回答中，记忆答案的数量是有限的，一般不超过9个，答案过多，被调查者在回答时就会有遗忘或不耐烦。

5）敏感性问题的答案设计要慎重

在询问月收入或女士年龄等敏感性问题时，为消除被访者的顾虑并且符合资料整理分析的要求，需要将答案进行分段设计。

例如：您的月工资是：

1 000 元以下□ 　　　　1 000~1 500 元□

1 500~2 000 元□ 　　　2 000~2 500 元□

2 500~3 000 元□ 　　　3 000 元以上□

答案设计的措辞也要仔细斟酌。

例如：您不买轿车的原因是：

买不起□ 　　　怕出交通事故□ 　　　担心被盗□ 　　　养不起□ 　　　其他□

这样的设计会使被调查者感到窘迫，拒绝回答。

可以改成：

等待降价□ 　　　不如租车划算□ 　　　不环保□ 　　　不喜欢开车□ 　　　其他□

学习微平台

资源 3-2

教学互动 3-2

互动问题：

（1）实习期间，你的小组被当地的啤酒公司派去收集消费者信息。准备一份由7个问题组成的问卷来确定消费者对啤酒公司服务的态度，以及他们希望工作做出什么样的改进。

（2）把这份问卷发给班里喝啤酒的5个同学填写，并指出问卷中不恰当的问题与答案。

要求：

（1）编写问题要求以小组为单位，填写问卷的同学对问卷进行点评。

（2）教师对学生的回答进行点评。

学习微平台

资源 3-3

本章概要

□ 内容提要与结构

▲ 内容提要

●调查问卷是市场调查活动的常用工具，是收集被调查者情况、态度和意见的重要工具。

●一份完整的调查问卷通常由开头、甄别、主体和结语四部分所组成。其基本的内容应该包括问卷的标题、问候语、填写说明、甄别、问题与答案、编码和作业证明的记载等七部分。

●问卷设计的整个过程大体上分为事前准备、设计问卷初稿、事后坚持三个阶段十个步骤。

●问题和答案是调查问卷的核心部分。

●问卷问题的问答方式多种多样，常用的有开放式问答、封闭式问答、直接式问答、间接式问答、事实性问答、行为性问答、动机性问答、态度性问答等。

▲ 内容结构

本章内容结构如图3-1所示：

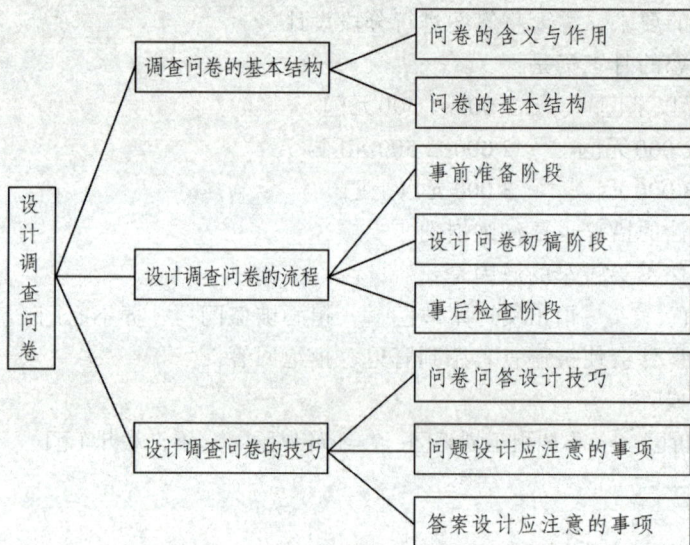

图3-1　本章内容结构

□ 主要概念和观念

▲ 主要概念

问卷　问卷设计的流程　开放式问答　封闭式问答　二项选择式问答　直接性问答　间接性问答　行为性问答　动机性问答　态度性问答

▲ 主要观念

问卷的作用　问卷的基本结构　问题与答案设计的注意事项

□ 重点实务和操作

▲ 重点实务

问卷设计流程　问卷设计技巧　相关"业务链接"

▲ 重点操作

"市场调查问卷设计"知识应用

➡ 单元训练 ➡

□ 理论题

▲ 简答题

1）一份问卷通常由哪几部分组成？

2）二项选择式与多项选择式问答法的异同点有哪些？

3）简述问卷有哪些作用。

▲ 讨论题

1）如何理解对设计好的问卷还要进行检测与修正？

2）如何理解开放式问题与封闭式问题的不同之处？

□ 实务题

▲ 规则复习

1）问卷中问题顺序的编排技术有哪些？

2）问卷的外观设计有哪些要求？

3）简述问卷设计的基本程序。

▲ 业务解析

1）下面是在一些问卷中挑出的不恰当的问句，请你指出其错误之处，并改正。

①您的住处离最近的林荫路需要多长时间？

②您认为这种蛋糕的口味和原料的构成如何？

③自去年以来，您都用过哪些品牌的卫生纸？

④买可口可乐，让外国人赚更多的钱；买非常可乐，扶持民族产业。您的选择是什么？

⑤您的轿车是贷款买的吗？

2）某企业研究人员在编写邮寄调查问卷时，由于不知道被调查者回答问题的顺序，因此认为没有必要考虑问卷中问句的次序。你认为这样对吗？为什么？

□ 案例题

▲ 案例分析

【训练项目】

案例分析-Ⅲ。

【相关案例】

千家伴超市调查问卷

背景与情境：

××同学：

您好！

随着高校的大规模扩招，各高校学生数量不断增长，下沙作为杭州市最大的高教园区，拥有庞大的学生消费市场。千家伴超市作为下沙高教园区的日常购物超市之一，为了更好地为您服务、提高服务质量及满意度，以及了解消费者的购买状况，特进行一次市场调查（问卷以不记名的方式进行），感谢您的参与！

（1）您了解千家伴超市吗？（   ）

A.非常了解   B.比较了解   C.一般了解   D.不了解

（2）您在千家伴超市消费过吗？（   ）

A.是的   B.没有（从第10题开始回答）

（3）您是通过哪些途径了解千家伴超市的？（   ）

A.同学或朋友   B.杂志   C.网络

D.报纸　　　　　　　　E.其他

（4）您去千家伴超市的次数为（　　）。

A.一星期1~3次　　　　　　　　　　　B.一星期3~7次

C.一星期7次以上　　　　　　　　　　D.从不去

（5）您购买以下商品的频率由多到少依次为（　　）。

A.饼干或面包类　　　B.泡面类　　　　　C.饮料类　　　D.学习用品类

E.生活用品类　　　　F.其他

（6）您对千家伴超市的商品陈列环境的满意度为（　　）。

A.非常满意　　　　　B.比较满意　　　　　C.一般满意　　D.不满意

（7）您对千家伴超市的综合印象为（　　）。

A.非常好　　　　　　B.比较好　　　　　　C.一般

D.不好　　　　　　　E.不清楚

（8）您对千家伴超市员工服务态度的满意度为（　　）。

A.非常满意　　　　　B.比较满意　　　　　C.一般满意　　D.不满意

（9）通常您喜欢在哪里购物？（　　）

A.生活区超市　　　　　　　　　　　　B.生活区便利店

C.外面大型超市　　　　　　　　　　　D.不清楚

（10）您选择购物场所的理由是（　　）。

A.方便　　　　　　　B.便宜　　　　　　　C.服务态度好　D.便利

E.从众心理　　　　　F.其他

（11）您一星期的购物消费金额大约为多少？（　　）

A.60元以下　　　　　B.60~110元　　　　　C.110~200元　D.200元以上

（12）请您用简短的语句谈谈千家伴超市在哪些方面需要改进？

您的性别：_____籍贯：_____所在院校：_____

访问员姓名：_____

访问时间：_____年_____月_____日_____时开始_____时结束

资料来源　千家伴超市.千家伴超市调查问卷［EB/OL］.［2020-04-02］.http：//www.so-jump.com/jq/1847689.aspx.

问题：

1）你对这份问卷如何评价？你还有要补充的问题吗？

2）该问卷中问题的排序、问题的措辞有无不当之处？说明理由。

3）针对该问卷不恰当的地方提出改正建议。

【训练要求】

同第1章"基本训练"中本题型的"训练要求"。

▲ 课程思政

【训练项目】

课程思政-Ⅱ。

【相关案例】

调查作业

背景与情境：小王在某职业技术学院附近开了一家小饰品店，主要经营的商品为各种精致发卡、首饰、布娃娃、挂件、干花制品及其他一些别致的小物品。但饰品店开业半年多，营业额一直在低位徘徊，只能勉强维持盈亏平衡。小李是某职业技术学院市场营销专业的学生，经常光顾此小店，正好本学期老师给他们布置了一份作业，选择自己感兴趣的调查主题，设计一份问卷并进行调查。小李准备以此小店为主题设计问卷，并向该店老板小王作了进一步调查。小王得知该情况后，愿意支付给小李相应的劳务费，让他认真制作问卷，在小李所在的学校选取调查对象进行调查，并把调查的结果进行整理，给其提供更多的信息。

小李欣然答应，可是他为了后期更好地统计资料，把所有的问题都设置为封闭性问题。

问题：

1）本案例中存在哪些思政问题？

2）结合党的二十大报告提出的"推进文化自信自强，铸就社会主义文化新辉煌"奋斗目标，"提高全社会文明程度，实施公民道德建设工程""推动明大德、守公德、严私德，提高人民道德水准和文明素养"的思想，试对上述问题做出你的思政研判，你怎么看待小李的这种行为？

3）通过网络或图书馆调研等途径收集你作思政研判所依据的市场营销职业道德规范。

【训练要求】

同第1章"基本训练"中本题型的"训练要求"。

□　自主学习

【训练项目】

自主学习-II。

【训练目的】

见本章"学习目标"中"创新型学习"的"自主学习"目标。

【教学方法】

采用"学导教学法"和"研究教学法"。

【训练要求】

1）以班级小组为单位组建学生训练团队，各团队依照本教材"附录三"附表3"自主学习"（初级）的"基本要求"和各技能点的"参照规范与标准"，制订《团队自主学习计划》。

2）各团队实施《团队自主学习计划》，自主学习本教材"附录一"附表1"自主学习"（初级）各技能点的"'知识准备'参照规范"所列知识。

3）各团队以自主学习获得的"学习原理"、"学习策略"与"学习方法"知识为指导，通过校图书馆、院资料室和互联网，查阅、搜集和整理近两年以"调查问卷的基本结构"为主题的国内外学术文献资料。

4）各团队以整理后的文献资料为基础，依照相关规范要求，讨论、撰写和交流《"调查问卷的基本结构"最新文献综述》。

5）撰写作为"成果形式"的训练课业，总结自主学习和应用"学习原理"、"学习策略"与"学习方法"知识（初级），依照相关规范，准备、讨论、撰写和交流《"调查问卷的基本结构"最新文献综述》的体验过程。

【成果形式】

训练课业：《"自主学习-II"训练报告》。

课业要求：

1）内容包括：训练团队成员与分工；训练过程；训练总结（包括对各项操作的成功与不足的简要分析说明）；附件。

2）将《团队自主学习计划》和《"调查问卷的基本结构"最新文献综述》作为《"自主学习-II"训练报告》的"附件"。

3）《"调查问卷的基本结构"最新文献综述》应符合"文献综述"规范要求，做到事实清晰，论据充分，逻辑清晰。

4）结构与体例参照本教材"课业范例"的"范例-4"。

5）在校园网的本课程平台上展示班级优秀训练课业，并将其纳入本课程的教学资源库。

⚞ 单元考核 ⚟

评价原则与考核要求：同第1章"单元考核"的"评价原则与考核要求"。

第 **4** 章
抽样调查

学习目标

通过本章学习，应该达到以下目标：

理论目标： 学习和把握"抽样调查"的相关概念、特点和适用范围，与抽样有关的专业术语、样本量的影响因素，以及抽样方案优缺点等陈述性知识；能用其指导本章"同步思考"、"教学互动"、"随堂测"和"基本训练"中"理论题"各题型的认知活动，正确解答相关问题，体验本章"初级学习"中专业认知的横向正迁移，以及相关业务胜任力中"认知"要素的阶段性生成。

实务目标： 学习和掌握抽样方案的设计与各种抽样方法的应用，确定样本量的理论与经验方法，以及"业务链接"和二维码资源等程序性知识；能以其建构"抽样调查"的规则意识，正确解析本章"同步思考"、"教学互动"和"基本训练"中"实务题"的相关问题，体验本章专业规则与方法"初级学习"中的横向正迁移和"高级学习"中的重组性迁移，以及相关业务胜任力中"专业规则"要素的阶段性生成。

案例目标： 运用本章理论与实务知识研究相关案例，培养和提高在"抽样调查"特定情境中的多元表征专业能力；通过"组建'学习团队'"等途径，落实"分层教学"要求，培养"团队协作""与人交流"等通用能力；结合本章教学内容，依照相关规范或标准，对"课程思政4-1"专栏和章后"课程思政—IV"等案例中的企业及其从业人员行为进行思政研判，促进"立德树人"根本任务的落实；体验本章"高级学习"中专业知识、通用知识与思政元素的协同性重组迁移，以及相关业务胜任力中"认知弹性"要素的阶段性生成。

实训目标： 参加"'抽样调查'知识应用"的实践训练。在了解和把握本实训所涉"能力与道德领域"相关技能点和素养点的"规范和标准"基础上，通过各项实训任务的完成、系列技能操作的实施、《实训报告》的准备与撰写等有质量、有效率的活动，培养"调查方法"的专业能力，强化"信息处理"、"与人交流"、"与人合作"、"解决问题"和"革新创新"等职业核心能力（中级），并通过"认同级"践行"职业情感"、"职业态度"、"职业良心"、"职业作风"和"职业守则"诸多素养点规范，促进健全职业人格的塑造，体验本章"实践学习"中"专能""通能""职业道德"元素的协同性"重组-产生"迁移，以及相关业务胜任力中"求知韧性"和"复合性技能"要素的阶段性生成。

引例：新产品的顾客意见调查

背景与情境： 伊利公司是一家食品生产企业，在2000年，以其享誉中国北方数省的"苦咖啡"冰淇淋打入上海冷饮市场。为了获得更加准确的市场信息，伊利公司想进行一次市场调查活动，调查对象是上海冷饮经销商。但是，伊利公司手头只有少数几家上海经销商的名单，于是他们决定采用滚雪球抽样方法来确定所有的访问对象。

第一步： 伊利上海公司选择上海的老客户——家利超市公司，作为第一个访问对象。访问员张小姐与李先生在按调查提纲的规定要求提问完所有问题后，起身向家利超市公司市场部徐经理致谢。张小姐向徐经理问道："徐经理，我们对上海的情况不熟悉，不知您是否可以向我们介绍几家与贵公司相似的上海冷饮经销商的情况？"于是，热心的徐经理请两位客人再次坐下，介绍那些对他来说烂熟于心的情况。

第二步： 张小姐请徐经理将自己介绍给徐经理熟悉的几家上海冷饮经销商的有关管理人员。

第三步： 张小姐与李先生又马不停蹄地赶往华联与联华。在收集了有关资料后又请这两家超市公司的受访者为自己介绍新的访问对象。

这样，伊利公司的调查样本单位数便迅速增加。

资料来源　罗洪群 王青华 于翠婷.市场调查与预测〔M〕. 3版.北京：清华大学出版社，2022.

问题： 你认为伊利公司采用这种方法寻找访问对象可行吗？

理论上，市场调查若能采用普查法，那么结果就是最准确的，但普查法只适用于小型母体的市场调查。对于大型母体的调查，若采用普查法，需要耗费大量的人力、经费，而且调查时间长。当今市场构成多元化，变化节奏快，调查经费相对紧张，所以商业性的调查活动很少使用普查法来获取市场信息。基于此，在众多的调查对象中，如何以最少的时间、费用、精力来获得正确的调查结果，就有赖于抽样调查。

4.1　抽样方案设计

4.1.1　抽样调查概述

1）抽样调查的含义

抽样调查 是从研究对象的总体中，按照随机性原则抽取一部分单位作为样本进行调查，并且用其样本调查的结果来推断总体的非全面市场调查方法。

2）抽样调查的特点

（1）调查方式的科学性

抽样市场调查有充分的数理依据，能够将调查样本的代表性误差控制在允许的范围内，由于调查样本的抽取具有随机性，受主观因素的影响较小，因而调查结果的精确度并不比全面市场调查低。

（2）信息获取的高效性

由于实地调查对象数目少，收集、整理、汇总调查资料的工作量相对较小，抽样调查可以在较短的时间内完成，这对于快节奏的市场变化来说是十分有效的。

（3）调查费用的经济性

抽样市场调查仅仅是从总体中抽取少部分单位组成样本进行调查，调查规模比全面市场调查小，资料收集、汇总处理工作量小，因而可以节省人力、物力和财力，从而可降低市场调查费用。

（4）调查结果的可靠性

抽样调查是建立在数理统计基础之上的科学方法，只要由专门人员主持抽样调查，严格按照抽样调查的要求进行抽样，就可以确保获取的信息资料具有较好的可靠性和准确性，对那些无法或没必要进行普查的项目具有很好的适用性。

3）抽样调查的适用范围

抽样调查由于具有许多优点，在市场调查实践中已得到广泛的应用。其主要适用于以下几种情形：

（1）不可能进行全面调查时

例如，具有破坏性或损耗性的产品质量检验、家用电器的耐用性检测、灯泡使用寿命测量、汽车轮胎耐磨试验、新药疗效检验、产品的消费者测试等调查，或是因为对总体的范围把握不了，或是因为调查会带来灾难性的后果，均需采用抽样调查。

（2）不必进行全面调查时

许多现象可以进行全面调查，但进行全面调查的成本很高，而样本单位之间又存在很大的相似性，就没有必要进行全面调查。例如，城乡居民收支调查，可按地区、家庭、个人逐个登记进行，但工作量太大，并且许多地区、家庭、个人的消费之间有着许多相似之处，只需抽取其中的一小部分进行调查，就可以据以推算全体，不必进行全面调查。

（3）为了节省人力、物力和调查费用时

可作全面调查的对象，为了节省人力、物力和调查费用，亦可采用抽样调查，如企业员工忠诚度、满意度测评，可以作全面调查，但为了节省人力、物力和时间，亦可采用抽样测评。

（4）对全面调查资料的质量进行检查和修正时

由于全面调查涉及面广、工作量大、参加人员多，调查结果难免不出差错。因此，在全面调查之后往往进行抽样复查，以检查全面调查资料的质量，并进行补充和修正，以提高全面调查的准确性。

（5）对某些总体的假设进行检验时

在市场研究中，通常会提出一些假设，然后通过抽样调查来检验这种假设是否成立。

4）与抽样调查有关的专业术语

（1）总体

总体是所有调查对象的全体。一个总体是在特定的调查目的或任务条件下的认识客体。例如，要调查 A 市有多少家庭拥有电脑，拥有电脑的家庭与没有电脑的家庭有什么区别，那么调查总体就是 A 市的所有家庭。

（2）样本

样本是由总体中抽取的部分个体构成的，是抽样调查实际的调查对象。例如，某市某行业有 30 万名职工，从中抽取 1 000 名来进行生活状况的调查。这 30 万名职工就是总体，1 000 名职工就构成样本。

（3）抽样单位

出于方便抽样的考虑，我们将总体划分为若干个互不重叠的部分，每个这样的部分就是抽样单位。这种划分完全是人为的。例如，在牙膏的产品质量抽查中，调查对象是牙膏，而牙膏是以支为单位计算的。但如果以支为单位进行抽样，则显然不现实。因为若干支牙膏会装成一箱，以支为单位进行抽样，可能会导致大量的包装被破坏，而实际又没有对打开的每一箱的所有产品进行检查，造成无谓的浪费。实际中，更多的是以牙膏的包装单位——箱为单位进行抽样，对打开的每一箱的每一支牙膏进行检查，在这里抽样就是以箱为单位的。

抽样单位与总体单位在形式上有时并非一致，例如，要调查某市出售空调机商店的分布情况，构成总体单位的是销售空调机的商店。抽样时可按商业街道来抽，这时抽样单位是商业街道。抽样单位不同于样本单位，从抽样单位中抽出构成样本的那些单位才是样本单位，样本单位是在抽样单位中产生的。而且，样本单位的形式一般是基本单位，而抽样单位则不尽然。

另外，抽样单位受抽样方法的影响，抽样方法不同，抽样单位也就不同，可以以一个分析单位为抽样单位，也可以以一个群体为抽样单位。例如，在 30 万名职工中抽取 1 000 名，有不同的抽样方法。若从 30 万名职工中直接抽取 1 000 名，就是以分析单位——个人作为抽样单位。但如果 30 万名职工分布在 3 000 家企业中，平均每个企业大约有 100 名职工，我们就可以从 3 000 家企业中抽取 10 家企业，以 10 家企业中的 1 000 名职工作为样本，这种抽样方法的抽样单位就是企业，而不是个人了。

（4）抽样框

抽样框是指将抽样单位按某种顺序排列编制的名单，是抽样单位的名单。抽样框是抽样设计人员用来进行抽取样本的工具。它的内容就是所需认识总体的抽样单位，其形式是多样的，可以是一张表格、一本名册、一幅地图、一张电话号码簿、一份户口档案、一份企业名录等。在上述例子中，第一种抽样方法的抽样框是 30 万名职工的名单；第二种抽样方法的抽样框是 3 000 家企业的名单。

（5）抽样误差

样本是总体的一部分，虽然有代表性，但并不等于总体。用样本的统计值去估计总体的参数值，肯定会产生一定的误差，这种由抽样引起的误差就叫抽样误差。在抽样调查中，抽样误差是不可避免的，但可以通过科学的抽样方法，尽量减少这种误差。

同步思考4-1

问题： 欲调查上海市常住人口对新能源汽车的需求和现有用户使用情况，抽样框是否为总体单位？为什么？

分析说明： 要调查城市新能源汽车的需求，那么全市常住人口就是一个总体，总体单位是每一户居民。由于总体比较大，因此，在上海市的每个区中抽几个有代表性的小区作为样本，这时每个小区就是抽样单位，抽样框应该是全市的小区名单。

理解要点：

（1）抽样框是抽样单位的总体，它可能是总体中的基本单位的名单，也可能是总体中基本单位的集合的名单。

（2）抽样单位与总体单位有时并非一致。抽样单位为了抽样的方便可以灵活设置，它有时受抽样方法的影响，所以，抽样框与总体单位并非完全一致。

4.1.2 抽样方案设计

市场调查方案是对整个市场调查工作所进行的通盘考虑和安排，但在实际调查工作中，由于采取各种不同的调查方式，往往会遇到与调查方式相关的诸多事项，为了提高调查效率和质量，事先需进行合理的统筹和安排。

抽样方案就是对抽样调查中的总体范围、抽样方式、抽样方法、抽样数目、抽样框、抽样精度、抽样实施细节等问题所作的安排，其目的在于提高抽样调查和推断的科学性和可靠性，控制抽样调查的过程，提高抽样调查的效率，确保抽样调查的质量。抽样方案设计的基本内容如下：

1）明确抽样调查的目的

抽样调查的目的应根据市场调查的任务和要求及管理者和用户的信息需求确定，并与市场调查总体方案设计中界定的调查目的和任务保持一致。

2）定义调查总体和抽样单位

定义调查总体就是给调查对象一个明确、可以操作的定义，使调查对象与非调查对象可以明确地加以区分。例如，在对某化妆品消费者意见的调查中，调查的对象是女性消费者，还要具体细化为"18周岁以上，45周岁以下的女性消费者"。这样在调查时，什么人属于调查对象，什么人不是调查对象，就比较容易判断了。

在界定总体的时候，有时也要注意界定被排除的对象。例如，央视-索福瑞公司在界定家庭户中的样本成员时，就规定下列人员不列为样本成员：

（1）住宿学生，仅在周末或寒暑假回家的学生；

（2）连续离家超过3个月的打工人员或驻外人员；

（3）由于结婚等原因而搬出家庭的人员；

（4）吃在家中、长期住集体宿舍的人，应根据其在家中看电视的情况决定。

界定抽样单位，实际上就是明确划分个体单位的标准，确定总体中个体或部分的范围或单位，使各部分或个体相互不重叠。在多级抽样调查中，每一级抽样单位都必须给予相应的定义。例如，在全国性的抽样调查中，一级抽样单位通常是以行政区作为划分标准的，如"省""自治区""直辖市"，然后再从中抽出若干个市，由市进一步抽出区，由区抽出街道，由街道再到居民小区，最后一级的抽样单位通常是"户"或"个人"。

3）确定合适的抽样框

抽样框是指代表调查总体对象的样本列表。完整的抽样框中，每个调查对象应该出现一次，而且只能出现一次。在市场调查中，有些调查的抽样框的资料是现成的，如在企业调查中，以企业为抽样单位，可以以市场监管部门的企业注册档案作为抽样框；在电话调查中，以电话号码作为抽样单位，电话号码簿就是现成的抽样框。但有时没有现成的抽样框可以利用，就需要自行建立一个。

市场调查中最常用的是关于居民户的抽样框。本来这种抽样框可以从居委会的户籍管理资料中直接获得，但是，由于流动人口越来越多，户籍资料并不能如实地反映当时当地的真实情况，或者有的居委会不愿意提供这些资料，这就需要进一步完善或重新建构抽样框。

当有现成的户籍管理资料时，可以直接在这些资料的基础上，选派人员进一步加以核实，删去已经搬迁或长期不在所属居委会居住的住户，增加长期居住在所属居委会而户口并不在所属居委会的住户名单。这种方法虽然工作量大，但抽样框是比较准确的。

在所选的小区中，如果没有现成的户籍资料，建立抽样框的方法是：以该居委会的住宅分布为基础，标出各区域内住户的详细地址，这些地址表就构成了抽样框，见表4-1。

表4-1　　　　　　　××市××路××街居委会地址表

序号	详细地址
1	1号1楼101房
⋮	⋮
51	5号3楼301房
⋮	⋮
101	20号5楼508房
⋮	⋮

4）确定调查对象

确定调查对象是在现有抽样框的基础上，按照抽样要求，逐一抽取构成样本的单位。在随机抽样调查的实际操作中，常以户为最小单位进行随机抽取。被抽到的对象的名单、地址或电话是事先已经确定的。这样在样本确定之后，所面临的另一个问题是，一户中往往包括若干个符合调查条件的成员，在这些成员中应该具体对哪一位进行调查呢？可以对每户分别采取抽签法和随机数字表法来抽取，但比较麻烦。实际中常用的方法是用一组现成的表格来决定户内的抽取对象，其效果与简单随机抽样相似，但是用起来却方便多了，详见表 4-2。

表4-2　　　　　　　　　　　　　　入户随机抽样调查表

家庭人口_____（人）

家庭符合条件人口_____（人）　　　　编号_____

序号	姓名	年龄	性别	选样	问卷编号尾数									
					1	2	3	4	5	6	7	8	9	0
A					1	1	1	1	1	1	1	1	1	1
B					2	1	2	1	2	1	2	1	2	1
C					1	3	2	2	3	1	3	1	1	2
D					2	2	4	1	3	4	1	3	3	2
E					2	5	3	3	4	4	1	1	5	3
F					3	1	1	1	5	2	6	2	3	6
G					4	6	5	7	2	3	1		7	3
H					4	5	6	2	7	1	8	3	4	5
I					2	4	9	5	9	3	7	6	1	8
J					5	2	3	4	10	8	9	8	9	1

使用表 4-2 的步骤如下：

① 先写清表头的编号，核实好家庭人口和符合调查条件的人口数。

② 将符合条件的家庭成员姓名按年龄从大到小的顺序填写在"姓名"栏。

③ 取编号的尾数和家庭符合条件人口数交叉的数字，确定抽中人序号。

④ 按序号选出调查对象的姓名，并在对应的"抽中人"栏打"√"，开始调查。

⑤ 调查结束后，将此表保存好。

5）选择抽样方法

具体的抽样方法很多，在一项市场调查中采用什么样的抽样方法，要综合各种主客观因素来考虑。抽样方法的选择主要依据调查对象总体的规模和特点、调查的性质、抽样框资料、调查经费及调查的精度要求等方面来决定。

6）确定样本容量

样本容量的确定原则是控制在必要的最低限度。对于一个特定的抽样调查，在达到一定的样本容量后，再增加样本容量对提高它的统计精度就起不了多大的作用了，而现场调查的费用却成倍增加，非常不合算。

7）制定选择样本单位的操作程序

无论使用随机抽样还是非随机抽样，在一个项目的数据收集阶段必须指定和明确选择样本单位的操作程序。对于随机抽样来说，这个程序更为重要，必须详细、清晰，不受访问员的干扰。

业务链接4-1

抽样步骤计划

以下指南是关于你在某个街区访问时应走的路线。在城市中，这可能是某个街道，而在农村，这可能是一块被道路包围的土地。

（1）如果你在你的路线中遇到死胡同，继续沿这条路、街道的反方向前进。在可能的地方右转，每隔两户住家访问一户。

（2）如果你在沿街区走了一圈后，又回到了出发点，却没有完成电话簿上的4个家庭的访问，那么可以试着访问起点的那一家。

（3）如果你调查了整个街区，还是没有完成所要求的访问，则继续从街对面最近的第一个住户开始。只要这个地址在你的纸上有一个"×"出现，就把它当作你所在区域的街道中的另一个地址，并访问这一家。如果不是，就访问这家右边的一家。永远遵守右手法则。

（4）如果这一地区街对面从第一号开始都没有住户，在第一号对面的街区转一圈，并遵循右手法则（即按顺时针方向在街区转一圈），试着沿路线每隔两户访问一户。

（5）在起始门牌号对面邻近的街区绕过一圈后，如果你没有完成所需的访问，就按顺时针方向到下一个街区访问。

（6）如果第三个街区的住户数不够完成你的任务，就再做几个街区直到完成要求的户数为止，这些街区要按顺时针方向绕原有的街区来找。

资料来源　罗洪群 王青华 于翠婷. 市场调查与预测［M］. 3版. 北京：清华大学出版社，2022.

8）抽样实施

抽样员在实施抽样过程中，要求腿勤、嘴勤、手勤，尤其是现场抽样，要在完全熟悉抽样背景、抽样区域后，再进行抽样，遇到特殊情况不能拿定主意要多问，还要把抽取的样本的详细情况清楚地记录下来，保证访问员能方便地找到、联系到。

随堂测4-1

单选题

随堂测4-1

多选题

随堂测4-1

判断题

4.2　抽样方法的应用

理论上抽样的方法很多，主要分为概率抽样法和非概率抽样法。

4.2.1　概率抽样法的应用

概率抽样法是指按照随机原则从总体中抽取一定数目的单位作为样本进行调

查。在概率抽样下，总体中每个个体均有平等的被抽取机会，每个个体被抽中或抽不中完全靠概率，排除人的主观因素的选择。这种抽样方法实施的难度大，比较费时、费力，但根据这种抽样方法抽取的样本得出的结论对总体具有充分的代表性。常用的方法有分层抽样、系统抽样、分群抽样、简单随机抽样，具体操作应用如下：

1）分层抽样法的应用

概率抽样中最常使用的是**分层抽样法**，即将目标总体分成若干层，再从各层中随机抽取所需数量的个体单位，综合成一个调查样本。

同步案例4-1

等比例分层抽样法的应用

背景与情境： 某地共有居民2万户，按经济收入高低进行分类，其中高收入居民为4 000户，中等收入居民为12 000户，低收入居民有4 000户。

问题： 要从中抽取400户进行购买力调查，采用等比例分层抽样，如何抽取？

分析提示： 因为购买力是与家庭的收入水平密切相关的，所以以收入水平作为分层变量是合适的。按此变量将总体分为高收入户、中等收入户和低收入户三层。具体的抽样程序如下：

第一步，计算各层在总体中的比例。

高收入户：4 000÷20 000×100%=20%

中等收入户：12 000÷20 000×100%=60%

低收入户：4 000÷20 000×100%=20%

第二步，各层在总体中所占的比例与各层在样本中所占的比例是一样的，因此，计算样本在各层中的具体分布数目。

高收入户：400×20%=80（户）

中等收入户：400×60%=240（户）

低收入户：400×20%=80（户）

第三步，在各层中采取等距抽样方法抽取样本单位。

这种方法的优点是：简便易行、分配合理、计算方便、误差较小。

2）系统抽样法的应用

系统抽样法也是一种常见的抽样方法，又称等距抽样法。它根据一定的抽样距离从母体中抽取样本，抽样距离是由母体总数除以样本数而得的。

教学互动4-1

互动问题：

（1）某银行有1 000个客户，管理者想从中抽取100个进行调查。如果采用系统抽样该怎样去做？

（2）如果名单是按平均存款额高低顺序排列的，这会对这种抽样技术有影响吗？如果有，有什么影响？

要求：

（1）给学生3分钟时间思考与计算，随机抽取2名学生回答，另2名学生对刚才的回答进行点评。

（2）教师对学生的回答和其他同学的评论作最后点评。

业务链接4-2

系统抽样法的应用

母体若为10 000个消费者，采用系统抽样法抽200人作为样本进行调查，则样本区间为10 000÷200=50，假定从01到50中随机抽出07，则样本单位的号码依次为07、57、107、157……直到抽出200个样本为止。

系统抽样法方便简单，省去了一个个抽样的麻烦，适用于大规模调查，还能使样本均匀地分散在调查的总体中，不会集中于某些层次，增强了样本的代表性。

一些大型商务企业将重点客户详细资料储存在计算机中，采用系统抽样法调查时，可以根据要求从计算机中等距抽取符合条件的样本，简单易行。有一定规模的机构适用这种方法。

3）分群抽样法的应用

分群抽样法即将总体分成若干群体，再从这些群体中随机地抽取某一群体作为进行调查的抽样样本，如图4-1所示。

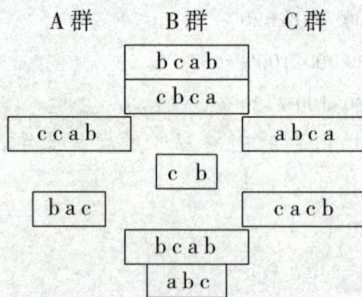

图4-1　分群抽样后的各群

分群抽样法常用于以下两种情况：

第一，调查人员对总体的组成很不了解。

第二，调查人员为省时、省钱而把调查局限于某一地理区域内。例如，对A市的家庭进行调查，可把A市按行政区域分为几个群体：迎泽区、万柏林区、杏花岭区、尖草坪区、小店区、晋源区等，或将各个区进一步按居委会分群，抽取所需样本数进行调查。

教学互动4-2

互动问题：

（1）某校有学生2 000名，计划从中抽取160名学生进行关于手机消费情况的调查。采用哪种抽样方式抽取更加科学？

（2）如果采用分群抽样法应该如何抽取？

要求：

（1）给学生3分钟时间思考与计算，随机抽取2名学生回答，另2名学生对刚才的回答进行点评。

（2）教师对学生的回答和其他同学的评论作最后点评。

分群抽样抽选工作比较简易方便，抽中的单位比较集中。但是，由于样本单位集中在某些群体，而不能均匀分布在总体中，如果群与群之间差异较大，则抽样误差就会增大。

4）简单随机抽样法的应用

简单随机抽样法又称纯随机抽样或完全随机抽样，它是按照随机原则，从调查总体中不加任何分组、划类、排序等先行工作，直接地抽取调查样本。该方法适合调查总体中各个个体之间差异程度较小，或者调查总体数量不太多的情况。市场调查中常用的简单随机抽样的方法有抽签法和随机数表法。

（1）抽签法的应用

在调查总体中个体数目较少的情况下可选用抽签法。其具体做法是：把抽样框中的每一个抽样单位都编上号码，充分混合后从中随机抽取一部分，这部分号码所对应的个体就组成了样本。

（2）随机数表法的应用

随机数表也称乱数表，是将0到9这10个数字进行重复抽样，记录每一次的结果，进行成千上万次后，就形成了一个庞大的数表，数表中数字的排列是随机的，毫无规律可言，见表4-3。

表4-3　　　　　　　　　　随机数表

39657	64545	19906	96461	20263	63162	58249	71493
73712	37090	65967	01211	31563	41919	47837	55133
72204	73384	51674	79719	98400	71766	23050	95180
75172	56917	17952	17858	24334	57748	69818	40929
37487	98874	63520	63430	01316	01027	35077	97153
02890	81694	85538	32995	56270	92443	21785	50982
87181	57007	37794	91238	48139	35596	41924	57151
98837	17015	89093	95924	00064	14120	14365	92547
10085	80704	76621	64868	58761	71486	59531	15221
47905	63731	71821	35041	27551	02492	28046	75344
93053	10307	34180	45235	74133	93522	68952	39235

39657	64545	19906	96461	20263	63162	58249	71493
21891	14799	11209	94518	76519	48486	13799	33755
95189	40697	27378	32871	79579	51391	09618	72521
97083	15573	10658	19259	77316	19546	20449	03264
69268	88613	59717	41732	48387	59329	73373	20405
41471	02503	87639	39517	81838	30449	77458	55051
91941	46362	08617	45169	92794	38979	29189	45123
80065	41847	08528	50840	48403	59422	72657	10886
67727	76399	89858	44606	64710	62166	89372	07001
59402	41375	42297	22319	06947	61008	81301	53914

同步案例4-2

随机数表法的应用

背景与情境：以表4-3为例，要从300人中抽取10人。

问题：用随机数表法，如何抽取？

分析提示：

第一步：给总体各单位编号，号码的位数要一致，都是三位，不够位的在前加"0"，总体各单位编号是001~300。

第二步：以随机数表中第8行、第3列的数字"0"作为起点，往后取两位数字，构成一个与总体所有单位具有相同位数的号码"093"作为起始号码。

第三步：从起始号码开始，从左到右依次抽取10个不重复的位于001~300区间的号码，分别是：093，240，006，120，143，254，085，047，164，148。这10个号码对应的10个人就是抽取的样本。

4.2.2　非概率抽样法的应用

非概率抽样法是指抽样时不遵循随机性原则，按照调查人员主观上设立的某个标准抽选样本。与概率抽样法相比较，其主要优点是：省时、省力、省钱，抽样过程比较简单。在非概率抽样中，调查对象被抽取的概率是未知的，抽样误差难以控制，样本的代表性差，在简单而不需计算误差精度的市场调查中，常使用非概率抽样。目前使用较多的非概率抽样方法有任意抽样、判断抽样、配额抽样、滚雪球抽样等四种，具体操作应用如下：

1）任意抽样法的应用

任意抽样也称方便抽样，是指样本的选定完全根据调查人员最方便的途径来决定。常见的邮寄式调查、杂志内问卷调查以及网上调查都属于任意抽样的方式。如果为了及时取得所需调查资料，节约时间和费用，则应该采用该方法。

同步思考4-2

问题：调查员在大街上询问遇到的符合条件的人来获取对某种消费品的信息是否属于任意抽样法？

分析说明：调查者根据自己的判断，拦住某过往行人作询问调查或对在柜台购买商品的顾客进行调查等，这些被采访或询问的"街头行人"就是偶遇样本，属于任意抽样。

理解要点：

①任意抽样是指根据调查者的方便程度任意地抽选样本，纯粹以便利为基础的一种抽样方式。

②拦截"街头行人"作为调查样本，符合任意抽样的特点，即调查者把在一定时间、一定环境所遇到的人作为调查对象，其调查样本的选择完全取决于调查人员的方便，所以，该使用方法属于任意抽样法。

任意抽样法适用于非正式的探测性调查或调查前的准备工作。由于抽样结果偏差较大，可信程度低，样本没有足够的代表性，故在正式进行市场调查时，很少采用任意抽样法。

2）判断抽样法的应用

判断抽样法又称主观抽样法。它是调查者根据调查的目的和自己的主观判断选择调查样本的一种非概率抽样方式。它是凭研究人员的主观意愿、经验和知识，从总体中选择具有典型代表性样本的一种抽样方法。例如，某批发商要调查零售商销售其产品的情况，批发商根据自己的经验和判断，选定一些具有代表性的零售商作为样本进行调查。再如商业企业销售商品的结构变化、居民家庭收支情况、企业的经营管理水平等都可以用判断抽样法来选择样本。

判断抽样选取样本单位一般有两种方法：一是选择最能代表普遍情况的调查对象，常以"平均型"或"多数型"为标准。"平均型"是在调查总体中具有代表性的平均水平的单位；"多数型"是在调查总体中占多数的单位。应尽量避免选择"极端型"，但也不能一概而论，有时为了研究造成异常的原因，也会选择"极端型"。二是利用总体的全面统计资料，按照一定标准，主观选取样本。

如果调查总体中各调查单位差异较小，调查单位比较少，选取的样本有较大的代表性，则选用判断抽样法。一般地说，若对总体有一个正确的认识，且又能准确地判断出具有代表性的个体，则能抽出一个较好的样本。

3）配额抽样法的应用

配额抽样法是指按市场调查对象总体单位的某种特征，将总体分为若干类，按一定比例在各类中分配样本单位数额，并按各类数额任意或主观抽样。由于在抽样时不遵循随机原则，所以说它是非概率抽样的方式之一。

如果要保证总体的各个类别都能包括在所抽样本之中，并且与其他几种非概

学习微平台

资源4-1

率抽样方法相比样本具有很高的代表性，则采用配额抽样方法。

同步思考4-3

问题： 配额抽样是否就是分层抽样？为什么？

分析说明： 从思路上看，配额抽样与分层抽样相同，从操作上看，它们又很相似，但其区别是明显的。

理解要点：

①分层抽样只是依据某一特征对总体进行分层，再分配样本单位和抽取样本单位；而配额抽样可以同时就几个特征对总体进行分层和分配样本单位。

②分层抽样的样本单位是随机抽取的；而配额抽样的样本单位由主观确定。

③分层抽样的估计误差可以测定；而配额抽样的估计误差无法测定。

4）滚雪球抽样法的应用

滚雪球抽样法是调查者先通过少数可以由自己确定的样本单位进行调查，再通过这些样本单位各自去发展其他同类单位，如此进行下去，像滚雪球一样越滚越大，直到发展到所需要的样本单位数为止。滚雪球抽样通常是在对调查总体中的部分调查对象有所把握，而对总体不甚了解的情况下采用。

例如，在对啤酒消费者的调查中，如果以每周至少有一天喝酒的人作为调查对象，就可以采用这种方法，因为经常喝酒的人本身就会集结成一个小团体。再如，要对劳务市场中的保姆进行调查，因为总体总处于不断流动之中，难以建立抽样框，研究者因一开始缺乏总体信息而无法抽样，这时可先通过各种方法，如街坊邻居或熟人介绍、家政服务公司、街道居委会等，找到几个保姆进行调查，并让她们提供所认识的其他保姆的情况，然后再去调查这些保姆，并请后者也引荐自己所认识的保姆。依此类推，可供调查的对象越来越多，直到完成所需样本的调查，如图4-2所示。

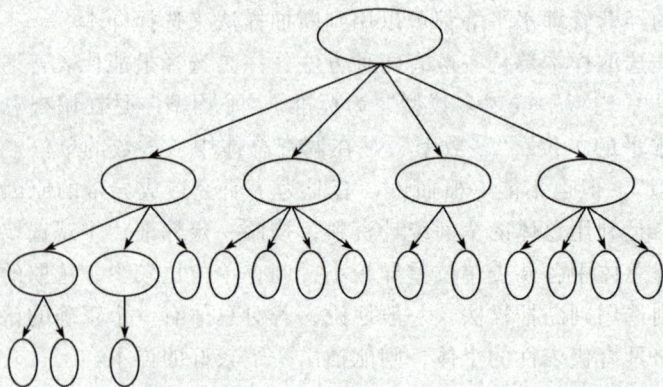

图4-2　滚雪球抽样

这种方法的优点是便于有针对性地找到调查对象，而不至于"大海捞针"。其局限性是要求样本单位之间必须有一定的联系，并且愿意保持和提供这种联系，否则，将会影响这种调查方法的进展和效果。

课程思政4-1

某电饭煲制造厂的抽样

背景与情境： 某电饭煲制造厂家想要了解出售该厂产品的各商店电器柜台的经理对该厂一种新设计的电饭煲的看法。销售处给厂里市场调查部门提供了2 000家销售该厂电器产品的商店的名单，其中400家是大商场，1 600家是中小商店，市场调查部门要求工作人员小张从名单中随机地选择200家样本作为调查对象，小张为了避免麻烦，从大商场中抽取180家，只从小商场中任意抽取20家作为样本。

问题： 用小张抽出的样本得出的结论去推断总体准确度高吗？结合党的二十大报告"广泛践行社会主义核心价值观"的要求，对小张的行为从课程思政角度进行研判。

分析提示： 调查部的工作人员要求采用随机抽样法，也就是概率抽样法进行抽样，小张为了避免麻烦，90%的样本均来自大商场，除非大商场的销售贡献能占到这么大的比例；否则，抽出的样本的代表性会很差，用该样本得出的结论去推断总体精准度会大大降低。党的二十大报告中强调"用社会主义核心价值观铸魂育人，完善思想政治工作体系""坚持依法治国和以德治国相结合，把社会主义核心价值观融入法治建设、融入社会发展、融入日常生活"。显然，小张的这种职业态度、职业作风不符合工作敬业、诚信，精益求精、踏踏实实的要求。

4.3　样本量的确定

4.3.1　样本量的影响因素

样本量是指样本中所包含的抽样单位的数目。影响样本量大小的因素比较多，从进行调查的实际情况看，确定一个科学而合理的样本量，要考虑三大方面的因素：一是数理统计方面的因素；二是营销管理实际需求方面的因素；三是实施调查方面的因素。

1）数理统计方面影响样本量的因素

（1）总体的构成情况

总体的构成情况分为两个方面：一是总体规模的大小，即一个总体中所包含的抽样单位的多少。总体规模越大，样本量就要越大。二是总体内部的构成情况，即总体的异质情况。总体的异质程度越高，需要的样本量就越多。

（2）抽样误差的大小

在其他条件一定的情况下，允许的误差小，抽样数目就应相对多一些；反之，允许误差大，抽样数目就可少一些。在抽样调查设计时，应当取多大的允许误差，要根据调查的目的要求、调查经费和时间来确定。一般来说，调查的准确度要求高、调查力量强、调查经费充足，允许误差就可以定得小一些；反之，允许误差就只能放大一些。

随堂测4-2　单选题

随堂测4-2　多选题

随堂测4-2　判断题

学习微平台

资源4-2

（3）抽样的方法

不同的抽样方法需要的样本量也不相同。对总体没有进行任何处理的简单随机抽样，在重复抽样的情况下，构成总体中的每个个体都有被重复抽到的可能性。因此，相对于分层抽样、等距抽样而言，简单随机抽样对总体的代表性要差一些，需要的样本量也相对要多一些。整群抽样由于以"群"作为抽样单位，对总体代表性的损失较大，因此需要的样本量比简单随机抽样要大。

总之，在抽样误差相同的前提下，分层抽样需要的样本量最小，等距抽样所需的样本量稍大于分层抽样的样本量，简单随机抽样所需的样本量又比等距抽样的样本量大，整群抽样所需的样本量最大。

2）营销管理方面影响样本量的因素

（1）经费预算

由于调查也是一项营销成本投入，因此经费预算的大小就要看调查在整个营销中的重要性。比如，市场调查的目的是获得较为精确的某类产品市场消费总量及潜在发展空间方面的信息，以作为论证是否购买一条先进生产线、开发生产新产品的重要决策依据。诸如用于论证大项目投入的调查，调查费用投入比较大，而如果调查仅仅是为了跟踪一次促销活动的效果，费用也就相应较小。

（2）调查的精度要求

一般而言，样本量越大，抽样误差越小，调查精度相应越高，但精度高意味着样本量大，成本也高。

3）调查实施方面影响样本量的因素

（1）问题的回答率

调查问题的回答率表明调查对象对所有提出的问题的回答情况。首先，在问卷中，有时可能会设计一个过滤性问题，根据被调查者对该问题的回答来决定下一个问题是否需要回答。因此，对于带有过滤性问题的后续问题而言，它的样本量就会减少。其次，问卷设计中的一些缺陷也可能导致被调查者不能做出回答。

这些因素的存在，使得每个问题的回答率高低不一，每个问题可分配到的实际样本量相差较大，可能导致某些问题的样本量过少，从而在统计中失去意义。要根据实际需要，通过增加样本量来弥补这类问题。

（2）问卷的回收率

在实际中，要根据问卷的回收率考虑样本量。例如，邮寄调查的问卷回收率一般低于访问调查的问卷回收率，所以需要的样本量相应地也应高一些。

4.3.2   确定样本量的方法

在抽样调查中，对于概率抽样和非概率抽样，确定样本量的方法是不同的。非概率抽样的样本量主要根据主观判断和从事实际调查的经验来确定；概率抽样的样本量则是在计算的基础上确定的。因此样本量大小的确定主要有理论方法和经验方法两种。

1）理论方法

虽然简单随机抽样在实际中很少被单独使用，尤其在大规模抽样调查中更是如此，但简单随机抽样样本量的计算却有着重要的实用价值。实际调查中确定复杂抽样方法的样本量时，常常是先计算出在一定精度条件下的简单随机样本量，然后在此基础上进行修正，从而确定复杂抽样方法的样本量。为此我们首先讨论简单随机抽样的样本量的计算方法。

传统的数量统计理论给出了简单随机抽样的样本量的确定方法。从抽样实际误差范围估计的精确度和可信度的要求出发来确定必要的样本量。

抽样误差范围可以用公式（4.1）大致计算得出。

$$\Delta = \tau \times \upsilon \tag{4.1}$$

式中：τ 是可信度系数，可查标准正态分布表获得。常用的可信度有 90%、95% 和 99% 等，其对应的系数相应是 1.65、1.96 和 2.58。

υ 是抽样误差，在重复抽样中，$\upsilon = \dfrac{\delta}{\sqrt{n}}$，$n$ 是样本量，δ 是总体标准差。由于总体标准差是未知的，用样本标准差 s 来代替，即 $\upsilon = \dfrac{s}{\sqrt{n}}$，实际应用中是用以前做过的类似调查或通过小规模试验性调查所获得的资料来代替。不重复抽样中，$\upsilon = \dfrac{s}{\sqrt{n}} \cdot \sqrt{1 - \dfrac{n}{N}}$，$N$ 是总体单位数。

计算简单随机抽样的样本量有两种情形：一是测定的指标是平均数时；二是测定的指标是百分数时。

（1）当测定的指标是平均数时，根据公式（4.1）和 $\upsilon = \dfrac{s}{\sqrt{n}}$ 可以推导出：

$$\text{重复抽样的样本量} \quad n = \frac{\tau^2 s^2}{\Delta^2} \tag{4.2}$$

$$\text{同理，不重复抽样的样本量} \quad n = \frac{N\tau^2 s^2}{N\Delta^2 + \tau^2 s^2} \tag{4.3}$$

业务链接 4-3

测定的指标是平均数时样本量的计算

一个生产某种袋装食品的公司，想要了解其目标消费群近 3 个月购买其产品的平均数量（以袋为单位）。先作小范围的调查，得知平均购买数量是 4.2 袋，标准差为 2.5 袋，可信度为 95%（对应的系数是 1.96），那么需要的样本量是多大？

根据已知条件，$s=2.5$，$\tau=1.96$，$\Delta=\pm0.2$，代入公式（4.2），可求得样本量 $n = \dfrac{\tau^2 s^2}{\Delta^2} = \dfrac{1.96^2 \times 2.5^2}{0.2^2} = 600$（人），计算结果表明，在简单随机抽样的前提下，本次抽样调查需要选择 600 人的样本量。

需要说明的是，在实际抽样时，我们基本上是采用不重复抽样，但在计算样本量时，我们可以用重复抽样条件下的公式，因为这样可以简化计算过程。

（2）当测定的指标是百分数时。有时候，我们测定的指标不能用平均数来表示，如"性别""受教育程度"这类变量，这些变量取值的百分数就是频率，有的也称为成数，如某总体中男性占64%，这个百分数就是频率，它用p来表示，样本频率的抽样误差公式为：

重复抽样的抽样误差 $\upsilon = \sqrt{\dfrac{p(1-p)}{n}}$ （4.4）

不重复抽样的抽样误差 $\upsilon = \sqrt{\dfrac{p(1-p)}{n}} \cdot \sqrt{1 - \dfrac{n}{N}}$ （4.5）

则样本量的计算公式为：

重复抽样的样本量 $n = \dfrac{\tau^2 p(1-p)}{\Delta^2}$ （4.6）

不重复抽样的样本量 $n = \dfrac{N\tau^2 p(1-p)}{N\Delta^2 + \tau^2 p(1-p)}$ （4.7）

业务链接4-4

测定的指标是百分数时样本量的计算

某市平板电脑经销商为了估计该市居民家庭平板电脑的普及程度而进行了一次市场调查，如果要求估计的误差范围不超过5%，可靠程度为95%，根据一次小范围的调查了解到该市的居民家庭平板电脑普及率为25%。此次调查需要抽取多少户家庭？

根据已知条件，p=0.25，τ=1.96，Δ=±0.05，代入公式，可求得样本量：

$$n = \frac{\tau^2 p(1-p)}{\Delta^2} = \frac{1.96^2 \times 0.25 \times (1-0.25)}{0.05^2} = 288 \text{（户）}$$

即需要抽取一个288户的样本量。

上面仅仅介绍了使用简单随机抽样时样本量的计算方法，在等距抽样中也可以用上述公式。在分层抽样中，所需要的样本量一般要小于简单随机抽样的样本量；整群抽样的样本量要大于简单随机抽样的样本量。也可以直接用简单随机抽样计算的样本量大致估计其他几种抽样方法的样本量，在此就不专门对其他抽样方法的样本量的计算方法进行介绍了。

2）经验方法

前面介绍了样本量的计算方法，这种方法使用起来比较困难，加之在正式抽样前有些统计指标无法确定，如样本标准差、误差范围等，这些指标只能根据小范围的探测性调查结果近似代替或大致估计，这也给样本量大小的确定增加了不确定性。所以，即使是理论确定样本量大小的方法，得到的样本单位数也不一定精确。如果想要得到一个比较精确的样本规模，往往需要抽样专家和专业研究人员的指导。在一般的市场调查中，其实并不要求很高的精确度和把握度，调查与预测人员往往可凭经验来决定样本量的大小。

在统计学中，把容量小于或等于30个单位的样本叫小样本，大于或等于50

个单位的样本叫大样本。在实际市场调查中，由于面对的总体及总体的异质性较大，一般都要抽取大样本，样本规模为50~5 000个单位。

在大总体或复杂总体情况下，如果遵循了随机性原则抽样，样本量在2 000~2 500之间就够了。所谓大总体或复杂总体，实际说来就是指一个国家、一个省、一个城市、一个县或一个区，在这样大的范围内抽样时，由于调查对象的总体是由许多不同性质、不同类别的子总体所组成的，单位之间的异质性较大，而且总体单位数目巨大，所以称为大总体或复杂总体。有时为了加大保险系数，样本量也可增加到4 000~5 000个单位，但无论多大的总体，样本量都不应超过1万个单位。要想充分保证样本对总体的代表性，关键不在于拼命加大样本量，而在于按随机原则来抽样。

调查对象如果是小总体，样本量在200~250之间即可，如对一个学校、一个街道、一个企业进行的抽样，因为总体规模较小，内部异质性相对亦较小，样本量不需太大。

调查与预测人员总结了总体规模与样本占总体比重之间的大致关系，就可以作为经验确定样本量的大致范围，见表4-4。

表4-4   经验确定样本量的范围

总体规模	100以下	100~1 000	1 000~5 000	5 000~10 000	10 000~100 000	100 000以上
样本占总体的比重	50%以上	50%~20%	30%~10%	15%~3%	5%~1%	1%以下

随堂测4-3
单选题

随堂测4-3
多选题

随堂测4-3
判断题

学习微平台

资源4-3

⮞ 本章概要 ⮞

□ 内容提要与结构
▲ 内容提要
● 抽样调查是从研究对象的总体中，按照随机性原则抽取一部分单位作为样本进行调查，并且用其样本调查的结果来推断总体的非全面市场调查方法。抽样调查因其突出的优点而成为实际中应用最广泛的调查方式。
● 在设计一个抽样调查时，我们通常需要做的工作是：明确抽样调查的目的、定义调查总体和抽样单位、确定合适的抽样框、确定调查对象、选择抽样方法、确定样本容量、制定选择样本单位的操作程序、抽样实施。
● 抽样调查按照随机性原则可以分为：概率抽样和非概率抽样。
● 概率抽样包括简单随机抽样、分层抽样、系统抽样、整群抽样等。
● 非概率抽样是靠调查者个人的判断来进行抽样。它包括任意抽样、判断抽样、配额抽样、滚雪球抽样等。
● 样本量是指样本中所包含的抽样单位的数量。影响样本量大小的因素有数理统计方面的因素、营销管理实际需求方面的因素、实施调查方面的因素。
● 样本量大小的确定主要有理论方法和经验方法两种。

▲ 内容结构

本章内容结构如图4-3所示。

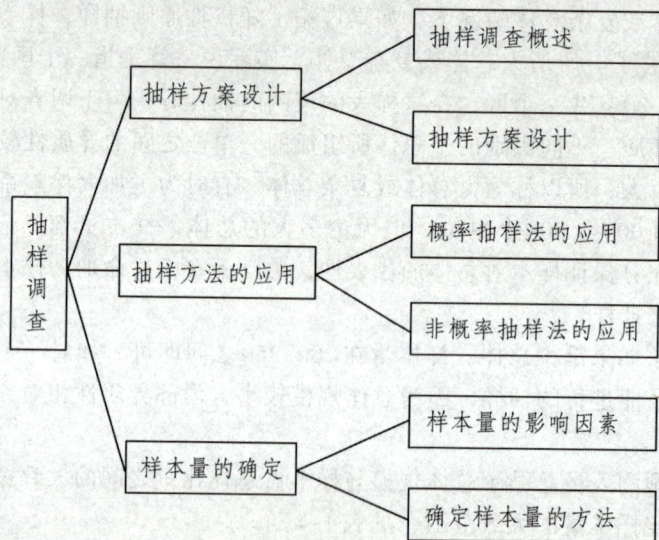

图4-3　本章内容结构

□ 主要概念和观念

▲ 主要概念

抽样调查　总体　样本　抽样框　概率抽样法　分层抽样法　系统抽样法
分群抽样法　任意抽样　判断抽样法　滚雪球抽样法

▲ 主要观念

抽样方案的设计　抽样方法的应用　样本量的确定

□ 重点实务和操作

▲ 重点实务

概率抽样的各种方法　非概率抽样的各种方法　抽样方案的内容　样本量的
影响因素　确定样本量的方法　相关"业务链接"

▲ 重点操作

"抽样调查"知识应用。

⊂ 基本训练 ⟹

□ 理论题

▲ 简答题

1）抽样调查的特点有哪些？

2）分层抽样和配额抽样有哪些不同？

3）什么是简单随机抽样？

▲ 讨论题

1）如何理解分层抽样和整群抽样的不同之处？

2）如何理解概率抽样与非概率抽样的区别？它们各有哪些利弊？为什么在市场调研中非概率抽样更受欢迎？

☐ 实务题

▲ 规则复习

1）如何设计抽样方案？

2）如何运用整群抽样技术进行抽样？

3）应该怎样实施抽样过程？

▲ 业务解析

1）某银行有1 000个客户，管理者想从中抽取100个进行抽样调查。如果用系统抽样该怎样去做？如果名单是按平均存款额有顺序排列的，会对这种抽样技术有影响吗？如果有，有什么影响？

2）某校有在校学生3 000人，为了了解学生的消费状况和消费观念，需要开展一次抽样调查，从所有学生中抽出600人进行实地调查。其抽样方法如下：

（1）将3 000名学生的学号按顺序排列，从中抽出600个学号，这600个学号对应的学生就是样本。

（2）这3 000名学生共分成60个班，每个班大约有50名学生。从60个班中抽12个班，以这12个班约600名学生作为样本。

请指出这两种抽样方法的抽样单位和抽样框。

☐ 案例题

▲ 案例分析

【训练项目】

案例分析-Ⅳ。

【相关案例】

××省接待国内游客抽样调查实施方案

背景与情境： 为了全面了解和掌握2022年国内某省旅游情况，为各级政府和旅游主管部门研究与制定旅游业发展的方针、政策提供决策依据，为相关各企业提升品质与可持续发展提供参考思路，使该省国内旅游业持续、快速、健康、稳定发展，根据国家旅游局制订的《地方接待国内游客抽样调查实施方案》和该省制订的《××省接待国内游客抽样调查实施方案》，在全省所辖市的部分住宿设施、旅游景区（点）、交通中心（车站、码头、机场）进行调查如下：

1）抽样调查的对象、范围及主要内容

此次调查，按国际口径，是中国境内居住（不含港澳及台湾地区）具有中国国籍的公民和在中国境内居住满一年的其他国家和地区的居民，离开惯常居住地，到境内其他地方进行参观、旅游、度假等旅游活动（包括外出探亲、疗养、考察、参加会议和从事商务、科技、文化、教育、体育、宗教等活动过程中的旅游活动），出游距离超过10千米，出游时间在6小时以上的人。调查对象不包括以下人员：（1）在外连续停留半年以上的人员；（2）外出谋求职业并以谋取报酬为目的的人员；（3）到各地巡视工作的部级以上领导；（4）驻外地办事机构的临时工作人员（含到基层锻炼的干部）；（5）调遣的武装人员；（6）到外地学习的学生；（7）到境内其他地区定居的人员；（8）无固定居住地的无业人员。

此次调查的范围包括该省一个省辖市及其所辖县（市、区）的部分宾馆、旅游景区（点）、交通中心（车站、码头、机场）、社会住宿点、娱乐场所和购物场所，对境内游客进行随机抽样，从中得出境内游客的结构特征、逗留时间、游览次数、游览花费与构成、旅游资源偏好、旅游服务质量评价等六大类20余个项目的内容。

2）调查方式及样本分配

为了更好地实现调查的有效性和科学性，此次调查采用抽样调查，分为两个样本体系：一是旅游管理部门调查样本体系；二是人员走访调查样本体系。

旅游管理部门调查样本体系以在旅游住宿单位调查过夜游客情况为主、在旅游景区（点）调查一日游旅客和在亲友家与自由休闲度假居所过夜的游客情况为补充的方式进行。调查样本量为40 000份，各市的样本分配按上年接待国内旅游者人数的比例来确定。回收有效问卷共37 592份，其中a卷24 533份，b卷13 059份，占总样本的94%。

人员走访调查样本体系是通过聘任调研人员在交通中心（车站、码头、机场）、社会住宿点、娱乐场所和购物场所进行走访调研来实现的，主要在节假日、随机日和寒暑假三个时间段进行调查，该次抽样调查问卷（c卷）共发放40 000份，回收有效问卷38 247份，占总样本的95.6%。总的来看，该次抽样调查共发放80 000万份问卷，回收有效问卷75 839份，占总样本的94.8%。

问题：

1）在该调查中主要采用的抽样方法是什么？

2）利用本案例中所采用的抽样方法抽取的样本的代表性如何？是否可以用来推断总体？请说明原因。

3）本案例中的抽样方法有哪些需要修改的地方？并结合这些现存问题提出解决建议。

【训练要求】

同第1章"基本训练"中本题型的"训练要求"。

▲ 课程思政

【训练项目】

课程思政-Ⅳ。

【相关案例】

"节省体力"的调查

背景与情境： 某乳品公司成立于20世纪90年代，其创办奶牛饲养场并向居民出售鲜奶。以前的产品品种单一，其每天向居民出售的鲜奶采用玻璃小瓶包装而且一直未变。随着市场竞争的日益激烈，该公司的高层领导者开始考虑如何通过扩大销售渠道、增加鲜奶产品品种和改进包装来提高该产品在市场上的竞争力。因此，该公司的领导觉得有必要调查消费者的情况，以便改进包装和开发新品种。该公司把这一任务交给本公司刚刚成立不久的市场调查部门，市场调查部门决定采用分群抽样的方式以问卷形式进行入户调查。小张负责其中一个小区的调查，经过一天的辛苦工作，小张才完成了一幢楼两个单元的调查，为了节省时间和体力，小张第二天擅自决定每一幢楼的每一单元只调查三层以下的住户。调查结束资料经过整理以后，发现该小区的调查结论与实际情况有偏差。

问题：

1）本案例中存在哪些思政问题？

2）结合党的二十大报告提出的"推进文化自信自强，铸就社会主义文化新辉煌"发展目标，要求"在全社会弘扬劳动精神、奋斗精神、奉献精神、创造精神、勤俭节约精神，培育时代新风貌"思想。对上述问题做出你的思政研判，你怎么看待小张的这种行为？

3）通过网上或图书馆调研等途径收集你作研判所依据的社会主义核心价值观规范。

【训练要求】

同第1章"基本训练"中本题型的"训练要求"。

☐ 实训题

【训练项目】

"抽样调查"知识应用。

【训练目的】

见本章"学习目标"中的"实训目标"。

【训练内容】

专业能力训练：其"领域"、"技能点"、"名称"和"参照规范与标准"见表4-5。

表4-5　　　　专业能力训练领域、技能点、名称及其参照规范与标准

能力领域	技能点	名称	参照规范与标准
"抽样调查"知识应用	技能1	"'界定总体'知识应用"技能	能以本章理论知识为指导，依照相关实务知识规则，有质量、有效率地完成以下操作： （1）根据市场调查的任务和要求及管理者和用户的信息需求确定调查目的。 （2）给调查对象一个明确、可以操作的定义，使调查对象与非调查对象可以明确地加以区分。 （3）根据调查目的准确地界定总体，并能够对总体进行描述（从地域特征、人口统计学特征、对产品或服务使用情况和认知度等指标）

续表

能力领域	技能点	名称	参照规范与标准
"抽样调查"知识应用	技能2	"'确定抽样框'知识应用"技能	能以本章理论知识为指导，依照相关实务知识规则，有质量、有效率地完成以下操作： （1）根据调查目的确定抽样单位。 （2）根据抽样单位判断所需要的抽样框。 （3）根据抽样单位的实际情况自行建立抽样框。 （4）根据抽样框制订具体抽样过程计划书
	技能3	"'抽样方法'知识应用"技能	能以本章理论知识为指导，依照相关实务知识规则，有质量、有效率地完成以下操作： （1）熟悉抽样调查法的类型，并且熟悉每种抽样方法的优缺点以及各自的适用范围。 （2）根据调查目的、调查总体的情况以及企业可以利用的资源情况等选择合适的调查方法。 （3）正确使用每种抽样方法进行抽样
	技能4	"'样本量确定'知识应用"技能	能以本章理论知识为指导，依照相关实务知识规则，有质量、有效率地完成以下操作： （1）了解影响样本量大小的因素。 （2）在非概率抽样的情况下，能够根据调研经费、抽样规则、样本的大小构成等来主观地决定抽样数目。 （3）在概率抽样的情况下，能够使用理论方法正确计算样本量

职业核心能力与职业道德训练：其内容、种类、等级与选项见表4-6；各选项的操作"规范与标准"见本教材附录三附表3和附录四附表4。

表4-6　　　　职业核心能力与职业道德训练内容、种类、等级与选项表

内容	职业核心能力							职业道德						
种类	自主学习	信息处理	数字应用	与人交流	与人合作	解决问题	革新创新	职业观念	职业情感	职业理想	职业态度	职业良心	职业作风	职业守则
等级		中级		中级	中级	中级	中级		认同		认同	认同	认同	认同
选项		√		√	√	√	√		√		√	√	√	√

【组织形式】

1）以小组为单位组成实训团队。

2）结合训练任务对各实训团队进行适当的角色分工，确保组织合理和每位成员的积极参与。

【训练任务】

1）对"抽样调查"专业能力的各技能点，依照其"参照规范与标准"，实施应用相关知识的基本训练。

2）对职业核心能力选项，依照其相关技能点的"参照规范与标准"，实施应用相关知识的"中级"强化训练。

3）对职业道德选项，依照其相关素养点"参照规范与标准"，实施"认同级"相关训练。

【情境设计】

组织学生以商品类别划分实训团队，运用抽样调查知识，依照"实训要求"，通过就所选企业产品（或项目）的调查目的和内容，界定抽样调查总体，确定抽样单位、样本量等操作体验，并在系统体验专业技能操作过程中融入"职业核心能力"和"职业道德"选项的训练，在此基础上撰写、讨论和交流《"'抽样调查'知识应用"实训报告》，完成各项训练任务。

【指导准备】

知识准备：

1）商品知识。

2）"调查课题"理论与实务知识。

3）"抽样方法"理论与实务知识。

4）"样本量确定"理论与实务知识。

5）"附表1"（见本教材"附录一"）的"知识准备"中，与本章"职业核心能力'强化训练项'"各"技能点"相关需要对学生事先培训的知识。

6）附表3和附表4（见本教材"附录三"和"附录四"）中，涉及本章"职业核心能力'强化训练项'"各"技能点"和"职业道德素质'相关训练项'"各"素养点"，需要对学生事先培训的"规范与标准"知识。

操作指导：

1）教师向学生阐明"训练目的"、"能力与道德领域"和"知识准备"。

2）教师就本教材"附录一 职业核心能力强化训练'知识准备'参照范围附表1"中列入本实训"知识准备"第5）、第6）项的相关知识，对学生进行培训。

3）教师指导学生就操练项目的消费市场界定调查总体和调查单位。

4）教师指导学生就操练项目建立抽样框、确定样本量的大小。

5）教师指导《抽样步骤计划书》和《"'抽样调查'知识应用"实训报告》的制订。

【训练时间】

本章课堂教学内容结束后的双休日和课余时间，为期一周。

【训练步骤】

1）将班级学生每5~6人组成一个实训团队，每个团队确定1~2人负责，结合本实训任务适当进行角色分工。

2）各团队分别选择一类商品，或就每个实训团队第1章实训题中所确定的调查主题，确定抽样调查的对象、样本量以及抽样方法，并编写《××产品（或项目）抽样步骤计划书》。

3）实施《××产品（或项目）抽样步骤计划书》，系统体验如下技能操作。

（1）依照"技能点1"的"参照规范与标准"，运用相应知识，系统体验就该调查产品（或项目）的调查主题，确定抽样调查样本的总体，并且能对总体从地域特征、人口统计学特征、对产品或服务使用情况和认知度等方面详细描述等项操作。

（2）依照"技能点2"的"参照规范与标准"，运用相应知识，系统体验就该调查产品（或项目）的调查目的，确定抽样单位，建立抽样框等项操作。

（3）依照"技能点3"的"参照规范与标准"，运用相应知识，系统体验就该调查产品（或项目）的调查目的、调查总体的情况，结合每种抽样调查方法的优缺点以及适用范围，选择恰当的抽样方法。

（4）依照"技能点4"的"参照规范与标准"，运用相应规范，系统体验就该产品（或项目）的调查目的、调研经费的情况，确定样本量的大小等项操作。

4）在"抽样调查"之"专业能力"的上述基本训练中，融入表4-6"职业核心能力"（中级）选项的强化训练和"职业道德"（认同级）选项的相关训练。

5）总结以上训练操作体验，汇总各项阶段性成果，撰写作为最终成果形式的《"'抽样调查'知识应用"实训报告》，其内容包括：实训团队成员与分工；实训过程；实训总结（包括对专业能力训练、职业核心能力训练和职业道德训练成功与不足的分析说明）；附录（包括阶段性成果全文）。

6）各团队在班级交流、讨论各自的《"'抽样调查'知识应用"实训报告》。

7）根据交流、讨论结果，各团队修订其《"'抽样调查'知识应用"实训报告》，并使之各具特色。

【成果形式】

实训课业：《"'抽样调查'知识应用"实训报告》。

课业要求：

1）"实训课业"的结构与体例参照本教材"课业范例"中的"范例-1"。

2）将《××产品（或项目）抽样步骤计划书》以"附件"形式附于《"'抽样调查'知识应用"实训报告》之后。

3）在校园网的本课程平台上展示经过教师点评的班级优秀《"'抽样调查'知识应用"实训报告》，供相互借鉴。

单元考核

评价原则与考核要求：同第1章"单元考核"的"评价原则与考核要求"。

第 5 章
调查资料的整理与分析

学习目标

通过本章学习，应该达到以下目标：

理论目标： 学习和把握"调查资料的整理与分析"的相关概念，无效问卷和不满意问卷包含的情况，编码的方式、原则，编码簿的结构，统计图的类型、集中趋势数据的特征及常用数据等陈述性知识；能用其指导本章"同步思考"、"教学互动"、"随堂测"和"基本训练"中"理论题"各题型的认知活动，正确解答相关问题，体验本章"初级学习"中专业认知的横向正迁移，以及相关业务胜任力中"认知"要素的阶段性生成。

实务目标： 学习和把握调查资料数据处理的步骤，调查资料审核的内容和基本要求，不满答卷的处理方法，编码的原则、方法与技巧，统计表的制作方法及注意事项，统计图制作的注意事项，用 Excel 整理数据的步骤，数据的集中趋势分析与离散程度分析的方法，用 Excel 处理数据并描述统计与数据间的相互关系的技巧，以及"业务链接"和二维码资源等程序性知识；能以其建构"调查资料的整理与分析"的规则意识，正确解析本章"同步思考"、"教学互动"和"基本训练"中"实务题"的相关问题，体验本章专业规则与方法"初级学习"中的横向正迁移和"高级学习"中的重组性迁移，以及相关业务胜任力中"专业规则"要素的阶段性生成。

案例目标： 运用本章理论与实务知识研究相关案例，培养和提高在"调查资料的整理与分析"特定情境中的多元表征专业能力；通过"组建'学习团队'"等途径，落实"分层教学"要求，培养"团队协作""与人交流"等通用能力；结合本章教学内容，依照相关规范或标准，对"课程思政 5-1"、"课程思政 5-2"专栏和章后"课程思政-Ⅴ"等案例中的企业及其从业人员行为进行思政研判，促进"立德树人"根本任务的落实；体验本章"高级学习"中专业知识、通用知识与思政元素的协同性重组迁移，以及相关业务胜任力中"认知弹性"要素的阶段性生成。

自主学习： 参加"自主学习-Ⅲ"训练。在实施《自主学习计划》的基础上，通过阶段性学习和应用"附录一"附表 1"自主学习"（中级）、"'知识准备'参照范围"所列知识，查阅、搜集、整理与综合"市场调查课题的界定"前沿知识，讨论、撰写和交流《"调查资料的分析"最新文献综述》，撰写《"自主学习-Ⅲ"训练报告》等活动，培养"自主学习"的通用能力（中级），体验本章"自主学习"中"专能"与"通能"的"重组性"迁移，以及相关业务胜任力中"求知韧性"的阶段性生成。

引例：李华需要的数据

背景与情境： 某购物中心拥有百余家分店，最近管理人员发现需要更多了解顾客的满意程度。李华是该购物中心市场调查部门的负责人，现在她办公桌上堆了1 000多份调查问卷。她仔细看了许多问卷，很多问题回答得五花八门。

李华起初试图凭直觉了解每个问题的一般答案，后来她想比较顾客的年龄、收入和来购物中心的次数，以便更好地找出不同人群的特征。虽然她急着将这些调查问卷进行分类和计算，但她知道自己没有时间做，一个人整理这些表格并记录下正确数据得花上一两周的时间。

她应该怎样做才能把这些信息变为一些可供分析的数据呢？这就需要专业的程序进行资料的处理与分析。

资料来源　根据百度文库相关案例改编．

未经过处理的调查资料是分散而无规律的，经过数据处理、数据分析，使无味的、零散的资料变成系统的、有规律的资料，可以清楚地说明问题，使枯燥的数据变得形象、生动，更有利于对比、分析和理解。

5.1　调查资料的数据处理

5.1.1　数据处理的步骤

（1）调查资料的审核：检查数据是否符合逻辑性、是否出现登记误差、是否有漏登和错登、是否存在计算误差。

（2）缺失数据的处理：对有问题的数据采取弥补措施，进行恰当的技术处理。

（3）数据的编码和录入：将计算机无法识别的信息变成计算机可以识别的信息加以输入和处理。

（4）数据的列示（包括制表和制图）：对已处理的信息以清晰、明了、生动的方式表达出来。

5.1.2　调查资料的审核

（1）完整性审核。审核市场调查资料的完整性就是检查应报送的项目有无遗漏，报送的资料是否齐全。如果有遗漏，应及时查明原因并加以补报。

（2）准确性审核。准确性审核可以通过逻辑审核、计算审核和抽样审核完成。

业务链接5-1

调查资料审核的方法

①逻辑审核。逻辑审核就是分析标志、数据之间是否符合逻辑，各个项目之间有无相互矛盾的地方。像"年龄20岁而工龄已经15年"就属于明显的逻辑错误，要弄清情况，核准后予以纠正。

②计算审核。计算审核就是检查调查表中各项数字在计算方法和计算结果上是否有误，数字的计量单位有无与规定不符的地方等，如中间数一般要小于或等于合计数，横行相加与纵列之和应相等或相吻合，否则就属于计算错误，应重新计算。

③抽样审核。抽样审核就是从全部调查资料中抽取一部分资料进行抽样检验，用以推断全部调查资料的准确程度，并修正调查结果。

（3）及时性审核。审核市场调查资料的及时性就是检查各种市场调查资料是否按规定及时提供。如果迟报，应对迟报的原因进行分析，并提出改进意见，以求做到各单位按时或提前上报，以提高市场调查资料的质量。

（4）协调性审核。协调性审核就是检查各调查资料之间是否连贯、是否一致、是否对立、是否有明显的差异，否则就要弄清楚是什么原因引起的，是否是实际情况，以保证调查质量。

同步案例5-1

错误的数据不如没有数据

背景与情境： 一家知名的电视机生产企业，设立了20多人的市场研究部门，使用了同样的调查问卷，实施结构完全相同的抽样，但两组调查结论差异巨大。正是因为这次调查，该部门被撤销。

问卷问题：列举您会选择的电视机品牌。

其中一组的结论是有15%的消费者选择本企业的电视机；另一组的结论却是36%的消费者表示本企业的产品将成为其购买的首选。巨大的差异让公司高层非常恼火，为什么完全相同的抽样调查内容会产生如此不同的结果呢？公司决定聘请专业的调查公司来进行调查诊断，找出问题的真相。

某知名调查公司通过与参与调查的访问员交流，很快提交了简短的诊断结论：第二组在进行调查的过程中存在误导行为。首先，调查期间，第二组的成员佩戴了公司统一发放的领带，领带上还有该公司的标志，该标志足以让被访问者猜测出调查的主办方；其次，第二组在调查过程中，把选项的记录板（无提示问题）向被访问者出示，而本企业的名字处在候选题板的第一位。以上两个细节向被访问者泄露了调查的主办方信息，影响了消费者的客观选择。

这家企业的老总感慨：如果按照第二组的数据，我要增加一倍的生产计划，最后的损失恐怕不止几千万元。

资料来源　根据百度文库调研故事改编.

问题：本案例对你有何启示？

分析提示：市场调查是直接指导营销实践的大事，是非对错可以得到市场验证，只是人们往往忽视了市场调查本身带来的风险。一句"错误的数据不如没有数据"包含了众多企业家对调查数据的恐慌和无奈。

5.1.3   缺失数据的处理

1）无效问卷

虽然有很多措施能够对现场信息收集过程进行误差的控制，但最后还是有部分资料不能接收。出现以下情况的问卷被视为无效问卷。

（1）回答不完全。如果一份问卷中至少有1/3的问题没有被回答，这份问卷应被视为无效问卷。

（2）调查对象不符合要求，如有的调查中规定某种行业的人员不能成为调查对象，如果问卷是由这一类人作答，就是无效问卷。

课程思政 5-1

小郭的市场调查

背景与情境：小郭在一次关于消费者购物习惯的调查中被要求采访10位经常在大型商场购物的、年龄在50岁以上的男性消费者。由于客观原因，小郭在规定的时间内寻找符合条件的被调查者面临一定的困难。当寻找到一位愿意配合完成问卷调查的被访者时，他的年龄却不到50岁，这时小郭便诱导这位被调查者，在公司进行电话审核时，谎称自己50岁，进而完成一份调查问卷。

问题：结合党的二十大报告"弘扬诚信文化，健全诚信建设长效机制"的要求，从课程思政角度对小郭的行为进行研判。

研判提示：对市场调查资料进行审核，包括完整性、准确性、及时性和协调性四方面的内容。而由访问员填写的、假的回答或伪造采访的行为，严重影响了数据的准确性，降低了市场调查问卷的质量。小郭的调查行为使得调查数据失真，调查真实性"掺水"，所以小郭的行为是缺乏诚信、弄虚作假、缺乏大局意识和组织观念、对工作极端不负责任的表现。

（3）答案选择高度一致，即回答没有什么变化。例如，不管什么题目都选择第一个答案。

（4）截止日期后收回的问卷，即这些问卷回答的可靠性很低，提供的极有可能是虚假信息。虚假信息的危害非常大，甚至比缺乏信息带来的危害还要大，所以这些问卷要全部作废。

2）不满意的问卷

不满意的问卷可能包含以下情况：

（1）模糊不清。例如可能由于调查员记录的原因，把"√"打在两个答案之间。

（2）前后不一致或有明显错误。例如一个年龄为16岁的被访者职务是高级经理；一周在家洗头10次。

（3）模棱两可。例如单项选择的封闭式问题选择了多个答案。

（4）不符合作答要求。例如跳答或不按要求回答。

3）不满意问卷的处理方法

对于这些不满意问卷通常有三种处理办法：

（1）重新调查，即返回调查现场，再次接触被调查者，重新获取数据。

（2）填充。面对缺失数据，可以采用以下方法进行处理：

①找一个中间值代替，如该变量的平均值或量表的中间值。若遇到性别这种变量，可以将第一个缺失值用男性数值代替，第二个用女性数值代替，依次交替替代。

课程思政 5-2

如此市场调查

背景与情境：A公司在开展一次市场调查时，问卷中涉及一些给某项指标打分或者给出好、一般、不好等评价的题目。访问员小张在提出这样的问题时发现被访者感到厌烦，不经过思考而给出一致的答案，要么是相同的分数，要么全部选择"一般"这个选项。小张为了缩短访问时间，就跳过这样的题目，提问其他问题，待访问结束时，自行随意圈选或者按照配额的要求伪造了答案。

问题：结合党的二十大报告"提高全社会文明程度"的发展要求，对这个访问员的工作作风从课程思政的角度进行研判。

研判提示：市场调查的真实性是指在真实的时间、地点对被调查者做出真实的访问，并真实地填写访问记录。但是由于某些市场调查从业人员操作不规范，导致很多人心目中形成一种对市场调查错误的印象——市场调查不过是填填问卷、开开座谈会而已。本例中的访问员填写假的回答，该行为严重影响了数据的真实性，降低了市场调查问卷的质量，与党的二十大报告中强调"在全社会弘扬劳动精神、奋斗精神、奉献精神、创造精神、勤俭节约精神，培育时代新风新貌"的要求相违背，所以这种工作中走过场、不负责任的做法会对企业造成极大损害，必须坚决制止。

②用一个逻辑答案代替。例如，家庭总收入缺失，可以依据家庭中就业人数及职业情况来判断。

③删除处理。实际上，缺失数据的任何一种处理方法都不是尽善尽美的，只不过作了处理之后比没有处理就进行统计要好一点而已。

（3）空缺。如果不满意的答案不是关键的问题，可以考虑不参加统计处理。在样本量很大、不满意问卷所占比例很小的前提下，可以考虑作废整份问卷。

5.1.4　数据的编码和录入

市场调查回收的资料都要录入到计算机中，为了减少数据录入的工作量，我们会对每一个可能的回答编一个代码，在录入时直接输入代码，而无须录入文字。由于大规模的市场调查都要采用问卷这个标准化工具，我们就以问卷资料为例来说明如何对资料进行编码。

把原始资料转化为符号或数字的资料简化过程就是编码。通过编码，把资料输入计算机进行统计就简单多了，所以，编码是一个不可忽视的程序。

1）编码方式

调查资料的编码，就是给每一个问题的每一个可能答案分配一个代码。这个代码通常是一个数字。这是因为数字输入很便捷，而且计算机处理数字的效率高于处理字母、汉字的效率。编码可以在设计问卷时进行，也可以在数据收集结束以后进行，分别叫作事前编码和事后编码。

（1）事前编码

事前编码即在实地调查之前，主要是在设计问卷时就对答案进行编码。这种编码方式只适用于封闭式问题。

大多数的调查问卷事先都经过适当的组织和构造，其可供选择的答案也是事先设计好的，所以，对于事先已设计好答案的封闭式问题而言，我们可以给每个答案一个代码。通常，事先编码的问卷将已能编码的每个答案的对应值都印在问卷上。

例如，您选择本次航班的原因是什么？

A. 安全有保障　　　1

B. 航班时刻适当　　2

C. 机型好　　　　　3

D. 服务好　　　　　4

E. 持有旅客卡　　　5

F. 航班正点　　　　6

G. 折扣票　　　　　7

H. 旅行社安排　　　8

I. 无其他航班　　　9

J. 其他　　　　　　X

对于两项选择问题的编码方式是："是"编码为"1"；"否"编码为"0"。

例如，你是否购买过汽车？

A. 是　　1

B. 否　　0

例如，您的性别：

A. 男　　1

B. 女　　0

（2）事后编码

事后编码即在回收问卷后，通过逐一浏览问卷，对答案进行编码。这种编码方式适用于那些在实地调查前不可能知道答案的问题，主要是开放性问题。

对于没有备选答案的问题，回答可能多种多样，因此可以在问卷回收后进行编码，每发现一种新的答案，就编上一个号码，直到所有的答案都编上号码为止。通常需要事后编码的有封闭性问题的"其他"项和开放性问题。

例如："您在哪里购买的机票？"这是一个开放性问题，我们事先不知道会出现多少种答案，因此无法进行事前编码，只有采用事后编码，浏览所有的回收问卷，发现一类新的答案，给予一个代码。比如，第一份问卷的答案是航空公司官网；第二份问卷的答案是机票代理销售点；第三份问卷的答案是旅行社；第四份问卷的答案是电话订票等。我们可以依次为出现的答案种类进行编码：

航空公司官网	1
机票代理销售点	2
旅行社	3
电话订票	4
⋮	⋮

以上这几份问卷关于这一问题答案的代码是：1（第一份），2，3，4，5……封闭性问题"其他"项可参照这样的编码方法（注意，起始的编码一般不是1），也可以一个号码囊括所有的"其他"项，如前面选择本次航班的原因的"其他"项的回答，以"X"来代表。

2）编码的具体方法

具体来讲，编码的方法有以下几种：

（1）以答案的顺序编码

例如，您乘坐的舱位是（　　）。

头等舱	□1
公务舱	□2
经济舱	□3

（2）以答案本身的数字编码

有些问题是以直接填写的形式设计的，这类问题的答案通常是数字，如年龄、工龄、住房面积等。

例如，您的年龄是（　　）岁。

（3）对于无回答的要编特别号码

对于那些没有做出回答的，也要编号码，不能留下空格。因为在计算机里，空格本身也是有意义的。为了与其他做出回答的号码区别开来，可编一些比较特殊的号码，如"00""99""0""9"等。

3）编码簿的制作

（1）编码的基本原则

编码的基本原则是：同一问题的所有答案代码位数必须一致，答案与代码要一一对应，每个答案只能有一个代码。

对于可选答案在 1~9 个之间的，编码只给一位数字就足够了，但超出 10 个的，则给两位数字，编码不够两位要补足两位。

例如，您选择本次航班的原因是（　　）。

A. 安全有保障　　01

B. 航班时刻适当　02

C. 机型好　　　　03

D. 服务好   04

E. 持有旅客卡   05

F. 航班正点   06

G. 折扣票   07

H. 旅行社安排   08

I. 无其他航班   09

J. 其他   10

（2）编码簿的结构

确定答案编码以后，在数据录入中，就可以直接录入答案的代码，无须录入大量的文字信息。为了了解每一个数字的具体含义，我们把每一个代码的含义都明确地写出来，形成一份编码簿，也称为编码手册，编码手册的作用与密码本的作用相似。

编码簿一般包含以下几方面的信息：

① 代码所在的位置。在计算机录入中，代码是逐行录入的，对于问题不多的问卷，所有答案的代码可能只需要占用屏幕的一行就足够了，通常一份问卷所有的答案代码占用了几行的空间，由于每份问卷的代码位数是一致的，我们可以统一规定某一问题的答案代码具体是在计算机屏幕上的哪一行、哪一列。

② 变量的名称及变量说明。变量就是问卷中的问题，一个问题只能有一个变量。这一项目说明的是代码所在的位置针对的是问卷中的哪一个问题。

③ 编码说明。编码说明即对该位置上不同的代码含义加以说明，说明每一个代码是什么意思。

同步案例5-2

手提电脑用户情况调查编码簿

背景与情境： 在某次针对手提电脑用户开展的市场调查中，问卷中的部分问题如下：

您好！我是××调查公司的调查员，向您了解几个购买手提电脑方面的问题。对于您的热情合作，我首先表示衷心的感谢！

问卷编号：

（1）您的年龄是：（请在相应空格中打"√"）

□18岁以下   □18~30岁   □30~50岁   □50岁以上

（2）您选购手提电脑时经销商的介绍对您的影响程度是：（请在相应位置上打"√"）

0	10	20	30	40	50	60	70	80	90	100	（%）

（3）您选购手提电脑时，可能会考虑各种因素，请您按优先顺序进行排序：

□价格   □品牌   □功能   □售后服务   □其他

（4）在其他条件不变时，如果手提电脑系列产品平均降低售价10%，您的态度是：（请在相应空格中打"√"）

　□马上购买　　　　□会来购买　　　　□与其他公司经营策略比较后再看

　□不会有很大吸引力　□不会来购买　　□肯定不购买

问题：根据以上四个问题，请编写编码簿。

分析提示：针对以上四个问题，我们可以制作一个编码簿，见表5-1。

表5-1　　　　　　　　　　　　　　　　　　**编码簿**

列	变量名称及变量说明	问答题编号	编码说明
1~3	问卷编号		001~100
4	被访者年龄	1	1——18岁以下　2——18~30岁　3——30~50岁 4——50岁以上　0——未回答
5~6	选购手提电脑时经销商介绍的影响程度	2	01——0~10%　02——10%~20% … 09——80%~90%　10——90%~100% 00——未回答
7~11	选购手提电脑时会考虑的因素	3	1——价格　2——品牌　3——功能　4——售后服务　5——其他 按考虑的优先顺序排列，排在第1位的为最先考虑的因素，依次递减，若不够五位，以"0"补足 00000——未回答
12	被访者对手提电脑系列产品降价的态度	4	1——马上购买　2——会来购买 3——与其他公司经营策略比较后再看 4——不会有很大的吸引力 5——不会来购买　6——肯定不购买　0——未回答

资料来源　郝春霞.市场调查与分析［M］.杭州：浙江大学出版社，2013.

4）数据录入

以同步案例5-2为例，假设样本量为100，问卷编号最大是100，为了保证不同问卷同一变量的代码所在位置一致，每个变量代码的长度要保持一致，所以问卷编号是001~100。假设011号、022号、033号和100号这4份问卷关于这几个问题的原始回答如下：

011：18~30岁，40%~50%，功能、价格、品牌、售后服务、其他，会来购买

022：30~50岁，60%~70%，品牌、功能、价格、售后服务、其他，与其他公司经营策略比较后再看

033：30~50岁，60%~70%，品牌、功能、价格、售后服务、其他，马上购买

100：50岁以上，60%~70%，品牌、售后服务、价格、其他、功能，马上购买

对此4个问卷的回答按编码簿得到如下编码，录入的数据库格式见表5-2。

011205312452

022307231453

033307231451

100407241531

表5-2 手提电脑用户调查数据资料录入格式

1~3列	4列	5~6列	7~11列	12列
011	2	05	31245	2
022	3	07	23145	3
033	3	07	23145	1
100	4	07	24153	1

5）查错与核对

数据的录入可以通过键盘录入、机读卡、光电扫描和计算机控制的传感器分析完成，但最常用的还是通过键盘直接录入。在大量数据录入的过程中，不管组织得如何严密、工作如何认真，差错总是可能发生，为此需要查错并进行核对。常用的方法有：

（1）双机分别录入，即用两部计算机同时录入原始数据，然后将录入结果进行比较。完全相同的可视为录入正确，有不一致的地方则认为是录入出现了差错，需要调出原始问卷进行核对。

（2）部分复查。一般随机抽取20%左右的问卷进行复查。

（3）一致性查错与逻辑查错。一致性查错主要检查变量的取值范围是否与所规定的范围一致。例如，"性别"的取值范围是1（男）、0（女）和9（未回答）。如果出现了2、3、4、5等其他代码，就说明超出了变量的正常取值范围，肯定有错。

逻辑查错是检查数据有无逻辑错误。一是样本结构上的逻辑错误，如年龄为20多岁的退休人员。二是回答内容上的逻辑错误，如不知道某个品牌的被调查者在后面又选择了使用该品牌；回答不收看某个频道节目的被调查者在同一问卷上又选择了对该频道播出节目很感兴趣的答案。这些都是不符合逻辑的情况，需要审核。

5.1.5 数据的列示

市场调查的目的在于了解总体的一般情况，而非单个调查对象的详细情形。通过编码之后，录入的数据就构成了一个数据矩阵。面对这样一个矩阵，调查人员的任务就是进行数据压缩，把隐藏在这些大量分散数据中的重要信息揭示出来。这些有用信息的揭示，是通过对原始数据进行统计分析并制作统计图表来实现的。

1）统计表的制作

（1）数据分组

制作统计表离不开对调查资料的分组。有时，对资料的分组早在问卷设计时就已确定了，有时则需要在回收问卷之后来确定分组的标志。一般而言，数据分组有以下几个主要原则：

① 分组的组数应适当，以便能够真实地反映数据的差异。组数太少，可能会掩盖重要的信息；组数太多，又起不到分组的作用。

② 各组内的回答应性质相同、答案相似；而各组之间的回答应有差别，即各组之间的答案性质应不同。

③ 各组之间应是互相排斥的，且又包含了所有的情形。各组之间不能有任何重合部分，每一个答案只能放在唯一的组内。同时，各组又包含了所有可能出现的答案，不存在有一个答案找不到合适的组可归的情况。

教学互动 5-1

互动问题：

A.在某次女性化妆品消费调查中对女性年龄调查时，应该如何进行分组？

B.对资料的分组有什么规律？

要求：

A.教师不直接提供上述问题的答案，而应引导学生结合本节教学内容就这些问题进行独立思考，自由发表意见，组织课堂讨论。

B.教师对学生的回答进行点评。

同步思考 5-1

资料： 某地区某年个体工商户开业登记注册资本额资料分组如下：注册资本金分组（万元）为 50 以下，51~100，101~150，151~200，201 以上。

问题： 该数据资料的分组是否合理？为什么？

分析说明： 数据分组的原则要求是各组之间互相排斥，且又包含了所有的情形，即"不重不漏"。本情境中数据资料属于连续变量，所以在分组时相邻两组的组限应重叠，否则就会有遗漏，应分组（万元）为 50 以下，50~100，100~150，150~200，200 以上。

理解要点： 数据在分组时为了解决"不重"的问题，习惯上规定"上组限不在内"，即当相邻两组的上下限重叠时，恰好等于某一组上限的变量值不算在本组内，而计算在下一组。对于离散变量，可以采用相邻两组间断的方法解决"不重"的问题；而对于连续变量，相邻两组的组限则应重叠。

（2）频数表

频数是指变量为某一取值的个数。调查问卷中的每一个问答题或项目都可以用一个变量表示。在整理数据时，首要的也是最基本的工作就是给出各个变量的频数，对连续变量（定距变量）先分段再求频数。通常是按变量的取值制作频数表，这就是分组频数表。频数表最好结合原始问卷一同给出，这样可使客户对调查问答题的问法及基本结果都一目了然。此外，为了反映相对的情况，也给出各组的百分比。

对于满足定序变量要求的变量，不仅可给出各类的频数和百分比，还可给出累积频数和累积百分比。累积的方向可以从上往下，也可以从下往上。有了累积频数，很容易在统计表中直接找到某一特定变量取值之上或之下的组别共有多少人。

在表5-3中，通过累积频数，很容易找到受教育程度在"大专"以下的共有多少人，其中有效百分比剔除了"未回答"的人数。

表5-3　　　　　　　　　　　　　受教育程度分布频数表

受教育程度	频数（人）	有效百分比（%）	累积频数 l	累积频数 t
小学及小学以下	20	2	20	1 000
初中	160	16	180	980
高中	350	35	530	820
中专或技校	250	25	780	470
大专	120	12	900	220
大学本科	90	9	990	100
研究生或研究生以上	10	1	1 000	10
未回答	100			
合计	1 100	100		

对定距变量可先分段再求频数。例如，假设"年龄"在问卷中被设计为直接填入的格式，在统计时则要先将年龄分段再统计频数，见表5-4。

表5-4　　　　　　　　　　　　　年龄分布频数表

变量类别	频数（人）	百分比（%）	有效百分比（%）	累积百分比 t	累积百分比 l
20岁以下	60	5.5	6	100	6
20~30岁	520	47.3	52	94	58
30~40岁	270	24.5	27	42	85
40~50岁	80	7.3	8	15	93
50岁以上	70	6.4	7	7	100
未回答	100	9.1			
合计	1 100	100	100		

（3）统计表制作的注意事项

一个调查项目结束后，一般都需要制作大量的统计表格，其中有些表格要插放在调查报告之中，但大部分是作为原始资料单独装订，以附录形式交付给客户的。统计表的制作一般应注意以下五点：一是每张表格都要有号码和标题，标题要简明扼要；二是适当排列项目的顺序，一般应将最显著的放在前面，也可按照问卷的顺序排列；三是注明各种数据的单位，只有一种单位的表，可在标题中统一注明；四是表格的层次不宜过多；五是小数点、个位数、十位数等应上下对齐，一般应有合计。

2）统计图的类型

统计图能将调查资料用图直观地反映出来。下面以某集团下属 4 个分公司近 3 年的商品销售额的变化为例来说明统计图的主要形式，见表 5-5、图 5-1 至图 5-5。

表5-5　　　　　　　　某集团下属公司近3年的商品销售额　　　　　　单位：万元

分公司 ＼ 销售额 ＼ 年度	2020 年	2021 年	2022 年
分公司一	51 977	62 207	59 837
分公司二	36 717	37 932	40 489
分公司三	33 421	37 623	37 999
分公司四	11 181	18 371	18 878

（1）简单直方图

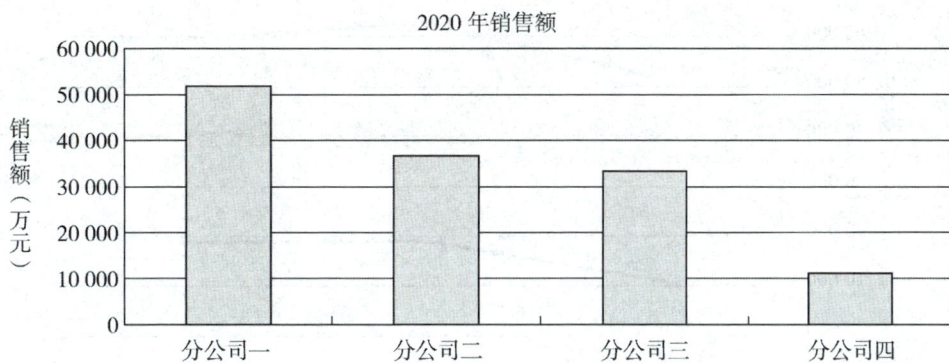

图5-1　简单直方图

（2）复合直方图

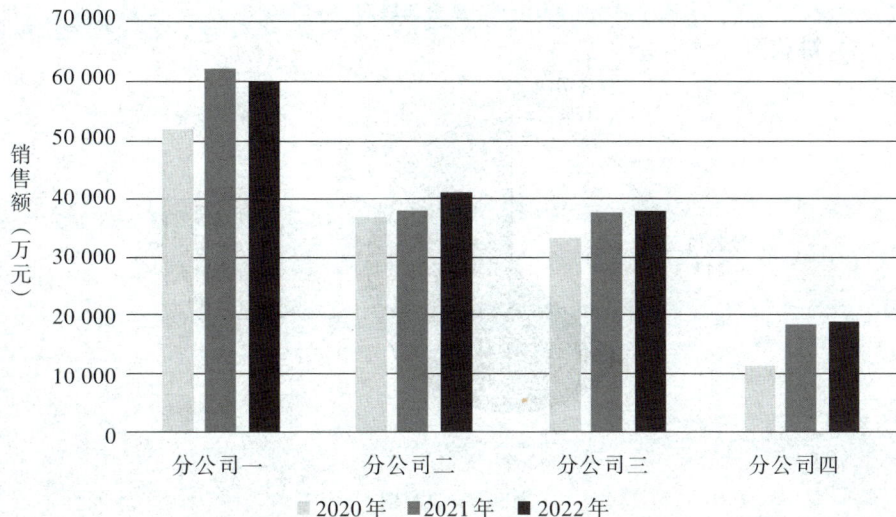

图5-2　复合直方图

（3）简单曲线图

分公司一近3年销售额

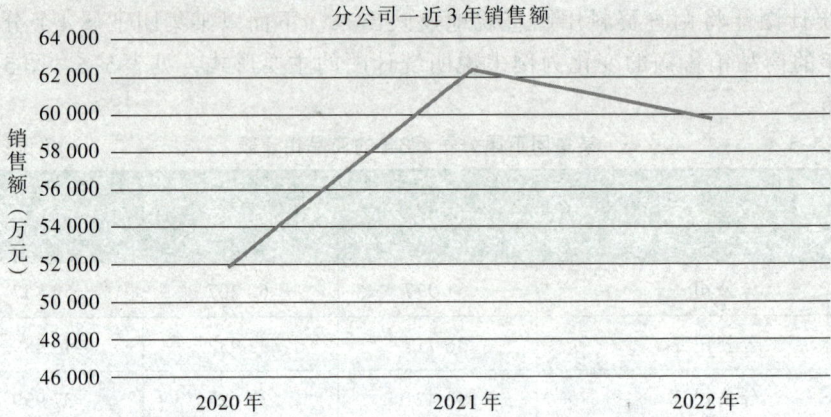

图5-3　简单曲线图

（4）复杂曲线图

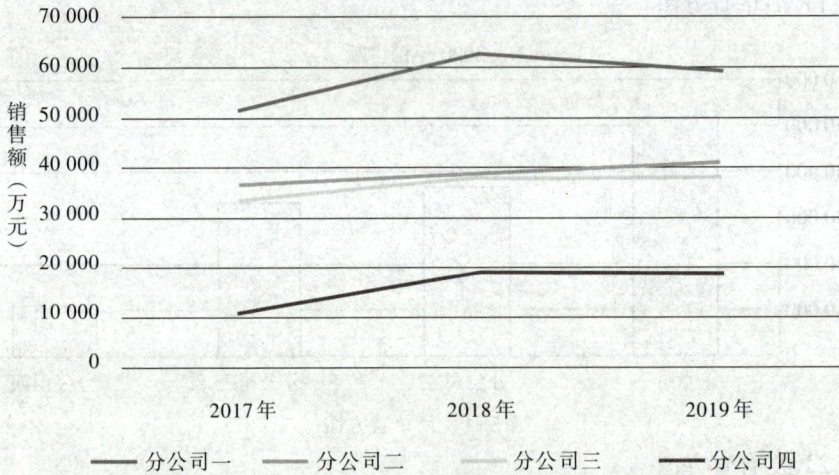

分公司一　　　分公司二　　　分公司三　　　分公司四

图5-4　复杂曲线图

（5）饼状图

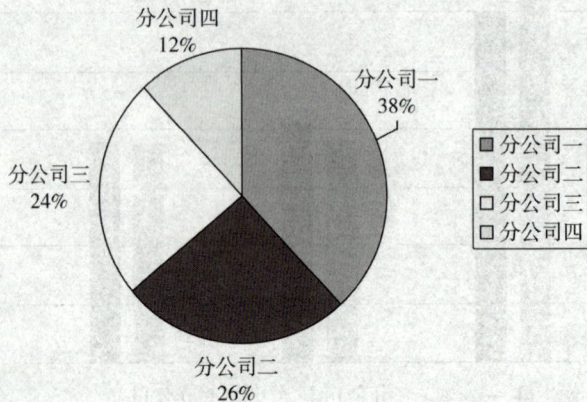

图5-5　饼状图

教学互动 5-2

互动问题：

A.是不是所有的调查数据都可以用饼状图来描述？为什么？

B.总结可以用饼状图反映的调查数据的特点。

要求：

A.教师不直接提供上述问题的答案，而应引导学生结合本节教学内容就这些问题进行独立思考，自由发表意见，组织课堂讨论。

B.教师对以上问题的回答进行点评。

（6）统计图制作的注意事项

一般来说，只要有可能，就应尽量采用图形来帮助理解调查的结果。一张精心设计的统计图可能抵得上一大堆的文字说明。在制作统计图时，要注意五点：一是每张图都要有号码和标题，标题要简明扼要；二是图标说明要简洁；三是图形清楚简明，数据和图的比例要恰当，避免太少或太多的标注、斜线、竖线、横线等；四是作图时最好既使用颜色，又使用文字说明，颜色的选择要有逻辑性，突出重要的部分；五是一般应说明数据的来源。

3）用 Excel 对资料进行整理

例 5-1：为调查某品牌家用电器的顾客满意度，进行了抽样调查，样本量为 1 000 名被访者，其中一个问题是：您对某品牌家用电器的评价是（　　　）。

A.非常满意　　B.有些满意　　C.一般　　D.不满意　　E.非常不满意

下面利用 Excel 对资料进行整理。

步骤 1　在 Excel 中录入原始数据，列出如图 5-6 所示的品牌得分、频数、合计等项目。

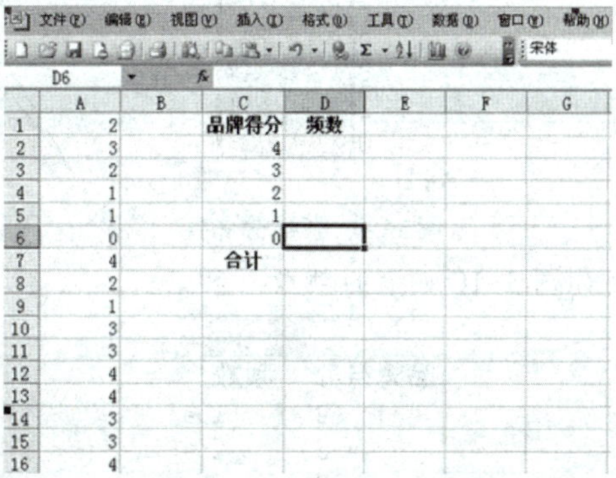

图5-6　在Excel中列出品牌得分、频数、合计项目

步骤 2　构建样本的频数分布。

在工具栏中找到 f_x，在选择类别的下拉菜单中选择"统计"，在选择函数的下拉菜单中选择"COUNTIF"，如图 5-7 所示。

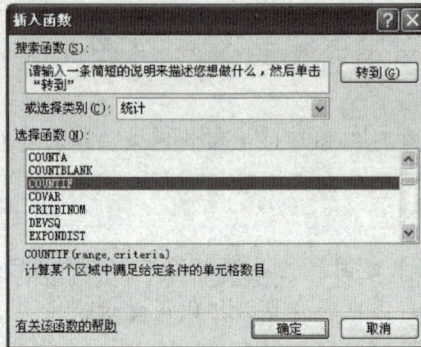

图5-7　插入函数对话框

使用插入函数的方法是在D2中输入公式：=COUNTIF（A1：A1000，C2），如图5-8所示。

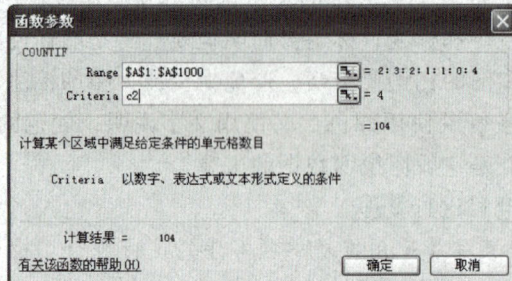

图5-8　COUNTIF函数示意图

拖曳复制单元格D2，得到的结果如图5-9所示。

图5-9　频数分布图

在D7中输入得到如图5-10所示的频数总和。

品牌得分	频数
4	104
3	254
2	317
1	211
0	114
合计	1000

图5-10　频数总和示意图

步骤3　构建样本的频率分布。

在单元格E2中输入公式：=D2/D$7，如图5-11所示。

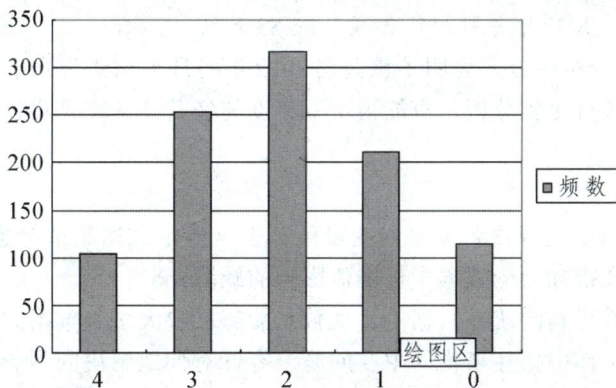

图5-11　输入公式示意图

将该公式拖曳复制到单元格E6，得到如图5-12所示的结果。

品牌得分	频数	频率
4	104	0.104
3	254	0.254
2	317	0.317
1	211	0.211
0	114	0.114
合计	1000	1

图5-12　频率分布图

步骤4　图形列示。选择D2：D6，点击插入图表，选择柱形图，点击下一步，在数据区域中输入\$D\$2：\$D\$6，在系列产生处选择"列"，点击完成，即可得到如图5-13所示的柱形图。用户也可根据需要选择不同的图形类型（如饼形图、散点图、条形图、折线图等）。

図5-13　频率的柱形图

随堂测 5-1

单选题

随堂测 5-1

多选题

随堂测 5-1

判断题

学习微平台

资源 5-1

5.2　调查资料的分析

整理调查资料，确保数据的有效性，目的就是在保证数据质量的前提下，对数据进行各种分析以得到隐含在其中的结论。本节我们主要介绍使用Excel进行资料分析。

5.2.1　数据的描述性统计分析

1）数据的集中趋势分析

集中趋势数据的特征是，总体各单位的数据分布既有差异性，又有集中性。它反映了社会经济状况的特性，即总体的社会经济数量特征存在着差异，但客观上还存在着一个具有实际经济意义的、能够反映总体中各单位数量一般水平的数值。常用的有平均数、众数、中位数等。

（1）平均数

平均数是数列中全部数据的一般水平，是数据规律性的一个基本特征值，反映了一些数据必然性的特点。利用平均数，可以将处在不同空间的现象和不同时间的现象进行对比，反映现象一般水平的变化趋势或规律，分析现象间的相互关系等。

平均数包括简单算术平均数、加权算术平均数、调和平均数和几何平均数。下面以简单算术平均数为例介绍其在实际中的应用。

简单算术平均数的一般公式为：

$$\bar{x} = \frac{\sum_{i=1}^{n} x_i}{n} = \frac{x_1 + x_2 + \cdots + x_n}{n} \qquad (5.1)$$

例 5-2：某公司 2022 年每月销售记录见表 5-6。

表5-6　　　　　　　　　某公司2022年每月销售记录　　　　　　　单位：万元

1月	2月	3月	4月	5月	6月	7月	8月	9月	10月	11月	12月
83	91	79	88	89	90	83	85	87	88	89	90

$$\bar{x} = \frac{83 + 91 + 79 + 88 + 89 + 90 + 83 + 85 + 87 + 88 + 89 + 90}{12} = 86.83（万元）$$

答：该公司 2022 年月平均销售额为 86.83 万元。

在本例中，86.83 万元表明了该公司 2022 年的月平均销售水平，此数据既可与上一年数据进行比较分析，也能为下一年度的经营活动或销售计划制订等工作提供数据准备。

（2）众数

众数是数据中出现次数最多的变量值，也是测定数据集中趋势的一种方法。它克服了平均数指标会受数据中极端值影响的缺陷。

在市场调查得到的统计数据中，众数是能够反映大多数数据的代表值，可以使我们在实际工作中抓住事物的主要问题，有针对性地解决问题。在市场调查实践中，只需要掌握最普遍、最常见的标志值就能说明社会经济现象的某一水平时就用众数。

例 5-3：表 5-7 中列出了某企业在职员工的月工资统计情况，请问其众数是多少？

表5-7　　　　　　　　　某企业在职员工的月工资统计表

工资额（元/月）	人数
3 500	50
5 000	115
6 500	55
合计	220

分析：从表 5-7 中可看出，工资额为 5 000 元/月出现的人数最多，共 115 人，所以，可以确定 5 000 元是该企业 220 名在职员工工资额的众数，它表明了该企业主体职工的工资水平。

（3）中位数

中位数是将数据按某一顺序（从大到小，或相反）排列后，处在最中间位置的数值。

中位数位置平均，它不受极端值的影响，在具有极大值和极小值的数列中，中位数比算术平均数更具有代表性。

例 5-4：某企业委托市场调查公司对顾客在某一时间段内购买其生产的日用品次数进行调查。对 15 个顾客的调查结果按次数排序是：

0、0、0、0、1、1、1、1、1、2、2、2、3、7、9

则它们的中位数为 1。

在这次调查中，中位数为 1 说明被调查人群中在本店购买行为的常态为 1 次。

2）数据的离散程度分析

数据的离散程度分析，是指数据在集中分布趋势状态下，同时存在的偏离数值分布中心的趋势。离散程度分析是用来反映数据之间的差异程度的。数据的离散程度通常由全距、方差和标准差等来反映。

（1）全距

全距也叫极差，是所有数据中最大数值和最小数值之差，也就是全距=最大值-最小值，如在表 5-6 中，全距=91-79=12（万元）。

因为全距是数据中两个极端值的差值，只受最大值和最小值的影响，不能反映中间数据变化的影响，所以它是一个粗略测量离散程度的指标。在实际调查中，主要用于离散程度比较稳定的调查数据。同时，全距可以一般性地检验平均值的代表性大小，全距越大，平均值的代表性越小；反之，平均值的代表性越大。

（2）方差和标准差

方差是各变量值与其平均值差平方的平均数，方差越大表示差异越大。标准差是方差的平方根。这两个指标都是反映总体中所有单位标志值对平均数的离差关系，是测定数据离散程度最重要的指标，其数值的大小与平均数代表性的大小是反方向变化的。

样本的方差是所有观测值与均值的偏差平方和除以样本量减 1，具体计算公式是：

$$S^2 = \frac{\sum_{i=1}^{n}(x_i - \bar{x})^2}{n-1} \tag{5.2}$$

方差越小，数据的离散程度越小。样本的标准差是方差的平方根，公式为：

$$S = \sqrt{\frac{\sum_{i=1}^{n}(x_i - \bar{x})^2}{n-1}} \tag{5.3}$$

例 5-5：利用"例 5-2"的数据计算样本的方差与标准差，数据见表 5-8。

表 5-8　　　　　　　　某公司 2022 年 12 个月销售额及方差计算表

月份	销售额（万元）	（xi−x̄）	（xi−x̄）²
1	83	−3.83333	14.69444
2	91	4.166667	17.36111
3	79	−7.83333	61.36111
4	88	1.166667	1.361111
5	89	2.166667	4.694444
6	90	3.166667	10.02778
7	83	−3.83333	14.69444
8	85	−1.83333	3.361111
9	87	0.166667	0.027778
10	88	1.166667	1.361111
11	89	2.166667	4.694444
12	90	3.166667	10.02778
合计	1 042	—	143.6667

分析：利用表 5-8 中的数据可以计算样本方差：

样本方差为：$S^2 = \dfrac{\sum\limits_{i=1}^{n}(x_i - \bar{x})^2}{n-1} = \dfrac{143.6667}{11} = 13.061$

样本标准差为：$S = \sqrt{13.061} = 3.614$

答：该公司 2022 年 12 个月销售额的样本方差为 13.061，样本标准差为 3.614。

3）用 Excel 进行数据的描述统计分析

现在举例说明，如何使用 Excel 对数据进行描述统计分析。

例 5-6：利用"例 5-1"中的原始数据，得出其描述统计值。

解：在使用 Excel 的"分析工具库"时，如果"工具"菜单中没有"数据分析"命令，则需要安装"分析工具库"。步骤如下：在"工具"菜单中，单击"加载宏"命令，选中"分析工具库"复选框完成安装。点击"工具"菜单中的"数据分析"，选择"描述性统计"，点击确定，在输入区域中输入数据的位置：A1：A1000。点击确定后，答案会出现在工作表中，如图 5-14 所示。

列1	
平均	2.023
标准误差	0.036576
中位数	2
众数	2
标准差	1.156637
方差	1.337809
峰度	-0.78049
偏度	-0.08377
区域	4
最小值	0
最大值	4
求和	2023
观测数	1000
最大(1)	4
最小(1)	0
置信度(95.0%)	0.071775

图5-14 在Excel中数据的描述性统计输出结果

5.2.2 数据变量间的关系分析

1) 数据的方差分析

方差分析是一种常见的统计数据分析方法。它的用途是分析市场调查和实验数据中不同来源的变异对总变异的影响大小，从而了解数据中自变量是否对因变量有重要的影响。

业务链接5-2

什么是方差分析

方差分析（ANOVA）又称"变异数分析"或"F检验"，是R.A.Fisher发明的，用于两个及两个以上样本均数差别的显著性检验。

由于各种因素的影响，研究所得的数据呈现波动状。造成波动的原因可分成两类：一是不可控的随机因素，二是研究中施加的对结果形成影响的可控因素。

一个复杂的事物，其中往往有许多因素互相制约又互相依存。方差分析的目的是通过数据分析找出对该事物有显著影响的因素，各因素之间的交互作用，以及显著影响因素的最佳水平等。方差分析是在可比较的数组中，把数据间的总的"变差"按各指定的变差来源进行分解的一种技术。对变差的度量，采用离差平方和。方差分析方法就是从总离差平方和分解出可追溯到指定来源的部分离差平方和，这是一个很重要的思想。

经过方差分析若拒绝了检验假设，只能说明多个样本总体均数不相等或不全相等。若要得到各组均数间更详细的信息，应在方差分析的基础上进行多个样本均数的两两比较。

因素就是一个独立的变量，也是方差分析研究的对象。因素中的内容称为水平。在具体应用中，如果方差分析研究的是一个因素对于调查结果的影响，就称作单因素方差分析。

例5-7：对某公司的A、B、C三种不同型号产品在五家超市的销售情况进行调查，来确定产品的型号是否对销售量产生影响。数据见表5-9。

表5-9　　　某公司的A、B、C三种不同型号产品在五家超市的销售情况

	A	B	C
超市1	10	15	10
超市2	14	20	12
超市3	12	17	6
超市4	8	8	12
超市5	11	15	10

解：将表5-9中的数据输入Excel中，点击"工具"菜单中的"数据分析"，选择"方差分析：单因素方差分析"，点击"确定"，出现如图5-15所示的对话框。

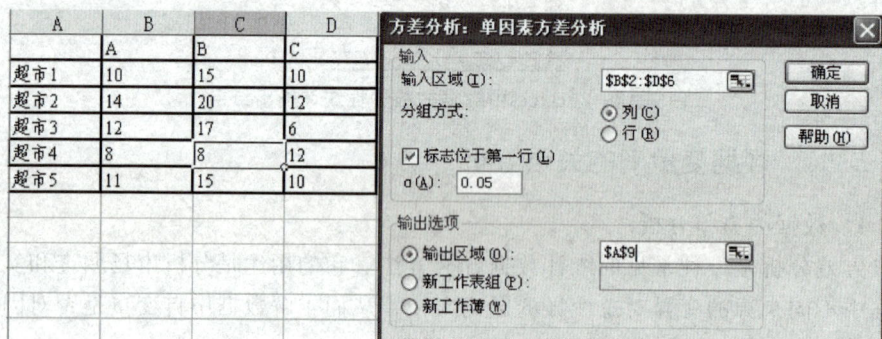

图5-15　方差分析：单因素方差分析对话框

对话框的内容如下：

①输入区域：选择分析数据所在区域，针对本例的数据进行分析时选取\$B\$2∶\$D\$6。

②分组方式：提供列与行的选择，当同一水平的数据位于同一行时选择行，位于同一列时选择列，本例选择列。

③如果在选取数据时包含了水平的标志，则选择标志位于第一行。

④α：显著性水平，一般输入0.05，即95%的置信度。

⑤输出选项：按需求选择适当的分析结果存储位置，本例为\$A\$9。

点击"确定"，在指定位置出现如图5-16的结果。

方差分析：单因素方差分析

SUMMARY

组	观测数	求和	平均	方差
10	4	45	11.25	6.25
15	4	60	15	26
10	4	40	10	8

方差分析

差异源	SS	df	MS	F	P-value	F crit
组间	54.16667	2	27.08333	2.018634	0.188691	4.256495
组内	120.75	9	13.41667			
总计	174.9167	11				

图5-16　方差分析：单因素方差分析的结果图

对得出的结果进行分析：SS 表示离均差平方和，代表数据的总变异；MS 表示平均的离均差平方和；F 表示 F 值，也就是方差分析求出的统计量；P 就是 P 值，根据 F 值而得。F crit 表示 F 值的标准，即 F 值大于 F crit 时表示差异有统计学意义。该例中 F 值（2.018634）<F crit（4.256495），说明产品的型号对销售量不产生影响或产生的影响不大。

方差分析的总体思想就是要分析这些数据之间为什么有差异，通过对总的差异（总变异）的分解，最终分析出组别之间或组别之内是否有统计学差异。

2）数据的相关分析

相关分析主要用来分析那些具有密切关联又不能用函数关系精确表达的变量之间的关系，它主要表示两类随机变量间相关关系的密切程度。相关分析通常用相关系数来表示分析项之间的关系，用 r 表示。根据相关系数的大小或把若干个相关系数加以比较，可以发现现象在发展变化中具有决定作用的因素，因而相关系数对于判断变量之间相关关系的密切程度有重要的意义。

相关系数的取值范围在 -1 和 +1 之间，当 r>0 时，为正相关；当 r<0 时，则为负相关。r 的绝对值越接近 1，表示相关关系越强；越接近 0，表示相关关系越弱。如果|r|=1，则表示两个变量完全线性相关。如果|r|=0，则表示两个变量完全不相关。

为在实际分析时有个判断的标准，现将相关关系密切等级列于表 5-10 中。

表5-10　　　　　　　　　　**相关关系密切等级表**

相关系数绝对值	r		相关关系密切等级
0.3 以下	不相关
0.3 ~ 0.5	低度相关
0.5 ~ 0.8	显著相关
0.8 以上	高度相关

例 5-8：表 5-11 所示为某连锁超市 10 家分店的人均销售额和利润率的相应数据，分析它们之间的关系。

表5-11　　　　　　**某连锁超市10家分店的人均销售额和利润率数据**

人均销售额 x（万元）	利润率 y（%）
6	12.6
5	10.9
8	18.5
1	3.0
4	8.1
7	16.3

续表

人均销售额 x（万元）	利润率 y（%）
6	12.3
3	6.2
3	6.6
7	16.6

解：将表 5-11 中的数据输入 Excel 中，点击"工具"菜单中的"数据分析"，选择"相关分析"，点击"确定"，出现如图 5-17 所示的对话框。

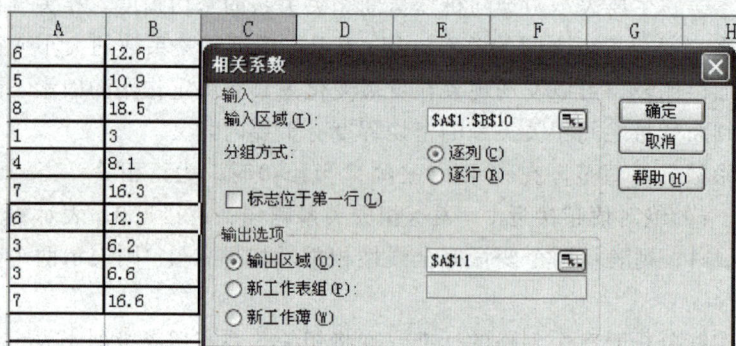

图5-17　相关系数对话框

对话框的内容如下：

①输入区域：选择分析数据所在区域，针对本例的数据进行分析时选取 A1：B10。

②分组方式：提供列与行的选择，当同一变量的数据位于同一行时选择行，位于同一列时选择列，本例选择列。

③如果在选取数据时包含了变量的标志，则选择标志位于第一行，本例不选取。

④输出选项：按需求选择适当的分析结果存储位置。本例为 A11。

点击"确定"，在指定位置出现如图 5-18 所示的示意图，从图中可以看到两个变量的相关系数为：0.989078。根据相关关系密切等级表判断两个变量为高度相关关系。

图5-18　相关系数结果图

同步思考5-2

资料：要了解某地区酒店经营状况，随机抽取了同等规模的 10 家酒店进行调查，某月有关入住率和净利润资料见表 5-12。

表5-12

入住率和净利润资料表

酒店编号	入住率（%）	净利润（万元）
1	70.5	99
2	70.1	75
3	73.4	101
4	67.0	75
5	72.0	96
6	68.8	81
7	63.5	70
8	73.6	100
9	72.1	98
10	80.7	120

随堂测 5-2

单选题

随堂测 5-2

多选题

随堂测 5-2

判断题

学习微平台

资源 5-2

问题：计算入住率与净利润之间的相关系数，说明两个变量之间的关系密切程度。

理解要点：将表中的数据输入 Excel 中，点击"工具"菜单中的"数据分析"，选择"相关分析"，点击"确定"，即可计算出两个变量间的相关系数为 0.92538（如图 5-19 所示），根据相关关系密切等级表说明两个变量间的相关关系密切度高。

	入住率	净利润
入住率	1	
净利润	0.92538	1

图5-19　相关分析图

本章概要

□ 内容提要与结构

▲ 内容提要

●调查资料审核的内容有：完整性审核、准确性审核、及时性审核、协调性审核。

●调查资料审核的方法有：逻辑审核、计算审核、抽样审核。

●对缺失数据的处理有：找一个中间值代替；用一个逻辑答案代替；删除处理。

●市场调查回收的资料都要录入到计算机中，为了减少数据录入的工作量，我们会通过编码，再进行资料录入。

●录入数据，不管组织得如何严密，工作如何认真，差错总有可能发生，为此需要查错并进行核对。常用的方法有：双机分别录入、部分复查、一致性查错、逻辑查错。

●数据的描述性统计分析主要有：对数据的集中趋势分析与对数据的离散程度分析。

●集中趋势数据的特征是，总体各单位的数据分布既有差异性，又有集中性，常用的有平均数、众数、中位数等。

●数据的离散程度分析是指数据在集中分布趋势状态下，同时存在的偏离数值分布中心的趋势，通常由全距、方差和标准差等来反映。

●数据变量间的关系分析主要有：数据的方差分析和数据的相关分析。

●方差分析是分析市场调查和实验数据中不同来源的变异对总变异的影响大小，从而了解数据中自变量是否对因变量有重要的影响。

●相关分析主要用来分析那些既有密切关联又不能用函数关系精确表达的变量之间的关系，它主要表述两类随机变量间相关关系的密切程度。

▲ 内容结构

本章内容结构如图5-20所示。

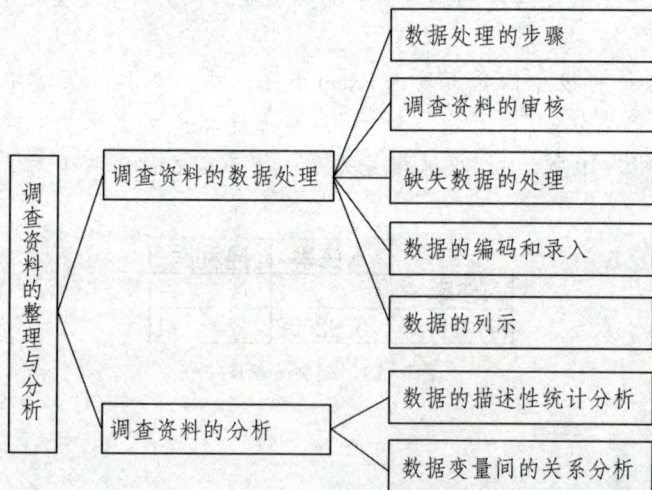

图5-20　本章内容结构

□ 主要概念和观念

▲ 主要概念

频数　数据的离散程度分析

▲ 主要观念

调查资料数据处理　调查资料数据分析

□ 重点实务和操作

▲ 重点实务

审核数据　数据录入　绘制统计图　用 Excel 进行数据分析　相关"业务链接"

▲ 重点操作

"实地调查资料整理与分析"知识应用

■ 基本训练

□ 理论题

▲ 简答题

1）数据审核的方法有哪些？

2）编码的具体方法有哪些？

3）什么是众数？它有什么特点？

▲ 讨论题

1）如何判断无效问卷？

2）不满意的问卷是怎样产生的？

□ 实务题

▲ 规则复习

1）如何对数据进行分组？

2）开放式问题的编码技巧有哪些？

3）市场调查资料整理的过程大致分几步？

▲ 业务解析

1）一家市场调查公司为研究不同品牌饮料的市场占有率，对随机抽取的一家超市进行了调查。调查员在某天对 10 名顾客购买饮料的品牌进行了记录，如果一个顾客购买某一品牌的饮料，就将这一饮料的品牌名字记录一次。下面是记录的原始数据。

统一冰红茶　可口可乐　统一冰红茶　汇源果汁　尖叫

尖叫　统一冰红茶　可口可乐　尖叫　可口可乐

可口可乐　百事可乐　统一冰红茶　可口可乐　百事可乐

百事可乐　尖叫　尖叫　百事可乐　尖叫

可口可乐　统一冰红茶　统一冰红茶　汇源果汁　汇源果汁

汇源果汁　统一冰红茶　可口可乐　可口可乐　可口可乐

可口可乐　百事可乐　尖叫　汇源果汁　百事可乐

尖叫　可口可乐　百事可乐　可口可乐　尖叫

可口可乐　统一冰红茶　百事可乐　汇源果汁　统一冰红茶

可口可乐　汇源果汁　可口可乐　统一冰红茶　百事可乐

试建立一张频数分布表，并绘制柱形图，进行简略分析。

2）一家管理咨询公司为不同的客户准备了为期 3 天的项目管理讲座。每次所做的讲座基本上是一样的。然而，该讲座的听课者有时是高级管理者，有时是中级管理者，有时是基层管理者。该讲座的发起者认为对讲座的评估随听众的不同而不同。假设听众参加完讲座后都会为讲座打分，随机选取的评估分值见表 5-13。评估标准为 1~10，10 代表最高水平。利用单因素方差分析确定管理者层级的不同是否会导致评估值有显著差异。

表5-13 不同层级听众对讲座的评估值

高级管理者	中级管理者	基层管理者
7	8	5
7	9	6
8	8	5
7	10	7
9	9	4
	10	8
	8	

□ 案例题

▲ 案例分析。

【训练项目】

案例分析-V。

【相关案例】

百货商店项目的数据准备

背景与情境：在百货商店项目中，数据收集采用入户访谈的方式。访问员上交问卷后，由督导员进行编辑，首先检查问卷填写是否完整、一致，答案是否清晰。不合格问卷将返回调查现场，由访问员再次联系访问对象以获得必要信息。删除了9份不合格部分比例过大的问卷，最终的样本规模为271。

为问卷编写编码簿。因为问卷中没有开放式问题，本例中编码工作相对比较简单。数据通过键盘输入电脑形成了Excel数据库，对其中大约25%的数据进行了输入错误的检查。通过确认超出正常范围和逻辑上不合理的答案，对数据进行了清理。大部分排序性数据是通过6级量表得到的，所以0、7、8被视为超出正常范围，用9代表缺失值。

含有缺失值的问卷被整列删除，因此有缺失值的访问对象都未包含在分析中。选择整列删除是因为含有缺失值的样本量很小，同时样本规模足够大。在对数据进行统计整理时，将定类变量转化成了虚拟变量，并根据原始变量生成了一些新变量。例如，把对10家百货商店熟悉程度排序的数据加总，生成了熟悉度指数。最后，调查人员制定了数据分析策略。

问题：

1）本案例在处理市场调查数据时经过了哪些步骤？

2）每一步是如何处理的？

【训练要求】

同第1章"基本训练"中本题型的"训练要求"。

▲ 课程思政

【训练项目】

课程思政–V。

【相关案例】

市场调查中数据的水分有多少

背景与情境：在一次市场调查中，某调查公司在实地调查中偷偷减少了样本数量，为了避免暴露出样本不足的痕迹，在统计分析之前，该公司对样本数量进行了处理：对原始数据进行不规则的克隆。当发现调查数据中存在一些极值（远远高出平均水平的数值）的时候，没有进行复核，而是直接采用，并只进行了平均数分析。在数据分析中尽量使用百分比，减少绝对数的使用。

资料来源　根据原创力文档相关资料整理。

问题：

1）本案例中存在哪些思政问题？

2）请结合党的二十大提出的"弘扬诚信文化，健全诚信建设长效机制"要求，对上述问题做出你的研判。

3）通过网上或图书馆调研等途径收集你作研判所依据的社会主义核心价值观规范。

4）结合市场调查的相关规范，从市场营销职业道德角度对上述行为做出评价。

【训练要求】

同第1章"基本训练"中本题型的"训练要求"。

□ 自主学习

【训练项目】

自主学习–III。

【训练目的】

见本章"学习目标"中"创新型学习"的"自主学习"目标。

【教学方法】

采用"学导教学法"和"研究教学法"。

【训练要求】

1）以班级小组为单位组建学生训练团队，各团队依照本教材"附录三"附表3"自主学习"（中级）的"基本要求"和各技能点的"参照规范与标准"，制订《团队自主学习计划》。

2）各团队实施《团队自主学习计划》，自主学习本教材"附录一"附表1"自主学习"（中级）各技能点的"'知识准备'参照规范"所列知识。

3）各团队以自主学习获得的"学习原理"、"学习策略"与"学习方法"知识为指导，通过校图书馆、院资料室和互联网，查阅、搜集和整理近几年以"调查资料的分析"为主题的国内学术文献资料。

4）各团队以整理后的文献资料为基础，依照相关规范要求，讨论、撰写和交流《"调查资料的分析"最新文献综述》。

5）撰写作为"成果形式"的训练课业，总结自主学习和应用"学习原理"、"学习策略"与"学习方法"知识（中级），依照相关规范，准备、讨论、撰写和交流《"调查资料的分析"最新文献综述》的体验过程。

【成果形式】

训练课业：《"自主学习-III"训练报告》。

课业要求：

1）内容包括：训练团队成员与分工；训练过程；训练总结（包括对各项操作的成功与不足的简要分析说明）；附件。

2）将《团队自主学习计划》和《"调查资料的分析"最新文献综述》作为《"自主学习-III"训练报告》的"附件"。

3）《"调查资料的分析"最新文献综述》应符合"文献综述"规范要求，做到事实清晰，论据充分，逻辑清晰。

4）结构与体例参照本教材"课业范例"的"范例-4"。

5）在校园网的本课程平台上展示班级优秀训练课业，并将其纳入本课程的教学资源库。

⊂ 单元考核 ⊃

评价原则与考核要求：同第1章"单元考核"的"评价原则与考核要求"。

第6章
市场预测

学习目标

通过本章学习，应该达到以下目标：

理论目标： 学习和把握"市场预测"的相关概念、发展与分类，判断分析预测法和时间序列预测法的应用范围与特点，时间序列的基本变动趋势，以及二维码资源中的陈述性知识；能用其指导本章"同步思考"、"教学互动"、"随堂测"和"基本训练"中"理论题"各题型的认知活动，正确解答相关问题，体验本章"初级学习"中专业认知的横向正迁移，以及相关业务胜任力中"认知"要素的阶段性生成。

实务目标： 学习和把握市场预测的内容与程序，判断分析预测法和时间序列预测法中各种具体方法的预测步骤、相关公式、预测模型及其计算和应用，时间序列预测在应用中应注意的问题，以及"业务链接"和二维码资源中的程序性知识；能以其建构"市场预测"的规则意识，正确解析本章"同步思考"、"教学互动"和"基本训练"中"实务题"的相关问题，体验本章专业规则与方法"初级学习"中的横向正迁移和"高级学习"中的重组性迁移，以及相关业务胜任力中"专业规则"要素的阶段性生成。

案例目标： 运用本章理论与实务知识研究相关案例，培养和提高在"市场预测"特定情境中的多元表征专业能力；通过"组建'学习团队'"等途径，落实"分层教学"要求，培养"团队协作"与人交流"等通用能力；结合本章教学内容，依照相关规范或标准，对"课程思政6-1"至"课程思政6-6"专栏和章后"课程思政-Ⅵ"等案例中的企业及其从业人员行为进行思政研判，促进"立德树人"根本任务的落实；体验本章"高级学习"中专业知识、通用知识与思政元素的协同性重组迁移，以及相关业务胜任力中"认知弹性"要素的阶段性生成。

实训目标： 参加"'市场预测'知识应用"的实践训练。在了解和把握本实训所及"能力与道德领域"相关技能点和素养点的"规范和标准"基础上，通过各项实训任务的完成、系列技能操作的实施、《实训报告》的准备与撰写等有质量、有效率的活动，培养"调查方法"的专业能力，强化"数字应用"、"与人交流"、"解决问题"和"革新创新"等职业核心能力（中级），并通过"认同级"践行"职业观念""职业情感""职业态度""职业良心"和"职业守则"诸多素养点规范，促进健全职业人格的塑造，体验本章"实践学习"中"专能""通能""职业道德"元素的协同性"重组-产生"迁移，以及相关业务胜任力中"求知韧性"和"复合性技能"要素的阶段性生成。

引例：信息就是财富

背景与情境：晋商非常重视对商业信息的收集，他们睁大眼睛看行情，竖起耳朵听动静，想方设法了解国家的经济发展趋势、产品的供求等，力求比竞争对手更占优势，能够领先一步抢得商机。

晋商在了解市场竞争的情况时，要求获得的信息必须真、全、快，只有这样，才能使信息产生巨大的经济效益。比如，晋商中有名的曹氏家族，在沈阳有一个"富生峻"商号，它的掌柜有一年秋天回家探亲，在路上看到高粱长势喜人，随手折下几根，结果发现茎内生了很多虫子。经过进一步调查，"富生峻"商号的掌柜预见到这一年因虫灾蔓延，高粱的收成必然大减。他觉得这是一个重要的信息，于是打消回乡的念头，回到沈阳，大批购进高粱。而其他商号却被即将丰收的假象迷惑，大量抛售高粱。结果等到秋收，各地的高粱因为虫灾而产量锐减，高粱的价格一下子飙升，"富生峻"贱买贵卖，从中获得了巨额的利润。

资料来源　张辉.晋商谋略［M］.太原：山西古籍出版社，2006.

信息就是财富，利用各种渠道掌握信息，预测未来市场发展趋势，这是现代市场营销必须关注的重要问题。谚语称："买卖赔和赚，行情占一半。"商场上如果能充分获取有利的信息，并对各种信息进行分析研究，对市场发展趋势做出基本判断，就能引导企业向正确的方向不断发展。因此，现代企业营销必须关注市场，预见未来，才能在市场上占据有利地位。

6.1　市场预测概述

6.1.1　市场预测的含义

市场预测是指人们对拥有的各种市场信息和资料进行分析研究，采用一定的科学方法，对未来市场活动所进行的预先推断和判断。

市场预测是企业制定营销战略和营销策略的依据，企业要想在市场竞争中占据有利地位，必须在产品、价格、分销渠道、促销方式等方面制定有效的营销策略。但有效的营销策略的制定取决于对相关方面的准确预测，即只有通过准确预测，企业才能把握市场机会，确定目标市场和相应的价格策略、销售渠道策略、促销策略等，进而促进产品销售和效益的提高。

6.1.2　市场预测的发展

在人类社会早期，预测的意识和简单的直观预测，几乎存在于人们生活、生产实践等各个领域。这些预测是仅凭个人的才智、知识和经验所进行的简单的预测，但这些预测经过实践经验的不断积累为科学预测奠定了坚实的基础。

同步思考6-1

背景资料：《孙子兵法·地形篇》中讲到：故知兵者，动而不迷，举而不穷。故曰：知彼知己，胜乃不殆；知天知地，胜乃不穷（译文：所以，真正懂得用兵的将帅，行动起来，目的明确而不迷误，他所采取的措施变化无穷而不呆板。所以说：了解敌方、了解我方，就能必胜不败；了解天时、了解地利，胜利就不可穷尽了）。

问题：这说明，预则立，不预则废。为什么？

资料来源　根据百度知道（孙子兵法地形篇）改编.

分析说明：在中国古代长期的社会实践中，人们通过大量经验的积累，已经总结出要了解信息、了解对方、了解天时地利、了解自己，才能在变化莫测的战争中，争取主动，抓住机会。

理解要点：

（1）任何事物都有其自身的规律，古代打仗，要想赢得战争胜利必须知己知彼，知天知地。这是大量实践经验的总结。

（2）今天商场如战场，市场竞争如此激烈，作为营销人员必须熟悉自己的经营能力，了解对手的竞争能力，还要预见未来的市场需求及其变化趋势，才能使企业在市场上提升自己的核心竞争力。

随着科学技术和生产力的不断发展，新技术、新工艺的不断涌现，生产竞争变得日益激烈，政治的多元化和经济的全球化等，给人类带来了许多新事物和新问题，使人们日益认识到预测未来的重要性。科学决策必须以科学的预测为基础，客观需要导致人们进行预测的研究和实践，也为预测科学的形成提供了必要性。社会进步、科学技术的迅速发展也为预测的研究提供了科学的分析方法和有效的手段，同时也为预测科学的形成提供了可能性。

教学互动6-1

A.生活中经常有哪些方面的预测？这些预测一般是怎么做的？

B.你对什么预测感兴趣？你的预测准确吗？你是怎么预测的？

要求：

A.教师需要提前收集一些相关资料。

B.教师对学生的回答进行点评。

同步案例6-1

"银发经济"孕育新增长点

背景与情境：2019年4月，中国老龄协会发布的报告（以下简称报告）预计，我国即将迎来人口快速老龄化阶段。数据显示，截至2018年年底我国60岁及以上老年人口为2.49亿人，占总人口的17.9%，其中2017年新增老年人口首次超过1 000万人。从1999年进入人口老龄化社会，到2018年的19年间，我国老年人口净增1.18亿人，是目前世界上唯一老年人口超过2亿人的国家。

在人口老龄化快速发展、老年人养老服务需求日益旺盛、政府扶持力度进一步加大的背景下，我国老龄产业面临着前所未有的发展机遇。报告预计，到

2020年我国老年消费市场规模将达到3.79万亿元。无论是老龄用品市场还是老年服务市场，都有比较大的刚需。虽然目前老年人的消费支出仍以生存性消费为主，但传统消费热点已呈现缓慢下降趋势，多样化市场需求，将逐步推动老年用品和养老服务领域消费稳步增长。如近年来兴起的网络消费、定制消费、体验消费、智能消费等受到老年人群青睐，从长远来看，助听、助行、助浴、移位、康复、电子科技产品将是老年消费市场的发展方向。

资料来源　张秋晨. "银发经济" 孕育新增长点 [EB/OL]. [2020-04-02]. http://finance.workercn.cn/33005/201911/28/191128153405227.shtml.

问题：中国老龄协会发布的报告对你有何启发？

分析提示：在市场经济条件下，所有的行业都要面向市场从事经营活动，只有重视市场信息的收集和预测工作才能找准目标市场，做出科学决策。只有科学地预测，才能了解市场需求的潜力和动向，积极开发新产品，满足 "银发" 消费者需求，才能提高行业企业适应市场环境的能力。

6.1.3　市场预测的种类

市场预测有多种分类。按不同的分类标准，大体上可以分为以下几类：

1）按涉及的范围不同分类

按涉及的范围不同，市场预测可分为宏观市场预测和微观市场预测。

宏观市场预测是把行业发展的总体情况作为研究对象，研究在生产经营过程中相关宏观环境因素对本企业经营方向和过程的影响。

微观市场预测是从单个企业角度出发，研究预测市场竞争者的地位、企业产品销售量、产品在市场上的占有率等各个要素的变化趋势。

宏观市场预测和微观市场预测密不可分，只有将二者很好地结合起来才可能对企业进行有效的科学预测。企业才能了解市场发展变化趋势，了解其市场竞争地位，正确地规划发展目标，确立经营方案，生产经营适销对路的产品，满足市场上多种多样的需要。

2）按时间长短不同分类

按时间长短不同，市场预测可分为长期预测、中期预测和短期预测。

长期预测是以年为时间单位，一般是指对5年以上的市场发展远景进行预测，如科技发展、原料和能源供应变化对企业所处经营环境的影响。

中期预测是以年为时间单位，对1年到5年期间的市场变化进行预测，目的是为企业制定中期经营发展战略决策提供依据。

短期预测是以旬、月、季为时间单位，对季内或年内的市场需求及发展前景进行预测。为制订月、季、年计划，组织货源，合理安排市场提供依据。

3）按预测的内容不同分类

按预测的内容不同，市场预测可分为单项商品预测、同类商品预测、对不同消费对象的商品预测和商品总量预测。

单项商品预测是对某种品牌、质量、规格、款式等具体商品市场需求的预测。

同类商品预测是对某一类商品按其不同特征进行市场需求的预测，比如对5G手机的需求预测等。商品分类及特征选择可按生产经营管理具体信息需求来决定，一般按商品用途分类，如食品类、家电类、服装类、日用品类等，商品特征通常包括产地、原材料、质量等级等。

对不同消费对象的商品预测包括两种情况：一种是按某一消费对象需要的各种商品进行预测；另一种是按不同消费对象所需要的某种商品的花色规格进行预测。例如，电视不仅要按规格，而且要按型号等分别进行预测。

商品总量预测是对一定的时间、地点和条件下市场各种商品的购买力总量及其变动趋势所进行的预测，如对社会商品购买力总额、社会商品供应总额、居民消费品购买力等的预测。

4）按预测方法的性质不同分类

按预测方法的性质不同，市场预测可分为定性预测和定量预测。

定性预测是指通过人们的经验和能力，对预测对象的未来发展做出估计和推测的一种市场预测。这种预测不依托数学模型，预测结果并没有经过量化或者定量分析，是建立在逻辑思维、判断和推理的基础上的，所以具有不确定性。但这种预测在市场经济活动中有着广泛的应用，特别是在预测对象的影响因素难以分清主次，或其主要因素难以用数学表达式模拟时，预测者可以凭借自己的业务知识、经验和综合分析的能力，运用已掌握的历史资料和直观材料，对市场发展的趋势、方向和重大转折点做出估计或推测。

同步案例6-2

善于观察分析的张总

背景与情境：老张是一大型商场的总经济师，在商场做任何重大决策前，老张都会给商场管理层做一些详尽分析，分析中，老张会用许多数据，并用大家能够理解的方式解释他的分析过程和结果。

老张善于收集数据，而且养成了随时随地注意观察环境与事物的习惯。一次，大家在一家大型购物中心设在一楼的咖啡馆喝咖啡。一个小时后，老张说这家购物中心前景不妙，因为他发现顾客提袋率不高。果然，没多久就传出这家购物中心经营惨淡、财务出现危机的消息。

问题：老张善于观察、注意积累数据的行为对你有何启发？

分析提示：经济活动中，很多事物的发展变化，都受其环境中其他事物的影响和制约，只要有心、留心，善于观察事物，就能把握很多事物的发展变化规律，并事先做好各种应对准备。市场经济条件下，虽然竞争非常激烈，但只要善于预见，沉着应对，企业总能找到自己生存发展的空间。

定量预测是依据获得的各种市场信息数据，通过数学分析方法，建立数学模型，对未来市场发展变化所进行的量的分析和推算。定量市场预测的前提是，充分占有历史资料，影响预测目标的因素相对稳定；预测指标与其他相关指标之间存在较高关联度，能以此建立数学模型等。

实践中，人们把定性市场预测和定量市场预测结合起来运用，相互补充，更能得到比较可靠的预测结果。

6.1.4 市场预测的内容

市场预测的内容是非常广泛的，因市场主体的不同和市场预测的目的要求不同，市场预测的侧重点也存在差别。立足于企业，市场预测的内容主要有以下几方面：

1）市场需求预测

市场需求预测是指在特定的时间、特定的范围内，对特定的消费群体的有货币支付能力的商品需求进行分析预测。市场需求预测具体包括以下几项内容：

（1）市场商品需求总量预测

商品需求总量是指在一定时间和一定范围内，市场上有货币支付能力的消费者对商品需求的总量，市场商品需求包括人们对生产资料的需求和对生活资料的消费需求。对生产资料的需求受多种因素的影响，其中主要是产品质量和技术因素的变化。技术的变化必然带来产品性能、产品质量的变化，而这种变化会给商品的生产者和经营者带来挑战和机遇，只有通过预测准确把握住这种变化，企业才能抓住机遇，战胜挑战。对生活资料的消费需求主要受产品本身价格、相关产品的价格、消费者的收入水平、消费者偏好、消费者对未来的预测、政府的消费政策等影响。市场商品需求总量主要通过消费者商品购买力投向的计算来预测。

（2）市场需求构成预测

市场需求构成是指对市场商品总需求量按一定标准划分所得到的各类商品需求量占总的商品需求量的比重，按其性质又可分为生产资料需求构成和消费资料需求构成。

影响生产资料需求构成的因素很多，但主要有生产发展的规模和结构、国家税收和信贷政策、对外贸易程序、产品价格水平、科技发展水平、购买力水平和市场可替代品种等。

影响消费资料需求构成的因素也较多，但主要是受购买力水平、人口结构、家庭规模、消费心理、消费者受教育程度、商品价格和商品品牌忠诚度等制约和影响。

（3）消费者购买行为的预测

消费者购买行为的预测是指在一定时间内对消费者购买动机、购买行为方式、购买心理等进行调查分析，预测商品需求的动向。企业通过对消费者购买行为的预测，了解购买行为变化趋向，从而组合营销因素，制定适当的符合实际的营销策略，努力取得预期效果。

2）市场供给预测

市场供给预测是对进入市场的商品资源总量及其构成和各种具体商品市场

可供量的变化趋势的预测，它同市场需求预测结合起来，可以预见未来市场供求矛盾的变化趋势。市场供给预测包括工业产品供给预测和农副产品供给预测。

（1）工业产品供给预测主要包括设备与工艺变化的预测；企业开发新产品的数量、质量、成本、价格、包装、商标及消费对象的预测；国际和国内市场类似产品、相关产品或替代产品的发展动向预测；工艺品所需原材料的品种、规格、性能、数量、来源和运输方式的预测；工业产品成本和价格预测等。

（2）农副产品供给预测主要包括对农副产品的生产量、上市季节等情况的预测。

3）产品市场生命周期预测

产品市场生命周期预测主要是预测产品销售量、获利能力随时间变化而变化的趋势。任何产品从投放市场开始，到完全被市场淘汰都要经历投入期、成长期、成熟期和衰退期四个阶段。每个阶段都有不同的特征，其成本、销售量、利润等存在差异，所以产品市场生命周期预测对企业来说至关重要。企业通过预测可以掌握产品每个阶段的发展状况，及时调整产品、渠道、价格和促销等策略，从而在激烈的市场竞争中处于主动地位。

产品市场生命周期各阶段预测的侧重点是不同的。投入期重点预测产品投入市场的风险性及市场前景、试销状况、消费者喜爱的程度、消费者能承受的价格。成长期重点预测市场需求的增长速度、产品销售量增长趋势、消费者购买动机、广告效果等。成熟期重点预测消费心理变化、重复购买的可能性、企业销售总量的界限、可降价的幅度。衰退期重点预测市场需求的下降幅度及用户对新产品的需求情况。随着技术的进步，产品生命周期在缩短，人们消费的个性化趋势也比较明显。

业务链接6-1

网络购物的预测

用方差对网络购物的偏好进行分析时，检验了购买具有不同社会风险和经济风险的产品之间的差异。在一项2×2的实验设计中，社会风险和经济风险被分为两个水平（高、低），对网络购物的偏好作为因变量，其结果显示社会风险和经济风险具有显著的交互效应。对高社会风险的产品（比如时装），无论经济风险如何，网络购物都是不被接受的，但社会风险低时，低经济风险的产品比高经济风险的产品更适合在网络上销售。

尽管如此，在线购物人数还是持续增加。根据中商情报网分析：2022年6月中国网民有10.51亿人，网购市场零售额达13.79万亿元，移动网购交易规模首次超过PC端。增加的原因可能是对更低价格的追求、互联网的便利和对在线购物安全感的增加。网站的改善、订购和送货手续的简化，以及更安全的支付系统使网上购物的人数上升，同时降低了以往网上购物相关联的风险。

资料来源　赵冬阳．方差协方差分析［EB/OL］．［2019-01-19］．http://www.docin.com/

p-2168980265.html.经过改编.

4）市场价格预测

市场价格预测就是对某类商品或某种商品的市场价格形势或走势进行预测分析，判断价格水平的变动趋向。

市场价格预测包括市场物价总水平、分类商品价格水平、主要商品价格和供求关系变化对价格影响的预测，也包括劳动生产率、商品生产成本、利润、商品批零差价、银行利率、货币汇率等变动对价格影响的预测。

对市场商品价格的预测，其主要目的是认识和掌握市场价格变化趋势和变动规律，为企业制定商品价格策略提供信息依据。

5）市场占有率预测

市场占有率预测是指企业及时掌握市场动态、了解同类企业经营情况、定期对企业经营的商品销售情况分品种、分地区、分时期进行分析预测，及时了解未来特定时间、特定市场范围本企业产品的市场竞争状况，了解企业在未来市场中的位置，为企业经营决策提供信息依据。

市场占有率又称产品市场份额，它是指在一定市场范围、一定时期内，本企业的某种产品的销售量（销售额）占市场上同类产品销售总量（或总额）的比例。

产品市场占有率的形成要素包括：企业区域内市场数量和规模、网点的合理性、目标顾客数量、销售费用、企业产品结构的合理性；产品的质量、成本、价格、品牌知名度和满意度；企业营销队伍的营销服务水平；当前产品市场中同类产品的销售状况、竞争对手的实力、竞争战略和策略的运用、区域市场的销售总量等。

市场占有率的变动因素，包括顾客渗透率、顾客忠诚度、顾客选择性、价格选择性等因素。

企业在市场中的地位不同，营销战略及营销策略的制定实施也不同，但每一个企业都应该高度重视目标市场中本企业产品的未来市场份额，科学地预见和把握其变动水平和变动发展趋势，并以此作为制定企业营销战略的重要依据。

6）企业经营能力预测

企业经营能力预测是利用企业内部的统计数据、财务数据和有关的市场调查资料，对企业的资产、负债、所有者权益、收入、成本、费用、利润等方面，以及经营效率、偿债能力、盈利能力的变化趋势进行预测分析。

企业经营性质和规模大小不同，经营能力差异也很大，但总体上我们可以分别从经营人员、经营组织、经营管理水平和经营设备状况四个角度对经营效率、偿债能力、盈利能力进行系统分析预测。

企业的经营能力是相对于市场环境而言的，离开市场环境来分析预测企业经营能力就毫无意义。在进行企业经营能力预测时，第一，是用本行业市场的经营指标同本企业的经营指标相比较；第二，是用本行业最成功企业的经营指标同本企业经营指标相比较。

企业的经营能力是适应市场变化、积极引导消费、争取竞争优势以实现经营目标的能力。企业经营能力的强弱决定企业经营成果的优劣，因此，分析和预测企业的经营能力是企业经营的重要工作。

6.1.5　市场预测的程序

市场预测实际上是通过对预测对象的相关信息进行研究，找到预测对象的变化规律，然后根据对未来条件的了解和分析，利用规律推测出预测对象的未来状态，并对其评价的过程。为了使市场预测工作顺利进行，提高市场预测绩效，预测者必须对预测的过程加强组织，按一定的程序，有计划、科学而严谨地完成市场预测各环节的具体任务。整个预测过程大致包括：明确预测目标、收集信息资料、建立预测模型、利用模型进行预测、评价修正预测结果、撰写市场预测报告六个步骤。

同步思考 6-2

背景资料：市场预测是一个过程，这个过程由不同的环节构成，环环相扣保证了市场预测的科学性和准确性。但在实际预测活动中，有很多是凭人的知识、经验来进行的，因此，有人认为：预测工作就是大概估计，按不按程序预测无所谓。

问题：你同意这种观点吗？

分析说明：程序是一种工作前后关系的经验总结，是一项工作顺利进行的基本流程。任何工作既要提高工作效率又要保证质量，就必须严格按程序进行。

理解要点：

（1）市场预测虽然是对未来市场经济活动的预测，但由于人们对经济活动规律认识越来越深刻，科学技术进步为市场预测提供了科学的分析方法和预测手段，所以预测对经济活动越来越重要。

（2）预测工作遵循一定的程序，可以规范预测工作，提高预测工作效率、预测的精度和质量。

第一步：明确预测目标。

企业要进行预测工作，首先，要根据预测对象、期限等要求确定预测目标，预测目标实际上就是明确预测要达到什么要求、解决什么问题、预测的对象是什么、预测的范围、时限如何确定等。其次，预测目标一定要准确、清楚和具体。

预测目标明确，预测工作才能做到有的放矢。预测目标要从具体的经营决策和经营管理的需要出发，紧密联系企业经营实际情况加以确定。

第二步：收集信息资料。

市场预测是建立在大量历史资料和现实资料分析研究基础之上而对未来市场

状况做出的预见。没有充分的资料，就无法进行符合客观实际的分析、判断和推理，也不可能做出科学预测。因此，企业预测人员应根据预测目标，通过市场调查方式去广泛、系统地收集完成预测目标所需要的历史和现实数据与资料。市场预测所需的资料可以分为两类：一类是关于预测对象本身的历史和现实资料；另一类是影响预测对象发展过程的各种因素的历史和现实资料。预测人员一般可以利用多种调查方式获取第一手资料，也可以利用各种渠道获取第二手资料。收集资料一定要注意广泛性、适用性。对收集到的资料一定要进行鉴别和整理加工，去伪存真，去粗取精，得到有价值的资料。

课程思政 6-1

要尊重调查对象

背景与情境： 某商场市场部调查人员在一项预测下一年保健器材商品销售趋势的市场调查中，用各种间接方法，掩饰预测目的，并采取欺骗性的方法，召开一些中老年顾客的座谈会，且未经座谈会参加者同意就对其进行了录像、录音。

问题： 结合党的二十大报告"深入开展社会主义核心价值观宣传教育"的要求，对以上讲到的这些问题，请你从社会主义核心价值观角度进行研判。

研判提示： 在市场分析预测中使用间接的方法掩饰研究的目的，会使调查对象失去知情权，对其具有一定的心理上的伤害。如果在预测活动中要进行录像或录音，应在开始之前就告诉调查对象并得到他们的同意，且最好签订一个书面协议，明确表示他们同意使用录像和录音，这才符合保护消费者知情权的要求。企业营销必须真正践行爱岗敬业、诚实守信的职业道德。未经座谈会参加者同意就对其进行录像、录音，这与党的二十大报告中强调的"深入开展社会主义核心价值观宣传教育""推动明大德、守公德、严私德，提高人民道德水准和文明素养"的要求相违背。

第三步：建立预测模型。

对收集的资料进行判断并建立预测模型是市场预测中非常关键的步骤。预测者在充分占有信息资料的基础上，怎样选择市场预测的方法，建立市场预测模型成为重要的问题。市场预测的方法很多，一般来说，尽可能选择两种以上的预测方法进行预测，以便于比较分析。预测方法大体可分为定性预测和定量预测两类。对于定性预测，可以建立逻辑思维模型；对于定量预测，可以建立数学模型，然后选用具体的预测方法进行预测模型的计算和估计。

第四步：利用模型进行预测。

利用模型进行预测是预测的主要阶段。预测人员在选择预测方法、建立预测模型的基础上，初步掌握预测对象的发展规律，根据预测模型，依据对未来的了解分析，输入有关资料和数据，推测（或计算）预测对象的可能水平和发展趋势，进而做出分析和评价，得出最终预测结论。

在实际预测工作中，在历史数据资料全面时，一般是利用建立的时间序列模型或因果关系模型预测；在缺乏历史数据资料时，一般是利用一些定性的预测，即根据一些先兆事件或专家的经验判断得出预测结果。

第五步：评价修正预测结果。

利用模型得到的预测结果只是一个初步结果，一方面由于包含预测者主观判断的成分；另一方面由于预测是立足于现在对未来市场做出的估计和推测，而未来会受各种因素影响而发生变化，一切处在动态发展之中，因此很难与实际情况达到完全吻合。预测者在预测中无论采用何种适合的预测模型，无论怎么精心计算预测值，预测值与实际值之间都必然会产生一定的差值，因此需要对预测值的合理性进行判断和评价。实际预测中通常用以下几种方法进行分析评价：一是根据常识、经验或相关理论，去检查、判断预测结果是否合理；二是计算预测误差，看误差是否在允许的范围内；三是分析正在形成的各种征兆、苗头反映的未来条件的变化，判断这些条件、影响因素的可能影响程度；四是在条件允许的情况下，采用多种预测方法进行预测，然后综合评价各种预测结果的可信程度，以提高预测的精确度。

课程思政 6-2

这样的数据准备和分析步骤可行吗？

背景与情境：张×是某企业的市场调查人员，他目前正在四处收集资料，来预测网上开店的未来市场前景。他对收集到的信息资料进行整理分析时发现，有的调查对象填写数据随意性很大，张×事前未考虑到这些特殊情况，也未对这些可能有问题的问卷进行筛选。调查人员在进行数据分析前没有检查可能存在的不合格数据，导致研究结果与预期相差很大。这时张×他们才想到检查数据质量，当删除这些不合格的数据再进行分析时，得出了另一种结果。之后，张×未向上司说明调查数据整理过程就将此结果作为预测结果报告给上司。

资料来源 作者根据相关资料编写.

问题：结合党的二十大报告"让青春在全面建设社会主义现代化国家的火热实践中绽放绚丽之花"的要求，张×作为市场调查人员，事先对不合格数据处理没有明确规定，发现与预期目标不一致时，才着手去掉不合格数据。对这种做法结合党的二十大报告精神"敢想敢为又善作善成，立志做有理想、敢担当、能吃苦、肯奋斗的新时代好青年"进行研判。

研判提示：市场调查人员在市场调查和预测过程中，也要关注职业道德问题。一是在对数据进行检查、筛选和清理时，必须关注数据的质量。要做到在进行数据分析之前，对在数据准备过程中有问题数据的处理做出明确规定。二是要如实说明不合格数据处理的过程和删除的数量情况；否则，就是违反诚实守信要求的。这不符合党的二十大报告中强调的"广大青年要坚定不移听党话、跟党走，怀抱梦想又脚踏实地，敢想敢为又善作善成，立志做有理想、敢担当、能吃苦、肯奋斗的新时代好青年，让青春在全面建设社会主义现代化国家的火热实践中绽放绚丽之花"。

随堂测6-1

单选题

随堂测6-1

多选题

随堂测6-1

判断题

学习微平台

资源6-1

第六步：撰写市场预测报告。

市场预测报告是对整个预测工作的概括和总结，也是向报告使用者做出的汇报。市场预测报告应概括预测研究的主要活动过程，包括预测目标，预测的对象，预测内容、方法、时间和预测人员，相关因素分析，主要资料和数据的来源，模型建立和模型的评价修正等。市场预测报告应力求简明，重点突出，便于企业经营管理者阅读和利用。

6.2　判断分析预测法

6.2.1　判断分析预测法概述

1）判断分析预测法的含义及适用性

判断分析预测法，也称定性预测法，是预测人员通过对预测对象外部和表象的直观感觉和了解，根据各种方法取得的市场资料，利用自己的实践经验和判断分析能力，对市场未来的发展变化趋势做出估计，并测算预测值。

判断分析预测法是一种非常实用的预测方法，特别是在对预测对象的历史资料掌握不多或影响因素复杂、难以分清主次的情况下，几乎是唯一可行的方法。

首先，判断分析预测法着重对事物发展的性质进行预测，主要凭借人的经验及分析判断能力进行分析预测，特别是对于要分析预测的对象不具备详细、连续的历史数据，或在各种影响因素无法量化的情况下，判断分析预测法则能更好地反映出这种真实情况。

其次，判断分析预测法着重对事物的发展趋势、方向和重大转折点进行预测。其主要适用于对国家经济形势的发展、经济政策的演变、市场总体形势的演变、科学技术的发展趋势、新产品开发方向、企业经营环境分析和企业战略决策等方面的预测。

最后，判断分析预测法与古老的直观预测法比较，已经发生了质的飞跃，形成了完整的理论和方法体系。

在实际经济活动中，企业常用的判断分析预测方法有集合意见法、专家预测法、德尔菲法等。

2）判断分析预测法的特点

判断分析预测法形成了一套如何组织专家、充分利用专家的创造性思维进行预测的基本理论和方法，主要是发挥专家的集体效应。

判断分析预测法在定性分析的基础上，常常把定性问题定量化，以打分的方式做出定量估计。其预测结果具有数理统计特性。

为了使分析预测行为更科学、准确，判断分析预测法在具体应用中要特别注意加强以下三方面的工作：①加强市场调查，努力掌握影响市场各种因素的变化情况，保证主观判断符合实际；②使定性分析定量化，或者把定性分析与定量分析结合起来；③运用多种判断分析方法对所做预测进行比较、印证，增强预测结果的科学性。

同步思考6-3

背景资料：《夷坚志》中有这样的记载：宋代绍兴十年，有一次临安城内着了大火，一位姓裴的商人的住宅、仓库、珠宝店铺都烧着了，但是他没有救自家的火，而是立刻组织人力出城采购竹木砖瓦、芦苇橡桷等建房材料，只要有这些东西，立即全部收购。火灾过后，市场上急需建房材料，出现了抢购的情况。这时政府还给予销售建筑材料免税的优惠，于是，裴氏不但弥补了他在火灾中的损失，而且获得了极大的额外利润。

资料来源　萧枫，李楠.大农业下的商业贸易［M］.北京：中国戏剧出版社，2005.

问题：裴姓商人在街区失火的时候没有救自家的火，而是立刻组织人力出城采购竹木砖瓦、芦苇橡桷等建房材料的经营行为对你有何启发？

分析说明：很多事情的发展是有规律的，不同的人对规律的认识程度是不一样的。临安城内燃起了大火，大家都在救火，裴姓商人没有救自家的火，而是立刻组织人力出城采购建房材料。普通人看到的是火，灭火救灾；而有的人想到的是火灾过后的重新建设，从临安城内通天的大火中看到了巨大的商机。

理解要点：

（1）精明的裴姓商人在火烧家产，全城上下手忙脚乱、怨天尤人的时候，临危不乱，从临安城内通天的大火中看到了巨大的商机。

（2）裴姓商人依据火灾的破坏情况等信息，预测火灾后重建需要大量的建筑材料，所以，他倾其所有，大肆囤积重建所需的建筑材料，着实发了一笔财。

6.2.2　集合意见法

1）集合意见法概述

集合意见法，是指集合与预测内容相关的、有一定经营知识的企业内部经营管理人员、业务人员共同座谈讨论、交换意见，对预测对象进行充分的分析后，对其发展变化的趋势提出集体的预测结果的方法。由于经营管理人员、业务人员比较熟悉市场需求及其变化动向，他们的决断往往能反映市场的真实趋向。集合意见法简单易行、应用面广，是一种定性预测方法，适用于短期市场预测。

集合意见法的组织形式多种多样，企业经营管理人员可根据需要召集采购、推销、计划、财务、物价等工作人员，或召集企业外部人员通过会议的形式，相互交换意见，以确定对未来的预测值。具体的组织形式有：集合经营与管理人员的意见；集合企业内部业务人员的意见；集合企业外部人员的意见。

2）集合意见法的预测步骤

采用集合意见法预测，一般包括以下五个步骤：

第一步：企业预测组织者根据企业经营管理的要求，向研究问题的有关人员提出预测项目和预测期限的要求，并尽可能提供有关资料。

第二步：有关人员根据预测要求及掌握的资料，凭个人经验和分析判断能力，提出各自的方案。在此过程中，有关人员应将质的分析与量的分析相结合，力求既有充分的定性分析，又有较准确的定量化描述。

一般来说，定性分析包括以下几项内容：历史生产情况和销售趋势，目前市场的状态，消费者心理的新变化，顾客流动情况等；同类型产品各生产厂家产品适销对路情况，商品资源，流通渠道及供应情况等变化，新产品投入市场的可能性；流动资金来源和运用情况，商品库存结构，劳动组织状况，改善企业经营管理的措施及其可能取得的效果等。

在定性分析的基础上，将自己的判断结果做出定量化的描述，形成各自的预测方案，具体包括以下几项内容：

① 确定未来市场的可能状态（两种或两种以上）；

② 确定各种可能状态出现的概率（主观概率）；

③ 确定每种状态下市场销售可能达到的水平（称状态值）。

第三步：预测组织者计算有关人员预测方案的方案期望值。方案期望值等于各种可能状态主观概率与状态值乘积之和。

课程思政 6-3

市场预测中的课程思政问题

背景与情境：小张是某商场市场部的工作人员，在请专家进行下一年 5G 手机销售趋势预测时，有位专家发表意见后，小张马上提出了自己的看法。另一位专家发表意见后，小张又马上质问专家，让专家难堪。在整理汇总材料时，他把自己认为不妥的建议和意见都剔除了。

问题：结合党的二十大报告中提出的"提高全社会文明程度""实施公民道德建设工程，弘扬中华传统美德，加强家庭家教家风建设""推动明大德、守公德、严私德，提高人民道德水准和文明素养""在全社会弘扬劳动精神、奋斗精神、奉献精神、创造精神、勤俭节约精神"对小张的做法进行研判。

研判提示：作为一名专业的市场预测人员，应该收集真实客观的数据资料，不能因为收集的数据资料不支持自己的观点就剔除它们。在收集资料过程中必须注意与调查对象沟通，保证他们自由发表意见并保护其个人隐私。小张的做法与党的二十大报告中"推动明大德、守公德、严私德，提高人民道德水准和文明素养""在全社会弘扬劳动精神、奋斗精神、奉献精神、创造精神、勤俭节约精神"的要求是不相符的。

第四步：将参与预测的有关人员分类，如经理类、管理职能科室类、业务人员类等，计算各类人员综合期望值。综合方法一般采用平均数统计法、加权平均数统计法或中位数统计法。

第五步：确定最终的预测值。预测组织者采用统计方法得到综合预测值后，还应当参照当时市场上出现的苗头，考虑是否需要对给定预测值进行调整，或进一步向有关人员反馈信息，再经酝酿讨论使预测结果更趋合理。

3）集合意见法在实际预测中的应用

结合实例说明集合意见法的预测步骤和具体操作。

（1）某副食商店的营业员、中层管理人员、经理人员要对下一年的销售额作预测，见表6-1、表6-2、表6-3（表中的数据是各位预测人员根据自己的经验和对未来的估计，按预测组织者要求单独填写数据整理后形成的）。

表6-1   **营业员的预测值**

营业员	最高值（万元）	概率	中间值	概率	最低值	概率	期望值（万元）	权数
A	700	0.3	500	0.5	300	0.2	520	0.4
B	900	0.2	600	0.6	400	0.2	620	0.3
C	800	0.3	600	0.5	500	0.2	640	0.3

表6-2   **中层管理人员的预测值**

中层管理人员	最高值（万元）	概率	中间值	概率	最低值	概率	期望值（万元）	权数
业务人员	850	0.4	800	0.4	750	0.2	810	0.4
市场人员	800	0.3	750	0.5	700	0.2	755	0.3
财务人员	750	0.3	700	0.4	680	0.3	709	0.3

表6-3   **经理人员的预测值**

经理	最高值（万元）	概率	中间值	概率	最低值	概率	期望值（万元）	权数
甲	950	0.3	880	0.5	800	0.2	885	0.4
乙	900	0.3	850	0.4	830	0.3	859	0.3
丙	800	0.2	780	0.5	750	0.3	775	0.3

（2）根据以上三类人员的预测资料进行综合。这种综合可以考虑同类人员中个人的经验丰富程度和预测准确性与重要程度，对其期望值给予不同权数，可采用加权平均数进行综合。

根据表中每个人的最高、中间和最低预测值数据可计算出每个人的期望值。其计算方法为：

期望值=最高值×概率+中间值×概率+最低值×概率

例如：营业员A的期望值=700×0.3+500×0.5+300×0.2=520（万元）

每类人员的综合预测值分别为：

营业员的预测值=520×0.4+620×0.3+640×0.3=586（万元）

中层管理人员的预测值=810×0.4+755×0.3+709×0.3=763.2（万元）

经理人员的预测值=885×0.4+859×0.3+775×0.3=844.2（万元）

（3）对上述三类人员综合预测值进行再综合。在综合三类人员预测值时，应根据其重要程度的不同给予不同的权数。一般来说经理人员的预测方案统观全局，能体现企业总体经营的要求，因而应给予较大的权数；而营业员，由于他们承担的责任一般偏低，所以应给予较小的权数；至于一般管理人员的预测方案，由于他们联系面广，掌握资料较多，经营经验较丰富，了解市场的动态，对未来需求的发展趋势估计比较接近实际，所以其权数应高于营业人员。假如上例营业员权数为1，管理人员权数可给予1.5，经理人员权数为2，则企业的预测值为：（586×1+763.2×1.5+844.2×2）÷（1+1.5+2）=759.8（万元）。

（4）对企业综合预测值作适当调整。我们分析的这个综合预测值是经过对三类人员所做预测值进行加权平均后得到的。这个综合预测值既低于经理层的综合预测值，也低于一般管理层的综合预测值，显然是受营业员综合预测值偏低的影响，太保守了，为此，要对其进行调整。对企业综合预测值的调整，可以召开会议，互相交换意见，经过互相启发、互相补充，在充分发表意见的基础上，由预测组织者根据大家提的意见作适当调整，确定最终预测值。如改变权数，营业员为1，一般管理人员为2，经理人员为3，则调整后的预测值为（586×1+763.2×2+844.2×3）÷（1+2+3）=774.17万元。

业务链接6-2

某大型超市要对下一年度的日用百货销售额作预测，于是分别找了三位营业员、三位中层管理者、两位经理进行预测。预测的指标主要有：最低销售额、最可能销售额、最高销售额及每种销售额的概率。预测表见表6-4。

（1）发放预测表。

表6-4　　　　　　　　　　　**某大型超市日用百货销售额预测表**　　　　　　　　金额单位：万元

参与人员	估 计 值					
	最低销售额	概率	最可能销售额	概率	最高销售额	概率

（2）预测组收到几位预测人员预测表后进行汇总。预测结果汇总表见表6-5。

表6-5　　　　　　　　　　　　　　　**预测结果汇总表**　　　　　　　　　　　金额单位：万元

参与人员	估 计 值					
	最低销售额	概率	最可能销售额	概率	最高销售额	概率
营业员A	2 000	0.2	2 200	0.5	2 500	0.3
营业员B	1 900	0.2	2 200	0.6	2 450	0.2
营业员C	1 800	0.2	2 180	0.6	2 400	0.2
销售部长	1 900	0.2	2 100	0.7	2 400	0.1

续表

参与人员	估 计 值					
	最低销售额	概率	最可能销售额	概率	最高销售额	概率
市场部长	1 700	0.2	2 000	0.6	2 300	0.2
财务部长	1 800	0.4	2 100	0.5	2 300	0.1
经理甲	1 800	0.2	2 150	0.6	2 300	0.2
经理乙	1 700	0.2	2 000	0.6	2 250	0.2

（3）预测计算过程如下：

第一步：计算营业员的预测值，假定三位营业员的预测具有同等重要性，则营业员层次的平均销售预测值为：

A：2 000×0.2+2 200×0.5+2 500×0.3=400+1 100+750=2 250（万元）

B：1 900×0.2+2 200×0.6+2 450×0.2=380+1 320+490=2 190（万元）

C：1 800×0.2+2 180×0.6+2 400×0.2=360+1 308+480=2 148（万元）

$$营业员预测平均值 = \frac{2\,250 + 2\,190 + 2\,148}{3} = 2\,196（万元）$$

第二步：计算三位中层管理者的预测值：

销售部长：1 900×0.2+2 100×0.7+2 400×0.1=380+1 470+240=2 090（万元）

市场部长：1 700×0.2+2 000×0.6+2 300×0.2=340+1 200+460=2 000（万元）

财务部长：1 800×0.4+2 100×0.5+2 300×0.1=720+1 050+230=2 000（万元）

$$中层管理者预测平均值 = \frac{2\,090 + 2\,000 + 2\,000}{3} = 2\,030（万元）$$

第三步：计算两位经理的预测值：

经理甲：1 800×0.2+2 150×0.6+2 300×0.2=360+1 290+460=2 110（万元）

经理乙：1 700×0.2+2 000×0.6+2 250×0.2=340+1 200+450=1 990（万元）

$$经理预测平均值 = \frac{2\,110 + 1\,990}{2} = 2\,050（万元）$$

第四步：根据营业员、中层管理者和经理三个群体预测的重要程度，确定三者权数，如营业员为1，中层管理者为1.5，经理为1.3，这时，综合三个层次的销售预测值为：

$$\frac{2\,196 \times 1 + 2\,030 \times 1.5 + 2\,050 \times 1.3}{1 + 1.5 + 1.3} = \frac{2\,196 + 3\,045 + 2\,665}{3.8} = \frac{7\,906}{3.8} = 2\,080.53（万元）$$

第五步：根据分析，此预测值基本符合下一年预计市场形势，所以，该大型超市下一年的日用百货销售额的预测值为2 080.53万元。

6.2.3 专家预测法

1）专家预测法的含义

专家预测法，又称专家意见集合法，就是根据市场预测的目的和要求，聘请一些专家成立预测小组，向有关专家提供一些背景资料，请他们就市场未来的发展变化做出判断、提出量的估计。企业自身不参加预测，只承担管理和组织工作。

2）专家预测法的适用性

专家预测法属于集体经验判断预测法的范畴。参加预测的人员一般为与预测问题相关的各类专家。

专家预测法一般应用于以下两种情况：

第一，没有历史数据，没有历史事件可借鉴，并且对市场或产品既要有质的分析，又要有量化分析。

第二，有部分历史数据，但数据不全，而面对的又是新产品、更新换代产品或对相关技术发展的预测。

同步案例6-3

预测创造财富

背景与情境： 统计数据显示，中国保健食品行业市场规模增长稳定，从2017年的1 482亿元增长至2020年的1 847亿元。根据我国经济发展状况，以及行业发展趋势，预计2023年增长区间为2 200亿～2 400亿元。

资料来源　中国产业研究院.2023年中国保健食品行业市场前景及投资研究报告［EB/OL］.［2023-02-28］. https://www.foodtalks.cn/news/41806.

问题： 结合我们国家目前的消费形势，你认为上述预测科学吗？谈谈自己的看法。

分析提示：

（1）随着国民经济的发展和国民整体素质的提高，人们对生活质量的要求越来越高，更多地关爱身体，争取健康与长寿。

（2）居民的收入水平提高和社会技术的进步，为营养保健食品行业的发展创造了条件。

（3）人们闲暇时间的增多，对生活品质的追求，使各种保健活动开展成为可能。

3）专家预测法的特点

专家预测法就是邀请有关方面的专家，通过会议的形式，由训练有素的主持人以自由平等的方式对一小群专家进行访谈，让他们对企业的生产经营或某个产品及其发展前景做出评价，并在分析评价的基础上，综合专家意见，对该企业或产品的市场需求及其发展趋势做出量的预测。

专家预测法的优点：由于专家团队由具有相关知识和经验、来自多个不同领域、具有一定代表性的人员组成，人数一般在15人以内，所以通过专家对某一预测项目充分讨论、集思广益，所做出的判断具有一定的准确性和可靠性。

专家预测法的不足：在预测过程中，专家的威望、个性和心理因素都会影响意见的表达和交换，从而降低预测结果的科学性和准确性。解决不足的关键在于对专家的选择和在讨论中对"意见领袖"的控制。

专家预测法成功与否，也与主持人的技巧关系很大，主持人不称职很可能导致专家预测法起不到应有的作用。但是在很难进行量的分析的情况下，专家预测法不失为很有实用价值的一种方法。

4）专家预测法的预测步骤

第一步：做好会前的准备工作。

参加预测的专家一般为15人左右，会议时间为3个小时以内，故会前准备工作十分重要。

（1）确定会议主题。会议的主题应简明、集中，这样专家们才能始终围绕主题讨论。调查提纲应由企业负责人和主持人共同拟定。同时要注意讨论的话题次序，通常先问一般问题，后问特定问题。

（2）确定会议主持人。主持人对于预测的成功与否起着关键作用，其应具有丰富的经验，掌握与讨论内容相关的知识，并能左右预测的进程和方向。对主持人的素质要求包括：

① 和蔼。为了产生必要的互动效应，主持人应善于态度平和地调动大家的发言积极性。

② 宽容。主持人必须对小组成员采取宽容的态度，但应对将降低小组热情或不利于达到小组目标的迹象保持警觉。

③ 鼓励。主持人应鼓励成员积极参加预测，并激起强烈的个人参与行为。

④ 引导。主持人在讨论中出现偏差时能及时修改原提纲，并拟定新提纲，而且善于鼓励小组成员将评价具体化。

⑤ 敏感性。主持人必须保持足够的敏感，将小组讨论引导到既具理性又有激情的水平上。

（3）选择参加会议的专家。其包括如何选择专家和选择善于表达意见的专家。关于如何选择专家，主要是选择那些在某一专业方面积累了丰富的经验、知识，并具有解决该专业问题能力的人。他们能在不确定的条件下对问题进行估计和预测，提出建议和看法。一般为了能够使问题研究得更全面、更深入，也需要吸收持有不同观念和见解的专家参与，参与专家的人数取决于问题的复杂性、现有情报的数量以及专家对企业问题的熟悉程度等。此外选择专家不仅要看其经验、知识和能力，还要看其是否善于表达自己的意见。如何让专家把意见充分发表出来，是组织工作的关键。

（4）选择会议的场所与时间。会议的场所对与会者来说应该是舒适和方便的，会场的环境非常重要，应安静，场地布置要营造轻松、愉悦的气氛，鼓励大家自由、充分地发表意见。会议的时间取决于预测问题、会议产生的想法数量等。

（5）准备好会议所需的演示和记录工具。会议所需的演示和记录工具包括录音笔、摄像机等。

第二步：组织和控制好会议的全过程。

（1）善于把握会议的主题。为了避免会议的讨论离题太远，主持人应善于把与会者的注意力引向会议主题，或是围绕主题提出新的问题。

（2）主持人提出题目，应让与会者畅所欲言，各抒己见，方案多多益善。主持人不要谈自己有什么设想、看法或方案，以免影响与会专家的思路。对专家所提出的各种各样的方案和意见，不应持否定态度，而应表示热烈欢迎。

（3）做好会议记录。会议可由主持人边提问边记录，也可由助手记录，还可通过录音、录像等方式进行记录。

第三步：做好会议后的各项工作。

（1）及时整理、分析会议记录，检查会议记录是否正确、完整，有无差错和遗漏。

（2）回顾和研究会议情况，回顾会议进程是否正常，会上反映的情况是否真实可靠，观点是否具有代表性，对调查结果做出评价，发现疑点和存在的问题。

（3）进行必要的补充调查，对会上反映的一些关键事实和重要数据作进一步查证核实。对于应当出席而没有出席会议的人，或在会上没有充分发言的人，最好进行补充访谈。

（4）分析和解释结果。研究会议和综合各专家的意见，分别整理出有关企业生产经营或新产品的质量、性能、特点、价格、竞争能力和市场需求的质的分析材料，再结合市场行情及其发展变化趋势，对市场未来需求量进行预测，然后对各种方案进行比较、评价、归类，最后确定预测方案。

同步思考6-4

背景资料：司马迁在《史记·货殖列传》中记载了一个姓任的商人发财的经历。秦朝末年，天下将乱，一般的商人都趁机抢购金银珠宝，囤积这些当时值钱的东西。姓任的商人却把钱拿出来购买大量的粮食储存起来。其他商人笑他不识时务，错过了发大财的机会。秦亡以后，楚汉相争，战乱连年，农民无法安心耕田种地，于是，粮食奇缺，这时，姓任的商人大量销售粮米，那些当年抢购珠宝的商人也不得不用他们收藏的珠宝来换取粮米以求活命，结果，姓任的商人发了大财。

资料来源　贾学义，赵建坤.《史记·货殖列传》与司马迁的经济思想［J］.邢台学院学报，2013，9，28（3）.

问题：姓任的商人为什么会发大财？

分析说明：姓任的商人能够赚大钱，在于他能结合宏观预测和短期预测思路进行预测分析，并运用发展的眼光把握事物发展变化趋势，以此来确定市场未来的需求。

理解要点：

（1）姓任的商人能赚钱，主要在于他具有宏观预测能力。

（2）他能预见到战争将使人们对不同物质在不同阶段有不同的需求。

6.2.4 德尔菲法

1）德尔菲法的含义

德尔菲法，是指按一定程序，采用背对背的反复函询方式，征询专家小组成员的意见，经过几轮的征询与反馈，使各种不同意见渐趋一致，经汇总和运用数理统计方法进行收敛，得出一个趋于一致的、较为可靠的建议或预测评价结果的一种预测方法。

2）德尔菲法的适用性

德尔菲法是在专家个人预测及专家会议预测的基础上建立起来的，通过对预测过程的控制，克服了专家个人预测的局限性和专家会议预测易受到心理因素干扰的缺点，它借助现代信息处理技术，比较准确地反映出专家集团的意向，来达到科学的预测评价目的。

德尔菲法是在没有历史数据、历史事件可借鉴的长期、整体预测时经常选择的一种方法。

3）德尔菲法的特点

（1）德尔菲法的优点

① 匿名性。采用德尔菲法收集专家意见，是通过匿名函询方式征询意见。专家们只同组织者发生联系。组织者对专家的姓名也是保密的，尽量使参加预测的专家互不知情，从而创造一种平等、自由的气氛，鼓励专家独立思考，充分发表意见。

② 反馈性。德尔菲法采用多轮征询意见，每一次征询意见之后，预测组织者都要将该轮情况进行汇总、整理，作为反馈材料发给每一位专家，通过反馈信息，专家们在背对背的情况下了解其他专家的意见，以及持不同意见的理由，这样有利于相互启发、集思广益、开阔视野，充分发挥专家们的智慧，提高预测的准确性和可靠性。

③ 统计性。经过数轮征询后，每次专家的意见都经过统计和归纳整理，使预测的问题越来越明确，专家的意见逐渐趋向一致。

（2）德尔菲法的缺点

① 缺乏客观标准。德尔菲法预测过程主要是凭借专家主观判断，缺乏一定的客观标准。

② 可靠性较差。德尔菲法适用于总额的预测，而用于区域、顾客群、产品大类等的预测时，可靠性较差。

课程思政6-4

网络真"好"

背景与情境： 某企业要求市场部预测彩电、冰箱、洗衣机等家电产品在未来本地市场的销售趋势。市场部3位工作人员认真地制订了一个市场预测工作方案，对预测目标、完成时间、预测工作程序以及整个费用都进行了详细计划和说明，企业总经理批准了他们的计划方案。一天，市场部的小刘在网上浏览时发现，某市一个和他们一样性质的企业刚好也进行了同样的预测活动。他把这一信息告诉了市场部王主任，王主任一看，说："好，那我们就省事多了。"事后3位工作人员象征性地对一些企业和用户进行了一些调查，后来就把网上查到的那一家企业的预测报告稍作修改就呈送给了总经理。

问题： 结合党的二十大报告中"在全社会弘扬劳动精神、奋斗精神、奉献精神、创造精神、勤俭节约精神""建设堪当民族复兴重任的高素质干部队伍"的要求，谈谈市场部工作人员这样的做法是否妥当，谈谈你自己的看法。

研判提示： 不同企业面对的市场及环境因素不同，未来发展变化趋势也各不相同，因此，必须认真客观地收集数据，严格按预定程序和方法进行市场预测，才能达到比较理想的目标。而工作人员不认真进行数据资料收集，抄袭别人的预测报告，并把该预测报告呈送总经理作为其经营决策的依据，这不符合党的二十大报告中"建设堪当民族复兴重任的高素质干部队伍""激励干部敢于担当、积极作为"的时代精神。从"敢于担当、积极作为"的时代精神角度讲是有严重问题的，任何企业的工作人员必须坚持认真、合作、诚信的工作理念，避免任何违反营销伦理、违反职业道德的不作为。

4）德尔菲法的预测步骤

第一步：成立预测小组。

预测小组是该项预测活动的领导者、组织者，也是预测工作的主持者，具体负责确定预测目标，准备背景资料，选定专家，设计征询表，对征询结果进行分析处理等。

第二步：选择和邀请专家。

专家的选择是德尔菲法成败的关键。所选专家应当对预测对象和预测问题有比较深入的了解和研究，具有专业知识和丰富的经验，思想活跃，富有创造性和判断能力。选择专家应采取自愿的原则，要有广泛性，结构要合理。选定专家之后，要向专家发出邀请，并说明德尔菲法的原理、预测的要求和内容。

第三步：设计征询表。

预测小组确定预测目标之后，根据预测要求，明确需要向专家调查了解的问题，拟定意见和征询表应注意以下几个要点：①征询的问题要简单明确，使人容易回答；②数量不宜过多；③问题的回答尽量接近专家熟悉的领域，以便充分利用专家的经验；④意见征询表中还要提供比较齐全的资料，供专家判断时参考。常涉及的征询表有：事件时间预测征询表、事件主要概率征询表、事件比重预测征询表、事件相对重要性预测征询表等。

第四步：逐轮征询和信息反馈。

这是德尔菲法的主要环节，征询和信息反馈一般要进行三到四轮。每次征询后，将专家回答的意见综合整理、归纳，匿名反馈给各位专家，直到得出比较集中一致的意见为止。

第五步：采用统计分析方法对预测结果进行定量评价和表述。

在预测过程中，每一轮征询意见后，都要对大量的数据进行处理，处理的目的在于找出能反映预测项目发展规律的数据，即未来可能出现的概率。在征询的最后一轮，经常涉及的有：对事件发生或实现时间预测结果的处理、对方案择优预测结果的处理、对方案相对重要性问题的处理和表述等。

第六步：整理预测结果，写出预测报告。预测组织者要撰写详细的预测结果分析报告，以供决策者参考。

5）德尔菲法在实际预测中的应用

下面结合实例说明德尔菲法的程序和具体的操作技巧。

第一步：成立预测小组。

例如，某公司总经理看到有关电子商务迅速发展的各种报道后，有意进入电子商务领域，这一想法得到了公司董事长的支持。于是总经理和销售部经理、市场部经理一起讨论了如何发展电子商务业务的计划。市场部经理建议首先进行一次有关本地区电子商务发展前景的市场需求预测，得到了总经理的同意，并由他们三人组成预测小组。

第二步：选择和邀请专家。

受总经理委托，市场部经理拜访了一批对电子商务方面有研究的专家，并从中挑选了六位，请他们对未来三年国内电子商务可能实现的销售额水平进行预测。

第三步：设计征询表。

先对专家进行编号。六位专家的编号分别为A、B、C、D、E、F，并对专家保密（包括这些编号）。市场部经理很快收集了若干有关国内和国外电子商务业务发展情况的资料，并设计了征询预测意见函，通过电子邮件，分别发送给六位专家。

第四步：逐轮征询和信息反馈。

（1）五天之内，市场部经理收齐了六位专家的预测回函。整理的结果见表6-6。

表6-6　　　　　　　　　　　　　专家预测意见第一次汇总表

专家编号	预测数值（亿元）	预测理由
A	30 000	30 000个电子商务公司×平均1亿元销售收入
B	10 000	2亿网民×平均5 000元网上购物消费
C	5 000	25 000个电子商务公司×平均2 000万元销售收入
D	27 000	目前1 000亿元销售收入×（1+200%）^{3}
E	50 000	全国消费品零售总额50万亿×10%
F	25 000	2.5亿网民×平均10 000元网上购物消费

（2）市场部经理经过统计分析，得出专家预测的平均值是24 500亿元，但是彼此差距太大，最大预测值与最小预测值之差为45 000亿元（50 000-5 000），于是他将上表删除"专家编号"后，寄给有关专家，请他们予以评价，并重新思考他们的预测结论。

专家们的第二次预测意见很快返回，经过汇总，得出如表6-7所示的数据。

表6-7　　　　　　　　　　　专家预测意见第二次汇总表

专家编号	预测数值（亿元）	预测理由
A	30 000	30 000个电子商务公司×平均1亿元销售收入
B	10 000	2亿网民×平均5 000元网上购物消费
C	25 000	25 000个电子商务公司×平均1亿元销售收入
D	25 000	5亿网民×平均5 000元网上购物消费
E	32 000	4亿网民×平均8 000元网上购物消费
F	25 000	5亿网民×平均5 000元网上购物消费

（3）由表6-7可知，有C、D、E三位专家改变了看法，预测理由也从四类逐步集中于两类，预测的平均值是24 500亿元，尽管专家们的预测意见还是不一致，但是极差减少到22 000亿元（32 000-10 000）。为争取获得相对收敛的专家预测结果，市场部经理又把上表寄出请专家对预测结果再认真思考。最后得到的预测意见见表6-8。

表6-8　　　　　　　　　　　专家预测意见第三次汇总表

专家编号	预测数值（亿元）	预测理由
A	24 000	30 000个电子商务公司×平均8 000万元销售收入
B	20 000	40 000万网民×平均5 000元网上购物消费
C	20 000	25 000个电子商务公司×平均8 000万元销售收入
D	25 000	5亿网民×平均5 000元网上购物消费
E	20 000	4亿网民×平均5 000元网上购物消费
F	25 000	5亿网民×平均5 000元网上购物消费

（4）市场部经理将汇总表又一次寄出，专家都表示不再修正他们的预测值。可以认为，最后的预测值是专家满意的预测值。经过分析统计，专家最后预测的平均值是22 300亿元。预测值分布区间是20 000亿~25 000亿元。

第五步：预测结果上报。

市场部经理将专家最后预测结果报告给总经理。公司是否发展电子商务业务还要在进行其他相关分析的基础上决策。

业务链接6-3

预测新产品的未来销售量

　　某公司想经营一种新产品，现在市场上还没有相似产品出现，因此没有历史数据可以获得。但公司要对可能的销售量做出预测，以决定进货量。于是公司成立专家小组，并聘请业务经理、市场专家和销售人员等八位专家预测全年可能的销售量。八位专家各自认真分析了新产品的特点、用途和介绍，并对人们的消费能力和消费倾向进行了认真的调查，做出了个人判断，见表6-9。

表6-9　　　　　　　　　　　　对新产品销量预测第一轮统计表

预测销量＼专家编号	1	2	3	4	5	6	7	8	平均数
最低销售量	500	200	400	750	100	300	250	260	345
最可能销售量	750	450	600	900	200	500	300	300	500
最高销售量	900	600	800	1 500	350	750	400	500	725

　　第一轮：①组织者发给专家调查表，请专家预测该产品最低、最可能、最高销售量。②组织者对专家预测的数据进行汇总整理。

　　第二轮：①组织者把第一轮八位专家对该产品销量统计表邮寄给每位专家，请他们对第一轮所列的每个事件做出评价，并按最低、最可能、最高销售量再次做出预测，并简要说明自己的预测理由。②组织者收到八位专家第二轮意见后，对专家意见作统计处理，汇总见表6-10。

表6-10　　　　　　　　　　　对新产品销量预测第二轮统计表

预测销量＼专家编号	1	2	3	4	5	6	7	8	平均数
最低销售量	600	300	500	600	220	300	250	350	390
最可能销售量	750	500	700	750	400	500	400	400	550
最高销售量	900	650	800	1 500	500	750	500	600	775

　　第三轮：①组织者把第二轮八位专家对该产品的销量统计表再次邮寄给每位专家，请他们对第二轮所列的每个事件做出评价，并按最低、最可能、最高销售量再次做出预测，并简要说明自己的预测理由。②组织者根据专家们反馈的信息进行整理统计，汇总见表6-11。

表6-11　　　　　　　　　　　对新产品销量预测第三轮统计表

预测销量＼专家编号	1	2	3	4	5	6	7	8	平均数
最低销售量	550	400	500	500	300	300	400	370	415
最可能销售量	750	500	700	600	500	600	500	410	570
最高销售量	900	650	800	1 250	600	750	600	610	770

随堂测 6-2

单选题

随堂测 6-2

多选题

随堂测 6-2

判断题

第四轮：把上述统计资料再寄给八位专家，专家全部反馈，不再修改原意见。

那么，预测的结果为，八位专家预测最低销售量为415，最可能销售量为570，最高销售量为770。把专家预测意见汇报整理，形成预测报告，上报公司，以便公司对该新产品的进货量做出决策。

6.3 时间序列预测法

6.3.1 时间序列预测法概述

1) 时间序列预测法及应用中应注意的问题

时间序列预测法是指通过对时间序列数据的分析，掌握经济现象随时间的变化规律，从而预测未来的方法。其基本原理是根据预测对象的时间序列数据，依据事物发展的连续性规律，通过统计或建立数学模型，进行趋势延伸，对预测对象的未来可能趋势做出定量预测。

这里的时间序列是指将某种经济变量的一组观察值，按其发生的时间先后次序排列而成的数列。时间间隔可以是天、周、月、季、年等。

时间序列预测法将影响预测目标的一切因素都由"时间"综合起来描述，是根据市场过去的变化预测未来的发展趋势，它的前提是假定事物的过去会同样延续到未来。

编制时间序列的目的，在于通过时间序列中各项指标的对比，说明客观现象的发展过程和规律性，因此在编制时间序列时必须注意以下几个问题：

（1）时间方面的可比性

时间序列数值的大小与时间的长短成正比，时间越长指标值越大；反之则越小。因此，时间序列中各项指标值所属的时间长短应该前后一致，才能对比，如果时间长短不同，就无法进行对比分析。

（2）空间方面的可比性

空间方面的可比性即进行时间序列分析的总体范围大小应该一致。总体范围是指时间序列指标值包括的地区范围、隶属关系范围等。只有范围一致才能对比，如有变动应进行必要的调整。

（3）各指标数值的内容，计算计量应具有可比性

同一名称的经济指标在不同时间的经济内容、计算口径、计算方法、计量单位可能不同。一般来说，只有同质的现象才能进行动态对比，才能表明现象发展变化的过程及趋势，所以要求各个指标的计算内容、计算口径、计量单位和计算方法都应该一致，这样才便于比较。

同步思考6-5

资料：时间序列是指同一经济现象或特征值按时间先后顺序排列而形成的数列。时间序列预测法遵循连续性原理，即认为事物发展是延续的，从过去到现在

并发展到未来，不发生质的变化，并运用数学方法找出数列的发展趋势或变化规律，使其向前延伸，预测市场未来的变化趋势。

问题： 根据这些知识，请你分析一下时间序列预测法的应用范围。

分析说明：

（1）由于这种方法考虑影响预测目标的因素只是时间，所以要求时间序列各数据之间的时间间隔一致，具有可比性，这是第一个条件。

（2）第二个条件，时间序列反映的是某一类经济现象随时间而发展变化，但这种变化是由众多因素共同作用的结果。不同的因素作用不同，时间序列变动趋势也不完全相同。

理解要点：

（1）凡符合以上两个条件的经济现象都可用时间序列预测法。

（2）结合前面我们学习的预测内容，时间序列预测法可以预测市场商品需求总量、产品市场生命周期、季节性商品等内容。

2）时间序列的基本变动趋势

时间序列预测法是基于这样一种假设，即事物的过去会同样延伸到未来，也就是说，时间序列预测法是建立在某种事物过去的发展变化趋势之上。假设这种趋势一直控制着该事物未来的发展变化。我们知道，虽然事物的发展具有连续性，但事物的未来发展会受到多种因素的影响，而各种影响因素又在不断地发展变化。为了研究复杂的社会经济现象发展变化的趋势或规律，就需要将这些不同因素的不同作用结果从时间序列的实际数据中分离出来，这就是时间序列的结构分析问题。

客观现象的性质多种多样，发展的时空条件千差万别，影响事物发展的具体原因数不胜数。而时间序列分析一般是把各种可能对事物产生作用的因素，按它们的作用效果进行分类，可分为以下四类：

（1）长期趋势

长期趋势是指与现象直接联系的基本规律作用，使现象在较长时间内稳定持续地按照一定方向变化，在生产经营中的表现是经济变量在长时间内表现出的总趋势，它是经济现象的本质在数量方面的反映，也是时间序列分析预测的重点。长期趋势的具体表现有：基本增长趋向、基本下降趋向和平稳发展趋向。

（2）循环变动

循环变动是以数年为周期的一种周期变动。这种变动虽有周期特征，但变动周期不固定，每一周期变动的幅度虽不相同，但每一周期都呈现出盛衰起伏的现象。如资本主义的周期性经济危机，就属于循环变动。

（3）季节变动

季节变动是指由于自然条件、社会条件的影响，社会经济现象在一年或更短的时间内，随着季节的转变而发生的周期性变动。季节变动一般以一年为周期，此外有的社会季节现象是以一日、一周、一月为周期而发生变动。

教学互动 6-2

互动问题：

①随着季节变动的经济现象有哪些？它们是受什么因素影响的，周期为多长时间？

②商家或厂家是如何应对季节变动的？

要求：

①要求教师提前收集相关资料。

②教师对学生的回答进行点评。

（4）不规则变动

不规则变动也称随机变动，是指由于意外的和偶然性因素引起的、突然发生的、无周期的随机变动。它的特点是发展趋向无规则，包括了以上三种变动以外的一切变动。如天灾、人祸、战乱等突发事件或偶然因素等，都会造成不规则变动。

客观现象的发展变化，都是上述四种因素的全部或部分变动影响的结果。因此，时间序列预测分析应从实际出发，实际包含几个因素就分解和测定几个因素。

课程思政 6-5

不成功的调查

背景与情境：某公司在新年到来之际，设计了一项活动，包括两项内容：一项是向到现场的顾客了解他们对商场及销售产品的满意度；另一项是就未来改进服务、提高顾客满意度和提高市场竞争力，向顾客征求意见，以预见未来顾客对公司服务方面的各种期盼，并提出改进办法和措施。各商场接到任务后。第二天就急急忙忙安排开展这项工作了。由于事前未进行培训、讲解，很多现场营销人员面对顾客时就根据统一定制的表格，一项一项向来往的顾客征求意见和建议，结果有的顾客回答几个问题就不愿说了，有的顾客一开始就拒绝，很多营销人员感到很不自在。这项工作进行得很不顺利。

问题：这项工作为什么会是这个结果？你认为问题出在哪里？

研判提示：市场调查人员和现场销售人员应经过培训，了解一些调查技巧，尽量说服调查对象配合。其办法是要向顾客详细解释调查的目的，运用调查的一些技巧，并在调查前明确规定现场营销人员和调查对象双方的责任和期望。此外，调查对象应该有权利拒绝回答使其感到为难的问题，如果他们感到不便也可随时终止调查。现场销售人员有义务尊重调查对象的隐私、感受和尊严。这是市场调查人员应有的职业道德素养。

6.3.2　简单平均值预测法

简单平均值预测法是通过计算一定时期内各时间值的平均数来确定未来时期

预测值的方法。最常用的方法有简单算术平均数法、加权算术平均数法和几何平均法。

1）简单算术平均数法

简单算术平均数法，即把以往几期的实际数字进行简单平均，将其结果作为预测值。它适用于预测对象的发展是基本稳定、变化不大的，而且将来还会保持这种特征的社会经济活动。此方法简单易用，但精确度差，只适用于对销售额情况稳定的产品作大致的预测。其计算公式为：

$$x_{n+1} = \frac{x_1 + x_2 + x_3 + \cdots + x_n}{n} = \frac{\sum_{t=1}^{n} x_t}{n} \tag{6.1}$$

式中：x_{n+1}——第 n+1 期预测值；n——时间序列资料的期数；x_t——过去各期的实际值（t=1，2，3，…，n）。

例如，某公司 A 产品本年 1—6 月份销售额的统计资料见表 6-12，用简单算术平均数法预测 7 月份的销售额。

表6-12　　　　　**某公司1—6月份A产品销售额统计表**　　　　　单位：千元

月份	1月	2月	3月	4月	5月	6月
销售额	2 030	2 100	2 140	2 130	2 208	2 280

利用公式（6.1）计算，则：

$$x_7 = \frac{x_1 + x_2 + x_3 + x_4 + x_5 + x_6}{6} = \frac{2\,030 + 2\,100 + 2\,140 + 2\,130 + 2\,208 + 2\,280}{6} = \frac{12\,888}{6} = 2\,148 （千元）$$

运用简单算术平均数法预测 7 月份的销售额为 2 148 千元。

例 6-1：某公司本年 7—12 月份的销售额资料见表 6-13，用简单算术平均数法预测下年 1 月份的销售额。

表6-13　　　　　**某公司本年7—12月份销售资料**　　　　　单位：万元

月份	7月	8月	9月	10月	11月	12月
销售额	20.8	19.7	20.0	19.8	20.1	20.2

分析：根据表 6-13 中的统计资料，该公司 7—12 月份最高销售额 20.8 万元，最低销售额 19.7 万元，相差 1.1 万元，差距较小，基本属于水平型时间序列，可采用简单算术平均数法计算下年 1 月份的销售额预测值。

解：以 6 个月销售额资料的简单算术平均数作为预测值：

$$预测值 = \frac{20.8 + 19.7 + 20.0 + 19.8 + 20.1 + 20.2}{6} = \frac{120.6}{6} = 20.1 （万元）$$

答：该公司下年 1 月份的销售额预测值为 20.1 万元。

2）加权算术平均数法

（1）加权算术平均数法的含义

采用时间序列预测法时，时间序列中各期市场现象的观察值，都会对预测值产生影响，但事实上各观察值并不是以相同的程度对预测值产生影响的。实际经济活动中，距离预测期远的观察值对预测值的影响小一些；距离预测期近的观察值对预测值的影响大一些。基于这种考虑，可以用大小不同的权数，将市场现象观察值对预测值的不同影响程度加以量化，对影响大的近期观察值给予较大的权数，对影响小的远期观察值则给予较小的权数。这种根据观察值的重要性不同，分别给予相应的权数后，将各期观察值乘以相应权数之和去除以权数之和，计算的平均数作为计算预测值依据的方法称为加权平均预测法。

这种预测方法由于对不同时期的观察值给予不同的权数处理后再求平均值，更能反映经济活动规律及未来发展趋势，适用于经济现象数据变化比较平稳或略有增长的情况。其计算公式为：

$$x_{n+1} = \frac{x_1 f_1 + x_2 f_2 + \cdots + x_n f_n}{f_1 + f_2 + \cdots + f_n} = \frac{\sum\limits_{t=1}^{n} x_t f_t}{\sum\limits_{t=1}^{n} f_t} \tag{6.2}$$

式中：x_{n+1}——第 n+1 期预测值；n——时间序列资料的期数；x_t——过去各期的观察值（t=1，2，…，n）；f_t——第 t 期观察值对应的权数（t=1，2，…，n）。

（2）加权算术平均数法的应用

加权算术平均数法的关键是确定权数，对于权数确定没有统一的标准，可由预测者根据情况做出经验判断；一般采用预测距离由较远到较近逐步递增的方法给定权数。

例如，仍以上例某公司 1—6 月份 A 产品销售额统计表数据计算 7 月份的预测值。

权数依据各期数据的远近，令 $f_1=1$，$f_2=2$，$f_3=3$，$f_4=4$，$f_5=5$，$f_6=6$。

利用公式（6.2）计算，则：

$$x_7 = \frac{x_1 f_1 + x_2 f_2 + \cdots + x_6 f_6}{f_1 + f_2 + \cdots + f_6} = \frac{2\,030 \times 1 + 2\,100 \times 2 + 2\,140 \times 3 + 2\,130 \times 4 + 2\,208 \times 5 + 2\,280 \times 6}{1 + 2 + 3 + 4 + 5 + 6}$$

$$= \frac{45\,890}{21} = 2\,185.24\,（千元）$$

运用加权算术平均数法预测 7 月份的销售额为 2 185.24 千元。

课程思政 6-6

市场预测人员必须有公正心

背景与情境： 小张接到了主管安排的市场预测项目，要预测一下国产婴儿奶粉的未来市场销售趋势。因其了解目前市场现状，他列出了近 50 个问题，又根据自己的理解和意愿选择问题，很多问题设计带有倾向性。小张还很自豪地说：这个问题简单，保证一周内完成任务。

问题： 结合党的二十大报告中"广大青年要坚定不移听党话、跟党走，怀抱梦想又脚踏实地，敢想敢为又善作善成"的要求，对于小张的做法谈谈你的看法。

研判提示： 调查了解情况设计的问题既不能不敏感，也不能太冗长。调查对象自愿贡献了他们的时间，不应该对他们索求过多的信息而使其负担过重。过于冗长的调查设计对调查对象来说非常麻烦，而且对回答的质量也有不利的影响。另外，市场预测人员在设计问卷的过程中负有道义上的责任，应使所需的信息数据以一种无偏见的方式获得，故意地使收集的资料和信息向一个想要的方向上倾斜，特别是通过诱导而获得信息的做法是不能被原谅的。因此，在预测问题确立后，在现场工作开始之前，要经过认真的模拟工作，使其最便捷，又最合适，才是符合职业道德要求的。正如党的二十大报告中指出的"广大青年要坚定不移听党话、跟党走，怀抱梦想又脚踏实地，敢想敢为又善作善成，立志做有理想、敢担当、能吃苦、肯奋斗的新时代好青年，让青春在全面建设社会主义现代化国家的火热实践中绽放绚丽之花"。

3）几何平均法

（1）几何平均法的含义

几何平均法是指给予n个资料或观察值时，把它们相乘，然后把乘积开n次方，则所得的n次方根称为此n个资料或观察值的几何平均数。

几何平均法首先要计算出一定时期内预测目标时间序列的发展速度或逐期增长率，然后在此基础上进行预测。其计算公式为：

$$x_{n+1} = G \cdot x_n \tag{6.3}$$

$$G = \sqrt[n-1]{x_1 \cdot x_2 \cdots x_n} \tag{6.4}$$

式中：G——几何平均数；x_t——观察期内各期环比发展速度或逐期增长率（t=1，2，…，n）；n——数据的个数（环比发展速度数据个数）。

上述公式用观察期内各期实际数据还可表示为：

$$x_{n+1} = x_n \sqrt[n-1]{\frac{a_1}{a_0} \times \frac{a_2}{a_1} \times \cdots \times \frac{a_n}{a_{n-1}}} \tag{6.5}$$

$$G = \sqrt[n]{\frac{a_1}{a_0} \times \frac{a_2}{a_1} \times \cdots \times \frac{a_n}{a_{n-1}}} = \sqrt[n-1]{\frac{a_n}{a_1}} \tag{6.6}$$

式中：a_n——第n期的观察值。

几何平均法适用于有明显趋势的市场现象时间序列，其趋势变动规律表现为发展速度大致相同，此方法比较适合近期市场预测。

（2）几何平均法的应用

例如，某商场2016—2022年各年的销售额资料见表6-14，试用几何平均法预测2023年、2024年的商场销售额。

表6-14　　　　　某商场2016—2022年的销售额资料　　　　　单位：百万元

年份	销售额	环比发展速度（%）
2016	125	—
2017	115	92.0
2018	120	104.3
2019	142	118.3
2020	147	103.5
2021	150	102.0
2022	159	106.0

运用几何平均法预测步骤如下：

第一步：求出各期环比发展速度。

例如，115÷125×100%=92%

120÷115×100%=104.3%

依此类推。

第二步：通过观察发现各期环比发展速度比较接近，可用几何平均法计算平均发展速度。

$$G = \sqrt[n-1]{\frac{a_n}{a_1}} = \sqrt[6]{\frac{159}{125}} = 1.0409$$

第三步：根据公式（6.3）$x_{n+1}=G \cdot x_n$建立预测模型，则$x_{n+1}=1.0409x_n$。

第四步：预测2023年和2024年的商场销售额。

2023年销售额：159×1.0409=165.5（百万元）

2024年销售额：165.5×1.0409=172.27（百万元）

同步案例6-4

怎样预测明年的销售额

背景与情境：某商场总经理2022年11月份召集公司的销售部、市场部和财务部经理安排2023年全年的经营计划，首先预测一下2023年的公司销售额。

财务部经理首先发言："我公司最近三年的销售额分别是3 300万元、3 500万元和3 800万元。2022年全年预计4 000万元，我预计2023年可以实现在此基础上增加10%。"

市场部经理认为，2022年的销售额比2021年预计增加13%；销售部经理认为，商场2022年经营条件改善，营业面积增加1/4，服务质量也有明显提高，销售额会有较大增长。

问题：你认为某商场2023年的销售额应采用什么方法预测？

分析提示：从资料中可以看出，按几何平均法预测更客观一些。

利用公式（6.6）计算，则$G = \sqrt[n-1]{\frac{a_n}{a_1}} = \sqrt[3]{\frac{4\ 000}{3\ 300}} = 1.0662$

即：2023年的预测值=4 000×1.0662=4 264.8（万元）

6.3.3　移动平均法

移动平均法是对时间序列观察值由远及近按一定跨越期计算平均值的一种预测方法。它保持平均的期数不变，随着观察期向后推移，平均值也跟着向后移动，形成一个由平均值组成的新的时间序列。最后一个移动平均值是预测值计算的依据。

移动平均法在一定程度上消除了时间序列历史数据随时间变化引起的不规则变动的影响，修匀了时间序列。

移动平均法适合既有趋势变动又有波动的时间序列。这种方法的准确程度主要取决于平均期数或移动步长 n 的选择，在实际工作中根据经验和试验比较后选定。移动平均法的具体方法有一次移动平均法、二次移动平均法和加权移动平均法，这里主要介绍前两种。

1）一次移动平均法

（1）一次移动平均法的含义

一次移动平均法也称简单移动平均法，是直接以本期移动平均值作为下期预测值的预测方法。其计算公式为：

$$x_{t+1} = M_t^{(1)} = \frac{x_t + x_{t-1} + \cdots + x_{t-n+1}}{n} \tag{6.7}$$

式中：x_{t+1}——第 t+1 期预测值；$M_t^{(1)}$——第 t 期的一次移动平均值；x_t——第 t 期的观察值；n——数据个数，即移动平均期数。

（2）一次移动平均法的应用

例如，已知某商场某年各月的销售额，见表6-15。

表6-15　　　　　某商场20××年销售额明细资料　　　　　单位：百万元

月 份	1	2	3	4	5	6	7	8	9	10	11	12
销售额	10	11	12	15	18	20	25	30	24	16	13	14

用移动平均法预测下年1月的销售额，见表6-16。

表6-16　　　　　某商场20××年销售额明细资料　　　　　单位：百万元

月份	实际销售额	三期一次移动平均数
1	10	—
2	11	—
3	12	（10+11+12）÷3=11.00
4	15	（11+12+15）÷3=12.67
5	18	（12+15+18）÷3=15.00
6	20	（15+18+20）÷3=17.67
7	25	（18+20+25）÷3=21.00
8	30	（20+25+30）÷3=25.00
9	24	（25+30+24）÷3=26.33
10	16	（30+24+16）÷3=23.33
11	13	（24+16+13）÷3=17.67
12	14	（16+13+14）÷3=14.33

根据表6-16中的数据，运用一次移动平均法公式（6.7）得出的预测值为 1 433 万元。

例 6-2：某商场内衣专柜 2017—2022 年的针织内衣销售额见表 6-17，用一次移动平均法预测该商场针织内衣 2023 年销售额。

表6-17　　　　　　　　2017—2022年某商场针织内衣销售额资料　　　　　　　　单元：万元

年份	2017	2018	2019	2020	2021	2022
销售额	982	1 040	1 051	1 048	1 032	1 028

分析：从表 6-17 可以看出，这是一个水平型变动的时间序列，除了 2017 年为 982 万元，不足 1 000 万元外，其他年份均在 1 040 万元左右。我们用一次移动平均法预测，由于时间序列权数较少，选择移动平均期数 n 等于 3 进行预测。

解：用表格的形式计算一次移动平均数，见表 6-18。

表6-18　　　　　　　　　　一次移动平均数计算表　　　　　　　　　　单位：万元

年份	销售额	三期一次移动平均数
2017	982	—
2018	1 040	—
2019	1 051	（982+1 040+1 051）÷3=1 024.3
2020	1 048	（1 040+1 051+1 048）÷3=1 046.3
2021	1 032	（1 051+1 048+1 032）÷3=1 043.7
2022	1 028	（1 048+1 032+1 028）÷3=1 036.0

答：用一次移动平均法计算的该商场针织内衣 2023 年销售额预计为 1 036 万元。

2）二次移动平均法

（1）二次移动平均法的含义

二次移动平均法是对时间序列的一次移动平均值再进行第二次移动平均，利用一次移动平均值和二次移动平均值构成时间序列的最后一个数据为依据建立线性预测模型进行预测。

在这种方法中，一次移动平均值和二次移动平均值并不直接用于预测，只是用以求出线性预测模型的平滑系数和修正值偏差。

二次移动平均值的计算公式为：

$$M_t^{(2)} = \frac{M_t^{(1)} + M_{t-1}^{(1)} + \cdots + M_{t-n+1}^{(1)}}{n} \tag{6.8}$$

式中：$M_t^{(1)}$——第 t 期的一次移动平均值；$M_t^{(2)}$——第 t 期的二次移动平均值；n——计算移动平均值的数据个数。

二次移动平均法的预测模型为：

$$y_{t+T} = a_t + b_t T \tag{6.9}$$

式中：y_{t+T}——第 t+T 期预测值；T——未来预测的期数；a_t——截距，即第 t 期现象的基础水平；b_t——斜率，即第 t 期现象单位时间变化量。

$$a_t = 2M_t^{(1)} - M_t^{(2)} \tag{6.10}$$

$$b_t = \frac{2}{n-1}(M_t^{(1)} - M_t^{(2)}) \tag{6.11}$$

也就是说，二次移动平均法的预测模型，其截距和斜率的确定是以一次和二次移动平均值为依据的，且各期的截距、斜率是变化的。

（2）二次移动平均法的应用

例如，某企业上年度的实际销售情况见表6-19，试预测下年度1、2月份销售额。

表6-19 　　　　　　　　　　某企业20××年销售明细资料 　　　　　　单位：百万元

观察期	1	2	3	4	5	6	7	8	9	10	11	12
实际销售额	19	25	26	30	33	37	36	45	47	50	53	56

计算过程见表6-20。

表6-20 　　　　　　　　　　二次移动平均数计算表 　　　　　　单位：百万元

观察期	实际销售额	n=3	n=3
1	19	—	—
2	25	—	—
3	26	（19+25+26）÷3=23.33	—
4	30	（25+26+30）÷3=27.00	—
5	33	（26+30+33）÷3=29.67	（23.33+27.00+29.67）÷3=26.67
6	37	（30+33+37）÷3=33.33	（27.00+29.67+33.33）÷3=30.00
7	36	（33+37+36）÷3=35.33	（29.67+33.33+35.33）÷3=32.78
8	45	（37+36+45）÷3=39.33	（33.33+35.33+39.33）÷3=36.00
9	47	（36+45+47）÷3=42.67	（35.33+39.33+42.67）÷3=39.11
10	50	（45+47+50）÷3=47.33	（39.33+42.67+47.33）÷3=43.11
11	53	（47+50+53）÷3=50.00	（42.67+47.33+50.00）÷3=46.67
12	56	（50+53+56）÷3=53.00	（47.33+50.00+53.00）÷3=50.11

从表6-20历史数据看，销售情况基本呈线性趋势，为灵敏反映其变动趋势，移动平均的数据个数应少一些，设n=3（两次移动的n应取值一致），相关资料见表6-21。

表6-21   利用二次移动平均法预测相关资料计算表   单位：百万元

销售额 y_t	n=3 $M_t^{(1)}$	n=3 $M_t^{(2)}$	a_t	b_t	y_{t+1}
19	—	—	—	—	—
25	—	—	—	—	—
26	23.33	—	—	—	—
30	27.00	—	—	—	—
33	29.67	26.67	32.67	3.00	—
37	33.33	30.00	36.66	3.33	35.67
36	35.33	32.78	37.88	2.55	39.99
45	39.33	36.00	42.66	3.33	40.43
47	42.67	39.11	46.23	3.56	45.99
50	47.33	43.11	51.55	4.22	49.89
53	50.00	46.67	53.33	3.33	55.77
56	53.00	50.11	55.89	2.89	56.66

下面为详细的预测程序：

第一步：计算一次和二次移动平均值。利用公式（6.7）计算一次移动平均值为：

$$M_3^{(1)} = \frac{26 + 25 + 19}{3} = 23.33 \text{（百万元）}$$

$$\vdots$$

$$M_6^{(1)} = \frac{37 + 33 + 30}{3} = 33.33 \text{（百万元）}$$

$$\vdots$$

$$M_{12}^{(1)} = \frac{56 + 53 + 50}{3} = 53.00 \text{（百万元）}$$

利用公式（6.8）计算二次移动平均值为：

$$M_5^{(2)} = \frac{M_5^{(1)} + M_4^{(1)} + M_3^{(1)}}{3} = \frac{29.67 + 27.00 + 23.33}{3} = 26.67 \text{（百万元）}$$

$$\vdots$$

$$M_9^{(2)} = \frac{M_9^{(1)} + M_8^{(1)} + M_7^{(1)}}{3} = \frac{42.67 + 39.33 + 35.33}{3} = 39.11 \text{（百万元）}$$

$$\vdots$$

$$M_{12}^{(2)} = \frac{M_{12}^{(1)} + M_{11}^{(1)} + M_{10}^{(1)}}{3} = \frac{53.00 + 50.00 + 47.33}{3} = 50.11 \text{（百万元）}$$

$$\vdots$$

第二步：利用公式（6.10）、公式（6.11）计算各期a、b值，截距和斜率各值为：

$$a_5 = 2M_5^{(1)} - M_5^{(2)} = 29.67 \times 2 - 26.67 = 32.67 （百万元）$$

$$\vdots$$

$$a_{11} = 2M_{11}^{(1)} - M_{11}^{(2)} = 50 \times 2 - 46.67 = 53.33 （百万元）$$

$$a_{12} = 2M_{12}^{(1)} - M_{12}^{(2)} = 53 \times 2 - 50.11 = 55.89 （百万元）$$

$$b_5 = \frac{2}{n-1}(M_5^{(1)} - M_5^{(2)}) = \frac{2}{3-1}(29.67 - 26.67) = 3.00 （百万元）$$

$$\vdots$$

$$b_{11} = \frac{2}{n-1}(M_{11}^{(1)} - M_{11}^{(2)}) = \frac{2}{3-1}(50 - 46.67) = 3.33 （百万元）$$

$$b_{12} = \frac{2}{n-1}(M_{12}^{(1)} - M_{12}^{(2)}) = \frac{2}{3-1}(53 - 50.11) = 2.89 （百万元）$$

第三步：应用预测模型计算预测值。

$$y_{13} = a_{12} + b_{12} \times 1 = 55.89 + 2.89 \times 1 = 58.78 （百万元）$$

$$y_{14} = a_{12} + b_{12} \times 2 = 55.89 + 2.89 \times 2 = 61.67 （百万元）$$

所以，根据二次移动平均法计算的下年度预测值为：1月份为5 878万元；2月份为6 167万元。

应该注意的是，预测期各期估计值的a_t、b_t值是一致的，即最后一个观察期的a_t、b_t值。本例中$a_t=55.89$，$b_t=2.89$。

二次移动平均法与一次移动平均法相比，体现了市场经济现象中客观存在的波动，可以用于短、近期的预测，实践中应用较多。

业务链接6-4

某大型超市今年1—11月份洗涤用品的销售额见表6-22，试用二次移动平均法预测12月份销售额（移动期数n定为3）。

表6-22　　　　　　　　**某超市1—11月洗涤用品销售额资料表**　　　　　　　　单位：万元

月份	1	2	3	4	5	6	7	8	9	10	11
销售额	1 314	1 276	1 403	1 398	1 354	1 289	1 324	1 416	1 225	1 375	1 352

预测程序：

第一步：先列表计算有关数据，见表6-23。

表6-23　　　　　　　**利用二次移动平均法预测相关资料计算表**　　　　　　　单位：万元

月份	销售额	一次移动平均数	二次移动平均数
1	1 314	—	—
2	1 276	—	—
3	1 403	1 331	—
4	1 398	1 359	—
5	1 354	1 385	1 358

续表

月份	销售额	一次移动平均数	二次移动平均数
6	1 289	1 347	1 364
7	1 324	1 322	1 351
8	1 416	1 343	1 337
9	1 225	1 322	1 329
10	1 375	1 339	1 335
11	1 352	1 317	1 326

第二步：将表中计算结果代入公式（6.10）、（6.11）、（6.9）中，得：

$a_{11}=2×1\ 317-1\ 326=1\ 308$（万元）

$b_{11}=\dfrac{2}{3-1}×（1\ 317-1\ 326）=-9$（万元）

$y_{12}=a_{11}+b_{11}T=1\ 308+（-9）×1=1\ 299$（万元）

即该超市12月份的洗涤用品销售额预测值为1 299万元。

6.3.4　指数平滑法

指数平滑法是由移动平均法改进而来的，是一种特殊的加权移动平均法，也称为指数加权平均法。它的特点在于：第一，对距离预测期最近的市场现象观察值给予最大的权数。第二，对于同一市场现象连续计算其指数平滑值，但市场现象观察值对预测值的影响，由近及远按等比数列减少。第三，指数平滑法中的α值是一个可调节的权数值，它的大小在0~1之间，可以通过调节α的大小来调节近期观察值和远期观察值对预测值的不同影响程度。由于指数平滑法具有所需资料少、计算方便、短期预测精度高等优点，所以是市场预测中经常使用的一种预测方法。在此着重介绍一次指数平滑法和二次指数平滑法。

1）一次指数平滑法

（1）一次指数平滑法的含义

一次指数平滑法是指计算时间序列的一次指数平滑值，以当前观察期的一次指数平滑值为基础，确定下期预测值，即根据对权数递增快慢的要求，选择权数α（0≤α≤1；又称平滑系数），对本期的预测值和实际值加权平均来推算下一期的预测值的一种预测方法。

一次指数平滑法在计算每一个平滑值时，只要用一个实际观察值和一个上期的平滑值就可以了，计算过程简便，计算工作量也不大。其不足是只能向未来预测一期市场现象的表现，造成了预测的局限性。

①预测模型。设时间序列为：y_1，y_2，y_3，…，y_t，一次指数平滑法的计算公式为：

$$y_{t+1}^{(1)} = \alpha y_t + (1 - \alpha)\hat{y}_t^{(1)} \tag{6.12}$$

式中：$\hat{y}_t$——第t期时间序列的预测值；y_t——第t期时间序列的观察值；α——平滑系数（$0 \le \alpha \le 1$）。

上述公式的含义是：

下期预测值=α×本期观察值+（1-α）×本期预测值

②平滑系数α的确定。从上述公式中我们可以看出，当α=0时，下期预测值等于本期预测值；当α=1时，下期预测值等于本期观察值；当0<α<1时，下期预测值等于本期观察值与平滑系数之积再加上本期预测值与1-α之积的和。$\hat{y}_{t+1}$是$\hat{y}_t$的加权平均数。

在运用一次指数平滑法预测时，α的确定非常重要。α代表了新旧数据在下期预测中的分配比例。α的值越小，说明本期的实际值对预测值的贡献越小；α的值越大，则说明本期的实际值对预测值的贡献越大。平滑系数α取值的大小，反映了预测者对近期数据的重视程度。在实际预测过程中，平滑系数α的取值应根据时间序列的特点和经验来考虑，当时间序列变化剧烈时，宜选择较大的α值，以很快跟上其变化。但要注意，α取值越大，风险也就越大。当时间序列的变化较为平缓时，α可取较小的值。通常在对同一市场现象的预测中，可同时选择几个α值进行测算，并分别测算出各α值预测结果的预测误差，选择误差较小时的α值。

同步案例6-5

平滑系数取多少为好？

背景与情境：某公司2022年1—12月份销售额资料见表6-24，请预测2023年1月份的销售额。

表6-24　　　　　　　**某公司2022年1—12月份销售额资料表**　　　　　　单位：万元

月份	1	2	3	4	5	6	7	8	9	10	11	12
销售额	51.3	35.7	27.9	32.3	48.2	54.6	52.0	47.5	42.3	45.8	43.9	47.2

问题：如果预测2023年1月份的销售额，α在0.1、0.5、0.9三个平滑系数中选，选α等于多少，可以消除季节变动和不规则变动？

分析提示：

①分别计算当α=0.1、α=0.5、α=0.9时，预测销售额，用表列示。

如当α=0.1时：

1月预测销售额=51.3万元

2月预测销售额=0.1×51.3+（1-0.1）×51.3=51.3（万元）

3月预测销售额=0.1×35.7+（1-0.1）×51.3=49.7（万元）

其余类推，即可求出α为0.1、0.5、0.9时1—12月的预测销售额。

②观察当α=0.1、α=0.5、α=0.9时，预测销售额的变化趋势，即可得出，α取值越小，原给定时间序列被修匀的程度越大；α取值越大，原给定时间序列被

修匀的程度越小。

③所以本例中，当α=0.1时，可以消除季节变动、不规则变动的全部或一部分。

④确定初始预测值。实际预测中确定的方法有以下两种：

第一种：在时间序列观察期或时间序列观察值个数较多时（10个以上），可以用第一期的实际观察值作为初始预测值。

第二种：在时间序列观察期或时间序列观察值个数较少时，可以取最初几期观察值的平均值作为初始预测值。

（2）一次指数平滑法的运用

例如，某企业近几个季度销售A品牌洗发露资料见表6-25，请用一次指数平滑法预测第13季度洗发露的销售量。表6-25中$|e_t|$为实际观测值与估计值的差值，求绝对值。

解：由此序列数据发现A品牌洗发露销售量有变化，但基本上在50~80箱之间，没有长期增长趋势，适合用一次指数平滑法预测，预测过程如下：

第一步：确定平滑系数，本例选择0.1、0.3、0.5三个α值。

表6-25　　　　　　　　某企业A品牌洗发露近期销售情况表　　　　　　　　单位：箱

季度 T	销售量 y_t	$\hat{y}_t^{(1)}$ α=0.1	$\hat{y}_t^{(2)}$ α=0.3	$\hat{y}_t^{(3)}$ α=0.5	α=0.1 $|e_t|$	α=0.3 $|e_t|$	α=0.5 $|e_t|$
1	50	50.00	50.00	50.00	0	0	0
2	52	50.00	50.00	50.00	2.00	2.00	2.00
3	51	50.20	50.60	51.00	0.80	0.40	0
4	50	50.28	50.72	51.00	0.28	0.72	1.00
5	57	50.25	50.50	50.50	6.75	6.50	6.50
6	64	50.93	52.45	53.75	13.07	11.55	10.25
7	68	52.24	55.92	58.88	15.76	12.08	9.12
8	67	53.82	59.54	63.44	13.18	7.47	3.56
9	69	55.14	61.78	65.22	13.86	7.22	3.78
10	75	56.53	63.95	67.11	18.47	11.05	7.89
11	74	58.38	67.27	71.06	15.62	6.73	2.94
12	77	59.94	69.29	72.53	17.06	7.71	4.47
预测值		61.65	71.60	74.77			

第二步：确定初始预测值。由于本例时间序列观察期个数为12，故以第一期的实际观察值作为初始预测值。

第三步：根据公式（6.12），依次计算一次指数平滑值：

当 α=0.1 时，

$\hat{y}_{(1)}^{(1)} = 50$ 箱

$\hat{y}_{(2)}^{(1)} = \alpha y_1 + (1-\alpha)\hat{y}_1^{(1)} = 0.1 \times 50 + (1-0.1) \times 50 = 50$（箱）

$\hat{y}_{(3)}^{(1)} = \alpha y_2 + (1-\alpha)\hat{y}_2^{(1)} = 0.1 \times 52 + (1-0.1) \times 50 = 50.20$（箱）

$\hat{y}_{(4)}^{(1)} = \alpha y_3 + (1-\alpha)\hat{y}_3^{(1)} = 0.1 \times 51 + (1-0.1) \times 50.20 = 50.28$（箱）

$\hat{y}_{(5)}^{(1)} = \alpha y_4 + (1-\alpha)\hat{y}_4^{(1)} = 0.1 \times 50 + (1-0.1) \times 50.28 = 50.25$（箱）

$\hat{y}_{(6)}^{(1)} = \alpha y_5 + (1-\alpha)\hat{y}_5^{(1)} = 0.1 \times 57 + (1-0.1) \times 50.25 = 50.93$（箱）

$\hat{y}_{(7)}^{(1)} = \alpha y_6 + (1-\alpha)\hat{y}_6^{(1)} = 0.1 \times 64 + (1-0.1) \times 50.93 = 52.24$（箱）

$\hat{y}_{(8)}^{(1)} = \alpha y_7 + (1-\alpha)\hat{y}_7^{(1)} = 0.1 \times 68 + (1-0.1) \times 52.24 = 53.82$（箱）

$\hat{y}_{(9)}^{(1)} = \alpha y_8 + (1-\alpha)\hat{y}_8^{(1)} = 0.1 \times 67 + (1-0.1) \times 53.82 = 55.14$（箱）

$\hat{y}_{(10)}^{(1)} = \alpha y_9 + (1-\alpha)\hat{y}_9^{(1)} = 0.1 \times 69 + (1-0.1) \times 55.14 = 56.53$（箱）

$\hat{y}_{(11)}^{(1)} = \alpha y_{10} + (1-\alpha)\hat{y}_{10}^{(1)} = 0.1 \times 75 + (1-0.1) \times 56.53 = 58.38$（箱）

$\hat{y}_{(12)}^{(1)} = \alpha y_{11} + (1-\alpha)\hat{y}_{11}^{(1)} = 0.1 \times 74 + (1-0.1) \times 58.38 = 59.94$（箱）

$\hat{y}_{(13)}^{(1)} = \alpha y_{12} + (1-\alpha)\hat{y}_{12}^{(1)} = 0.1 \times 77 + (1-0.1) \times 59.94 = 61.65$（箱）

故当 α=0.1 时，第 13 季度预测值为 61.65 箱。

当 α=0.3 时，

$\hat{y}_{(1)}^{(2)} = 50.00$ 箱

$\hat{y}_{(2)}^{(2)} = \alpha y_1 + (1-\alpha)\hat{y}_1^{(2)} = 0.3 \times 50 + (1-0.3) \times 50 = 50.00$（箱）

$\hat{y}_{(3)}^{(2)} = \alpha y_2 + (1-\alpha)\hat{y}_2^{(2)} = 0.3 \times 52 + (1-0.3) \times 50 = 50.60$（箱）

$\hat{y}_{(4)}^{(2)} = \alpha y_3 + (1-\alpha)\hat{y}_3^{(2)} = 0.3 \times 51 + (1-0.3) \times 50.60 = 50.72$（箱）

$\hat{y}_{(5)}^{(2)} = \alpha y_4 + (1-\alpha)\hat{y}_4^{(2)} = 0.3 \times 50 + (1-0.3) \times 50.72 = 50.50$（箱）

$\hat{y}_{(6)}^{(2)} = \alpha y_5 + (1-\alpha)\hat{y}_5^{(2)} = 0.3 \times 57 + (1-0.3) \times 50.50 = 52.45$（箱）

$\hat{y}_{(7)}^{(2)} = \alpha y_6 + (1-\alpha)\hat{y}_6^{(2)} = 0.3 \times 64 + (1-0.3) \times 52.45 = 55.92$（箱）

$\hat{y}_{(8)}^{(2)} = \alpha y_7 + (1-\alpha)\hat{y}_7^{(2)} = 0.3 \times 68 + (1-0.3) \times 55.92 = 59.54$（箱）

$\hat{y}_{(9)}^{(2)} = \alpha y_8 + (1-\alpha)\hat{y}_8^{(2)} = 0.3 \times 67 + (1-0.3) \times 59.54 = 61.78$（箱）

$\hat{y}_{(10)}^{(2)} = \alpha y_9 + (1-\alpha)\hat{y}_9^{(2)} = 0.3 \times 69 + (1-0.3) \times 61.78 = 63.95$（箱）

$\hat{y}_{(11)}^{(2)} = \alpha y_{10} + (1-\alpha)\hat{y}_{10}^{(2)} = 0.3 \times 75 + (1-0.3) \times 63.95 = 67.27$（箱）

$\hat{y}_{(12)}^{(2)} = \alpha y_{11} + (1-\alpha)\hat{y}_{11}^{(2)} = 0.3 \times 74 + (1-0.3) \times 67.27 = 69.29$（箱）

$\hat{y}_{(13)}^{(2)} = \alpha y_{12} + (1-\alpha)\hat{y}_{12}^{(2)} = 0.3 \times 77 + (1-0.3) \times 69.29 = 71.60$（箱）

故当 α=0.3 时，第 13 季度预测值为 71.60 箱。

当 α=0.5 时，

$\hat{y}_{(1)}^{(3)} = 50.00$ 箱

$\hat{y}_{(2)}^{(3)} = \alpha y_1 + (1-\alpha)\hat{y}_1^{(3)} = 0.5 \times 50 + (1-0.5) \times 50 = 50.00$（箱）

$\hat{y}_{(3)}^{(3)} = \alpha y_2 + (1-\alpha)\hat{y}_2^{(3)} = 0.5 \times 52 + (1-0.5) \times 50 = 51.00$（箱）

$\hat{y}_{(4)}^{(3)} = \alpha y_3 + (1-\alpha)\hat{y}_3^{(3)} = 0.5 \times 51 + (1-0.5) \times 51 = 51.00$（箱）

$\hat{y}_{(5)}^{(3)} = \alpha y_4 + (1-\alpha)\hat{y}_4^{(3)} = 0.5 \times 50 + (1-0.5) \times 51 = 50.50$（箱）

$\hat{y}_{(6)}^{(3)} = \alpha y_5 + (1-\alpha)\hat{y}_5^{(3)} = 0.5 \times 57 + (1-0.5) \times 50.50 = 53.75$（箱）

$\hat{y}_{(7)}^{(3)} = \alpha y_6 + (1-\alpha)\hat{y}_6^{(3)} = 0.5 \times 64 + (1-0.5) \times 53.75 = 58.88$（箱）

$$y_{(8)}^{(3)} = \alpha y_7 + (1 - \alpha)\hat{y}_7^{(3)} = 0.5 \times 68 + (1 - 0.5) \times 58.88 = 63.44 \text{（箱）}$$

$$y_{(9)}^{(3)} = \alpha y_8 + (1 - \alpha)\hat{y}_8^{(3)} = 0.5 \times 67 + (1 - 0.5) \times 63.44 = 65.22 \text{（箱）}$$

$$y_{(10)}^{(3)} = \alpha y_9 + (1 - \alpha)\hat{y}_9^{(3)} = 0.5 \times 69 + (1 - 0.5) \times 65.22 = 67.11 \text{（箱）}$$

$$y_{(11)}^{(3)} = \alpha y_{10} + (1 - \alpha)\hat{y}_{10}^{(3)} = 0.5 \times 75 + (1 - 0.5) \times 67.11 = 71.06 \text{（箱）}$$

$$y_{(12)}^{(3)} = \alpha y_{11} + (1 - \alpha)\hat{y}_{11}^{(3)} = 0.5 \times 74 + (1 - 0.5) \times 71.06 = 72.53 \text{（箱）}$$

$$y_{(13)}^{(3)} = \alpha y_{12} + (1 - \alpha)\hat{y}_{12}^{(3)} = 0.5 \times 77 + (1 - 0.5) \times 72.53 = 74.77 \text{（箱）}$$

故当 $\alpha=0.5$ 时，第 13 季度预测值为 74.77 箱。

第四步：比较当 $\alpha=0.1$、$\alpha=0.3$ 和 $\alpha=0.5$ 时，预测误差大小。

当 $\alpha=0.1$ 时，绝对误差为：

$$|e_2| = |y_2 - \hat{y}_2^{(1)}| = |52 - 50| = 2$$

$$|e_3| = |y_3 - \hat{y}_3^{(1)}| = |51 - 50.2| = 0.8$$

$$\vdots$$

$$|e_{12}| = |y_{12} - \hat{y}_{12}^{(1)}| = |77 - 59.94| = 17.06$$

当 $\alpha=0.3$ 时，绝对误差为：

$$|e_2| = |y_2 - \hat{y}_2^{(2)}| = |52 - 50| = 2$$

$$|e_3| = |y_3 - \hat{y}_3^{(2)}| = |51 - 50.6| = 0.4$$

$$\vdots$$

$$|e_{12}| = |y_{12} - \hat{y}_{12}^{(2)}| = |77 - 69.29| = 7.71$$

当 $\alpha=0.5$ 时，绝对误差为：

$$|e_2| = |y_2 - \hat{y}_2^{(3)}| = |52 - 50| = 2$$

$$|e_3| = |y_3 - \hat{y}_3^{(3)}| = |51 - 51| = 0$$

$$\vdots$$

$$|e_{12}| = |y_{12} - \hat{y}_{12}^{(3)}| = |77 - 72.53| = 4.47$$

当 $\alpha=0.1$ 时，

$$\begin{aligned}
\text{平均绝对误差} &= \frac{1}{n}\sum|e_t| \\
&= \frac{2 + 0.8 + 0.28 + 6.75 + 13.07 + 15.76 + 13.18 + 13.86 + 18.47 + 15.62 + 17.06}{11} \\
&= \frac{116.85}{11} = 10.62
\end{aligned}$$

当 $\alpha=0.3$ 时，

$$\begin{aligned}
\text{平均绝对误差} &= \frac{1}{n}\sum|e_t| \\
&= \frac{2 + 0.4 + 0.72 + 6.5 + 11.55 + 12.08 + 7.46 + 7.22 + 11.05 + 6.73 + 7.71}{11} \\
&= \frac{73.42}{11} = 6.67
\end{aligned}$$

当 $\alpha=0.5$ 时，

$$\begin{aligned}
\text{平均绝对误差} &= \frac{1}{n}\sum|e_t| \\
&= \frac{2 + 0 + 1 + 6.5 + 10.25 + 9.12 + 3.56 + 3.78 + 7.89 + 2.94 + 4.47}{11} \\
&= \frac{51.51}{11} = 4.68
\end{aligned}$$

比较α=0.1、α=0.3、α=0.5时的平均绝对误差。

当α=0.5时，平均绝对误差最小，所以选择α=0.5时的预测值。

第五步：根据公式（6.12）计算下一季度预测值。

$$y_{13}^{(3)} = \alpha y_{12} + (1 - \alpha)\hat{y}_{12}$$

$$=0.5×77+（1-0.5）×72.53=38.5+36.27=74.77（箱）$$

应用一次指数平滑法预测，α取值一般应在0，0.1，0.2，0.3，…，1之间，逐个计算预测值，分析预测误差，从中确定预测误差最小的α值，并以此确定最后预测值。

例6-3：某企业最近10个季度洗衣粉销售资料见表6-26，预测第11个季度销售量。

表6-26　　　　　**某企业最近10个季度洗衣粉销售资料**　　　　　单位：万袋

季度	1	2	3	4	5	6	7	8	9	10
销售量	100	103	102	100	112	126	135	133	137	148

分析：从表6-26可以看出，这是一个时间序列略有增长的长期趋势变动序列。我们选用一次指数平滑法进行预测，由于时间序列变动趋势还比较明显，故选平滑指数α=0.6。计算过程见表6-27。

解：

表6-27　　**某企业最近10个季度洗衣粉销售资料及一次平滑指数计算表**　　单位：万袋

季度	销售量 y_t	$y_t^{(1)}$ （α=0.6）
1	100	100.00
2	103	0.6×100+0.4×100=100.00
3	102	0.6×103+0.4×100=101.80
4	100	0.6×102+0.4×101.8=101.92
5	112	0.6×100+0.4×101.92=100.77
6	126	0.6×112+0.4×100.77=107.51
7	135	0.6×126+0.4×107.51=118.60
8	133	0.6×135+0.4×118.6=128.44
9	137	0.6×133+0.4×128.44=131.18
10	148	0.6×137+0.4×131.18=134.67
11		0.6×148+0.4×134.67=142.67

说明：时间序列资料n=10，由于对以后预测值影响甚小，故直接选用第一期实际观察值作为初始预测值。

答：用一次指数平滑法进行预测，该企业第11个季度洗衣粉销售量为

142.67万袋。

2）二次指数平滑法

（1）二次指数平滑法的含义

二次指数平滑法是指对市场现象实际观察值计算两次平滑值，并在此基础上建立预测模型，对市场现象进行预测的方法，即在一次指数平滑的基础上再进行一次平滑，利用两次平滑值建立的线性趋势模型进行预测。

第一，二次指数平滑法的计算公式为：

$$y_t^{(2)} = \alpha y_t^{(1)} + (1 - \alpha) y_{t-1}^{(2)} \tag{6.13}$$

式中：$y_t^{(1)}$——第 t 期的一次指数平滑值；$y_t^{(2)}$——第 t 期的二次指数平滑值；α——平滑系数。

第二，二次指数平滑法的预测模型为：

$$y_{t+T} = a_t + b_t T \tag{6.14}$$

式中：y_{t+T}——第 t+T 期预测值；T——未来预测的期数；a_t，b_t——分别为模型参数。

上述预测模型实际上是近似的线性方程形式，a_t是截距，b_t是斜率。a_t和b_t的计算公式为：

$$a_t = 2y_t^{(1)} - y_t^{(2)} \tag{6.15}$$

$$b_t = \frac{\alpha}{1 - \alpha} (y_t^{(1)} - y_t^{(2)}) \tag{6.16}$$

二次指数平滑这种线性平滑模型，在市场现象的观察期内，第 t 期的模型参数 a_t，b_t 是随着观察值 y_t 和一次、二次指数平滑值的变动而变动的，由此保留了市场现象的一些波动，解决了一次指数平滑法不能用于有明显趋势变动的市场现象的预测。而在预测期内 a_t，b_t 则是固定的，即观察期内最后一期的 a_t、b_t 值作为预测模型的常数是固定的。根据二次指数平滑预测模型，预测者不仅可以向未来预测一期，还可以根据需要对市场现象的未来预测两期或两期以上。显然，二次指数平滑法预测模型克服了一次指数平滑法的明显不足，适用于具有明显趋势变动的市场现象的预测，它不但可用于短期市场预测，而且可用于近期或中期市场预测。

（2）二次指数平滑法的应用

例如，某家电企业近年电磁灶销售量见表6-28，用二次指数平滑法预测2023年和2024年的销售量。

表6-28　　　　　　　　　　某家电企业电磁灶近年销售量（α=0.2）　　　　　　　　单位：万个

观察期 （t）	销售量 y_t	$y_t^{(1)}$	$y_t^{(2)}$	a_t	b_t	y_{t+T}	$|e_t|$
2017	62	72.0	72.0	—	—	—	—
2018	74	70.0	71.6	68.4	−0.4	—	—
2019	80	70.8	71.44	70.16	−0.16	68.0	12.0

续表

观察期 (t)	销售量 y_t	$y_t^{(1)}$	$y_t^{(2)}$	a_t	b_t	y_{t+T}	$\|e_t\|$
2020	92	72.64	71.68	73.60	0.24	70.0	22.0
2021	100	76.51	72.65	80.37	0.97	73.84	26.16
2022	104	81.21	74.36	88.06	1.71	81.34	22.66
预测值						89.77	

预测过程如下：

第一步：确定平滑系数，二次平滑系数与一次平滑系数确立原则相同，根据本例的市场现象，分别选择 $\alpha=0.2$ 和 $\alpha=0.8$。

第二步：确定初始预测值，二次平滑初始预测值确定原则与一次平滑初始预测值确定原则相同。由于本例中 n<10，故取时间序列中前 3 个数据的平均数为初始预测值，即 $y_1^{(1)} = y_1^{(2)} = \dfrac{62 + 74 + 80}{3} = 72$。

第三步：计算一次和二次指数平滑值，以 $\alpha=0.2$ 为例，一次指数平滑值按公式（6.12）$y_{t+1}^{(1)} = \alpha y_t + (1-\alpha)\hat{y}_t^{(1)}$ 计算。

$y_1^{(1)} = 72.00$ 万个

$y_2^{(1)} = \alpha y_1 + (1-\alpha)\hat{y}_1^{(1)} = 0.2 \times 62 + (1-0.2) \times 72 = 70.00$（万个）

$y_3^{(1)} = \alpha y_2 + (1-\alpha)\hat{y}_2^{(1)} = 0.2 \times 74 + (1-0.2) \times 70 = 70.80$（万个）

$y_4^{(1)} = \alpha y_3 + (1-\alpha)\hat{y}_3^{(1)} = 0.2 \times 80 + (1-0.2) \times 70.80 = 72.64$（万个）

$y_5^{(1)} = \alpha y_4 + (1-\alpha)\hat{y}_4^{(1)} = 0.2 \times 92 + (1-0.2) \times 72.64 = 76.51$（万个）

$y_6^{(1)} = \alpha y_5 + (1-\alpha)\hat{y}_5^{(1)} = 0.2 \times 100 + (1-0.2) \times 76.51 = 81.21$（万个

以 $\alpha=0.2$ 为例，二次指数平滑值按公式（6.13）$y_t^{(2)} = \alpha y_t^{(1)} + (1-\alpha)y_{t-1}^{(2)}$ 计算。

$y_1^{(2)} = 72.00$ 万个

$y_2^{(2)} = \alpha y_2^{(1)} + (1-\alpha)y_{2-1}^{(2)} = 0.2 \times 70.00 + (1-0.2) \times 72.00 = 71.60$（万个）

$y_3^{(2)} = \alpha y_3^{(1)} + (1-\alpha)y_{3-1}^{(2)} = 0.2 \times 70.80 + (1-0.2) \times 71.60 = 71.44$（万个）

$y_4^{(2)} = \alpha y_4^{(1)} + (1-\alpha)y_{4-1}^{(2)} = 0.2 \times 72.64 + (1-0.2) \times 71.44 = 71.68$（万个）

$y_5^{(2)} = \alpha y_5^{(1)} + (1-\alpha)y_{5-1}^{(2)} = 0.2 \times 76.51 + (1-0.2) \times 71.68 = 72.65$（万个）

$y_6^{(2)} = \alpha y_6^{(1)} + (1-\alpha)y_{6-1}^{(2)} = 0.2 \times 81.21 + (1-0.2) \times 72.65 = 74.36$（万个）

计算结果见表 6-28。

以 $\alpha=0.8$ 为例，照此法计算，计算结果见表 6-29。

表6-29　　　　　某家电企业电磁灶近年销售量（$\alpha=0.8$）　　　　　单位：万个

观察期 (t)	销售量 y_t	$y_t^{(1)}$	$y_t^{(2)}$	a_t	b_t	y_{t+T}	$\|e_t\|$
2017	62	72.0	72.0	—	—	—	—
2018	74	64.0	65.6	62.4	-6.4		

续表

观察期 (t)	销售量 y_t	$y_t^{(1)}$	$y_t^{(2)}$	a_t	b_t	y_{t+T}	$|e_t|$
2019	80	72.0	70.7	73.3	5.2	56.0	24.0
2020	92	78.4	76.86	79.94	6.16	78.4	13.60
2021	100	89.28	86.80	91.76	9.92	86.1	13.90
2022	104	97.86	95.70	100.02	8.64	101.68	2.32
预测值						108.66	

第四步：计算 a、b 值。

以 α=0.2 为例，计算 a 的值，依据公式（6.15）$a_t = 2y_t^{(1)} - y_t^{(2)}$ 计算。

$a_2 = 2y_2^{(1)} - y_2^{(2)} = 2 \times 70 - 71.6 = 68.4$

$a_3 = 2y_3^{(1)} - y_3^{(2)} = 2 \times 70.8 - 71.44 = 70.16$

$a_4 = 2y_4^{(1)} - y_4^{(2)} = 2 \times 72.64 - 71.68 = 73.6$

$a_5 = 2y_5^{(1)} - y_5^{(2)} = 2 \times 76.51 - 72.65 = 80.37$

$a_6 = 2y_6^{(1)} - y_6^{(2)} = 2 \times 81.21 - 74.36 = 88.06$

计算 b 的值，依据公式（6.16）$b_t = \dfrac{\alpha}{1-\alpha}\left(y_t^{(1)} - y_t^{(2)}\right)$ 计算。

$b_2 = \dfrac{\alpha}{1-\alpha}(y_2^{(1)} - y_2^{(2)}) = \dfrac{0.2}{1-0.2} \times (70 - 71.6) = -0.4$

$b_3 = \dfrac{\alpha}{1-\alpha}(y_3^{(1)} - y_3^{(2)}) = \dfrac{0.2}{1-0.2} \times (70.8 - 71.44) = -0.16$

$b_4 = \dfrac{\alpha}{1-\alpha}(y_4^{(1)} - y_4^{(2)}) = \dfrac{0.2}{1-0.2} \times (72.64 - 71.68) = 0.24$

$b_5 = \dfrac{\alpha}{1-\alpha}(y_5^{(1)} - y_5^{(2)}) = \dfrac{0.2}{1-0.2} \times (76.51 - 72.65) = 0.97$

$b_6 = \dfrac{\alpha}{1-\alpha}(y_6^{(1)} - y_6^{(2)}) = \dfrac{0.2}{1-0.2} \times (81.21 - 74.36) = 1.71$

计算结果见表6-28。

以 α=0.8 为例，a、b 的计算过程和原理与 α=0.2 完全一样，结果见表6-29。

第五步：计算理论预测值 y_{t+T}。

理论预测值公式为 $y_{t+T}=a_t+b_t T$，以 α=0.2 为例计算。

当 t=1 时，由于 a_1、b_1 不存在，所以，$y_2=y_{1+1}=a_1+b_1 T$ 无法计算。

当 t=2 时，由于 $a_2=68.4$，$b_2=-0.4$，T=1

所以 $y_3=y_{2+1}=a_2+b_2 T=68.4+（-0.4）\times 1=68.0$

当 t=3 时，由于 $a_3=70.16$，$b_3=-0.16$，T=1

所以 $y_4=y_{3+1}=a_3+b_3 T=70.16+（-0.16）\times 1=70.0$

当 t=4 时，由于 $a_4=73.6$，$b_4=0.24$，T=1

所以 $y_5=y_{4+1}=a_4+b_4 T=73.6+0.24\times 1=73.84$

当 t=5 时，由于 $a_5=80.37$，$b_5=0.97$，T=1

所以 $y_6=y_{5+1}=a_5+b_5T=80.37+0.97×1=81.34$

当 t=6 时，由于 $a_6=88.06$，$b_6=1.71$，T=1

所以 $y_7=y_{6+1}=a_6+b_6T=88.06+1.71×1=89.77$

计算结果见表6-28。

以 α=0.8 为例，理论预测值 y_{t+T} 计算原理和 α=0.2 完全一样，结果见表6-29。

第六步：作预测误差比较。

$|e_t|$ 为当期实际观察值与预测值的差（y_t-y_{t+T}），并取绝对值。

当 α=0.2 时，

$$平均绝对误差 = \frac{1}{n}\sum|e_t| = |\frac{12 + 22.0 + 26.16 + 22.66}{4}| = 20.71$$

当 α=0.8 时，

$$平均绝对误差 = \frac{1}{n}\sum|e_t| = |\frac{24 + 13.6 + 13.9 + 2.32}{4}| = 13.46$$

第七步：计算下一步的预测值。

由上述计算结果可知，当 α=0.8 时，绝对误差较小，所以应取 α=0.8 来计算2023年和2024年的预测值。

2023年：当 t=7 时，由 $a_6=100.02$，$b_6=8.64$，T=1

$y_7=y_{6+1}=a_6+b_6T=100.02+8.64×1=108.66$

所以2023年的预测值为108.66。

2024年：当 t=8 时，由 $a_6=100.02$，$b_6=8.64$，T=2

$y_8=y_{6+2}=a_6+b_6T=100.02+8.64×2=117.30$

所以2024年的预测值为117.30。

以上进行的是定量预测，在实际工作中，还应当结合定性分析，考虑到影响企业销售额的其他重要因素，根据市场未来要求的发展变化趋势，进行必要的调整。

6.3.5　季节指数法

许多经济现象受自然因素、消费习惯等社会因素的影响，在一年内随着季节的变更而发生有规律的变动，如风扇、空调、服装、食品等季节性要求变动非常明显，掌握季节变动规律，就可以利用这种规律进行市场预测。

季节指数法是根据预测对象各个且历年度按月或按季编制的时间序列资料，以统计方法测定出反映季节变动规律的季节变动指数，并据以进行预测的一种预测方法。季节指数是以相对数形式表现的季节变动指标，一般用百分比或系数表示。

利用季节指数法进行预测，一般要求时间序列的时间单位是月或季。要掌握三年以上的按季或按月编制的时间序列，以减少偶然因素影响而造成较大误差，确保预测的准确性。

1）季节指数法的步骤

第一步：收集历年按季度记录的历史资料，判断有无明显的季节性变动和长期发展趋势是否平稳（这一步也可通过绘制散点图来判断）。

第二步：计算出各年各对应季度的平均值（即相同季度的平均值，以 A 表示）。

第三步：计算出各年所有季度的平均值（以 B 表示）。

第四步：计算季节指数，即用各季度的平均值除以所有季度的平均值，计算公式为：

$$C = \frac{A}{B} \times 100\% \tag{6.17}$$

第五步：调整季节系数（解决计算中四舍五入而形成的误差）。

$$\text{调整系数} = \frac{(12个月季节指数总和理论值1 200\%)四个季度的季节指数总和理论值400\%}{实际计算的(月)季节指数总和} \tag{6.18}$$

调整后的（月）季节指数=调整系数×调整前的（月）季节指数 (6.19)

第六步：利用季节指数进行预测。

2）季节指数法的应用

某商场某种商品的销售额资料见表6-30，用季节指数法计算各季的季节指数。已知2023年第一季度该商品的销售额为18万元，求其他三个季度销售额。如预计2023年全年销售额为98万元，预测各季销售额。

表6-30　　　　　　　　　某企业近五年分季度的产品销售数据　　　　　　　　金额单位：万元

年份	第一季度	第二季度	第三季度	第四季度	合计
2018	5.00	7.00	13.00	18.00	43.00
2019	5.00	8.00	14.00	18.00	45.00
2020	6.00	10.00	16.00	22.00	54.00
2021	8.00	12.00	19.00	25.00	64.00
2022	15.00	17.00	20.00	28.00	80.00
合计	39.00	54.00	82.00	111.00	286.00
季平均（A）	7.80	10.80	16.40	22.20	14.30（B）
季节指数（%）（C）	54.54	75.52	114.68	155.24	399.98/400.00
调整后的季节指数（%）	54.54	75.52	114.69	155.25	400.00

季节指数大于100%，表明该季是旺季，小于100%则为淡季。在本例中，第三、第四季度为该商品的销售旺季，第一、第二季度为销售淡季。

预测过程如下：

第一步：将2018—2022年各季度的该种商品销售资料收集整理后填入表6-

30中。由表6-30的资料可以看出季节变动性比较稳定，可直接对各年、各季度数值进行平均，求季节指数。

第二步：计算出各年各对应季度的平均值。

$$各年第一季度平均值 = \frac{5 + 5 + 6 + 8 + 15}{5} = 7.8$$

$$各年第二季度平均值 = \frac{7 + 8 + 10 + 12 + 17}{5} = 10.8$$

$$各年第三季度平均值 = \frac{13 + 14 + 16 + 19 + 20}{5} = 16.4$$

$$各年第四季度平均值 = \frac{18 + 18 + 22 + 25 + 28}{5} = 22.2$$

第三步：计算出各年所有季度的平均值。

$$各年所有季度的平均值 = \frac{43 + 45 + 54 + 64 + 80}{20} = \frac{7.8 + 10.8 + 16.4 + 22.2}{4} = 14.3$$

第四步：依据公式（6.17）计算各季度季节指数。

$$第一季度季节指数 = \frac{7.8}{14.3} \times 100\% = 54.54\%$$

$$第二季度季节指数 = \frac{10.8}{14.3} \times 100\% = 75.52\%$$

$$第三季度季节指数 = \frac{16.4}{14.3} \times 100\% = 114.68\%$$

$$第四季度季节指数 = \frac{22.2}{14.3} \times 100\% = 155.24\%$$

第五步：调整季节指数，由于计算过程中四舍五入等原因，分季节指数汇总399.98%与各季节指数合计理论值400%有0.02%的差距，需要调整。

调整系数=400÷399.98=1.00005

第一季度调整后的季节指数=54.54%×1.00005=54.5427%=54.54%

第二季度调整后的季节指数=75.52%×1.00005=75.5237%=75.52%

第三季度调整后的季节指数=114.68%×1.00005=114.6857%=114.69%

第四季度调整后的季节指数=155.24%×1.00005=155.2477%=155.25%

54.54+75.52+114.69+155.25=400

调整后正好等于各季节理论值400%。

第六步：利用季节指数进行预测。

一是已知第一季度的销售额为18万元，利用季节指数预测未来各季和全年的预测值。公式为：

$$未来季度预测值 = \frac{某季实际值}{该季季节指数} \times 未来季节指数 \qquad (6.20)$$

第一季度实际销售额=18.00万元

$$第二季度预测值 = \frac{18}{54.54\%} \times 75.52\% = 24.92（万元）$$

$$第三季度预测值 = \frac{24.92}{75.52\%} \times 114.69\% = 37.84（万元）$$

$$第四季度预测值 = \frac{37.84}{114.69\%} \times 155.25\% = 51.23（万元）$$

全年预测值=18+24.92+37.84+51.23=131.99（万元）

二是已知全年的预测值，利用季节指数按季度对该预测值进行分解，获得各季的具体预测值。公式为：

$$某季度预测值 = \frac{全年预测值}{400\%} \times 该季季节指数 \quad\quad (6.21)$$

$$第一季度预测值 = \frac{98}{400\%} \times 54.54\% = 13.36（万元）$$

$$第二季度预测值 = \frac{98}{400\%} \times 75.52\% = 18.50（万元）$$

$$第三季度预测值 = \frac{98}{400\%} \times 114.69\% = 28.10（万元）$$

$$第四季度预测值 = \frac{98}{400\%} \times 155.25\% = 38.04（万元）$$

全年预测值=13.36+18.50+28.10+38.04=98（万元）

该商场可根据该商品季节变动的规律性，合理安排商品购进、商品库存及商品销售。

业务链接6-5

百盛商场为了制定针织内衣的经营方针，需要预测2023年1—4季度的全市针织内衣需求量。现收集了2018—2022年全市针织内衣零售量的信息（见表6-31），假设2023年总销售预测值为1 560万件，试用季节指数预测法进行各季度销售量的预测。

表6-31　　　　某市2018—2022年各季度针织内衣销售资料表　　　　单位：万件

季度 年份	第一季度	第二季度	第三季度	第四季度
2018	437	129	199	560
2019	452	136	219	555
2020	489	140	235	571
2021	480	148	226	598
2022	490	145	241	632

预测程序：

第一步：先列表计算有关数据。

第二步：计算步骤如下：

（1）分别求出各个对应季度实销量的合计数；

（2）将各对应季度的合计数除以统计年数（5年），得出各对应季度的平均销售量；

（3）计算5年期间所有季度（即20个季度）的平均销售量；

（4）计算各季度的季节指数（见表6-32）；

表6-32　　　　　　　　　　　季节指数计算表数量　　　　　　　　　　单位：万件

季度 年份	第一季度	第二季度	第三季度	第四季度	合计
2018	437	129	199	560	1 325
2019	452	136	219	555	1 362
2020	489	140	235	571	1 435
2021	480	148	226	598	1 452
2022	490	145	241	632	1 508
合计	2 348	698	1 120	2 916	7 082
平均（A）	469.6	139.6	224.0	583.2	1 416.4
季节指数（%）	132.62	39.42	63.26	164.70	400.00

（5）计算2023年第一至第四季度销售量预测值。

2023年第一季度销售量预测值=1 560÷4×132.62%=517.22（万件）

2023年第二季度销售量预测值=1 560÷4×39.42%=153.74（万件）

2023年第三季度销售量预测值=1 560÷4×63.26%=246.71（万件）

2023年第四季度销售量预测值=1 560÷4×164.7%=642.33（万件）

━ 本章概要 ━➤

□ 内容提要与结构

▲ 内容提要

● 市场预测是指人们对拥有的各种市场信息和资料进行分析研究，采用一定的科学方法对未来市场活动所进行的预先推断和判断。市场预测是企业制定营销战略和营销策略的重要依据，市场预测按不同标志分为很多种类。

● 判断分析预测法是一种定性预测方法，是指预测人员通过对预测对象外部和表象的直观感觉和了解，根据各种方法取得市场资料，利用自己的实践经验和判断分析能力，对市场未来的发展变化趋势做出估计、预测。判断分析预测法适用于对事物性质、发展趋势的预测，通常使用的定性预测方法有集合意见法、专家预测法、德尔菲法等。

学习微平台

资源6-3

● 时间序列预测法是一种定量预测方法，它是通过对时间序列数据的分析，掌握经济现象随时间变化的规律，从而预测其未来。在进行预测时，预测者可根据所得信息资料的特性如稳定与否、有无周期性等，同时考虑预测的目的和要求而采用简单平均预测法、移动平均法、指数平滑法、季节指数法等预测方法和技术进行预测，更好地服务于企业的市场营销活动。

▲ 内容结构

本章内容结构如图6-1所示。

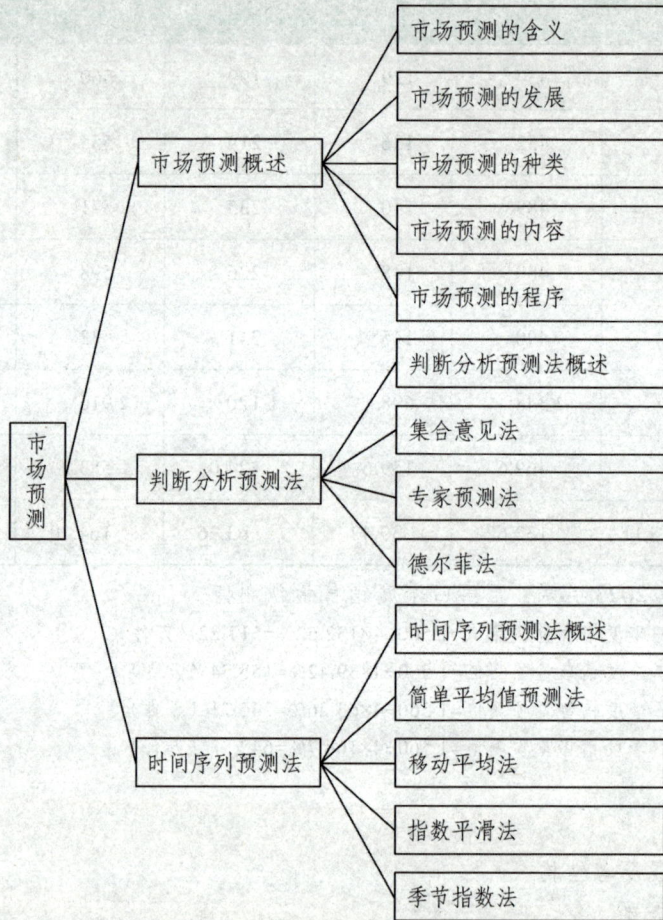

```
                                    ┌─────────────────┐
                                    │ 市场预测的含义   │
                                    └─────────────────┘
                                    ┌─────────────────┐
                                    │ 市场预测的发展   │
                                    └─────────────────┘
                    ┌──────────┐    ┌─────────────────┐
                    │市场预测概述│───│ 市场预测的种类   │
                    └──────────┘    └─────────────────┘
                                    ┌─────────────────┐
                                    │ 市场预测的内容   │
                                    └─────────────────┘
                                    ┌─────────────────┐
                                    │ 市场预测的程序   │
                                    └─────────────────┘
                                    ┌─────────────────┐
                                    │ 判断分析预测法概述│
                                    └─────────────────┘
          ┌────┐                    ┌─────────────────┐
          │市  │                    │ 集合意见法       │
          │场  │    ┌──────────┐    └─────────────────┘
          │预  │────│判断分析预测法│──┌─────────────────┐
          │测  │    └──────────┘    │ 专家预测法       │
          └────┘                    └─────────────────┘
                                    ┌─────────────────┐
                                    │ 德尔菲法         │
                                    └─────────────────┘
                                    ┌─────────────────┐
                                    │ 时间序列预测法概述│
                                    └─────────────────┘
                                    ┌─────────────────┐
                                    │ 简单平均值预测法 │
                                    └─────────────────┘
                    ┌──────────┐    ┌─────────────────┐
                    │时间序列预测法│──│ 移动平均法       │
                    └──────────┘    └─────────────────┘
                                    ┌─────────────────┐
                                    │ 指数平滑法       │
                                    └─────────────────┘
                                    ┌─────────────────┐
                                    │ 季节指数法       │
                                    └─────────────────┘
```

图6-1　本章内容结构图

□ 主要概念和观念

▲ 主要概念

市场预测　定量预测　集合意见法　专家预测法　德尔菲法　简单算术平均数法　移动平均法　一次指数平滑法　季节指数法

▲ 主要观念

定性预测与定量预测相结合

□ 重点实务和操作

▲ 重点实务

市场预测的步骤　德尔菲法的运用步骤　相关"业务链接"

▲ 重点操作

"市场预测"知识应用。

⊶ 基本训练 ➤

□ 理论题

▲ 简答题

1）什么是定性市场预测？

2）德尔菲法的特点是什么？

3）什么是移动平均法？有哪些显著的特点？

▲ 讨论题

1）讨论市场预测在经营决策中的重要作用。

2）讨论时间序列的基本变动趋势。

□ 实务题

▲ 规则复习

1）指数平滑法中平滑系数 α 应如何选取？

2）简述季节指数法的预测步骤。

3）季节指数法按季平均季节指数的计算和调整步骤是什么？

▲ 业务解析

1）味好香饭店到目前经营已经超过30年。饭店一直致力于打造以新鲜海味为主、高质量正餐的饭店品牌。饭店经理与员工的努力被证实是成功的，该饭店已成为当地营业额增长最快的饭店之一。

饭店经理为确定未来的增长计划，需要建立一个系统，这个系统使经理可以提前一年预测今后每个月食品和饮料的销售额。你认为经理应积累和拥有什么样的资料以实现自己的目标？说明你的想法。

2）某城市上年1—11月各月的粮油需求量统计资料见表6-33。

表6-33　　　　　　　　　　　　统计资料

月份	1	2	3	4	5	6	7	8	9	10	11
粮油需求量	195	220	200	195	185	180	185	180	190	230	210

结合表6-33中的资料，分析具体用时间序列分析预测法中的哪种方法预测该城市12月粮油需求量较符合客观实际。

□ 案例题

▲ 案例分析

【训练项目】

案例分析-Ⅵ。

【相关案例】

用什么方法预测今后两年的销售额

背景与情境：详细资料见表6-34。

表6-34			某商场2014—2022年每月销售额资料					单位：万元	
月 ＼ 年	2014	2015	2016	2017	2018	2019	2020	2021	2022
1	4 149	4 777	5 425	6 276	7 229	8 257	9 164	10 179	11 071
2	3 975	4 633	5 269	6 017	7 017	7 889	8 660	9 718	10 958
3	3 727	4 391	5 004	5 782	6 633	7 553	8 370	9 263	10 375
4	3 572	4 159	4 760	5 521	6 384	7 154	8 010	8 942	9 917
5	3 437	3 913	4 464	5 235	5 950	6 669	7 571	8 321	9 208
6	3 369	3 815	4 374	5 072	5 812	6 544	7 395	8 163	8 975
7	3 307	3 823	4 417	5 034	5 779	6 568	7 484	8 425	9 262
8	3 332	3 824	4 422	4 991	5 810	6 657	7 551	8 588	9 706
9	3 512	4 018	4 619	5 256	5 065	6 819	7 657	8 723	9 812
10	3 601	4 172	4 749	5 482	6 186	6 951	7 839	8 740	9 672
11	3 876	4 495	5 032	5 803	6 712	7 460	8 253	9 200	10 073
12	4 329	4 959	5 604	6 560	7 447	8 259	9 109	10 203	11 495

问题：

1）试分析表6-34的观察值时间序列，如果要预测2023年和2024年全年及各月的销售额，具体应采用时间序列预测法中的哪一种方法？说明理由。

2）试说明具体的预测程序和基本要求。

【训练要求】

同第1章"基本训练"中本题型的"训练要求"。

▲ 课程思政

【训练项目】

课程思政-Ⅵ。

【相关案例】

预测数据的取得

背景与情境： 某公司于11月份组织企业的经营管理人员、业务人员等比较熟悉市场需求及其变化动向的人员共9人，对下一年企业营销情况进行预测，要求参加会议的人员结合企业历史销售趋势、目前的市场状态、消费需求个性化的新变化、同类企业的经营及竞争策略运用情况、新产品投入市场的可能性、改善企业经营管理的措施及其可能取得的效果等进行分析预测。每一位参与讨论预测的人员将自己的预测结果做出定量化的描述，并计划把预测结果作为下一年各部门的工作任务。其中一位在企业工作多年的业务经理同他平时合得来的另一位参与本次预测的一线营业人员私底下说："今年的预测数据不要太乐观了，否则明年我们的任务又加码了，工作多干了，收入反而不增加，我们不能再干这样的傻事了。"

资料来源　编者根据相关资料整理自编.

问题：

1）本案例中存在哪些营销道德问题？

2）试对上述问题做出你的研判。

3）对照本教材附录三附表3和网上调研资料说明你的研判所依据的社会主义核心价值观规范的内容。

4）结合党的二十大报告精神，谈谈这个案例对你有何启发。

【训练要求】

同第1章"基本训练"中本题型的"研判要求"。

□ 实训题

【训练项目】

"市场预测"知识应用。

【训练目的】

见本章"章名页"中"学习目标"中的"实训目标"。

【训练内容】

专业能力训练：其"领域"、"技能点"、"名称"和"参照规范与标准"见表6-35。

表6-35　　**专业能力训练领域、技能点、名称及其参照规范与标准**

能力领域	技能点	名称	参照规范与标准
"市场预测"知识应用	技能1	"市场预测相关知识应用"技能	能以本章理论知识为指导，依照相关实务知识规则，有质量、有效率地完成以下操作： (1) 全面把握市场预测概述的理论知识。 (2) 根据不同的预测对象和预测内容灵活设计市场预测程序。 (3) 初步分析影响市场预测方法的各种因素。 (4) 进行宏观预测与微观预测相互联合、相互补充分析。 (5) 从变化发展的角度进行市场预测。 (6) 较规范地撰写《市场预测程序设计报告》
	技能2	"'判断分析预测法'知识应用"技能	能以本章理论知识为指导，依照相关实务知识规则，有质量、有效率地完成以下操作： (1) 全面把握判断分析预测法的理论知识。 (2) 根据数据资料，选择合适的判断分析预测法。 (3) 熟悉判断分析预测法的三种方法（集合意见法、专家预测法、德尔菲法）的运用程序。 (4) 运用判断分析预测法的三种方法（集合意见法、专家预测法、德尔菲法）进行预测，并得出预测结果

续表

能力领域	技能点	名称	参照规范与标准
"市场预测"知识应用	技能3	"'时间序列预测法'知识应用"技能	能以本章理论知识为指导，依照相关实务知识规则，有质量、有效率地完成以下操作： （1）全面把握时间序列预测法的理论知识。 （2）根据数据资料，选择合适的时间序列预测法。 （3）熟悉时间序列预测法的四种方法（简单平均预测法、移动平均法、指数平滑法、季节指数法）的运用技巧。 （4）运用时间序列预测法的四种方法（简单平均预测法、移动平均法、指数平滑法、季节指数法）进行预测，并得出预测结果
	技能4	"撰写相应《实训报告》"技能	能以本章理论知识为指导，依照相关实务知识规则，有质量、有效率地完成以下操作： （1）正确设计关于"市场预测"的《实训报告》，其结构合理、层次分明、逻辑关系清晰。 （2）依照商务应用文的规范撰写《实训报告》。 （3）参照网络教学资源包中《学生考核手册》考核表6-3-2的"考核指标"和"考核标准"撰写《实训报告》

职业核心能力与职业道德训练：其内容、种类、等级与选项见表6-36，各选项的操作"参照规范与标准"见本教材"附录三"附表3和"附录四"附表4。

表6-36　　　　职业核心能力与职业道德训练内容、种类、等级与选项表

内容	职业核心能力							职业道德						
种类	自主学习	信息处理	数字应用	与人交流	与人合作	解决问题	革新创新	职业观念	职业情感	职业理想	职业态度	职业良心	职业作风	职业守则
等级			中级	中级		中级	中级	认同	认同		认同	认同		认同
选项	√	√		√	√	√	√	√	√		√	√		√

【组织形式】

将班级学生分成若干实训团队，根据训练内容和项目需要进行角色划分。

【训练任务】

1）对"'市场预测'知识应用"专业能力的各技能点，依照其"参照规范与标准"，实施应用相关知识的基本训练。

2）对职业核心能力选项，依照其相关"参照规范与标准"，实施应用相关知识的"中级"强化训练。

3）对职业道德选项，依照其各素养点的"参照规范与标准"，实施"认同级"相关训练。

【训练要求】

1）实训前学生要了解并熟记本实训的"训练目标""能力与道德领域""训练任务""训练要求"，了解并熟记网络教学资源包中《学生考核手册》表6-7、表6-8中"考核指标"与"考核标准"的内涵，将其作为本实训的操练点和考核点来准备。

2）通过"训练步骤"，将"训练任务"所列三种训练整合到本实训的"活动过程"和"成果形式"中。

【情境设计】

组建学生实训团队，以商贸企业为例，收集近两年各月某种商品销售额，运用所学的判断分析预测法或时间序列预测法，预测今后2个月的销售额。要详细列出收集各数据资料的过程及结果，详细记录预测的程序和结果。体验运用判断分析预测法或时间序列预测法等预测方法进行市场预测、撰写市场预测报告的技能操作，在此基础上撰写相应《实训报告》，完成各项训练任务。

【指导准备】

知识准备：

1）"市场预测"的理论与实务知识。

2）附表1（见本教材"附录一"）的"知识准备"中，与本章"职业核心能力'强化训练项'"各"技能点"相关的"'知识准备'参照范围"。

3）本教材"附录三"附表3和"附录四"附表4中，涉及本章"职业核心能力领域'强化训练项'"各"技能点"和"职业道德领域'相关训练项'"的"规范与标准"知识。

操作指导：

1）教师向学生阐明"训练目的"、"训练内容"和"知识准备"。

2）就"知识准备"中的第2）、第3）项，对学生进行培训。

3）教师指导学生就操练项目进行数据资料的收集，根据数据的特点选用合适的预测方法。

4）教师指导学生就训练项目进行预测。

5）教师指导学生进行《××商品市场预测程序设计报告》的制定。

6）教师指导学生结合数据资料选用合适的预测方法进行××商品的市场预测。

7）教师指导学生撰写《××商品市场预测报告》。

【训练时间】

本章课堂教学内容结束后的课余时间或双休日，为期一周。

【训练步骤】

1）以班级每五位同学一组，组建实训团队，每团队确定一名负责人。

2）对各团队学生进行预测项目划分培训，确定各自预测的企业及商品类别，作为收集资料的对象。

3）指导各团队学生运用"知识准备"中所列知识研究相关问题，系统体验如下技能操作：

（1）依照"技能点1"的"参照规范与标准"，运用相应知识，系统体验影响市场预测方法的各种因素，从变化发展的角度进行市场预测，撰写《××商品市场预测程序设计报告》等项操作。

（2）依照"技能点2"的"参照规范与标准"，运用相应知识，系统体验就所收集的数据资料，选择并运用合适的判断分析预测法进行预测，并得出预测结果等项操作。

（3）依照"技能点3"的"参照规范与标准"，运用相应知识，系统体验就所收集的数据资料，选择并运用合适的时间序列预测法进行预测，并得出预测结果等项操作。

（4）依照"技能点4"的"参照规范与标准"，运用相应知识，系统体验设计和撰写相应《××商品市场预测报告》的操作。

4）在"'市场预测'知识应用"之"专业能力"的上述基本训练中，融入表6-36"职业核心能力"（中级）选项的强化训练和"职业道德"（认同级）选项的相关训练。

5）各团队学生总结以上训练操作体验，汇总各项阶段性成果，撰写作为最终成果形式的《"'市场预测'知识应用"实训报告》。其内容包括：实训团队成员与分工；实训过程；实训总结（包括对专业能力训练、职业核心能力训练和职业道德训练成功与不足的分析说明）；附录（包括阶段性成果全文）。

6）在班级交流、讨论各团队的《"'市场预测'知识应用"实训报告》。

7）根据交流、讨论结果，各团队修订其《"'市场预测'知识应用"实训报告》，并使之各具特色。

【成果形式】

实训课业：《"'市场预测'知识应用"实训报告》。

课业要求：

1）"实训课业"的结构与体例参照本教材"课业范例"中的范例-2。

2）将所收集的企业原始资料、《××商品市场预测程序设计报告》、《××商品市场预测报告》以"附件"形式附于《"'市场预测'知识应用"实训报告》之后。

3）在校园网的本课程平台上展示经过教师点评的班级优秀《"'市场预测'知识应用"实训报告》，供相互借鉴。

━ 单元考核 ━▶

评价原则与考核要求：同第1章"单元考核"的"评价原则与考核要求"。

第7章
撰写市场调查报告

学习目标

通过本章学习，应该达到以下目标：

理论目标： 学习与把握"撰写市场调查报告"的相关概念、结构与内容等陈述性知识；能用其指导本章"同步思考"、"教学互动"和"基本训练"中"理论题"各题型的认知活动，正确解答相关问题，体验本章"初级学习"中专业认知的横向正迁移，以及相关业务胜任力中"认知"要素的阶段性生成。

实务目标： 学习与把握撰写市场调查报告的程序，拟定提纲的步骤，市场调查报告的撰写和修改定稿要求、技巧与应注意的问题，以及"业务链接"和二维码资源等程序性知识；能以其建构"撰写市场调查报告"的规则意识，正确解析本章"同步思考"、"教学互动"和"基本训练"中"实务题"的相关问题，体验本章专业规则与方法"初级学习"中的横向正迁移和"高级学习"中的重组性迁移，以及相关业务胜任力中"专业规则"要素的阶段性生成。

案例目标： 能正确运用本章理论与实务知识研究相关案例，培养和提高在"撰写市场调查报告"特定情境中的多元表征专业能力；通过"组建'学习团队'"等途径，落实"分层教学"要求，培养"团队协作"与"人交流"等通用能力；结合本章教学内容，依照相关规范或标准，对"课程思政7-1""课程思政7-2"专栏和章后"课程思政-I"等案例中的企业及其从业人员行为进行思政研判，促进"立德树人"根本任务的落实；体验本章"高级学习"中专业知识、通用知识与思政元素的协同性重组迁移，以及相关业务胜任力中"认知弹性"要素的阶段性生成。

自主学习： 参加"自主学习-IV"训练。在实施《自主学习计划》的基础上，通过阶段性学习和应用"附录一"附表1"自主学习"（高级）、"'知识准备'参照范围"所列知识，查阅、搜集、整理与综合"撰写市场调查报告技巧及需要注意的问题"前沿知识，讨论、撰写和交流《"撰写市场调查报告技巧及需要注意的问题"最新文献综述》，撰写《"自主学习-IV"训练报告》等活动，体验"撰写市场调查报告"中的"自主学习"（高级）及其迁移，培养"自主学习"的通用能力，体验本章"自主学习"中"专能"与"通能"的"重组性"迁移，以及相关业务胜任力中"求知韧性"的阶段性生成。

引例：一份精心准备的调查报告

背景与情境：某调查员曾为某大型房地产公司进行市场调研，历经半年调研后，他精心准备了一份长达250页的市场调查报告（包括图表和统计数据），打算直接汇报给决策层。他信心百倍，自认为其报告中有许多重大发现，包括若干个可开发的新细分市场和创意。

然而，在听了一个小时充满事实、数据和图表的汇报后，该大型房地产公司的CEO站起来说道："打住，我完全被你的长篇大论搞糊涂了，我想我们只需要一份5页纸的摘要。"说完就离开了房间。

学习微平台

资源7-1

即使已经设计了很好的市场调查方案，也精心地收集、整理了数据资料，并通过复杂的统计分析进行了分析和预测，最后得出了重要的结论，如果市场调查报告没有有效地完成，前面所有的努力也将付诸东流。

市场调查报告是以一定类型的载体、载荷反映市场状况的有关信息，并包括某些调查与预测结论和建议，是市场调查与预测工作的最后环节，是整个市场调查与预测工作最终成果的集中表现。因此，在完成了市场调查的上述一系列工作之后，就要将工作结果有效地报告给它的使用者，即要撰写市场调查报告。那么，应该如何撰写一份好的市场调查报告呢？它的结构是怎样的？撰写市场调查报告的程序是什么？有什么技巧？这些是本章要介绍的内容。

7.1　撰写市场调查报告的程序

撰写市场调查报告，是指将市场调查分析的结果用书面形式表达出来，为企业的市场营销决策提供书面依据。撰写市场调查报告一般包括资料整理、拟定提纲、撰写成文和修改定稿四个阶段，如图7-1所示。

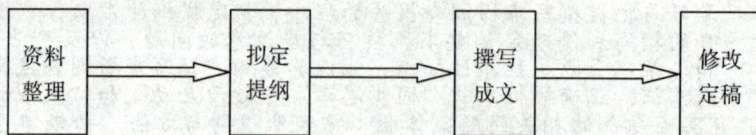

图7-1　撰写市场调查报告的程序

7.1.1　资料整理

资料整理即对市场调查与预测取得的资料进行取舍。市场调查报告的特点是用大量的调查与预测资料来说明观点，报告撰写者必须围绕调查内容有针对性地筛选资料。一般来说，可供取舍的资料主要有以下几大类：

（1）典型资料，即具有代表性的资料，往往具有深刻的含义和较强的说服力，是能表现调查对象本质和发展趋势的资料。

（2）综合资料，即面上的资料，它能够说明调查对象的概貌和发展趋势，有助于认识整体、掌握全局。运用综合资料时须注意处理好与典型资料之间的关系，使主题更具有深度和广度。

（3）对比资料。运用历史与现实、成与败等对比资料进行横向和纵向的比较，可以使市场调查与预测报告的主题更加突出，给人以深刻的印象。

（4）统计资料。事物的质是通过量表现出来的。真实、准确的数字有较强的概括力和说服力，在市场调查基础上取得的原始数据资料经过统计分析，可大大增强报告的科学性、准确性和力度。

（5）排比资料，即用若干不同的资料，从不同的角度、不同的侧面说明观点，可使报告观点更加明确有力。资料必须充足才有可能写出有价值的报告。

教学互动7-1

互动问题：

①百度公司于2006年12月成立了百度数据研究中心，主要提供行业研究报告。百度公司怎么能做到这些？

②为什么客户会对百度数据研究中心提供的数据感兴趣？

要求：

①教师需要提前收集一些相关资料。

②教师对学生的回答进行点评。

同步案例7-1

有针对性地取舍资料

背景与情境：某企业要通过一项市场调查来了解相关产品的市场供求现状及趋势，以作为其决定产品策略的参考依据。

问题：调查小组在撰写调查报告时应如何有针对性地取舍资料？

分析提示：在撰写市场调查报告前，首先要明确这一项市场调查的目的，吃透其调查的宗旨，市场调查报告才能紧扣主题，揭示出的内容才真正符合需要。

调查小组在整理资料时应筛选能反映相关产品的市场供求状况、能发掘造成这种状况的原因、能从中探寻产品市场发展趋势的资料。

7.1.2　拟定提纲

拟定提纲即报告撰写者根据市场调查与预测报告的内容要求对其框架进行设计，也是对调查与预测资料作进一步分析研究的过程。它可分两步完成：

（1）初步描述，即报告撰写者在脑海里对调查与预测对象内在关系的初步描述，如顺序有没有乱、内容有没有重复、逻辑关系有无错置等。

（2）列出提纲。在完成选题和资料整理并初步描述之后，基本上对市场调查与预测报告的撰写就有了一个轮廓或框架，将它列出来，即形成报告的提纲。拟定提纲实际上是围绕着主题，集中表现出报告的逻辑网络，表现形式主要有以下两种：

①条目提纲，即从层次上列出报告的章节目。如果只列到章和节，则提纲比较粗，如果确定了章和节之后，再对有关部分作进一步充实，细化到目或更深层次，则在撰写报告时思路就会比较清晰、比较顺手。

② 观点提纲，即列出各章节要表述的观点。如果说条目提纲主要是确定了报告的层次，那么，观点提纲则是将每一章节要表达的主要观点列出来，进一步细化了条目提纲。

可见，提纲的拟定使报告的内容避免了重复、凌乱和结构失衡，从而使报告结构严谨、层次清晰，还可以发现调查与预测过程中存在的问题或不足，因此，拟定提纲的作用不可低估，它是写好市场调查报告必不可少的环节。

7.1.3 撰写成文

撰写成文即按照拟定好的提纲撰写市场调查报告。撰写成文总的要求是：资料准确，分析深刻；通俗易懂，针对性强；用词生动，形式多样。

撰写市场调查报告时还需要按照一定的结构与内容展开。虽然每一份市场调查报告都是为其具体项目而定做的，但是它们都有一个统一的结构和内容，这一结构和内容说明了一份好的市场调查报告在其必要部分及排序上的共识。总体上说，一份完整的市场调查报告包括扉页、提交信、目录、摘要、引言、正文、结论与建议、补充说明、附件等九个部分，见表7-1。

表7-1　　　　　　　　　　　**市场调查报告的结构与内容**

一、扉页	1.叙述调查情况
1.题目	2.分析调查情况
2.报告的使用者	3.预测趋势和规律
3.报告的撰写者	七、结论与建议
4.报告完成日期	八、补充说明
二、提交信	1.调查与预测的方法
三、目录	（1）调查与预测的类型和意图
1.章节标题和副标题，并附页码	（2）总体的界定
2.表格目录：标题与页码	（3）样本设计与技术规定
3.图形目录：标题与页码	（4）资料收集的方法
4.附件目录：标题与页码	（5）调查问卷
四、摘要	①一般性描述
1.简要说明调查目标	②对使用特殊类型问题的讨论
2.简要陈述调查与预测方法	（6）特殊性问题或考虑
3.简要陈述调查与预测的结果	2.局限性
4.简要陈述结论与建议	（1）样本规模的局限
5.其他有关信息（如特殊技术、局限性或背景信息）	（2）样本选择的局限
五、引言	（3）其他局限（抽样误差、时间、预算、组织限制等）
1.介绍调查与预测的背景	九、附件
2.介绍参与人员及其职位	1.调查问卷
3.致谢	2.技术性附件
六、正文	3.其他附件（如调查对象所在地地图、参考资料等）

1）扉页

扉页包括报告的标题、报告的使用者、报告的撰写者（调查企业名称、地址、电话号码、网址及E-mail）及提交报告的日期等内容，如图7-2所示。

北京市中高档商品房需求市场调查报告

调查单位 _____

通信地址 _____

电话 _____

E-mail _____

报告提交日期 _____

报告主送单位 _____

图7-2　市场调查报告扉页示例

标题是市场调查报告内容的浓缩点，必须让报告的使用者通过标题就能对报告想要表达的内容一目了然。它是调查报告的中心问题，选择一个好的标题是调查报告成功的一半。标题主题不宜过大，要与市场调查与预测的主题一致。

标题的形式主要有以下三种：

（1）直叙式标题

它是反映调查意向或指出调查地点、调查项目的标题，如《北京市中高档商品房需求市场调查报告》《中国婴幼儿消费市场调查》《关于2023年××省农村服装销售情况的调查》《中国联通市场竞争态势调查与预测》等。这类标题简明扼要，比较客观，但略显呆板。

（2）表明式标题

它是直接阐明作者的观点、看法，或对事物做出判断、评价的标题，如《当前我国汽车产能过剩不容忽视》《技术落后是××公司销售额下降的重要原因》等。这类标题既表明了报告撰写者的态度，揭示了主题，又有一定的吸引力，但通常要加一副标题才能将调查对象和内容等表述清楚，如《消费者眼中的〈海峡都市报〉——〈海峡都市报〉读者群研究报告》《竞争在今天，希望在明天——全国洗衣机用户问卷调查分析报告》《必须提高销售人员素质——××公司销售人员情况调查》。

（3）提问式标题

它是以设问、反问等形式，突出问题的焦点和尖锐性，吸引读者思考，如《城市居民为什么热衷于储蓄而不消费？》《为什么××公司在广东市场的分销渠道不通畅？》《××公司的促销活动为什么没有达到预期的效果？》。

教学互动7-2

互动问题：

①请分别采用直叙式、表明式、提问式为你们小组的调研项目拟定标题。你认为哪个标题更能吸引读者？

②请其他小组的同学评价你们所拟定的三种标题。评价结果是否与你的评价结果一致？

要求：

①教师引导学生结合本节教学内容就这些问题进行独立思考，自由发表意见，组织课堂讨论。

②教师把握好讨论节奏，对学生的回答进行点评。

2）提交信

如果市场调查与预测项目是由客户委托的，则往往会在报告的目录前面附上提交信，即一封致客户的提交函。一般来说，提交信中可大概阐述一下调查与预测者承担并实施项目的大致过程和体会，但不提及调查与预测的结果，也可确认委托方未来需要采取的行动。

业务链接7-1

提交信

尊敬的张总裁，您好：

按照您在2022年11月10日授权信中的要求，我们已经完成了对2023年1月A型手机市场销售情况的调查与预测分析。现提交标题为《公司A型手机目标市场销售调查与预测》的报告。该报告的基础是对目标市场中1 200位已经成为公司顾客或对A型手机感兴趣的消费者开展的现场访问、问卷调查，在报告中我们进行了详细的描述。本次调查与预测遵循了市场营销调查与预测的惯例，并且我相信，该报告符合贵公司的限制条件，其结果是可靠且有效的。

我希望您对本次调查与预测的结论和建议感到满意，并且希望该结果对贵公司A型手机在2023年的销售策略有所帮助。如您有什么问题，请立即与我联系。

致礼！

广艺公司总裁 李江
2023年2月5日

3）目录

目录写明市场调查报告各部分的标题及其所在的页码，主要有章节标题和副标题、表格、图形和附件及其页码。通过目录，可以对报告的结构有一个清晰的了解，帮助使用者找出调查报告中资料的位置。目录应该将标题按其出现的情况准确列出，如果一个部分长度超过一页，应标出它的起始页，子标题缩格。在目录中，除封面和目录之外的所有条目都标出页码。如果报告包括表格和图形，需要在目录中包含图、表目录，以帮助读者找到展示信息的特定插图。

业务链接7-2

目　录

4）摘要

这部分内容主要是为没有大量时间充分阅读整个报告的高层管理人员准备的，因此，显得特别重要。摘要的书写是非常重要的一个环节，它是市场调查报告的内容提要。一般而言，摘要的书写有以下要求：从内容上说，要做到清楚、简洁和高度概括，其目的是让阅读者通过阅读摘要不但能了解调查的全貌，同时对调查结论也有个概括性的了解；就语言文字而言，应该通俗、精练，尽量避免运用生僻的字句或一些过于专业性、技术性的术语。摘要主要包括：为什么要进行市场调查、如何开展市场调查与预测、有什么发现、其意义是什么、如果可能的话应该在管理上采取什么对策和措施等，详见表7-1中的相关内容。一般情况下，摘要是在报告完成之后写的。

摘要不仅为报告的其余部分规定了明确的方向，同时也使得报告使用者在评审调查预测结果与建议时，有了一个大致的参考框架，它是报告撰写者必须精心考虑的部分。

5）引言

引言又称导语，是市场调查报告正文的前置部分，这一部分要写得简明扼要、精练概括。内容主要是说明问题的性质，简述调查的目的、时间、地点、对象和范围、方法等与调查者自身相关的情况，也可概括市场调查报告的基本观点或结论，以使读者对全文内容、意义等获得初步了解，然后用一过渡句承上启下，引出主体部分。

同步思考7-1

背景资料：一篇题为《关于部分省市2022年空调市场的调查》的市场调查报告，引言部分为：××市北方调查策划事务所受××公司委托，于2022年3—4月在国内部分省市进行了一次空调市场调查。现将调查研究情况汇报如下……

问题：该引言写得是否合乎规范？

分析说明：该引言用简要的文字交代出了调查的主体身份，调查的时间、对象和范围等要素，并用一过渡句开启下文，这部分文字精练，行文简洁，写得合乎规范。

解题要点：市场调查报告的引言使读者对报告有所了解。它应该包括对报告一般目的和调查特定目的的陈述，对意欲揭示的内容的描述，以及给出调查原因的必要背景信息。引言要写得简明扼要、精练概括。

6）正文

正文是市场调查报告的核心部分，主要是在对已经成为事实的客观情况做出回顾和说明的基础上，利用精心筛选的典型资料，运用科学合理的调查分析方法，用文字、数据、图表和图像等来叙述和分析调查结果，并据此做出科学的推论，进行市场发展变化趋势和规律的预测。如果说摘要的读者主要是企业高层管理人员的话，那么，正文则是一些需要更深入、更详细地了解调查与预测信息的部门经理们（如产品经理、营销经理等）所密切关注的部分。

7）结论与建议

结论即调查与预测的结果，一般根据调查与预测的问题、目标和所获得的结果，进行合乎逻辑的叙述。它是一种归纳过程，是针对调查与预测目标所提出的问题的回答，或者为调查与预测目标提供支持。而建议则是市场调查与预测人员根据所得出的结论，进行理性分析后提出的见解或解决问题的对策，它是一种演绎过程。

结论与建议是分析和计算的目的，也是市场调查报告的落脚点。这部分内容要求具有可行性和可操作性，且有应用价值。

同步案例7-2

合理的调查建议

背景与情境：在一次市场调查中，专业机构经调查和分析，认为某企业只需对每一个目标市场增加15万元的促销费，就可达到该企业的营销目标。这个结论作为一项调查建议被提出来，即建议"企业对每一个目标市场增加15万元的促销费"，结果被委托方认为该结论不可行，因为它超过了该企业的财务承受能力。

问题：该案例说明了什么？

分析提示：该案例说明市场调查报告建议要具有可行性。在遇到此类情况时，如果报告撰写者对企业有比较深入的了解，就会将这个结论与其他方面综合起来考虑，因为要达到企业的营销目标并不完全取决于是否"对企业每一个目标市场增加15万元的促销费"。最好能找到一个既在企业财务承受能力之内，又能达到企业营销目标的可行建议。

8）补充说明

补充说明是对所使用的市场调查与预测方法及局限性做一详细的介绍。一方面，在市场调查与预测报告成文的过程中，为使正文内容紧凑，往往将涉及的调查和预测的具体方法，以及使用这些方法时的处理手段或考虑单独列放在一起，形成对正文内容的补充说明；另一方面，由于时间、预算、组织限制等因素的制约，加上调查样本规模和选择等方面的约束，所有市场调查与预测项目都有其局限性。因此，在这一部分要客观谨慎地说明项目的局限性所在，以避免报告使用者过分依赖报告或怀疑报告。

9）附件

附件，即将市场调查与预测报告成文过程中一些比较重要的原始资料和为得到调查与预测信息而设计的调查问卷、统计数据和图表、参考资料等作为附件集中附在报告的后面，在保持报告完整性的同时，作为报告数据可靠、结论正确、建议可行的佐证，故必不可少。

需要说明的是，虽然一份好的市场调查报告应该包含九个方面的内容，但并不是说每一份报告都必须分为九个部分，每一份报告均可根据自己的特点和要求进行调整，如将其中若干个部分合并在一起。

7.1.4　修改定稿

修改定稿，即对撰写好的市场调查报告进行修改和审定。将市场调查报告撰写成文只是完成了撰写的初稿，并非大功告成，还须对初稿的内容、结构、用词等进行多次审核和修改，确认报告言之有理，持之有据，观点明确，表述准确，逻辑合理，才能最后定稿。修改定稿后，市场调查报告就可以提交给报告使用者了。

课程思政 7-1

不听反面意见而致决策失误

背景与情境：某企业的市场调查部门在进行消费者调查时，面对消费者发表的反面意见，因担心与本企业领导的意见相左，得罪本企业的销售部门、广告部门而不去认真听取与反映，结果使得本企业在产品更新、营销策略、广告策略改进等方面无所作为，导致产品市场萎缩。

问题：请结合党的二十大报告中提出的"我们必须坚持解放思想、实事求是、与时俱进、求真务实，一切从实际出发，着眼解决新时代改革开放和社会主义现代化建设的实际问题"，分析该事例对你有何启示。

随堂测 7-1

单选题

随堂测 7-1

多选题

随堂测 7-1

判断题

学习微平台

资源 7-2

研判提示：不注意听取客观存在的反面意见所取得的材料，不仅是不全面的，而且是虚假的，其危害程度比不进行调查还要严重。企业的市场调查部门忽视对反面材料的收集，违反了市场调查的职业道德，不符合工作必须诚实守信、实事求是的要求。

7.2　撰写市场调查报告的技巧及需要注意的问题

事实上，明确了撰写市场调查报告的程序，并不意味着就能写出一份好的市场调查报告，还必须关注撰写市场调查报告的技巧及注意事项。

7.2.1　撰写市场调查报告的技巧

要撰写出一份好的市场调查报告，还需掌握相应的撰写技巧，主要体现在叙述技巧、说明技巧、议论技巧和语言运用技巧四个方面。

1）叙述技巧

市场调查报告的叙述主要用于开头部分（如摘要和正文的开头），通过叙述事情的来龙去脉来表明市场调查的目的、过程和结果。常用的叙述技巧有：

（1）概括叙述

这是指将市场调查的过程和情况概略地陈述。这是一种浓缩型的快节奏叙述，文字简略，说明市场调查报告的主要内容。

（2）按时间顺序叙述

这是指按时间顺序交代调查与预测的目的、对象和经过，前后连贯。如开头部分叙述事情的前因后果、正文部分叙述市场的历史与现状。

（3）叙述主体均省略

这是指叙述主体在市场调查报告开头部分出现后，在后面即可省略。这样做并不会导致误解，例如，市场调查报告的主体通常是报告撰写者，叙述中用第一人称即可。

2）说明技巧

（1）数字说明

市场调查报告是对企业营销实践与环境分析的文件，其可靠程度如何是决策者首先要考虑的。报告的内容不能留下查无凭据之隙，任何一个分析点都要有材料依据，而数字就是最好的依据，即使用数字来揭示事物之间的数量关系。在报告中利用各种绝对数和相对数来进行比较对照是绝对不可少的，这也是市场调查报告的主要特征。要注意的是，各种数字最好都有出处以证明其可靠性。

业务链接 7-3

数字说明的技巧

①使用汉字和阿拉伯数字应统一。凡是可以用阿拉伯数字的地方均应使用阿拉伯数字。具体地，计数与计量（如 50~100、15% 等）、公历世纪与年代、时间（如 20 世纪 80 年代，2023 年 2 月 1 日等）均用阿拉伯数字，星期几用汉字，邻近

的两个数并列连用表示概数时用汉字（如五六天、五六百元等）。

②为了让统计数字更加鲜明生动、通俗易懂，可将数字进行横向和纵向的比较以形成强烈的反差，或把太大、不易理解的数字适当地化小（如将某企业年产876 000台换算成每小时生产100台），或将太小的、不易引起报告使用者关注的数字推算变大（如产品A的成本降低0.5元/件，如果单价保持不变，则当年销售量为100万件时，即可增加销售收入50万元）。

（2）图表说明

在进行数字说明时，为防止在报告中到处都是数字，通常用图形和表格来说明数字。运用图表有助于阅读者理解市场调查报告的内容，同时，图表还能提高页面的美观性。图表的主要优点在于有很强的直观效果，因此，用图表进行比较分析、概括归纳、辅助说明等非常有效。图表的另一优点是能调节阅读者的情绪，从而有利于阅读者对市场调查报告的深刻理解。

（3）分类说明

分类说明即根据主题的要求，将资料按一定的标准分为若干类，分别说明。如将调查收集到的资料按地理位置和经济发展水平进行分类，每类设一小标题，并作进一步说明。

（4）举例说明

举例说明即举出具体的、典型的事例来说明市场发展变化情况，通过大量、真实的调查材料来证明报告的分析观点。在市场调查中会遇到大量的事例，可从中选择具有代表性的例子。要利用这些有力的材料使人感到调查报告的内容丰满、真实，这样才能增强说服力。

（5）理论说明

要想提高市场调查报告（内容）的说服力，并使阅读者接受，就要为市场调查报告的分析观点寻找理论依据。事实证明，这是一个事半功倍的有效办法。理论依据要有对应关系，纯粹的理论堆砌不仅不能提高报告的说服力，反而会给人脱离实际的感觉。

3）议论技巧

（1）归纳论证，即运用归纳法对市场调查与预测过程中掌握的若干具体的事实进行分析论证，得出结论。

（2）局部论证，即将市场调查与预测的项目分成若干部分，然后对每一部分分别进行论证。市场调查报告不同于议论文，不可能形成全篇论证，只是在情况分析和对未来预测中做出局部论证。如对市场情况从几个方面进行分析，每一方面形成一个论证过程，用数据等资料作论据去证明其结论，形成局部论证。

4）语言运用技巧

市场调查报告不是文学作品，而是一种说明性文体，有着自己的语言风格。其常用的语言技巧有：

（1）用词技巧。市场调查报告中用得比较多的是数词和专业词（如"市场竞争""价格策略""市场细分"等），撰写者应该能灵活适当地使用。除了前面提到报告用词要生动活泼和通俗易懂外，还应该严谨和简洁，切忌使用"大概""也许""差不多"之类使人产生不确切感、不严谨的词语。

（2）句式技巧。市场调查报告以陈述句为主，陈述市场调查与预测的过程和市场发展趋势，表示肯定或否定的判断，在建议部分会使用祈使句表示某种期望。

此外，从整体上说，撰写者还要注意语言表达的连贯性和逻辑性。

7.2.2　撰写市场调查报告需要注意的问题

即使已经知道有关撰写市场调查报告的知识和技巧，在实际运作中，还是会经常出现一些问题。

1）注意处理好篇幅和质量的关系

正如本章引例所反映的，一份250页的报告并不是总裁想要的，对他来说，一份5页的执行性摘要就够了。篇幅并不代表质量，只有让使用者满意的报告才是高质量的报告。因此，调查与预测的价值不是用报告的篇幅来衡量的，而是简洁的分析和有效的计算。

2）避免解释不充分或不准确

图表和数据无疑是市场调查报告的重要组成部分，但是撰写者必须对这些图表和数据作充分的解释和分析，如果只是将图表和数据展示出来而不作解释，必然引起使用者对这些图表和数据的怀疑，进而影响报告本身的可信度。

3）把握不准确资料的取舍

根据调查目标对资料进行取舍是撰写市场调查报告的第二步，容易出问题的也是这一步。撰写者在调查报告中采用大量与目标无关的资料，也是造成篇幅过长的原因之一。

4）避免提出不可行的建议

这种问题的出现大多是由于撰写者不十分了解企业的情况，或者对市场的判断过于草率。

5）避免过度使用定量分析

定量技术的使用肯定会提高市场调查报告的质量，但必须适可而止。过度使用定量技术会降低报告的可读性，容易造成使用者阅读疲劳和引发对报告合理化的怀疑。当使用者是一位非技术型营销经理时，他就会拒绝一篇不易理解的报告。

6）合理利用版面设计

版面安排包括打印的字体、字号、字间距、行间距、黑体字的采用以及插图和颜色等。如果整篇调查报告的字体、字号完全一样，没有层次、主辅，那么这份报告就会显得呆板，缺少生气。通过版面安排可以使重点突出、层次分明、严谨而不失活泼。应该说，随着文字处理的电脑化，这些工作是不难完成的。策划者可以先设计几种版面安排，通过比较分析，确定一种效果最好的设计，最后再正式打印。

7）注意细节，消灭差错

一份调查报告中错字、漏字连续出现的话，阅读者怎么可能会对报告人抱有好的印象呢？因此，对打印好的调查报告要反复仔细地检查，不允许有任何差错出现，特别是对企业的名称、专业术语等更应仔细检查。如一些专业的英文单词，差错率往往是很高的，在检查时要特别注意。

另外，一些细小的方面如纸张的好坏、打印的质量等都会对调查报告本身产生影响，所以也绝不能掉以轻心。一般情况下，应尽量选择质量好的纸张，用激光打印机打印。

课程思政 7-2

每件事都会有结果

背景与情境：几年前，小乔在营销策划公司工作。一天，一位客户找到他，说自己的公司想做一个小规模的调查。客户希望小乔把业务接下来，最后的调查报告由小乔把关。那是一笔很小的业务，没什么大的问题。市场调查报告出来后，小乔很明显地看出了其中的水分，但他只是做了些文字加工和改动，就把它交了上去。

事情就这样过去了。

几年后的一天，小乔与别人组成一个项目小组，一块去参与新开业的一家大型商场的整体营销方案。不料，对方的业务主管明确提出，对小乔的印象不好，要求换人。原来，该主管正是当年市场调查项目的那个委托人。

资料来源　佚名. 每件事都会有结果［EB/OL］.［2022-08-16］. https://www.kuaidu.com.cn/article/212564.html.

问题：请结合党的二十大报告中提到的"万事万物是相互联系、相互依存的。只有用普遍联系的、全面系统的、发展变化的观点观察事物，才能把握事物发展规律"分析该事例对你的启示。

研判提示：也许，小乔只是偶然地遇到这件事，却失去了自己的机会，但这种偶然性当中其实已包含了必然性，因为越是从微不足道的小事上，越能看出一个人的本质来。一个对自己经手的事情敷衍塞责的人，怎么可能是认真、敬业的人呢？这样的人，怎么能够赢得别人的信任与赏识呢？小乔最初的草率，已注定他日后将丧失良机。反之，一个人若是对自己所做的每一件事都竭尽全力，那他必将为自己赢得越来越多的机会。

随堂测 7-2

单选题

随堂测 7-2

多选题

随堂测 7-2

判断题

学习微平台

资源 7-3

本章概要

□ 内容提要与结构

▲ 内容提要

● 市场调查报告是以一定类型的载体、载荷反映市场状况的有关信息，并包括某些调查与预测结论和建议，是市场调查与预测工作的最后环节，是整个市场调查与预测工作最终成果的集中表现。

●市场调查报告的成文一般包括资料整理、拟定提纲、撰写成文和修改定稿四个步骤。

●一份完整的市场调查报告包括扉页、提交信、目录、摘要、引言、正文、结论与建议、补充说明、附件等九个部分。

●要撰写出一份好的市场调查报告，还需掌握叙述技巧、说明技巧、议论技巧和语言运用技巧等撰写技巧。

▲ 内容结构

本章内容结构如图7-3所示。

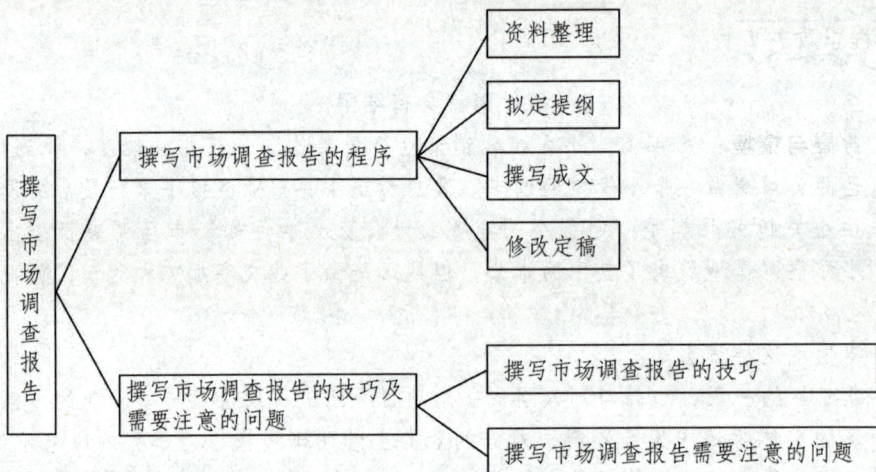

图7-3 本章内容结构

□ 主要概念和观念

▲ 主要概念

撰写市场调查报告 拟定提纲 撰写成文

▲ 主要观念

撰写市场调查报告

□ 重点实务和操作

▲ 重点实务

撰写市场调查报告的程序 撰写市场调查报告的技巧 相关"业务链接"

▲ 重点操作

"撰写市场调查报告"知识应用

━ 基本训练 ➡

□ 理论题

▲ 简答题

1）撰写市场调查报告的重要性是什么？

2）什么是市场调查报告？

3）市场调查报告的组成内容有哪些？

▲ 讨论题

1）为什么说市场调查报告是衡量一项市场调查项目质量水平的重要标志？

2）作为委托单位，如果要决定使用一份调查报告作为决策依据，应该考虑的问题是什么？为什么？

☐ 实务题

▲ 规则复习

1）撰写市场调查报告应如何拟定提纲？

2）撰写市场调查报告有哪些技巧？

3）简述撰写市场调查报告的程序。

▲ 业务解析

1）张鑫是某大学大三的学生，他利用暑期在一酒店实习，酒店开展了一项关于本市居民家庭饮食消费状况的市场调查，酒店经理让张鑫撰写调查报告。结合你所学的知识，你认为该调查报告应包括哪些内容？为什么？

2）王融同学在华联超市参与了消费者购买习惯的市场调查，欲撰写调查报告。结合你所学的知识，你认为撰写该调查报告应该掌握哪些技巧？需要注意什么问题？

☐ 案例题

▲ 案例分析

【训练项目】

案例分析-VII。

【相关案例】

▲ 案例分析

"大学生网购情况调查报告"的初稿

背景与情境： 某大学生团队在一次关于"大学生网购情况"的调查中，通过认真设计、严格抽样，进行访谈、问卷调查和文案调查，分析了200余份问卷，撰写了调查报告初稿。

其中，调查报告初稿中关于背景的内容如下：

近年来，随着互联网技术的快速发展，网上购物已经从一个新鲜的事物逐渐变成人们日常生活的一部分。网购正在冲击着人们的传统消费习惯和生活方式，以其独有的优势而逐渐深入人心。

从行业内竞争来看，自有的稳定物流是网店发展的核心优势，网购成为网络经济中增长最快的行业之一，中国庞大的网民基数为中国网上购物市场描绘了美好的前景。随着在线支付、第三方支付等与网络相关的互联网业务的推出，网络购物成为现在的主要购物渠道，未来几年中国网购市场将保持快速的增长趋势，是发展的主流。

大学生逐渐成为网购的核心使用者。由于现在教育水平的提高，进入大学的学生将会更多，而这将促进网购的进一步发展。大学生是国家发展的重要力量，是未来社会发展的潜在力量，因此我们对大学生网上购物的情况进行了一次调查，以了解大学生对网上购物的认识和接受情况，并通过对影响大学生网购因素研究对网购未来发展做出预测。

报告初稿中得出以下结论：

（1）大学生网购的频率较高，网上购物潜力巨大。

（2）大学生网上购物市场已经形成。

（3）大学生网购较理智，购物首选网站高度集中。

（4）大学生对于网店的发展前景有很好的看法。

报告初稿中提出了以下建议：

（1）加强网络商品的管理。调查发现，很多大学生喜欢购买一些品牌商品，之所以在网上购买，就是看中了网络商品的价格低，但是虚假商品的掺入使大学生受到欺骗，从而失去了对网络购物的兴趣。因此必须加强对网络商品的质量的管理与鉴定，确保商品的真实性。

（2）加强商家信誉度的管理。根据调查，很多购物网站都设立了信誉度的测评。比如淘宝会员在淘宝网每使用支付宝成功交易一次，就可以对交易对象作一次信用评价。在交易中作为卖家的信用度分为20个级别，级别越高，信誉度越高。大学生在网上购物的过程中就可以通过信誉度来确定购买哪个商家的产品。

（3）倡导大学生理性消费。大学生也应从自身网购习惯方面考虑，应做到以下三个"选择"：选择良好的网站。大学生在网络购物的时候尽量选择一些自己熟知的，信用度较高的网站，尽可能不要选择新网站。选择良好的商家。大学生在购物的时候首先查看商家的信用等级、开店的时间长短，以及差评情况。选择优质的商品。网络中商品的价格很不统一，同一种商品价格有很多种，因此，大学生在网络购物的过程中一定要学会货比三家，寻找质量最好的、价格最低的商品。

（4）大学生应加强自身保护意识，在网购时一定要学会鉴别商品的真实性、商家的信誉度，多与商家沟通，在充分了解商家和商品的基础上才进行购买。遇到欺诈、损失时，要学会勇敢地拿起法律武器保护自己。

通过与指导老师讨论，该大学生团队发现调查报告初稿存在以下问题：

（1）调查背景中，关于网购定义和现状的描述没有数据支撑，缺乏说服力；未能体现网购带来的社会问题，没有针对调查群体挖掘存在的矛盾，不能体现调查的重点和意义；背景中提及的"通过对影响大学生网购因素研究对网购未来发展做出预测"，在调查结论中没有涉及相关内容，误导读者产生错误期待；缺乏明确的研究目的，也没有阐明调查意义等。

（2）调查结论过于简单，属于描述性结论而非推断性结论；且对于现象的成因缺乏进一步深究。

（3）建议缺乏针对性。在报告中分别对网络平台、大学生两个主体提出建议，显然不同主体对调查报告的需求是不同的，同一篇报告也不太可能同时满足几个不同主体的需要。报告的读者是谁，其期待解决什么问题，这是整个调查要关注的重点，解决好这个问题，提出的建议才能有针对性。

问题：

1）该团队下一步应该如何修改调查报告？

2）通过该案例请你总结应如何撰写调查报告的结论和建议。

【训练要求】

同第1章"基本训练"中本题型的"训练要求"。

▲ 课程思政

【训练项目】

课程思政-Ⅶ。

【相关案例】

一只手袋决定一项调查

背景与情境：某年年底，一所高校筹划在上海进行一次日用品健康指标的调查。调查开始之前，按照惯例，应该为接受调查的被访问者准备礼品，但是小组的经费明显不足。正在调查小组为调研经费犯愁的时候，一家日化企业主动和小组取得了联系，并承诺可以提供资助。

赞助方希望可以把自己的产品作为礼品赠送给接受采访的上海市民，还一再表示："不要向被访问者透露这次赞助，希望不要影响到调查的公正立场。"

调查赠品是专门提供的长40厘米的手袋。

一个月以后，调研数据完成采集，这家日化企业获得了非常高的消费者评价，消费者满意程度等几个指标都远远超过了其他测试产品。调查报告以书籍的方式由大学组织出版，这家企业还以市价购买了上千本。

资料来源　佚名．统计误用案例——错误的数据不如没有数据［EB/OL］．［2022-04-03］．http：//www.itongji.cn/article/062022602013.html.

问题：

1）本案例中存在哪些思政问题？

2）请结合党的二十大报告中提出的"必须坚持系统观念"，对上述问题做出你的研判。

3）通过网络或图书馆调研等途径收集你做出思政研判所依据的标准和规范。

4）结合市场调查的相关规范，从"必须坚持系统观念"的角度对本项调查活动做出评价。

【训练要求】

同第1章"基本训练"中本题型的"训练要求"。

□ 自主学习

【训练项目】

自主学习-Ⅳ。

【训练目的】

见本章"学习目标"中"创新型学习"的"自主学习"目标。

【教学方法】

采用"学导教学法"和"研究教学法"。

【训练要求】

1）以班级小组为单位组建学生训练团队，各团队依照本教材"附录三"附表 3"自主学习"（高级）的"基本要求"和各技能点的"参照规范与标准"，制订《团队自主学习计划》。

2）各团队实施《团队自主学习计划》，自主学习本教材"附录一"附表 1"自主学习"（高级）各技能点的"'知识准备'参照规范"所列知识。

3）各团队以自主学习获得的"学习原理"、"学习策略"与"学习方法"知识为指导，通过校图书馆、院资料室和互联网，查阅、搜集和整理近几年以"撰写市场调查报告技巧及需要注意的问题"为主题的国内学术文献资料。

4）各团队以整理后的文献资料为基础，依照相关规范要求，讨论、撰写和交流《"撰写市场调查报告技巧及需要注意的问题"最新文献综述》。

5）撰写作为"成果形式"的训练课业，总结自主学习和应用"学习原理"、"学习策略"与"学习方法"（高级）知识，依照相关规范，准备、讨论、撰写和交流《"撰写市场调查报告技巧及需要注意的问题"最新文献综述》的体验过程。

【成果形式】

训练课业：《"自主学习-Ⅳ"训练报告》。

课业要求：

1）内容包括：训练团队成员与分工；训练过程；训练总结（包括对各项操作的成功与不足的简要分析说明）；附件。

2）将《团队自主学习计划》和《"撰写市场调查报告技巧及需要注意的问题"最新文献综述》作为《"自主学习-Ⅳ"训练报告》的"附件"。

3）《"撰写市场调查报告技巧及需要注意的问题"最新文献综述》应符合"文献综述"规范要求，做到事实清晰，论据充分，逻辑清晰。

4）结构与体例参照本教材"课业范例"的"范例-4"。

5）在校园网的本课程平台上展示班级优秀训练课业，并将其纳入本课程的教学资源库。

▶ 单元考核 ▶

评价原则与考核要求：同第 1 章"单元考核"的"评价原则与考核要求"。

综合训练与考核

综合训练

□ 理论题

▲ 简答题

1）市场调查与市场预测的关系是什么？

2）市场调查的总体方案一般必须包括的主要内容是什么？

3）问卷调查中有哪些不利因素？

4）市场调查的主要内容是什么？

5）市场现象变动的四种类型是什么？

▲ 讨论题

1）讨论市场预测不准确是怎样产生的。

2）讨论各种调查方法的优缺点及适用范围。

3）设计市场调查问卷时合理排列问题顺序的方法是什么？为什么？

4）比较定量市场预测与定性市场预测的特点。

5）什么是长期趋势和季节变动？为什么要求测定季节变动？

□ 实务题

▲ 规则复习

1）在设计调查方案时，怎样确定市场调查对象和调查单位？

2）论述怎样做好市场访问调查。

3）在问卷调查法中，怎样选择和确定调查对象？

4）试述市场实验调查法的具体步骤。

5）试述时间序列法的一般步骤。

▲ 业务解析

1）在关于消费行为方面的调查中，哪些问题可能过于敏感，不能直接向应答者提问？试从调查方法设计和调查问卷措施方面提出你的解决方案。

2）执行下列调查，你将使用哪种接触、交流方式？并解释原因。

（1）调查机构工程师的购买动机；

（2）调查汽车租赁使用者的满意程度；

（3）调查观众对电视广告的态度；

（4）调查高层管理人员。

3）以下各种情况，应该执行探索性调查、描述性调查还是因果调查？

（1）确定广告对销售的作用；

（2）调查消费者对一种新的防缩水洗衣液的反应；

（3）确立购物中心的目标市场区域；

（4）在西北地区，预测具体变量的销售潜力。

4）简述集合意见法的预测过程。

5）已知回归方程 $y=10+0.5x$，且 $n=40$，$\sum y=460$，$\sum xy=7\,800$，$\sum y^2=8\,652$，试计算估计标准误差为多少。

□ 案例题

▲ 案例分析

【训练项目】

案例分析–综。

【相关案例】

××公司目标市场调查问卷设计案例分析

背景与情境：下面是××公司在对自己的目标市场进行调查时所采用问卷的一部分：

第一部分：请从以下几个问题的备选答案中选出你认为正确的选项，可以选择多项。

1）从企业的创办模式看，贵公司属于（　　　）。

A.科研人员创办　　　　　　　　　B.高等院校创办

C.科研机构创办　　　　　　　　　D.大学毕业生创办

E.归国人员创办　　　　　　　　　F.合资创办

G.传统产业提升创办　　　　　　　H.国有企业创办

2）从企业的产权模式看，贵公司属于（　　　）。

A.股份有限公司　　　　　　　　　B.个人独资企业

C.有限责任公司　　　　　　　　　D.上市公司

3）贵公司的发展模式属于（　　　）。

A.国际化带动产业化　　　　　　　B.产学研结合模式

C.科研机构企业化模式　　　　　　D.专业化发展模式

E.多元化发展模式　　　　　　　　F.资源互补模式

4）贵公司的组织结构属于（　　　）。

A.部门设置不全的非规范组织　　　B.职能型组织

C.矩阵型组织　　　　　　　　　　D.事业部制组织

E.集团制组织

5）贵公司已经建立了（　　　）。

A.董事会　　　　　　　　　　　　B.监事会

C.党组织　　　　　　　　　　　　D.工会

6）您认为贵公司在决策过程中是（　　　）。

A.个人决策，高度集权

B.企业家个人居于主导地位

C.企业家个人居于主导地位，但与企业家关系密切的人物会参与决策的过程并影响决策

D.决策主观色彩浓、科学性差

E.集体决策，具有一定的民主色彩，"家长"在决策过程中起主导地位

F.集体决策，具有一定的民主色彩，核心人物起主导作用

G.董事会集体决策，大股东起主导作用，科学性较高

第二部分：市场知识是指理解客户、竞争对手和技术发展的技能。该知识有助于您研发新的产品、改进客户服务、处理客户关系和设计优质的产品。请表明贵公司在多大程度上符合以下的描述：

有关现有和将来客户的知识：	非常不了解				非常了解
a.我们对现有的客户群做了很多不同类型的分类	1	2	3	4	5
b.我们对现有和将来客户的行为有很深入的了解	1	2	3	4	5
c.我们掌握的客户信息通常涉及多方面信息的复杂的互动	1	2	3	4	5
d.我们用来划分客户群的变量大大超过行业的平均水平	1	2	3	4	5

问题：

（1）请结合上面的信息分析：问卷的提问部分采用了什么提问方法？其中第一部分所采用的提问方法有什么优缺点？

（2）一份完整的问卷应该由哪些部分构成？

【训练要求】

同第1章"基本训练"中本题型的"训练要求"。

▲ 课程思政

【训练项目】

课程思政-综。

【相关案例】

某次对人才需求的调查

背景与情境：某人才市场为了了解各用人单位对人才的需求情况，特委派其市场部做市场调查。市场部王经理接到任务后，指派其部门员工小李编写调查问卷。小李为了省事，调查问卷中的问题大部分设计为开放式问题。在实地调查环节，王经理要求部门中每位员工去10家企业的人事部门走访调查，填写问卷。员工们拿到问卷后，有的找朋友、亲戚按其单位的情况进行填写，有的则利用在QQ群中反馈的答案自己填写。由于问卷开放式问题多，受访者均按自己的理解填写，口径不一，答案杂乱。收回后的数据根本无法整理、统计，而上级又着急催要调查报告，无奈，王经理只好从网络上找了一些历年来各地的相关调查报告，进行了简单修改后便草草交差。

问题：

1）本案例存在哪些课程思政问题？

2）请结合党的二十大报告中提出的"我们要以科学的态度对待科学、以真理的精神追求真理"对上述问题做出你的课程思政研判。

3）通过网络或图书馆调研等途径收集你作课程思政研判所依据的行业道德规范。

4）请对该市场部的这次调研做出评价。

【训练要求】

同第1章"基本训练"中本题型的"训练要求"。

□ 综合实训

【训练项目】

"市场调查与预测"知识应用（以"实木家具"为"市场调查与预测"对象）。

【训练目的】

参加"'市场调查与预测'知识应用"的实践训练。在了解和把握本实训所及"能力与道德领域"相关技能点和素养点的"规范和标准"基础上，通过各项实训任务的完成、系列技能操作的实施、《实训报告》的准备与撰写等有质量、有效率的活动，培养"调查方法"的专业能力，强化职业核心能力（中级、全选），并通过"认同级"践行职业道德（认同级、全选）诸多素养点规范，促进健全职业人格的塑造，体验"实践学习"中"专能""通能""职业道德"元素的协同性"重组-产生"迁移，以及"市场调查与预测"业务胜任力中"求知韧性"和"复合性技能"要素的阶段性生成。

【能力与道德领域】

专业能力——市场调查与预测。

【训练内容】

专业能力训练：其"领域"、"技能点"、"名称"和"参照规范与标准"见表综-1。

表综-1　　**专业能力训练领域、技能点、名称及其参照规范与标准**

能力领域	技能点	名称	参照规范与标准
"市场调查与预测"知识应用	技能1	"'界定市场调查课题及制订调查方案'知识应用"技能	能以本课程理论知识为指导，依照相关实务知识规则，有质量、有效率地完成以下操作： （1）通过与企业管理层、行业专家进行交流沟通，了解营销问题背景的一系列工作，根据目标要求，确定调查方向，在此基础上确定调查目标。 （2）编写市场调查方案。 （3）讨论、修改方案。 （4）形成正式调查方案，使调查方案既能体现调查目的、要求，又科学、适用、操作性强

能力领域	技能点	名称	参照规范与标准
"市场调查与预测"知识应用	技能2	"'选择调查方法'知识应用"技能	能以本课程理论知识为指导，依照相关实务知识规则，有质量、有效率地完成以下操作： （1）合理抽取样本。根据抽样精度，确定样本量，选用一定的抽样方法进行抽样。 （2）选择合适的调查方法。根据实际问题，结合每种方法的适用范围、操作要领，做出适当的选择
	技能3	"'设计市场调查问卷'知识应用"技能	能以本课程理论知识为指导，依照相关实务知识规则，有质量、有效率地完成以下操作： （1）初步设计问卷的问题和答案，根据问卷中使用的问题类型，进行问题答案的设计。 （2）确定问卷的组织与编排，要考虑逻辑上的先后顺序，遵循先易后难原则，把特殊问题置于问卷的最后。 （3）综合评估和制作问卷，要检查问卷问题是否必要，问卷是否太长，问卷版面、外观要规范美观，并经过一定的预先测试与修正
	技能4	"'组织实施市场调查'知识应用"技能	能以本课程理论知识为指导，依照相关实务知识规则，有质量、有效率地完成以下操作： （1）根据调查项目组建市场调查工作小组，并能够对调查人员素质进行严格把关。 （2）初步培训市场调查人员，能够对调查人员责任、项目操作规范、访谈技巧等进行培训。 （3）初步管理、控制市场调查，从而保证调查问卷的质量。 （4）组织实施市场调查，有计划、有标准、客观细致地收集市场资料
	技能5	"'整理分析调查资料'知识应用"技能	能以本课程理论知识为指导，依照相关实务知识规则，有质量、有效率地完成以下操作： （1）初步整理调查资料，包括登记问卷、审核问卷、对问卷进行分组工作，并按规范处置有问题的问卷。 （2）编码和录入资料。 （3）准确列示市场调查资料，为数据资料分析奠定基础。 （4）初步进行数据的定性分析及定量分析

续表

能力领域	技能点	名称	参照规范与标准
"市场调查与预测"知识应用	技能6	"'市场预测'知识应用"技能	能以本课程理论知识为指导，依照相关实务知识规则，有质量、有效率地完成以下操作： （1）根据企业经营管理要求，选择参与预测的人员，印制预测用表格与资料。 （2）结合选用的预测方法，用相应的方法向参加预测的人员提出预测的项目和预测期限要求，并尽可能提供有关背景资料，发放相关表格。 （3）开展预测。有关人员根据预测要求及掌握的背景资料，凭个人经验和分析判断能力，提出各自的预测方案，预测人员根据要求进行预测分析。 （4）整理计算、反馈有关预测结果。 （5）经过必要的反复征询和反馈，运用科学的方法，计算出预测值。 （6）向企业管理者报告专家预测结果，最后确定预测值。
	技能7	"'撰写市场调查与预测报告'知识应用"技能	能以本课程理论知识为指导，依照相关实务知识规则，有质量、有效率地完成以下操作： （1）准备市场调查报告资料。明确调查目的、方法和实施情况，落实写作材料，确定报告类型和阅读对象，构思报告，选择材料。 （2）编写市场调查报告。 （3）修改与提交市场调查报告。 （4）跟踪市场调查报告

职业核心能力与职业道德训练：其内容、种类、等级与选项见表综-2；各选项的操作"参照规范与标准"见本教材附录三附表3和附录四附表4。

表综-2　　　职业核心能力与职业道德训练内容、种类、等级与选项表

内容	职业核心能力							职业道德						
种类	自主学习	信息处理	数字应用	与人交流	与人合作	解决问题	革新创新	职业观念	职业情感	职业理想	职业态度	职业良心	职业作风	职业守则
等级	中级	中级	中级	中级	中级	中级	中级	认同	认同	认同	认同	认同	认同	认同
选项	√	√	√	√	√	√	√	√	√	√	√	√	√	√

【组织形式】

（1）以小组为单位组成调研团队。

（2）结合训练任务对各调研团队进行适当的角色分工，确保组织合理和每位成员的积极参与。

【训练任务】

（1）对"市场调查与预测知识应用"专业能力的各技能点，依照其"参照规范与标准"，实施应用相关知识的基本训练。

（2）对"职业核心能力"全选项，依照其"参照规范与标准"，实施应用相关知识的"中级"强化训练。

（3）对"职业道德"全选项，依照其相关素养点的"参照规范与标准"，实施"认同级"相关训练。

【情境设计】

长久以来，实木家具因其独特的魅力受到消费者的喜爱。党的二十大报告中提出"推动绿色发展，促进人与自然和谐共生"的思想，那么现在城市实木家具消费情况如何？实木家具市场的前景如何？组织学生选择某城市，以实训团队为单位，应用"知识准备"中所列知识，依照"实训要求"，通过编写调查方案、设计调查问卷、进行实地调查、整理与分析调查资料并选择适当的预测方法进行预测，撰写市场调查与预测报告，进行市场调查与预测的操作体验，在此基础上撰写相应《实训报告》，完成各项实训任务。

【指导准备】

知识准备：

（1）市场调查与预测的理论与实务知识。

（2）表综-1"能力与素质领域"相关技能点的"参照规范与标准"知识。

（3）本教材"附录一"附表1中"职业核心能力"强化训练全选项"'知识准备'参照范围"中所列知识。

（4）本教材"附录三"附表3中"职业核心能力"强化训练各选项的"参照规范与标准"和"附录四"附表4中"职业道德"相关训练全选项素养点的"参照规范与标准"知识。

操作指导：

（1）教师向学生阐明"训练目的"、"能力与道德领域"和"知识准备"。

（2）教师就本实训"知识准备"各项内容对学生进行培训。

（3）教师指导学生就操练项目进行背景分析、设计调查方案、编写调查问卷。

（4）教师指导学生就操练项目进行访问调查。

（5）教师指导学生就操练项目进行资料整理，编写编码簿。

（6）教师指导学生就操练项目进行分析，并撰写《实训报告》。

【实训时间】

本课程内容全部结束后的双休日和课余时间，为期一周。

【训练步骤】

1）将学生组成若干综合实训团队，每团队确定1人为队长，结合本实训任务进行适当角色分工。

2）各团队通过互联网和图书馆等途径，调查研究实木家具市场及相关资料，在此基础上系统体验如下技能操作：

（1）依照"技能点1"的"参照规范与标准"，运用相应知识，系统体验通过与企业管理层、行业专家进行交流沟通确定调查目标、编写市场调查方案、讨论修改方案、形成正式调查方案——《××市实木家具消费情况市场调查方案》等项操作。

（2）依照"技能点2"的"参照规范与标准"，运用相应知识，系统体验选定调查方向、合理抽取样本、选择实地调查方法等项操作。

（3）依照"技能点3"的"参照规范与标准"，运用相应知识，系统体验设计问卷的问题和答案、确定问卷的组织与编排、综合评估和制作问卷、完成《××市实木家具消费情况调查问卷》的编写等项操作。

（4）依照"技能点4"的"参照规范与标准"，运用相应知识，系统体验组建市场调查工作小组、培训市场调查人员、管理控制市场调查、组织实施市场调查等项操作。

（5）依照"技能点5"的"参照规范与标准"，运用相应知识，系统体验确认数据资料、完成《××市实木家具消费情况调查问卷编码簿》及资料录入、列示市场调查资料、描述分析、解析分析等项操作。

（6）依照"技能点6"的"参照规范与标准"，运用相应知识，系统体验根据调查资料开展预测、整理计算、反馈有关预测结果、确定预测值等项操作。

（7）依照"技能点7"的"参照规范与标准"，运用相应知识，系统体验准备市场调查与预测报告资料、编写市场调查与预测报告《××市实木家具消费情况调查与预测报告》、修改与提交市场调查与预测报告等项操作。

3）在"'市场调查与预测'知识应用"的"专业能力"上述基本训练中，融入"职业核心能力"全选项的"中级"强化训练（突出其"'知识准备'参照范围"所列知识的学习和应用）和"职业道德"全选项的"认同级"相关训练。

4）综合以上操作与阶段性成果，撰写《"'市场调查与预测'知识应用"实训报告》，其内容包括：实训团队成员与分工；实训过程；实训总结（包括对专业能力训练、职业核心能力训练和职业道德训练成功与不足的分析说明）；附录（包括阶段性成果全文）。

5）在班级讨论和交流各团队的《实训报告》。

6）各团队根据讨论和交流结果，修订其《实训报告》，使其各具特色。

【成果形式】

实训课业：《"'市场调查与预测'知识应用"实训报告》。

课业要求：

（1）"实训课业"的结构与体例参照本教材"课业范例"中的"范例-3"。

（2）将《××市实木家具消费情况调查与预测报告》《××市实木家具消费情况市场调查方案》《××市实木家具消费情况调查问卷》《××市实木家具消费情况调查问卷编码簿》以"附件"形式附于《"'市场调查与预测'知识应用"实训报

告》之后。

（3）在校园网的本课程平台上展示经过教师点评的班级优秀《"'市场调查与预测'知识应用"实训报告》，供相互借鉴。

▬综合考核▬▶

评价原则与考核要求："评价原则""考核模式""考核目的""考核种类""考核方式""内容与成绩核定""评价主体"等规范与要求，见本教材网络教学资源包中的《学生考核手册》。

课业范例

范例-1

▲ 案例分析

【训练项目】

案例分析-IX。

【相关案例】

某航空公司对飞机上提供电话服务的调研

背景与情境：某航空公司注意探索为航空旅行者提供他们需要的新服务。一位经理提出了在高空为乘客提供电话通信的想法。其他经理们认为这是激动人心的，并同意应对此作进一步的研究。于是，提出这一建议的营销经理自愿为此做初步调查。他同一个大电信公司接触，以了解波音747飞机在飞行途中电话服务在技术上是否可行。据电信公司讲，这种系统每次航行成本大约是1 000元。因此，如果每次通话收费25元，在每航次中至少有40人通话才能保本。于是这位经理与公司的市场调研经理联系，请他研究旅客对这种新服务将做出何种反应。

确定问题与调研目标：

（1）航空公司的乘客在航行期间通电话的主要原因是什么？

（2）哪些类型的乘客最喜欢在航行中打电话？

（3）有多少乘客可能会打电话？各种层次的价格对他们有何影响？

（4）这一新服务会使该航空公司增加多少乘客？

（5）这一服务对该航空公司的形象将会产生多少有长期意义的影响？

（6）电话服务与其他服务诸如航班计划、食物和行李处理等相比，其重要性怎样？

拟订调研计划：

假定该航空公司预计不做任何市场调研而在飞机上提供电话服务，并获得长期利润5万元，而营销经理认为调研会帮助公司改进促销计划并可获得长期利润9万元。在这种情况下，在市场调研上所花的费用最高为4万元。

收集及分析信息并得出结论：

（1）飞机上使用电话服务的主要原因：有紧急情况，紧迫的商业交易，飞行时间上的混乱等。用电话来消磨时间的现象是不大会发生的。绝大多数的电话是商务人士所打的，并且他们要报销单。

（2）每200人中，大约有5位乘客愿意花费25元打一次电话；而约12人期望每次通话费用为15元。

（3）飞机上有电话服务会为每趟航班多吸引2名乘客，带来650元纯收入，但仍无法达到损益平衡。

（4）此项服务会在公众心目中加强该航空公司是一个革新性、创造性公司的形象。

结论：暂时不为旅客提供电话服务。

资料来源　佚名.某航空公司对飞机上提供电话服务的调研〔EB/OL〕.〔2022-10-09〕. http://wenku.baidu.com/view/cdeb3b0e763231126edb112e.html.引文略有更改.

问题：

1）在本案例中，公司遇到的问题是什么？解决该问题需要哪些市场调查与预测的知识点？

2）根据这些问题，我们已大致知道需要哪些信息，据此确定这些资料的来源与方法。

3）研究的建议你同意吗？如果你作为航空公司的经理该如何行动？

【训练要求】

同第1章"基本训练"中本题型的"训练要求"。

"某航空公司对飞机上提供电话服务的调研"案例分析提纲

（团队队长：　　　　　　　团队成员：　　　　　　　　）

1.关于"知识点"分析

（1）各团队成员分别分析研究本案例涉及的本教材跨章"知识点"。

（2）团队讨论各成员收集来的本案例所及"知识点"，由队长汇总。

（3）团队讨论本案例"背景与情境"是如何涉及各"知识点"的。

（4）团队队长汇总讨论（3）的阶段性成果。

2.关于"调查资料的来源与方法"分析

（1）团队成员应用本案例相关"知识点"知识，逐一分析"调查资料的来源与方法"。

（2）团队讨论各成员分析的"调查资料的来源与方法"，由队长汇总。

3.关于"营销经理决策方案"设计

关于个人设计、小组讨论研究本案例要求的"营销经理决策方案"。

（1）团队成员模拟本案例中的营销经理，应用本案例涉及的各"知识点"，研究设计"营销经理决策方案"。

（2）团队讨论各成员设计的"营销经理决策方案"，由团队队长汇总。

4.撰写、讨论与交流《分析报告》

（1）各团队队长组织成员，综合以上阶段性成果，形成《分析报告》。

（2）在班级讨论、交流各团队的《分析报告》。

（3）各团队修改《分析报告》，提交教师点评。

"某航空公司对飞机上提供电话服务的调研"案例分析报告

1.本案例涉及的本教材各章"知识点"

在本案例中，公司遇到的问题是探索为航空旅行者提供电话通信的新服务，并就此展开了一系列调查，收集资料，分析数据，初步得出结论。

解决该问题所涉及的"市场调查与预测"知识点主要有以下几方面：

（1）调研问题的界定：航空旅客对空中提供电话通信服务将做出何种反应。

（2）调研目标的确定：航空公司的乘客在航行期间通电话的主要原因是什么？哪些类型的乘客最喜欢在航行中打电话？有多少乘客可能会打电话？各种层次的价格对他们有何影响？这一新服务会使该航空公司增加多少乘客？这一服务对该航空公司的形象将会产生多少有长期意义的影响？电话服务与其他服务诸如航班计划、食物和行李处理等相比，其重要性怎样？

（3）调研方案的撰写：包括资料来源、调研方法、调研工具、抽样计划、接触方法。

（4）收集及分析信息：通过收集一手资料和二手资料，并对此进行数理统计的相关分析。

（5）得出结论：根据调研分析，在飞机上提供电话服务似乎只增加了成本，而不大会增加长期收入，现阶段建议暂不实施飞机上的电话服务项目。

2.知识应用（Ⅰ）："调查资料的来源与方法"分析

根据这些问题我们已大致知道需要哪些信息，并据此确定资料来源。营销调研人员要收集大量有关航空客运市场的二手资料，这些资料来自民航局的出版物、美国空运协会的图书馆、旅行社等。仅有二手资料显然是不够的。营销部门还必须着手进行第一手资料的收集，接下来要做的就是确定资料收集方法：

（1）观察法：可派专业人员在机场、航空公司办公室、旅行社等处来回走动，听取旅客的意见；或者搭乘竞争者的班机，观察其机上服务及旅客意见。

（2）焦点小组法：选取6~10人组成焦点小组，在有经验的访谈主持者引导下讨论有关营销问题。

（3）问卷调查法：向居民发放问卷，问及有关问题。

（4）实验法：选取实验组和对照组进行实验，在其他变量保持不变的情况下研究某一变量对结果的影响。例如，选取两组航班，保持每次乘客人数相同，只改变电话收费价格，可以假定打电话人数的明显变化是与收费高低相关的。各种方法的成本不同，对总体的代表性亦不相同，一般需要综合运用各种方法，才能获得较好效果。

如果采用问卷调查法，则必须进行抽样设计，即确定抽样单样本大小和抽样方法。营销部门的人员可以在专业调查人员的协助下完成抽样设计。接着便是资料收集工作的正式展开，这时计算机和电子技术能给营销人员带来极大的便利。然后，研究人员对资料进行分析研究，利用先进的统计技术和决策模式，得到有价值的研究结果。最后，营销人员要做的不是将一大堆数字罗列给管理层，而是需要提出分析报告，将这些数字转化成定性的、描述性的信息，这对决策者来说才最有价值。

3.知识应用（Ⅱ）："营销经理决策方案"设计

同意营销经理暂时不提供电话服务的决定。

作为营销经理可以作以下分析：①每200人中，大约有5位乘客愿意花费25元打一次电话；而约12人期望每次通话费用为15元。因此，每次收15元（12×15=180）比收25元（5×25=125）有更多的收入。然而，这些收入都大大低于飞行通话的保本点成本1 000元。②提供飞行服务提升了该航空公司作为创新和进步的航空公司的公众形象，但公司为此每航程约支付200元（1 000-（650+15×12）=170）。

由此看来，在飞机上提供电话服务似乎只增加了成本，而不大会增加长期收入，现阶段建议暂不实施飞机上的电话服务项目。

范例-2

▲ 课程思政

【训练项目】

课程思政-Ⅸ。

【相关案例】

某咨询公司的一次调查

背景与情境： 张小姐曾经供职于北京一家咨询公司。她接到的第一份工作就是问卷调查都市人群的牙齿保健行为，要求受访者条件是月收入在8 000元以上，年龄在30~50岁，但公司并没有采取严格的抽样方法，而是让她及同事去城市商圈、地铁站等处，随便找人填写问卷。张小姐在调查中发现，对于问卷中的一些问题，受访者可能没有真实地回答，比如，"您现在存在哪些口腔问题：A.牙周病　B.龋齿　C.口腔黏膜病　D.口臭　E.牙龈萎缩"，受访者没有人主动选择口臭这一项。再如，"××口腔医院在2021年进行了大量改善医患关系的努力，请选择您的满意程度：A.非常好　B.略好于平均水平　C.满意　D.需要改进"，几乎没有受访者选择D。

明明调查过程中的男女比例为3∶7，但是为了报告看上去可信，该咨询公司在数据发布之前参照其他权威机构的相关数据，对调查数据进行了修正和完善。

对××口腔医院售后服务满意度方面的调查数据显示，仅朝阳区的受访者表示满意，而其他区域受访者的满意程度很低。该咨询公司就把朝阳区的图表作为全市满意程度的例证进行解读，"人们对××口腔医院售后服务满意程度很高，仅朝阳区就达到了95%"，没有提供整体满意程度数据。

资料来源　根据百度文库相关资料整理.

问题：

1）本案例中存在哪些营销道德问题？

2）试对上述问题做出你的思政研判。

3）通过网络或图书馆调研等途径收集你作思政研判所依据的相关规范。

4）请你结合市场调查的相关规范，从课程思政角度对该咨询公司这次调研做出评价。

【训练要求】

同第1章"基本训练"中本题型的"训练要求"。

关于"某咨询公司的一次调查"的思政研判提纲

（团队队长：　　　　　　团队成员：　　　　　　）

1.关于"思政问题"

（1）团队成员分别分析研究本案例中涉及的"思政问题"。

（2）团队讨论各成员收集来的本案例所涉及的"思政问题"。

（3）团队讨论本案例"背景与情境"是如何涉及"思政问题"的。

（4）团队队长汇总讨论（3）的分析内容，形成阶段性成果。

2.关于"思政研判"

（1）团队成员对本案例相关"思政问题"，逐一进行研判。

（2）团队讨论各成员的"思政研判"。

3.关于"思政研判所依据的相关规范"

（1）团队成员分别通过网络及图书馆查找资料，研究"思政研判所依据的相关规范"。

（2）团队讨论各成员的"思政研判所依据的相关规范"。

4.关于"从课程思政角度对该咨询公司这次调研的评价"

（1）团队成员分别对该案例进行评价。

（2）团队讨论各成员的"评价"。

5.撰写、讨论与交流《思政研判报告》

（1）团队队长组织成员，综合以上阶段性成果，形成《思政研判报告》。

（2）在班级讨论、交流各团队的《思政研判报告》。

（3）各团队修改《思政研判报告》，提交教师点评。

关于"某咨询公司的一次调查"的思政研判报告

（团队队长：　　　　　　团队成员：　　　　　　）

一、案例综述

本案例主要讲述了某咨询公司的一次市场调查中从抽样到问卷的设计、数据处理及分析、调查报告的撰写等方面由于调查操作不严谨、不科学对待数据而导致数据出现水分的现象。

二、问题分析

1.本案例中存在的思政问题有：

在抽样阶段，该调查要求受访者月收入在8 000元以上，年龄在30~50岁，而获取合格样本的难度很大。该咨询公司在实际执行中派调查员去城市商圈、地铁站等处，随便找人填写问卷，放松限制，降低人群属性的筛选标准。

在问卷设计阶段，由于问题"××口腔医院在2021年进行了大量改善医患关系的努力，请选择您的满意程度：A.非常好　B.略好于平均水平　C.满意　D.需要改进"进行了假设——"大量改善医患关系的努力"，构成了对被访问者直接的暗示，影响被访问者真实意见的表达；而备选项"非常好、略好于平均水平、满意、需要改进"意见不均衡，客观上实现了提高满意程度的操纵效果。

在调查执行阶段，对于问题"您现在存在哪些口腔问题：A.牙周病　B.龋齿　C.口腔黏膜病　D.口臭　E.牙龈萎缩"，受访者没有人主动选择"口臭"这一项，没有培训调查员如何控制数据的真实性。

在数据处理与分析阶段，仅把某个区的图表作为全市例证进行解读，而不提供整体数据，断章取义，形成了数据误导。

在结论与报告撰写阶段，随意地修改数据，其危害程度比不进行调查还要严重。

2.以上存在的问题说明该咨询公司的这次市场调查在从抽样到问卷的设计、数据处理及分析、调查报告的撰写等方面由于调查操作环节不严谨、对待数据不科学、调查受利益驱使、不能实事求是地反映市场情况，有违市场营销道德规范。市场调查的从业人员应该认真学习和贯彻党的二十大精神，依法依规开展市场调查的各项工作。

3.通过网络及图书馆查找资料可知研判依据有二：其一，"市场调查委托者必须有诚信，实事求是"是市场调查行业企业应遵循的基本伦理，该咨询公司用此次调查行为对这一问题给出了错误的示范；其二，该咨询公司的调查行为严重影响了数据的真实性，降低了市场调查问卷的质量，篡改了数据，有违"职业态度"和"职业作风"的道德规范，不符合企业的伦理要求。

4.从以上研判来看：该咨询公司的职业道德很不到位，其"职业态度"和"职业作风"等素养点的某些要素连"顺从级"都未达到。

三、总结与结论

1.市场调查的真实性关乎市场调查行业的职业道德，有违真实性会导致商业企业对调研行业的质疑，会导致公众对数据提供者的能力失去信心，最终断送的不只是行业道德，也断送了整个行业的未来。

2.本"思政研判"对我们有很好的教育启示意义。践行市场调查的职业道德就要在调查过程中注重每个细节，开展市场调查与预测业务需要有良好的职业态度与职业作风。

范例-3

□ 实训题

【训练项目】

"市场调查与预测"知识应用（以"奶茶消费"为"市场调查与预测"对象）

【训练目的】

见本书相关章节中"学习目标"中的"实训目标"。

【能力与道德领域】

专业能力——市场调查与预测。

【训练内容】

专业能力训练：其"领域"、"技能点"、"名称"和"参照规范与标准"见表范 3-1。

表范3-1　　**专业能力训练领域、技能点、名称及其参照规范与标准**

能力领域	技能点	名称	参照规范与标准
"市场调查与预测"知识应用	技能1	"'界定市场调查课题及制订调查方案'知识应用"技能	能以本课程理论知识为指导，依照相关实务知识规则，有质量、有效率地完成以下操作： （1）通过与企业管理层、行业专家进行交流沟通，了解营销问题背景的一系列工作，根据目标要求，确定调查方向，在此基础上确定调查目标。 （2）编写市场调查方案。 （3）讨论、修改方案。 （4）形成正式调查方案，使调查方案既能体现调查目的、要求，又科学、适用、操作性强
	技能2	"'选择调查方法'知识应用"技能	能以本课程理论知识为指导，依照相关实务知识规则，有质量、有效率地完成以下操作： （1）合理抽取样本。根据抽样精度，确定样本量，选用一定的抽样方法进行抽样。 （2）选择合适的调查方法。根据实际问题并结合每种方法的适用范围、操作要领，做出适当的选择
	技能3	"'设计市场调查问卷'知识应用"技能	能以本课程理论知识为指导，依照相关实务知识规则，有质量、有效率地完成以下操作： （1）初步设计问卷的问题和答案，根据问卷中使用的问题类型，进行问题答案的设计。 （2）确定问卷的组织与编排，要考虑逻辑上的先后顺序，遵循先易后难原则，把特殊问题置于问卷的最后。 （3）综合评估和制作问卷，要检查问卷问题是否必要，问卷是否太长，问卷版面、外观要规范美观，并经过一定的预先测试与修正

能力领域	技能点	名称	参照规范与标准
"市场调查与预测"知识应用	技能4	"'组织实施市场调查'知识应用"技能	能以本课程理论知识为指导，依照相关实务知识规则，有质量、有效率地完成以下操作： （1）根据调查项目组建市场调查工作小组，并能够对调查人员素质进行严格把关。 （2）初步培训市场调查人员，能够对调查人员责任、项目操作规范、访谈技巧等进行培训。 （3）初步管理、控制市场调查，从而保证调查问卷的质量。 （4）组织实施市场调查，有计划、有标准、客观细致地收集市场资料
	技能5	"'整理分析调查资料'知识应用"技能	能以本课程理论知识为指导，依照相关实务知识规则，有质量、有效率地完成以下操作： （1）初步整理调查资料，包括登记问卷、审核问卷、对问卷进行分组工作，并按规范处置有问题的问卷。 （2）编码和录入资料。 （3）准确列示市场调查资料，为数据资料分析奠定基础。 （4）初步进行数据的定性分析及定量分析
	技能6	"'市场预测'知识应用"技能	能以本课程理论知识为指导，依照相关实务知识规则，有质量、有效率地完成以下操作： （1）根据企业经营管理要求，选择参与预测的人员，印制预测用表格与资料。 （2）结合选用的预测方法，用相应的方法向参加预测的人员提出预测的项目和预测期限要求，并尽可能提供有关背景资料，发放相关表格。 （3）开展预测，有关人员根据预测要求及掌握的背景资料，凭个人经验和分析判断能力，提出各自的预测方案，预测人员根据要求进行预测分析。 （4）整理计算、反馈有关预测结果。 （5）经过必要的反复征询和反馈，运用科学的方法，计算出预测值。 （6）向企业管理者报告专家预测结果，最后确定预测值

续表

能力领域	技能点	名称	参照规范与标准
"市场调查与预测"知识应用	技能7	"'撰写市场调查与预测报告'知识应用"技能	能以本课程理论知识为指导，依照相关实务知识规则，有质量、有效率地完成以下操作： （1）准备市场调查报告资料。明确调查目的、方法和实施情况，落实写作材料，确定报告类型和阅读对象，构思报告，选择材料。 （2）编写市场调查报告。 （3）修改与提交市场调查报告。 （4）跟踪市场调查报告

　　职业核心能力与职业道德训练：其内容、种类、等级与选项见表范3-2；各选项的操作"参照规范与标准"见本教材"附录三"附表3和"附录四"附表4。

表范3-2　　职业核心能力与职业道德训练内容、种类、等级与选项表

内容	职业核心能力							职业道德						
种类	自主学习	信息处理	数字应用	与人交流	与人合作	解决问题	革新创新	职业观念	职业情感	职业理想	职业态度	职业良心	职业作风	职业守则
等级	中级	中级	中级	中级	中级	中级	中级	认同	认同	认同	认同	认同	认同	认同
选项	√	√	√	√	√	√	√	√	√	√	√	√	√	√

【组织形式】

（1）以小组为单位组成实训团队。

（2）结合训练任务对各实训团队进行适当的角色分工，确保组织合理和每位成员的积极参与。

【训练任务】

（1）对"'市场调查与预测'知识应用"专业能力的各技能点，依照其"参照规范与标准"，实施应用相关知识的基本训练。

（2）对职业核心能力全选项，依照其相关技能点的"参照规范与标准"，实施应用相关知识的"中级"强化训练。

（3）对职业道德全选项，依照其相关素养点的"参照规范与标准"，实施"认同级"相关训练。

【情境设计】

　　随着生活水平的提高，奶茶正在被越来越多人所接受。那么现在××市奶茶消费情况如何？奶茶市场的前景如何？组织学生以实训团队为单位，应用"知识准备"中所列知识，依照"实训要求"，通过编写调查方案、设计调查问卷、进行实地调查、整理与分析调查资料并选择适当的预测方法进行预测、撰写市场调

查与预测报告、进行市场调查与预测的操作体验，在此基础上撰写相应《实训报告》，完成各项训练任务。

【指导准备】

知识准备：

（1）市场调查与预测的理论与实务知识。

（2）表范 3-1"能力与素质领域"相关技能点的"参照规范与标准"知识。

（3）本教材"附录一"附表 1 中"职业核心能力"强化训练全选项"'知识准备'参照范围"中所列知识。

（4）本教材"附录三"附表 3 中"职业核心能力"强化训练全选项的"参照规范与标准"中的各技能点和"附录四"附表 4 中"职业道德"相关训练全选项的"参照规范与标准"中的各素养点知识。

操作指导：

（1）教师向学生阐明"训练目的"、"能力与道德领域"和"知识准备"。

（2）教师就本实训"知识准备"各项内容对学生进行培训。

（3）教师指导学生就训练项目进行背景分析、设计调查方案，编写调查问卷。

（4）教师指导学生就训练项目进行访问调查。

（5）教师指导学生就训练项目进行资料整理，编写编码簿。

（6）教师指导学生就训练项目进行分析，并撰写市场调查与预测报告。

【训练时间】

本课程内容全部结束后的双休日和课余时间，为期一周。

【训练步骤】

1）将学生组成若干实训团队，每团队确定 1 人为队长，结合本实训的训练任务进行适当角色分工。

2）各团队通过互联网和图书馆等途径，调查研究××市奶茶市场并收集相关资料，在此基础上系统体验如下技能操作：

（1）依照"技能点 1"的"参照规范与标准"，运用相应知识，系统体验通过与企业管理层、行业专家进行交流沟通确定调查目标、编写市场调查方案、讨论修改方案、形成正式调查方案《"××市奶茶消费情况"市场调查方案》等项操作。

（2）依照"技能点 2"的"参照规范与标准"，运用相应知识，系统体验选定调查方向、合理抽取样本、选择实地调查方法，完成《"××市奶茶消费情况"市场调查抽样方案》等项操作。

（3）依照"技能点 3"的"参照规范与标准"，运用相应知识，系统体验设计问卷的问题和答案、确定问卷的组织与编排、综合评估和制作问卷、完成《"××市奶茶消费情况"调查问卷》的编写等项操作。

（4）依照"技能点 4"的"参照规范与标准"，运用相应知识，系统体验组建市场调查工作小组、培训市场调查人员、管理控制市场调查、组织实施市场调查等项操作。

（5）依照"技能点5"的"参照规范与标准"，运用相应知识，系统体验确认数据资料、完成《"××市奶茶消费情况"调查问卷编码簿》及资料录入、列示市场调查资料、描述分析、解析分析等项操作。

（6）依照"技能点6"的"参照规范与标准"，运用相应知识，系统体验根据调查资料开展预测、整理计算、反馈有关预测结果、确定预测值等项操作。

（7）依照"技能点7"的"参照规范与标准"，运用相应知识，系统体验准备市场调查与预测报告资料、编写市场调查与预测报告《"××市奶茶消费情况"调查与预测报告》、修改与提交市场调查与预测报告等项操作。

3）在"'市场调查与预测'知识应用"的"专业能力"上述基本训练中，融入"职业核心能力"全选项技能点的"中级"强化训练（突出其"'知识准备'参照范围"所列知识的学习和应用）和"职业道德"全选项素养点的"认同级"相关训练。

4）综合以上操作与阶段性成果，撰写《"'市场调查与预测'知识应用"实训报告》，其内容包括：实训团队成员与分工、实训过程、实训总结（包括对专业能力训练、职业核心能力训练和职业道德训练成功与不足的分析说明）、附录（包括阶段性成果全文）。

5）在班级讨论和交流各团队的《"'市场调查与预测'知识应用"实训报告》。

6）各团队根据讨论和交流结果，修订其《"'市场调查与预测'知识应用"实训报告》，使其各具特色。

【成果形式】

实训课业：《"'市场调查与预测'知识应用"实训报告》。

课业要求：

（1）将《"××市奶茶消费情况"市场调查方案》《"××市奶茶消费情况"市场调查抽样方案》《"××市奶茶消费情况"调查问卷》《"××市奶茶消费情况"调查问卷编码簿》《"××市奶茶消费情况"调查与预测报告》以"附件"形式附于《"'市场调查与预测'知识应用"实训报告》之后。

（2）在校园网的本课程平台上展示经过教师点评的班级优秀《"'市场调查与预测'知识应用"实训报告》，供相互借鉴。

"'市场调查与预测'知识应用"实训报告

一、实训团队成员与分工

1.成员：

队长：侯恩德

成员：刘瑞军、吉鑫宇、王鹏宇、王姣、武欣怡

2.组织分工：

1）刘瑞军、吉鑫宇，负责撰写调查方案、收集二手资料。

2）6名同学每2人一组在××市各主要街道进行街头拦截访问。

3）王鹏宇、王姣，负责资料录入、资料整理。

4）侯恩德、武欣怡，负责撰写调查报告。

二、实训过程

1.本团队结合市场调查与预测课题需要，首先进行了上述角色分工。

2.本团队通过互联网和图书馆等途径，调查研究了奶茶市场并收集了相关资料，在此基础上系统体验了如下技能操作：

（1）依照"技能点1"的"参照规范与标准"，运用相应知识，系统体验"编写市场调查方案"等项操作。

（2）依照"技能点2"的"参照规范与标准"，运用相应知识，系统体验"选择实地调查方法"等项操作。

（3）依照"技能点3"的"参照规范与标准"，运用相应知识，系统体验"设计调查问卷"等项操作。

（4）依照"技能点4"的"参照规范与标准"，运用相应知识，系统体验"组织实施市场调查"等项操作。

（5）依照"技能点5"的"参照规范与标准"，运用相应知识，系统体验"整理分析市场调查资料"等项操作。

（6）依照"技能点6"的"参照规范与标准"，运用相应知识，系统体验"市场预测"等项操作。

（7）依照"技能点7"的"参照规范与标准"，运用相应知识，系统体验"撰写市场调查与预测报告"等项操作。

3.本团队在"××市奶茶消费情况市场调查与预测"的上述"专业能力"基本训练中，融入了"职业核心能力"全选项相关技能点的"中级"强化训练和"职业道德"全选项相关素养点的"认同级"相关训练。

三、实训总结

通过本次实训，小组成员知道了学习与实践市场调查与预测的重要性和必要性。在此过程中，小组成员们加深了对市场调查流程的认识，提高了践行制订市场调查方案、编写市场调查问卷、整理和分析调查资料、撰写调查报告等能力；对个人素养的提高有很大的作用，也有助于培养各种能力，如信息收集能力、团队合作能力、计划制订与实施能力、实地调查技巧和方法运用能力等。

（一）市场调查与预测技能点运用情况总结

1.通过制订市场调查方案，明确了团队成员的分工以及工作流程，团队配合得很好。但是在实际执行过程中，也发现实训之初所制订的调查方案在某些方面还存在细节（如初期估算调查费用太少等）考虑不周的问题。

2.在编写问卷阶段，由于缺乏经验，主要根据自己平时所接触的内容来设计，存在编写不够完善、修改问卷不到位等问题，以致在实地调查中出现了受访者时有质疑、选择受限等现象。

3.通过本次实训实践了市场调查的多种方式与方法，包括抽样调查法、二手资料调查法、观察法、街头拦截访问法。正是因为前期编写调查问卷、预调查等准备工作做得比较充足，各成员对于奶茶知识的了解比较充分，有利于后期调查工作的展开。

4.在抽样调查阶段，根据抽样调查方案设计，需要在××市的各个街道各小区均抽取样本进行调查，而由于时间及经费有限，最终只抽选了××市有代表性的某街道各小区进行调查，样本并不能代表整个××市的奶茶消费情况，可能会导致调查结果的不准确。

5.街头拦截访问过程中给大家最大的收获在于要提高自己的信心和对调查工作的认真负责态度，以便克服拜访陌生人的畏惧心理。

6.在整理与分析资料阶段，小组成员通力合作，高效地完成了本次整理与分析资料工作，同时也为后续工作打好了基础。

7.在市场预测阶段，我们主要作了定性预测，由于收集预测数据有困难，所以没有作定量预测。

8.在撰写调查报告阶段，小组成员将前期所收集的二手资料及一手资料进行了仔细的鉴别、筛选，经过列提纲、成文、修改等几个环节的工作，最终完成了本次实训任务。

（二）市场调查与预测的成功与不足总结（见表范3-3）

表范3-3　　　　　　　市场调查与预测的成功与不足总结表

1	"'界定市场调查课题及制订调查方案'知识应用"技能	成功点	能够准确分析项目背景、调查目的及调查的主要问题
		不足点	设计调查方案不够细致
2	"'选择调查方法'知识应用"技能	成功点	（1）能根据调查项目准确选择调查方法 （2）能正确运用调查方法进行市场调查
		不足点	不能按照预定的抽样方案进行抽样，因此准确性不高
3	"'设计市场调查问卷'知识应用"技能	成功点	能较好地按设计问卷的基本技巧进行编写、修改问卷
		不足点	问卷设计不够全面，修改问卷不到位
4	"'组织实施市场调查'知识应用"技能	成功点	在实地调查中畏惧心理不断减轻，自信心不断增强
		不足点	（1）在调查过程中灵活组织语言能力不足 （2）说服拒访者接受调查能力不足
5	"'整理分析调查资料'知识应用"技能	成功点	能正确运用Excel软件进行整理资料，使其图表化
		不足点	分析数据不全面
6	"'市场预测'知识应用"技能	成功点	能够根据调查资料进行定性预测
		不足点	缺少定量预测
7	"'撰写市场调查与预测报告'知识应用"技能	成功点	撰写调查报告结构完整，得出结论正确，建议合理
		不足点	对所收集二手资料的分析不够透彻

附件范 3-1

"××市奶茶消费情况"市场调查方案

一、前言

随着经济的飞速发展，人们饮食结构渐渐发生了变化，推崇绿色健康、时尚、美味、营养休闲食品的概念已深入人心。近几年来，中国饮料产量以超过20%的年均增长率递增。奶茶作为一种新兴饮品，以奶加茶的复合式醇厚口味赢得了广大消费者的喜爱。这样巨大的市场诱惑，使许多人纷纷投资其中。因此，我们欲针对××市进行一次有关奶茶消费情况的调查。

二、调查目的

1.分析××市奶茶消费群体以及市场前景。

2.全面了解消费者对奶茶的喜爱和需求程度，以及消费奶茶的口味和消费习惯。

3.调查消费者对奶茶行业的期望（装修风格、服务、价格等），明确自身投资其中的优势和劣势以及面临的机会和威胁。

三、调查内容

根据上述调查目的，我们确定本次调查的主要内容：

1.市场前景调查，主要信息点是：

（1）调查××市奶茶市场的发展空间。

（2）同行业的竞争优势以及营销特点和市场空缺。

（3）附近人群对奶茶行业的了解程度。

2.消费者调查，主要信息点是：

（1）消费者购买奶茶的心理以及消费习惯。

（2）消费者的年龄、性别、收入、职业以及对奶茶的喜爱程度。

（3）消费者在奶茶上的开销。

3.竞争者调查：调查竞争者的优势、劣势、机会以及威胁。

四、调查对象

××市××街道年龄为18~45岁的奶茶消费人群。

五、调查方式、方法

不同的消费群体和不同年龄段的消费者消费奶茶的种类和习惯都不一样，因此，我们采取抽样调查方式，街头拦截访问方法，选择不同性别、不同职业与不同年龄的消费者进行调查。

六、调查人员安排以及时间进度安排

1.人员安排：共分3组，2人一组；一组负责资料整理，二组负责资料收集，三组配合一、二组的工作。

2.时间安排（见表范 3-4）：1个月内完成。

表范3-4　　　　　　　　　　　**市场调查计划进度表**

工作与活动内容	时　间
总体方案和问卷初步设计	2022年5月20日至2022年5月26日
问卷修正、印刷	2022年5月27日至2022年5月31日
访问员挑选与培训	2022年6月1日至2022年6月5日
调查访问	2022年6月6日至2022年6月9日
整理及分析数据	2022年6月10日至2022年6月14日
撰写调查报告	2022年6月15日至2022年6月18日
报告打印、提交	2022年6月19日至2022年6月20日

七、调查资料整理与分析

我们小组共计划发放100份问卷，对收集到的资料进行整理，得到有效的数据。为确保科学高效地完成调研工作，我们将成立专门的分析项目小组，将所有的数据录入计算机，利用Excel软件进行整理与分析。

八、费用预算（见表范3-5）

表范3-5　　　　　　　　　　　**费用预算表**

经费项目	数　量	单价（元）	金额（元）	备　注
调查方案设计费			500	
调查问卷设计费			500	
问卷印刷费	120	0.5	60	
计算技术处理费			50	
外出调查人员费用	6	100	600	
打印装订费	30	1.0	30	
杂费			60	
市场报告撰写费			1 000	
合计			2 800	

附件范3-2

"××市奶茶消费情况"市场调查抽样方案

一、抽样调查目的

本次调查的对象为××街18~45岁的人群，符合条件的调查对象多，若采用普查的方法会消耗大量的人力、物力和时间，抽样调查节省费用，简单快捷，具有科学性和较高的精确性，所以采用抽样调查方式按照比较客观的抽样比例从调查对象总体中抽取部分作为样本进行调查，从而得出一个可以代表该总体的结论。

二、总体和调查单位

（1）调查总体：××街18~45岁的所有消费者。

（2）调查单位：从××街18~45岁的所有消费者中抽出100名消费者。

三、抽样单位

本次调查主要分小区、户、个人三个阶段进行。

四、抽样框（见表范3-6）

五、确定样本量

考虑经费因素，确定抽选的样本量为100个。在××街17个小区中抽取10个小区，再在每个小区中分别抽取10户居民，每户中再抽选18~45岁的居民1人作为调查对象。

表范3-6　　　　　　　　　　　　　抽样框

小　区	栋数	单　元	层　数	户　数
石林苑	38	4	28	8 512
怡安公寓	24	5	32	7 680
鑫苑小区	27	3	25	4 050
万豪苑	16	4	19	2 432
东风佳苑	36	4	24	6 912
亲贤苑	22	5	22	4 840
盛立小区	19	3	21	2 394
梅园小区	34	3	24	6 528
裕丰家园	25	4	31	6 200
长风画卷	41	4	19	6 232
汇荣公寓	23	5	23	5 290
文华苑E	22	5	26	5 720
梅园新区	38	4	32	9 728
亲贤百万庄园	34	5	22	7 480
坞城小区	31	3	19	4 464
腾龙苑	26	3	24	3 744
千禧学府苑	24	5	26	6 240

六、抽样方法

从17个小区中用抽签法随机抽出10个小区，见表范3-7：

表范3-7　　　　　　　　　　　　　小区抽样框

小　区	栋　数	单　元	层　数	户　数
石林苑	38	4	28	8 512
怡安公寓	24	5	32	7 680
腾龙苑	26	3	24	3 744
亲贤百万庄园	34	5	22	7 480
汇荣公寓	23	5	23	5 290
文华苑E	22	5	26	5 720
鑫苑小区	27	3	25	4 050
万豪苑	16	4	19	2 432
裕丰家园	25	4	31	6 200
长风画卷	41	4	19	6 232

给每个小区的每户居民都编号，东门和西门方向分别为单数和双数。例如：编号为123191表示小区户为12号楼3单元19层东门；编号为062342表示小区户为6号楼2单元34层西门，采用随机数表的方法分别对每个小区进行抽取，直到在每个小区都抽到10户居民为止。抽取结果见表范3-8：

表范3-8 抽样样本的抽样框

小区	编号	户
石林苑	044213	4号楼4单元21层东门
	234125	23号楼4单元12层东门
	342233	34号楼2单元23层东门
	112241	11号楼2单元24层东门
	331225	33号楼1单元22层东门
	093253	9号楼3单元25层东门
	322156	32号楼2单元15层西门
	142235	14号楼2单元23层东门
	232223	23号楼2单元22层东门
	153187	15号楼3单元18层东门
怡安公寓	215243	21号楼5单元24层东门
	242265	24号楼2单元26层东门
	133318	13号楼3单元31层西门
	222223	22号楼2单元22层东门
	143279	14号楼3单元27层东门
	095300	9号楼5单元30层西门
	183285	18号楼3单元28层东门
	242172	24号楼2单元17层西门
	062265	6号楼2单元26层东门
	113287	11号楼3单元28层东门
腾龙苑	232221	23号楼2单元22层东门
	091173	9号楼1单元17层东门
	141235	14号楼1单元23层东门
	242193	24号楼2单元19层东门
	111112	11号楼1单元11层西门
	152146	15号楼2单元14层西门
	251097	25号楼1单元9层东门
	042059	4号楼2单元5层东门
	183230	18号楼3单元23层西门
	253172	25号楼3单元17层西门
亲贤百万庄园	224117	22号楼4单元11层东门
	132211	13号楼2单元21层东门
	293199	29号楼3单元19层东门
	325206	32号楼5单元20层西门
	143223	14号楼3单元22层东门
	152182	15号楼2单元18层西门
	314224	31号楼4单元22层西门
	285156	28号楼5单元15层西门
	174148	17号楼4单元14层西门
	212210	21号楼2单元21层西门

续表

小区	编号	户
怡安公寓	215243	21号楼5单元24层东门
	242265	24号楼2单元26层东门
	133318	13号楼3单元31层西门
	222223	22号楼2单元22层东门
	143279	14号楼3单元27层东门
	095300	9号楼5单元30层西门
	183285	18号楼3单元28层东门
	242172	24号楼2单元17层西门
	062265	6号楼2单元26层东门
	113287	11号楼3单元28层东门
腾龙苑	232221	23号楼2单元22层东门
	091173	9号楼1单元17层东门
	141235	14号楼1单元23层东门
	242193	24号楼2单元19层东门
	111112	11号楼1单元11层西门
	152146	15号楼2单元14层西门
	251097	25号楼1单元9层东门
	042059	4号楼2单元5层东门
	183230	18号楼3单元23层西门
	253172	25号楼3单元17层西门
亲贤百万庄园	224117	22号楼4单元11层东门
	132211	13号楼2单元21层东门
	293199	29号楼3单元19层东门
	325206	32号楼5单元20层西门
	143223	14号楼3单元22层东门
	152182	15号楼2单元18层西门
	314224	31号楼4单元22层西门
	285156	28号楼5单元15层西门
	174148	17号楼4单元14层西门
	212210	21号楼2单元21层西门

小区	编号	户
汇荣公寓	222221	22号楼2单元22层东门
	145186	14号楼5单元18层西门
	213087	21号楼3单元8层东门
	201219	20号楼1单元21层东门
	201183	20号楼1单元18层东门
	192152	19号楼2单元15层西门
	164206	16号楼4单元20层西门
	053018	5号楼3单元1层西门
	171228	17号楼1单元22层西门
	141172	14号楼1单元17层西门
文华苑E	212157	21号楼2单元15层东门
	165093	16号楼5单元9层东门
	172269	17号楼2单元26层东门
	225260	22号楼5单元26层西门
	052174	5号楼2单元17层西门
	213161	21号楼3单元16层东门
	223105	22号楼3单元10层东门
	085217	8号楼5单元21层东门
	121144	12号楼1单元14层西门
	141179	14号楼1单元17层东门
鑫苑小区	233251	23号楼3单元25层东门
	061213	6号楼1单元21层东门
	163235	16号楼3单元23层东门
	113092	11号楼3单元9层西门
	273204	27号楼3单元20层西门
	173046	17号楼3单元4层西门
	253218	25号楼3单元21层西门
	162240	16号楼2单元24层西门
	121217	12号楼1单元21层东门
	032094	3号楼2单元9层西门

续表

小区	编号	户
万豪苑	134145	13号楼4单元14层东门
	072177	7号楼2单元17层东门
	123163	12号楼3单元16层东门
	122112	12号楼2单元11层西门
	012041	1号楼2单元4层东门
	131167	13号楼1单元16层东门
	111119	11号楼1单元11层东门
	143076	14号楼3单元7层西门
	164174	16号楼4单元17层西门
	161198	16号楼1单元19层西门
裕丰家园	233314	23号楼3单元31层西门
	212193	21号楼2单元19层东门
	163097	16号楼3单元9层东门
	154309	15号楼4单元30层东门
	252250	25号楼2单元25层西门
	191193	19号楼1单元19层东门
	173291	17号楼3单元29层东门
	092276	9号楼2单元27层西门
	231283	23号楼1单元28层东门
	041268	4号楼1单元26层西门
长风画卷	383171	38号楼3单元17层东门
	252142	25号楼2单元14层西门
	402077	40号楼2单元7层东门
	032154	3号楼2单元15层西门
	152082	15号楼2单元8层西门
	112118	11号楼2单元11层西门
	164070	16号楼4单元7层西门
	262135	26号楼2单元13层东门
	371013	37号楼1单元1层东门
	114198	11号楼4单元19层西门

由于我们最终要访问的是个人，因此抽到家庭以后，还有一个对家庭成员抽样的问题。我们采用的是偶遇的方法，拜访的时候第一个碰到谁或者开门的是谁就将他作为我们的调查对象。

七、实施与控制

（1）实施：5个组员分别从17个写有小区的纸条上任意抽取2个，得到的10个小区便作为调查小区。每个人分别负责各自抽取的小区，根据数列表抽取10户家庭作为调查家庭。

将组内6个人平均分成2个队，每队3人。调查样本量为100个，每队50个样本，调查的时间为1个月，前20天每队每天调查2个样本，后10天每队每天调查1个样本。每队3个人，每天轮流2个人去调查，一个人当监督者。30天后，刚好每人调查20天，当监督者10天，分工合理，每个人都不会有意见。

（2）控制：在去小区拜访时可能会遇到以下问题：

①抽到的家庭刚好没人。

解决办法：在笔记本上做好标记，可以先选择明天要拜访的家庭去调查，明天再去这家调查。

②抽到的家庭成员出差（在一个月内回不来）或长时间不在。

解决办法：采用随机简单抽样从该小区中按照以前的方法重新抽取1个家庭作为调查对象。

③抽到的家庭不满足我们所要调查对象的范围。

解决办法：同②。

④抽到的家庭不配合我们的调查。

解决办法：运用一些技巧和被调查者好好沟通，告诉他们我们的来意，希望得到他们的配合，尽量完成调查任务。对于被调查者态度强硬，最后没有成功说服的家庭，也采用②的办法解决。

⑤偶遇的第一个人不在调查对象范围内。

解决方法：选择偶遇的第二个人作为被调查者。

⑥遇到风雨等恶劣天气。

解决办法：可以休息一天或几天，直到天气好转为止，但是要在后续工作的几天中陆续补上任务。

附件范3-3

"××市奶茶消费情况"调查问卷

调查编号　　　　　　　　　　调查时间

调查人员　　　　　　　　　　调查地点

女士/先生：

您好！我是××学院大二的学生，目前我们正在进行一项有关××市××街奶茶消费者的调查。希望从您这里得到有关奶茶需求方面的信息。请在下列所给选题的备选答案中选择适合您的情况或您同意的答案，并在所选答案的选项上打"√"，如有特殊要求的请按题作答。谢谢您的配合！

1.您喜欢喝奶茶吗？

A.喜欢　　　　　　　B.一般　　　　　　　C.不喜欢（跳到第13题）

2.您平时选择喝奶茶的频率是？

A.每天　　　　　　　B.经常　　　　　　　C.偶尔　　　　　　　D.几乎不

3.您平常去奶茶店喝奶茶吗？

A.去　　　　　　　　B.不去（跳到第5题）

4.您多久去一次奶茶店？

A.每天　　　　　　　B.一周1~2次　　　　C.一个月1~2次

5.您能接受的奶茶的价格是？

A.10元以下　　　　　B.10~30元　　　　　C.30元以上

6.您通常会出于什么原因选择一款奶茶？（可多选）

A.口感　　　　　　　B.价格　　　　　　　C.包装　　　　　　　D.颜值

E.店铺环境　　　　　F.知名度

7.您通常会选择什么杯型的奶茶？

A.小杯300ml　　　　　　　　　　　　B.中杯500ml

C.大杯700ml　　　　　　　　　　　　D.超大杯1 000ml

8.您通常喝什么口味的奶茶？（可多选）

A.珍珠奶茶　　　　　B.芋泥波波奶茶　　C.百香果奶茶　　　　D.其他（请注明）

9.您怎样看待奶茶对健康的影响？

A.十分担心，有所节制

B.觉得有一定危害，但控制不住想喝

C.没有影响

10.您消费奶茶的方式通常是？

A.App点单　　　　　B.现场点单　　　　　C.外卖配送　　　　　D.不一定，随机

11.您一般和谁去奶茶店？

A.父母　　　　　　　B.同学　　　　　　　C.同事

D.恋人　　　　　　　E.其他

12.您喜欢什么格调的奶茶店？

A.温馨浪漫　　　　　B.动感时尚　　　　　C.简约大方　　　　　D.卡通动漫

13.对于奶茶店提供的下列服务，您最关注的是？

A.心情墙　　　　　　B.音乐　　　　　　　C.座位舒适　　　　　D.各类纸牌游戏

14.奶茶店里有促销活动时您更喜欢什么样的方式？

A.指定产品第二杯半价　　　　　　　　B.满额赠送优惠券

C.会员卡充值满赠　　　　　　　　　　D.积点积分换饮品

附件范3—4

"××市奶茶消费情况"调查问卷编码簿

编码簿详见表范3—9。

表范3-9　　　　　　　　　　　　　　　**编码簿**

列	变量名称及变量说明	问答题编号	编码说明
1~3	问卷编号		从001~100
4	您喜欢喝奶茶吗？	1	1——喜欢 2——一般 3——不喜欢 0——未回答
5	您平时选择喝奶茶的频率是？	2	1——每天 2——经常 3——偶尔 4——几乎不 0——未回答
6	您平常去奶茶店喝奶茶吗？	3	1——去 0——不去 9——未回答
7	您多久去一次奶茶店？	4	1——每天 2——一周1~2次 3——一个月1~2次 0——未回答
8	您能接受的奶茶的价格是？	5	1——10元以下 2——10~30元 3——30元以上 0——未回答
9~14	您通常会出于什么原因选择一款奶茶？（可多选）	6	1——口感 2——价格 3——包装 4——颜值 5——店铺环境 6——知名度 000000——未回答
15	您通常会选择什么杯型的奶茶？	7	1——小杯300ml 2——中杯500ml 3——大杯700ml 4——超大杯1 000ml 0——未回答
16~19	您通常喝什么口味的奶茶？（可多选）	8	1——珍珠奶茶 2——芋泥波波奶茶 3——百香果奶茶 4——其他（请注明） 0000——未回答

列	变量名称及变量说明	问答题编号	编码说明
20	您怎样看待奶茶对健康的影响？	9	1——十分担心，有所节制 2——觉得有一定危害，但控制不住想喝 3——没有影响 0——未回答
21	您消费奶茶的方式通常是	10	1——App点单 2——现场点单 3——外卖配送 4——不一定，随机 0——未回答
22	您一般和谁去奶茶店	11	1——父母 2——同学 3——同事 4——恋人 5——其他 0——未回答
23	您喜欢什么格调的奶茶店	12	1——温馨浪漫 2——动感时尚 3——简约大方 4——卡通动漫 0——未回答
24	对于奶茶店提供的下列服务您最关注的是	13	1——心情墙 2——音乐 3——座位舒适 4——各类纸牌游戏 0——未回答
25	奶茶店里有促销活动时您更喜欢什么样的方式	14	1——指定产品第二杯半价 2——满额赠送优惠券 3——会员卡充值满赠 4——积点积分换饮品 0——未回答

附件范 3-5

"××市奶茶消费情况"调查与预测报告

中国是一个有着悠久饮食文化的国度，"民以食为天"，对于拥有14亿人口的大中国来说，这是一个巨大而永恒的市场。随着经济文化的飞速发展，人们饮食结构已渐渐发生变化，追崇绿色健康、时尚、美味、营养休闲食品的概念已深入人心。现在市面上对健康饮品的需求非常大，这也是碳酸饮料和酒精饮料被很多人淘汰的重要原因。奶茶是将新鲜的牛奶和优质的茶叶相结合，健康美味，给每一位消费者带来了真正的营养，因此很受欢迎，尤其深受年轻人的喜爱，也是情侣约会的必备饮品。

正因为这样巨大的市场诱惑，许多人纷纷投资其中，有人甚至辞掉了本职工作，专门开店。这其中当然有做得好赚钱的，可也有许多门店没多久就关闭了。市场存在很大的奶茶潜在消费者，他们有着时尚的心理，同时也有一定的消费能力，这是一个机遇也是一个挑战。因此，我们在××市××街进行了一次奶茶消费者市场调查，以下是我们团队做的调查报告。

一、我国奶茶市场分析

奶茶作为一种时尚休闲饮品，因其口味独特，饮用方便，赢得了消费者的喜爱。奶茶行业从无到有，奶茶种类也从单一到多样化发展，目前已成为创业比较热门的项目之一。

在强大的市场需求下，奶茶店在国内大量涌现，奶茶市场实现快速增长。截至 2022 年年末，国内约有 34.8 万家现制奶茶饮品店，按零售消费价值计，国内现制茶饮的市场规模在 2015 年时只有 8 亿元，到 2022 年已经达了 665 亿元，预计到 2025 年，这个数据将达到 2 110 亿元。

2022 年奶茶行业虽受到疫情影响，但其头部品牌在 2022 年整体都呈上涨趋势，品牌优势突出。随着人们生活质量的不断提高，饮品日益多样化，奶茶逐渐与时尚、现代生活方式联结在一起，带动了奶茶消费量的迅猛增长，形成了巨大消费市场。

二、宏观环境分析

1.人口环境

现阶段我国人口增长率在降低，人口老龄化加重。商业区人口流动性较大。此外，商业区的人群生活节奏比较快，工作压力比较大，很多时候需要缓解压力，因此，对奶茶的需求也比较大。

2.经济环境

随着改革开放的日益推进，人民生活水平的提高，人们对健康、时尚的需求越来越大。越来越多的普通民众可以消费得起相对贵一些的产品，人们对高消费的需求会进一步增加。作为××市的繁华地段××街而言人们的消费水平也是如此。

3.社会环境

随着生活节奏的加快，方便、简单、快捷的食品受到越来越多消费者的追捧。奶茶店遍布市内各街区，消费者可以很方便地买到，节省了时间。同时，奶茶饮用方便，即买即饮。由于工作和学习的压力，一些消费者没有时间自己做早餐或午餐，奶茶送货上门，为消费者带去了诸多方便。现阶段奶茶产品的消费者大多是追求潮流的年轻人，随着经济的持续发展和居民可支配收入的增长，以及奶茶产品的不断升级和多样化，奶茶消费人群将不断扩展，受众范围逐渐扩大。

三、微观环境分析

1.竞争优劣势分析

优势分析：

（1）奶茶现做现卖，即时消费，而且奶茶店的大部分产品既可以做冷饮又可以做热饮，一年四季都有市场。

（2）奶茶一般由主料、辅料和加料构成。加料主要有红豆、花生、木薯球、葡萄干等，因而在喝奶茶的同时又有"吃"的乐趣；其他饮品提供的添加物单一，无法与奶茶媲美。另外开奶茶店还可以售卖其他附属产品，比如小吃、简餐等。

（3）门面可大可小，一次性投入小，风险低，投资回报周期短，回报率高。

（4）开奶茶店的技术门槛低，操作简单，培训几天就可以进行操作，而且需要操作人员少，一般两三个就可以了。

（5）奶茶有多种特色产品，产品种类繁多，可选择性强。

劣势分析：

（1）奶茶店资金技术门槛低，既是一个优势，也是一个劣势。因为资金技术门槛低，能够开奶茶店的人也多，奶茶市场很容易达到饱和状态，竞争的重点集中在价格竞争上。

（2）奶茶的附加价值低，不能挖掘出让人记忆深刻的内涵。

（3）奶茶店生意的好坏很大程度上取决于店面的位置。奶茶的消费者一般都采取就近原则，他们不会为喝一杯奶茶而跑很远。

（4）店铺产品的好坏，直接取决于其采用的原料品质的好坏；而且原料来源透明，成功的店很容易被别人复制，店铺经营难以持续火爆。

（5）受媒体的宣传和一些负面新闻的影响，消费者对奶茶的认知存在误区，认为奶茶就是"加了香精、糖的色素水"。

（6）没有研发原料的能力，只能被动接受厂家提供的原料，使自家的产品没有独特性。

（7）奶茶是可替代产品，消费者可以选择其他饮品来代替奶茶。

2.消费者调查分析

调查组于2022年6月6日—6月9日在××市××街进行了一次关于奶茶消费者市场的入户访问调查，发放问卷100份，回收问卷84份，其中，有效问卷72份，有效率为85.7%。具体调查分析如下：

（1）消费者对奶茶的喜爱程度

"消费者是否喜欢喝奶茶"分布图如图范3-1所示。

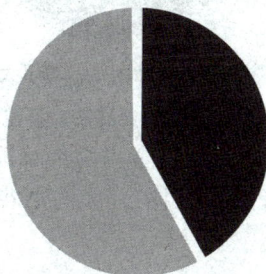

■ 喜欢1　■ 一般2

图范3-1　"消费者是否喜欢喝奶茶"分布图

图范 3-1 显示，经过调查分析 40% 的消费者喜欢喝奶茶，60% 的消费者表示一般，保持中立态度，几乎没有消费者完全不喜欢喝奶茶。这说明消费者对奶茶的喜爱度很高，有很大的发展空间。

（2）消费者喝奶茶的频率

"消费者喝奶茶的频率"分布图如图范 3-2 所示。

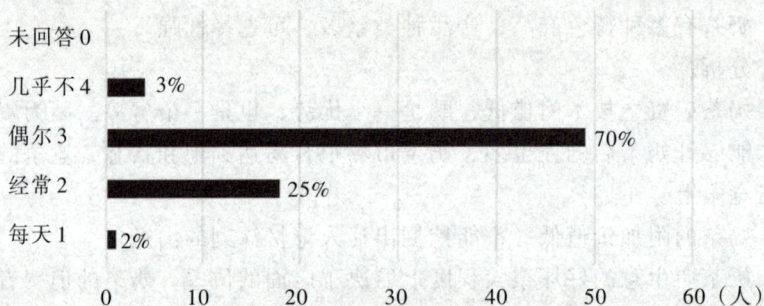

图范3-2 "消费者喝奶茶的频率"分布图

由图范 3-2 可以看出，70% 的消费者偶尔喝奶茶，25% 的消费者经常喝奶茶，3% 的消费者几乎不喝奶茶，2% 的消费者每天喝奶茶。说明消费者喝奶茶的频率还是比较高的，奶茶的消费市场非常大。

（3）消费者对奶茶的选择

"消费者选择奶茶的杯型""消费者选择奶茶的口味"分布图如图范 3-3、图范 3-4 所示。

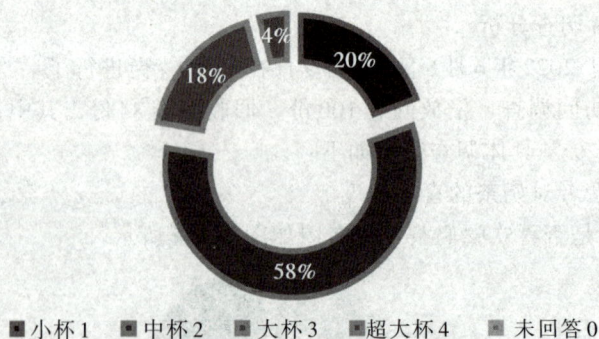

■小杯 1　■中杯 2　■大杯 3　■超大杯 4　■未回答 0

图范3-3 "消费者选择奶茶的杯型"分布图

由图范 3-3 可以看出：58% 的消费者喝奶茶时选择的杯型是中杯，20% 的消费者选择小杯，18% 的消费者选择大杯，4% 的消费者选择超大杯。说明中杯奶茶适合大部分消费者。

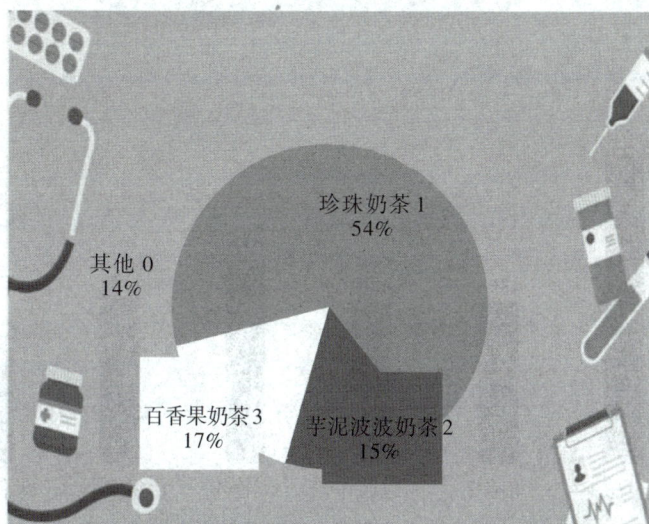

图范3-4 "消费者选择奶茶的口味"分布图

由图范 3-4 可以看出：54%的消费者喜欢喝珍珠奶茶，17%的消费者喜欢喝百香果奶茶，15%的消费者喜欢喝芋泥波波奶茶，14%的消费者喜欢喝其他。说明珍珠奶茶符合大部分消费者的口味。

（4）消费者能接受奶茶的价格

"消费者能接受奶茶的价格"分布图如图范 3-5 所示。

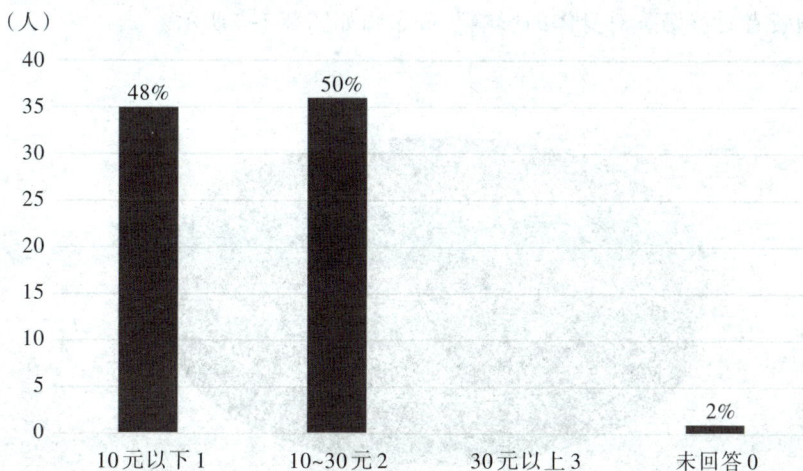

图范3-5 "消费者能接受奶茶的价格"分布图

由图范 3-5 可以看出：50%的消费者对于奶茶的价格接受范围在 10~30 元，48%的消费者可接受奶茶的范围在 10 元以下，2%的消费者未回答。说明大部分消费者对于奶茶的可接受价格范围在 10~30 元。

（5）影响消费者选择奶茶的因素

"影响消费者选择奶茶的因素"分布图如图范 3-6 所示。

（人）

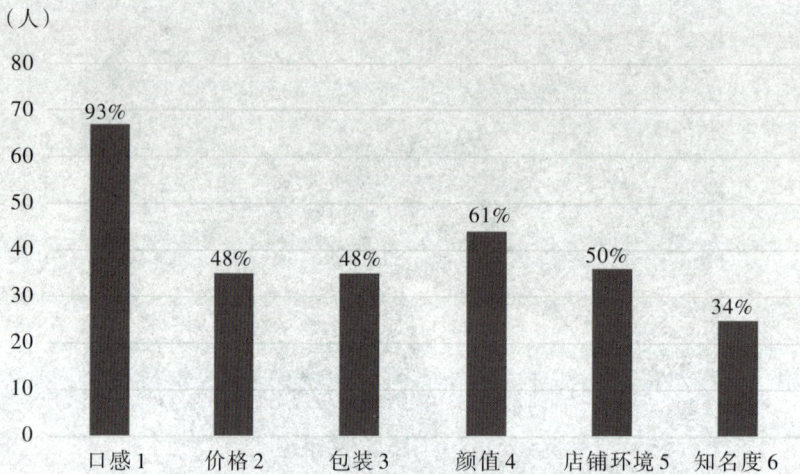

图范3-6 "影响消费者选择奶茶的因素"分布图

由图范3-6可以看出：就影响消费者选择奶茶的因素而言，依次为口感、颜值、店铺环境、价格、包装、知名度，所占比例分别为93%、61%、50%、48%、48%、34%。从中反映出消费者选择奶茶的首要前提就是口感，有时候也有一些客观因素，如颜值、店铺环境等；就本次接受调查的消费者而言，价格和知名度并不是其考虑的主要因素。

（6）消费者看待奶茶对身体的影响

"消费者看待奶茶对身体的影响"分布图如图范3-7所示。

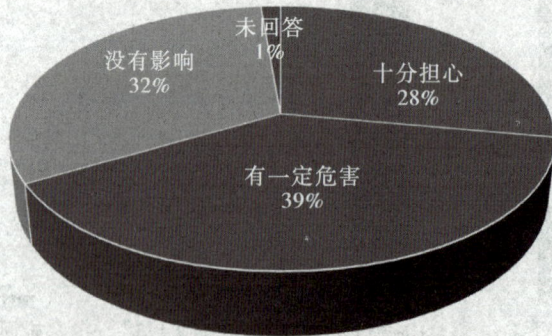

· 十分担心 · 有一定危害 · 没有影响 · 未回答

图范3-7 "消费者看待奶茶对身体的影响"分布图

由图范3-7可以看出：39%的消费者觉得奶茶有一定危害，但又控制不住想喝。32%的消费者觉得奶茶对身体健康没有影响，28%的消费者十分担心，有所节制。说明大多数消费者还是觉得奶茶对身体健康有影响的。

（7）消费者消费奶茶的方式

消费者"消费奶茶的方式"分布图如图范3-8所示。

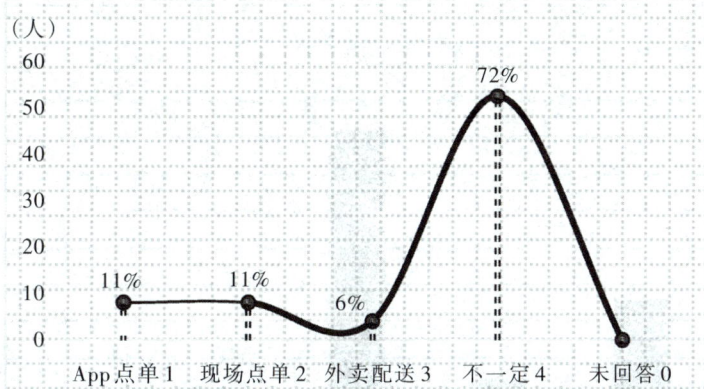

图范3-8　消费者"消费奶茶的方式"分布图

　　由图范3-8可以看出：72%的消费者消费奶茶的方式不一定，随机很强。11%的消费者用App点单，11%的消费者现场点单，6%的消费者使用外卖配送。说明大部分消费者消费奶茶方式是随机的。

　　（8）消费者和谁一起消费奶茶

　　消费者"和谁一起消费奶茶"分布图如图范3-9所示。

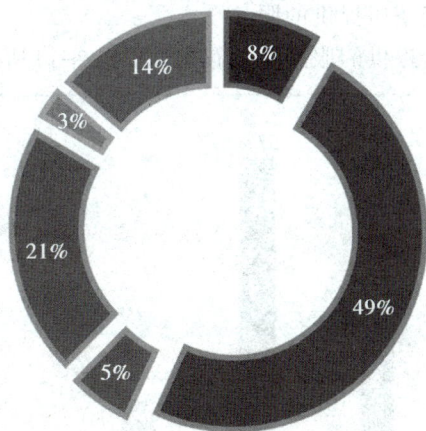

■父母1　■同学2　■同事3　■恋人4　■其他5　■未回答0

图范3-9　消费者"和谁一起消费奶茶"分布图

　　由图范3-9可以看出：49%的消费者喜欢和同学一起去喝奶茶，21%的消费者选择和恋人一起，8%的消费者选择和父母一起，5%的消费者选择和同事一起，3%的消费者选其他，14%的消费者未回答。说明大部分消费者还是喜欢和同学、恋人去喝奶茶。

　　（9）消费者喜欢的奶茶店格调

　　"消费者喜欢的奶茶店格调"分布图如图范3-10所示。

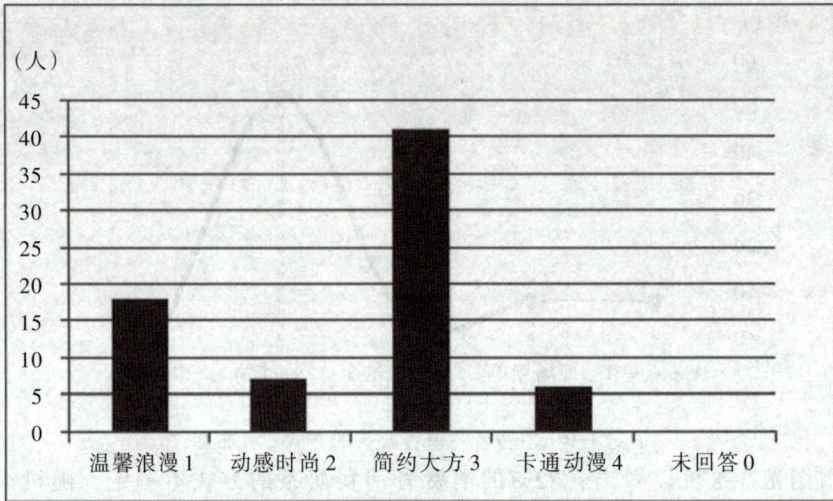

图范3-10   "消费者喜欢的奶茶店格调"分布图

由图范3-10可以看出：调查中有41位消费者喜欢简约大方的格调，18位消费者喜欢温馨浪漫的格调，7位消费者喜欢动感时尚的格调，6位消费者喜欢卡通动漫的格调。说明大部分消费者喜欢简约大方的风格。

（10）消费者喜欢奶茶店提供的服务

"消费者喜欢奶茶店提供的服务"分布图如图范3-11所示。

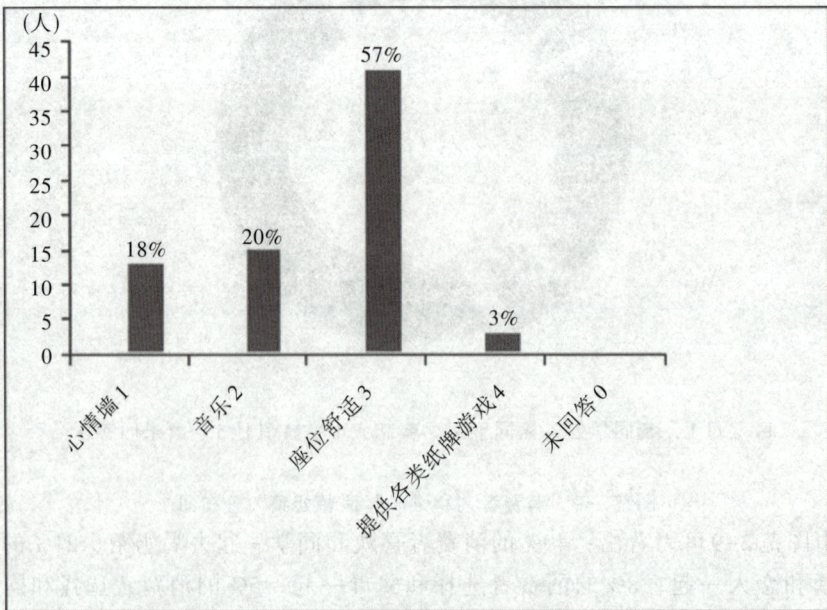

图范3-11   "消费者喜欢奶茶店提供的服务"分布图

由图范3-11可以看出：57%的消费者最关注奶茶店座位是否舒适，20%的消费者关注奶茶店的音乐，18%的消费者关注奶茶店的心情墙，3%的消费者关注奶茶店提供的各类纸牌游戏。说明大部分消费者喜欢座位舒适的奶茶店。

（11）消费者喜欢的促销活动

"消费者喜欢的促销活动"分布图如图范3-12所示。

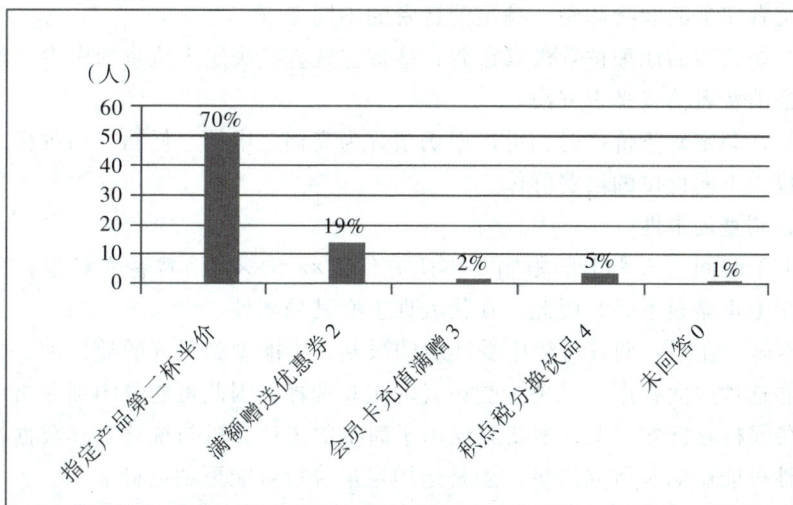

图范3-12 "消费者喜欢的促销活动"分布图

由图范3-12可以看出：70%的消费者希望奶茶店推出指定产品第二杯半价的活动，19%的消费者希望奶茶店推出满额赠送优惠券活动，5%的消费者希望奶茶店可以积点积分换饮品，2%的消费者希望奶茶店推出会员卡充值满赠活动，1%的消费者未回答。说明大部分消费者希望指定产品第二杯半价。

四、结论及建议

1.结论

（1）就本次调查的消费者而言，消费者能接受奶茶的价位在10~30元。

（2）消费者非常重视奶茶的口感。除了美味的口感，漂亮的颜值、整洁的环境也能让消费者联想到店内饮品卫生干净、味道可口，可见颜值、环境的好坏对奶茶而言，也是不可或缺的特质。

（3）大多数消费者还是觉得奶茶对身体健康有影响。经营者需要考虑消费者的这一顾虑。

（4）消费者消费奶茶的方式很随机，所以经营者需要拓宽奶茶的销售渠道，使消费者能更方便地购买到奶茶。

（5）消费者喝奶茶主要是和朋友、同事、同学，或者恋人一起去，因此消费者喝奶茶的主要场景是休闲、社交、聚会等。

（6）消费者喜欢的奶茶店格调为简约大方，店内座位的舒适度最重要。

（7）消费者喜欢的促销活动是指定产品第二杯半价。

2.建议

（1）抓住主要消费群的心理，在消费者心中树立良好的品牌形象，利用附加产品刺激消费欲望，如奶茶店的装修风格、贴心服务等。此外，还可以给老顾客赠送礼品或者给予优惠等。

（2）一定要对各种奶茶的口味有足够的重视。奶茶的口味要不断推陈出新，吸引消费者消费。经营者可以关注奶茶的流行趋势，多推出新口味的奶茶，要保证给消费者完美的购物体验，满足消费者的不同需求。

（3）奶茶店的地理位置极其重要，地理位置直接决定人流量的多少，还应更多地考虑消费者消费是否方便。

（4）在制定奶茶价格时，可以把奶茶分为高档、中档、低档三档价格，分别面对能接受不同价位的消费群体。

五、调查局限性

1.由于时间、人力上的限制，本研究仅以××市××街消费者为对象，而且在样本总量上也略显不足，因此，在代表性上有其局限性。

2.本研究在问卷调查过程中受环境的限制，不能做到很好的随机性，且生活形态问卷选项很大程度上取决于受访者的主观选择，因此可能影响到分析结果。

3.在资料分析方法上，本研究仅用了简单的定性分析与统计工具数据，数据的代表性可能影响到研究结果，若是运用定量分析可能更贴近科学。

4.最后由于考虑到问卷设计太长，设置太多问题可能导致受访者不耐烦而影响问卷精确度甚至会被拒绝调查，所以本研究在设计问卷时，为使受访者易于接受和提高效率，删弃部分题目设计，这在一定程度上会影响调查结果的稳定性。

◆ 范例-4 ◆

□ 自主学习

【训练项目】

"自主学习-范"。

【训练目的】

参加"自主学习-范"训练。制定和实施《团队长期学习目标》和《团队长期学习计划》，通过自主学习与应用其"知识准备"所列知识和"文献综述"相关规范，收集、整理与综合以"网络调查与现场问卷调查的比较"为主题的中外文献资料，撰写、讨论与交流《"网络调查与现场问卷调查的比较"研究最新文献综述》等活动，体验"自主学习"（初级）及其迁移，培养"自主学习"的通用能力。

【教学方法】

采用"学导教学法"和"研究教学法"。

【训练要求】

1）以班级小组为单位组建学生训练团队，各团队依照本教材"附录三"附表3"自主学习"（初级）的"基本要求"和各技能点的"参照规范与标准"，确定《团队长期学习目标》，制订《团队长期学习计划》。

2）各团队实施《团队长期学习目标》和《团队长期学习计划》，系统体验对本教材"附录一"附表1"能力领域"中"自主学习"（初级）各技能点"'知识准备'参照范围"所列知识和"'文献综述'撰写规范"的自主学习。

3）各团队通过学院资料室、图书馆和互联网查阅和整理近几年以"网络调查与现场问卷调查的比较"为主题的国内学术文献资料，系统体验对本教材"附录一"附表 1"能力领域"中"自主学习"（初级）各技能点"'知识准备'参照范围"所列知识和"文献综述"撰写规范的自觉应用过程。

4）各团队以整理后的以"网络调查与现场问卷调查的比较"为主题的文献资料为基础，通过撰写《"网络调查与现场问卷调查的比较"最新文献综述》，进一步体验对本教材"附录一"附表 1"能力领域"中"自主学习"（初级）各技能点"'知识准备'参照范围"所列知识和"文献综述"撰写规范的自觉应用过程。

5）总结对"1）"、"2）"、"3）"和"4）"各项体验，撰写作为"成果形式"的训练课业。

【成果形式】

训练课业：《"自主学习–范"训练报告》。

课业要求：

1）内容包括：训练团队成员与分工；训练过程；训练总结（包括对各项操作的成功与不足的简要分析说明）；附件。

2）将《团队长期学习目标》、《团队长期学习计划》和《"网络调查与现场问卷调查的比较"最新文献综述》作为《"自主学习–范"训练报告》的"附件"。

3）《"网络调查与现场问卷调查的比较"最新文献综述》应符合"文献综述"规范要求，做到事实清晰，论据充分，逻辑清晰，不少于 3 000 字。

4）在校园网的本课程平台上展示班级优秀训练课业，并将其纳入本课程的教学资源库。

"自主学习–范"训练报告

一、团队成员与分工

1.团队构成

本团队设队长 1 人，成员 5 人，共计 6 人。

2.任务分工

队长刘亚清主要负责训练阶段及时间进度安排，团队的定期讨论组织及主持，阶段成果汇总，文献综述成果统合、整理及汇报工作；李菁同学负责 2006—2012 年"网络调查与现场问卷调查的比较"相关学术文献的收集整理及汇报工作；团队成员李鹏霞同学负责 2012 年至目前"网络调查与现场问卷调查的比较"相关学术文献的收集整理及汇报工作；团队成员刘雅婷同学负责分析"网络调查与现场问卷调查的比较"相关学术文献的分布（时间分布和期刊分布）及汇报工作；团队成员路娅同学负责分析"网络调查与现场问卷调查的比较"相关文献的研究方向及汇报工作；团队成员马雨欣同学负责分析"网络调查与现场问卷调查的比较"相关文献的研究方法及汇报工作。

二、训练过程

1.时间及进度安排

本训练为期三周。第一周完成"训练要求"中第"1）"和"2）"项要求规定的任务；第二周完成"训练要求"中第"3）"和"4）"项要求规定的任务；第三周完成"训练要求"中第"5）"项要求规定的任务。

2.训练实施

（1）训练第一周

在教师指导下，由队长组织团队成员自主学习本教材"附录一"附表1"自主学习"（初级）各技能点"'知识准备'参照范围"所列知识和"文献综述"相关规范知识，通过制定的《团队长期学习目标》和《团队长期学习计划》，完成"训练要求"中第"1）"和"2）"项要求规定的任务。

（2）训练第二周

在教师指导下，团队成员实施《团队长期学习计划》，应用本教材"附录一"附表1"自主学习"（初级）各技能点"'知识准备'参照范围"所列知识和"文献综述"相关规范知识，完成"训练要求"中第"3）"和"4）"项要求规定的任务。

首先，团队成员对近几年的"网络调查与现场问卷调查的比较"文献进行收集。收集到的相关度高的文献有：①方佳明、邵培基、粟婕、张谦、田禹五位于2006年发表在《管理评论》上的《基于网络的问卷调查回复率影响因素实证研究》，指出在网络调查中物质的激励在提高回复率方面并不具有国外相关研究中所起到的决定性作用；相反，被调查者参与网络调查最主要的原因在于对所调查的内容感兴趣。②刘小平于2006年发表在《商场现代化》上的《网络市场调查能取代传统市场调查吗?》，通过对比分析发现，尽管网络调查发展很快，与传统市场调查相比具有许多优势，但它也存在不少局限性与问题，并不能取代传统市场调查，二者各有其存在的必要性和应用价值。③陈永泰、何有世于2008年发表在《统计与决策》上的《网络调查和传统纸质调查的差异性研究》，指出在单位无回答方面网络调查劣于纸质调查；但在项目无回答方面，网络调查明显优于纸质调查。对不同题目类型、行为问题和态度问题的数据分析结果表明，对两种调查方法来说，被访者对调查问卷的回答没有明显区别。④张彦霞于2009年发表在《高校教育研究》上的《网络调查研究与实地调查的整合应用》，主要指出网络调查作为一种新的调查方法还不成熟，但可以把网络与实地调查结合运用，并具体提出了结合运用的步骤和方法。⑤潘绥铭、张娜、黄盈盈三位于2009年发表在《江淮论坛》上的《网站调查与实地调查的实证对比研究：样本偏差程度及其方法论意义》，认为网站调查本质上是招募调查，不是做不到，而是不需要总体界定与随机抽样，因此，网站调查只能向着开展定性调查的方向发展。⑥王东于2010年发表在《中国统计》上的《网上调查与实地调查孰优孰劣》，详细介绍了网上调查是伴随着网络和通信技术而兴起的一种具体的调查方法和技术，调查途径包括通过电子邮件、发放调查问卷，通过网络会议或网络实时交流进行访谈或调查。这一阶段还主要从理论上对网络调查这种新方式新技术进行分析认证。⑦于洪彦、黄晓治于2011年发表在《统计与信息论坛》上的《书面调查和网络调查的区别——两种数据收集方法的比较》中，从数据收集质量和测量效果两个方面对纸笔调查与网络调查进行了比较，两种调查方法在测量模型和测量信度方面没有显著差异，但是纸笔调查的测量均值高于网络调查，而网络调查的测量误差高于纸笔调查，网络调查的缺失率更低，纸笔调查与网络调查具有测量不变性。⑧周永广、桂晶晶于2012年发表在《青岛酒店管理职业技术学院学报》上的《网络调查与现场问卷调查的比较研究——以普陀山旅游调研为例》，通过对普陀山旅游调查中网络调查与现场调查两种不同调查方式的比较，发现在人口统计学特征、旅游行为与效果以及旅游决策影响因素三个方面都存在显著差异，结论表明，在学术研究中，对网络数据的采用应持审慎态度。⑨刘得格、黄晓治、张梦华于2014年发表在《商业研究》上的《网络调查和纸笔调查法对比研究——以领导成员交换与员工离职意向关系为例》中，采用验证性因子分析和嵌套模型，以领导成员交换与员工离职意向关系为例，对网络调查和传统纸笔调查进行对比分析。文章认为，组织情感承诺、领导情感承诺在领导成员交换和员工离职意向之间起中介作用，这四个变量在网络调查和纸笔调查不同群组之间具有测量模型不变性、变量测量信度不变性和路径系数的不变性；针对比较敏感的问题，网络调查的变量均值较大，反之则较小。⑩张木子、李君轶、张高军于2015年发表在《旅游学刊》上的《孰优孰劣：旅游在线调查与田野调查对比分析》，文章以旅游目的地形象研究为载体，从调查的基本要素和数据分析两个方面对比了在线调查与田野调查的差异，从不同指标分析各自的优缺点，认为在旅游研究中采取多模式方法调查效果会更好。Jsselena（1980）于2018年发表在百度文库中的《网络购物调查问卷报告》，文章从调查方法、调查数据统计分析、结论三个方面详细报告了网络调查的现状。清穿与昂于2019年4月发表在百度文库中的《如何进行有效的问卷调查设计》，文章结合公司的中层干部360°调查，认为一次有效的问卷调查必须从调查问卷的结构、问卷项目的设计、调查问卷设计注意事项进行详细说明。松锋于2019年5月发表在百度文库中的《网上调查问卷设计技巧和注意事项》，从认真设计调查问卷表、吸引更多的人参与调查、尽量减少无效问卷、保护个人信息声明、避免滥用市场调查功能等八个方面进行了分析。

这一阶段网络调查被广泛采用，研究人员结合自己的调查项目情况会采用网络调查、实地调查等多种方式进行调查，有了实证研究的基础，因此，研究者关注网络调查与实地调查的实证对比研究。随着网络技术的发展，研究者关注网络调查的科学性和有效性，而且研究的内容越来越广泛，越来越深入，为科学地选用各种调查方式提供了实证资料。

其次，团队成员根据各自分工的"网络调查与现场问卷调查的比较"内容进行文献梳理和综述撰写工作。由团队总结得出："网络调查与现场问卷调查的比较"在2006—2012年这一阶段的比较研究着重从理论上分析认证；2012年以后人们开始关注实证研究。这与网络技术发展和电脑的普及有一定关系，研究者也从理论分析转向了实证研究，就收集到的6篇实证研究的比较的文章看，在实证比较中，定性和定量分析对比都有，分析得也比较深入。从研究对象分布看，有

1篇是关于人口调查的，有2篇是关于旅游方面的，有3篇是关于网络调查问卷设计和网络调查问卷报告撰写的。论文开始对生产领域、流通领域进行实证研究，这是我们今后要认真进行分析研究的领域。经过小组讨论，形成各部分研究综述的修改意见和完善意见。

最后，团队成员修改完善相关研究内容的综述撰写工作。针对"网络调查与现场问卷调查的比较"的研究取向、覆盖领域、研究方法等进行补充性、滚雪球式的文献搜索，并讨论各自负责方面的工作。队长就修改后的各部分综述进行统合，形成《"网络调查与现场问卷调查的比较"最新文献综述》。本周末队长组织团队讨论，就最终综述成果进行汇报，各成员就本次训练进行经验交流和问题总结。

（3）训练第三周

队长组织团队成员，总结对落实"训练要求"中第"1）"、"2）"、"3）"和"4）"项要求的体验，撰写作为最终成果形式的《"自主学习-范"训练报告》。

三、训练总结

1.关于文献收集

团队成员能够在较短时间内掌握运用校内网络平台查找国内学术文献的方法，在国内学术期刊上成功收集到"网络调查与现场问卷调查的比较"相关学术文献。但是，本次自主学习没有安排对国外学术文献进行查找，今后要加强对国外学术文献的阅读能力和查找能力。

2.关于文献分类整理

团队成员能够按发表年份、期刊、研究内容、研究取向等对海量文献进行分类整理，并从中总结相关研究的发展特征和趋势。但是，在学术期刊的等级、类别、质量的判断方面存在混淆，需进一步提升对国内外学术期刊背景信息的了解程度，能够辨识在市场调查学术研究中具有较大影响力的国内外学术期刊。

3.关于文献综述撰写

团队成员能够在文献收集和整理的基础上，就自己所负责研究内容的相关研究成果进行综述撰写，并予以评述，但在对具体研究内容的归纳以及有代表性、影响力的学术成果的甄别方面存在不足，需进一步培养学术语言表达能力、归纳能力，培养对核心研究文献的甄别能力。

4.关于"自主学习"融入性训练

《"网络调查与现场问卷调查的比较"最新文献综述》从资料收集、讨论、撰写到交流和修订，始终是在融入"自主学习"这一"通能"之"强化训练"的过程中进行的；本次训练等级定为"初级"，因为这一问题是本课程前段学习的内容，主要培养团队成员的"自主学习"能力。

团队全体成员都认识到：在学科知识更新周期大大缩短的今日，相当多在校学习的知识毕业后已经过时，只有在"授之以鱼"的同时"授之以渔"，即通过"学会学习"，导入关于"学习理论"、"学习方法"与"学习策略"的"自主学习"机制，才能赋予自身以应对"从学校到生涯"的"知识流变"之无限潜力。

四、附件

附件范4-1

团队长期学习目标

➤掌握收集和运用信息的方法，能够熟练运用国内的学术网络平台收集"网络调查与现场问卷调查的比较"的学术信息（学术论文）。

➤掌握学习的认知策略、元认知策略和资源管理策略，能够对国内外"网络调查与现场问卷调查的比较"的文献进行有效的整理和分类。

➤掌握有效资源利用的策略以及项目论证和测评的方法，能够对"网络调查与现场问卷调查的比较"这一学术领域的研究成果进行评述和综合，并清晰表达自己的学术观点。

➤掌握编写计划和检查调控计划执行的方法，对"网络调查与现场问卷调查的比较"的自主学习进度、关键时间节点、各阶段任务有清晰的界定和严格的执行。

➤掌握团队合作的策略和方法，在队长的组织协调下，通过前期的分工及中后期的合作，通过团队的努力一起完成"网络调查与现场问卷调查的比较"的自主学习任务。

附件范4-2

团队长期学习计划

➤学习时间

××年××月××日——××年××月××日，为期三周。

➤学习团队成员

李菁同学、李鹏霞同学、刘雅婷同学、路娅同学、马雨欣同学、刘亚清同学（队长），共计6人。

➤学习阶段

本自主学习内容共分三个阶段，每阶段为期一周。第一阶段完成"训练要求"中第"1）"和"2）"项要求规定的任务；第二阶段完成"训练要求"中第"3）"和"4）"项要求规定的任务；第三阶段完成"训练要求"中第"5）"项要求规定的任务。

➤学习困难和变化预估

在学习过程中可能在如何对国内学术论文进行快速、有效的阅读，如何对国内学术期刊的背景信息（刊物级别、论文质量）进行准确把握，如何对某一学术问题的研究成果进行清晰归纳，如何运用规范的学术语言对学术成果进行综述撰写等方面存在困难；在小组讨论会的时间确定上可能因小组成员的不同需要予以适时调整。

➤学习计划实施

①三个阶段学习。第一周完成"训练要求"中第"1）"和"2）"项要求规

定的任务；第二周完成"训练要求"中第"3）"和"4）"项要求规定的任务，即完成应用"知识准备"所列知识，进行相关文献收集及分类整理，以及《文献综述》撰写和修改工作；第三周完成《"自主学习-范"训练报告》的撰写工作。

②四次团队讨论。第一次团队讨论：队长组织团队讨论，明确训练目标、计划及任务分工；第二次团队讨论：队长于第一周周末组织团队讨论，各成员进行成果汇报，队长统合整理各成员成果；第三次团队讨论：队长于第二周周末组织团队讨论，各成员就撰写内容进行汇报，由团队讨论后队长提出修改及完善意见；第四次团队讨论：队长在第三周周末组织小组成员讨论，汇报最终综述成果，团队成员就本次训练进行经验交流和问题总结。

➤ 学习进度检查

通过每阶段末的团队会，适时检查各团队成员学习进度。通过第一阶段末的团队讨论，检查"训练要求"中第"1）"和"2）"项要求的落实情况；通过第二阶段末的团队讨论，检查"训练要求"中第"3）"和"4）"项要求的落实情况，即各成员"知识准备"所列知识的应用、文献收集与整理和《文献综述》初稿撰写情况；通过第三阶段末的团队讨论，检查"训练要求"中第"5）"项要求的落实情况，即本次训练的问题交流和经验总结情况。

附件范 4-3

"网络调查与现场问卷调查的比较"最新文献综述

（团队队长：　　　　　　团队成员：　　　　　　　　　　　　）

一、文献收集与整理

以国内文献中国知网（CNKI）数据库为基础，将"网络调查与现场问卷调查的比较"拆分成"网络调查""实地调查"，并分别作为"关键词"、"篇名"和"主题"，搜索相关文献。在搜索的时间跨度上设定为2006年1月1日到2019年12月31日。

二、文献资料分布

1.国内分布

经过检索和筛选（限定2006年1月1日至2019年12月31日发表的论文），纳入综述的在中国知网上收录的正式发表的论文共计13篇，具体信息见表范4-1。从表中可以看出，在"网络调查与现场问卷调查的比较"研究中，前期作者从两种调查的受众面、可靠性、信息收集速度、效用等理论方面进行探讨；后期作者结合调查工作实证进行了很多具体分析，分别指出了在各自调查中两种调查方法的优劣。

2.时间分布

从时间分布的角度看，2006年2篇，2008年1篇，2009年2篇，2010年1篇，2011年1篇，2012年1篇，2014年1篇，2015年1篇，2018年1篇，2019年2篇。13篇论文都发表在与市场调查相关的专业刊物和网络上，包括《商业研究》《中国统计》《统计与决策》《商场现代化》《旅游学刊》《管理评论》等刊物和百度文库。

3. 期刊和文章分布（见表范 4-1）

表范4-1　　2006—2019年"网络调查与现场问卷调查的比较"研究期刊和文章分布表

刊物名称	论文题目	作者	发表时间
《商场现代化》	网络市场调查能取代传统市场调查吗？	刘小平	2006年6月
《管理评论》	基于网络的问卷调查回复率影响因素实证研究	方佳明、邵培基、粟婕、张谦、田禹	2006年10月
《统计与决策》	网络调查和传统纸质调查的差异性研究	陈永泰、何有世	2008年8月
《高校教育研究》	网络调查研究与实地调查的整合应用	张彦霞	2009年5月
《江淮论坛》	网站调查与实地调查的实证对比研究：样本偏差程度及其方法论意义	潘绥铭、张娜、黄盈盈	2009年4月
《中国统计》	网上调查与实地调查孰优孰劣	王东	2010年5月
《统计与信息论坛》	书面调查和网络调查的区别——两种数据收集方法的比较	于洪彦、黄晓治	2011年10月
《青岛酒店管理职业技术学院学报》	网络调查与现场问卷调查的比较研究——以普陀山旅游调研为例	周永广、桂晶晶	2012年1月
《商业研究》	网络调查和纸笔调查法对比研究——以领导成员交换与员工离职意向关系为例	刘得格、黄晓治、张梦华	2014年9月
《旅游学刊》	孰优孰劣：旅游在线调查与田野调查对比分析	张木子、李君轶、张高军	2015年4月
百度文库	网络购物调查问卷报告	Jsselena（1980）	2018年7月
百度文库	如何进行有效的问卷调查设计	清穿与昂	2019年4月
百度文库	网上调查问卷设计技巧和注意事项	松锋	2019年5月

　　表范 4-2 列示了 2006—2019 年相关刊物和文章上网络调查与现场问卷调查的比较研究进展。

表范4-2　2006—2019年相关刊物和文章上"网络调查与现场问卷调查的比较"研究进展

作者	题目	期刊	比较研究取向	主题
刘小平	网络市场调查能取代传统市场调查吗？	《商场现代化》	文章主要通过对两种市场调查方法的对比分析，特别指出网络市场调查应用的局限性与问题，从而得出网络市场调查不能取代传统市场调查的结论	随着网络的蓬勃发展，网络经济、网络文化已经渗透到社会的各个方面，网络市场调查也应运而生。它与传统的市场调查相比，具有相当多的优势，同时也存在不少的问题与局限，它并不能取代传统的市场调查，二者各有其存在的必要性和应用价值

续表

作者	题目	期刊	比较研究取向	主题
方佳明、邵培基、粟婕、张谦、田禹	基于网络的问卷调查回复率影响因素实证研究	《管理评论》	文章从被调查者的角度得到了一些促使其参与网络调查的原因，寻找对调查内容感兴趣的调查样本，设计便于被调查者填写的问卷格式。适当的激励措施，基于网站的电子邮件邀请以及由权威、非营利性质的调查主体来实施调查都将有助于提高网络调查的回复率	通过对调查数据分析后发现，在网络调查中物质的激励在提高回复率方面并不具有国外相关研究中所起到的决定性作用，相反，被调查者参与网络调查最主要的原因在于其对所调查内容的兴趣；导致目前网络调查过低的回复率的原因有：网络的安全性缺乏、调查问卷的设计不合理及网络病毒和垃圾邮件的影响
陈永泰、何有世	网络调查和传统纸质调查的差异性研究	《统计与决策》	文章通过大学生消费问卷调查考察了网络调查与传统纸质调查在数据收集方面的差异性	在单位无回答方面网络调查劣于纸质调查；但在项目无回答方面，网络调查明显优于纸质调查。对不同题目类型、行为问题和态度问题的数据分析结果表明，对两种调查方法来说，被访者对调查问卷的回答没有明显区别，即被访者对自身信息的揭露愿望，不受两种调查方法的影响
张彦霞	网络调查研究与实地调查的整合应用	《高校教育研究》	网络调查与实地调查结合运用的步骤与方法	网络调查研究方法发展至今已经具备了比较丰富的调查方式，拥有成本低、用时短等优点，但在样本代表性、数据质量等方面存在缺陷，所以网络调查研究需要与实地调查法相结合
潘绥铭、张娜、黄盈盈	网站调查与实地调查的实证对比研究：样本偏差程度及其方法论意义	《江淮论坛》	笔者在完成总人口的多阶段抽样的电脑辅助的实地调查之后，以缩减的同一问卷进行网站调查。就两者的可比性得出论证	对两种调查方式结果对照分析发现，网站调查应答者的阶层分布相比于实地调查出现了全面的统计学上的显著差异，证明网站调查结果既不能代表总人口，也不能代表网民。网站调查的兴旺现状，来源于当前大众的信息饥渴与无知IT从业者和无良传媒商的自觉合谋制造以及学术界对社会责任的忽视。网站调查本质上是招募调查，因此不是做不到而是不需要总体界定与随机抽样。因此网站调查只能向着开展定性调查的方向发展

作者	题目	期刊	比较研究取向	主题
王东	网上调查与实地调查孰优孰劣	《中国统计》	网上调查的新方法介绍	网上调查是伴随着电脑网络技术的成熟和普及而兴起的，从社会研究方法的角度来看，它更多地属于一种具体的调查方法和技术，即一种资料的收集方法。它的实现方式多种多样，主要包括通过电子邮件发放调查问卷、通过网络会议或网络实时交流进行访谈或调查、通过网站设置的调查网页让网民主动地浏览作答
于洪彦、黄晓治	书面调查和网络调查的区别——两种数据收集方法的比较	《统计与信息论坛》	随着网络调查的兴起，研究者必须确认网络调查与传统的纸笔调查效果是否相同。从数据收集质量和测量效果两个方面对纸笔调查与网络调查进行了比较	纸笔调查与网络调查的测量模型和测量信度没有显著差异，但是，纸笔调查的测量均值高于网络调查，而网络调查的测量误差高于纸笔调查，网络调查的缺失率更低，纸笔调查与网络调查具有测量不变性
周永广、桂晶晶	网络调查与现场问卷调查的比较研究——以普陀山旅游调研为例	《青岛酒店管理职业技术学院学报》	通过对普陀山旅游调查中网络调查与现场问卷调查两种不同调查方式的比较，发现两者在人口统计学特征、旅游行为与效果以及旅游决策影响因素量表三个方面都存在显著差异。结论表明，在学术研究中，对网络调查数据的采用应持审慎的态度	计算机网络技术的发展，为信息传播提供了新渠道，新技术带来的便利无疑会给许多传统行业带来冲击，调查行业亦是如此。利用网页问卷、电子邮件问卷、网上聊天室、电子公告板等网络多媒体通信手段进行调研，应认真思考调查内容、调查对象、调查方式方法的特殊要求，应审慎采取网络调查
刘得格、黄晓治、张梦华	网络调查和纸笔调查法对比研究——以领导成员交换与员工离职意向关系为例	《商业研究》	采用验证性因子分析和嵌套模型，以领导成员交换与员工离职意向关系为例，对网络调查和传统纸笔调查进行对比分析	组织情感承诺、领导情感承诺在领导成员交换和员工离职意向之间起中介作用，这四个变量在网络调查和纸笔调查不同群组之间具有测量模型不变性、变量测量信度不变性和路径系数的不变性；针对比较敏感的问题，网络调查的变量均值较大，反之则较小

作者	题目	期刊	比较研究取向	主题
张木子、李君轶、张高军	孰优孰劣：旅游在线调查与田野调查对比分析	《旅游学刊》	以旅游目的地形象研究为载体，从调查的基本要素和数据分析两方面对比了在线调查与田野调查的差异	在线调查作为一种新兴的调查方法，相对于传统的田野调查，一直以来被认为能够为研究者带来成本的节省、快速的回收及高效的数据管理等，但同时，网络问卷的数据质量也备受质疑。选取旅游目的地形象研究为载体，从调查的基本要素和数据分析两个方面对比了在线调查与田野调查的差异。描述统计、代表性和数据质量考察的结果表明：网络问卷和纸质问卷产生的数据都存在一定的偏差。网络问卷在发放回收效率、统计便利程度方面优于纸质问卷；纸质问卷在代表性上比网络问卷强；网络问卷和纸质问卷的数据质量各有千秋，在缺失值上，网络问卷有优势，从数据损坏情况来看，纸质问卷更可靠。在旅游研究中采取多模式方法则更为可取
Jsselena（1980）	网络购物调查问卷报告	百度文库	文章从调查方法、调查数据统计分析、结论三个方面详细报告了网络调查的现状	文章详细报告了网络购物性别分布、职业分布、网上购物频数、网购原因、网购主要商品频数分布、网购热门产品产销分布、网站选择分布、购物看重点分布、购物消费范围分布、购物存在问题分布，是一篇网络购物调查的较好的实例
清穿与昂	如何进行有效的问卷调查设计	百度文库	文章结合公司的一次中层干部360°调查，分析了怎样进行问卷调查设计更有效的问题	文章认为一次有效的问卷调查必须从调查问卷的结构、问卷项目的设计、调查问卷设计注意事项进行详细说明
松锋	网上调查问卷设计技巧和注意事项	百度文库	文章对如何有效设计调查问卷进行了认真探讨	文章从认真设计调查问卷表、吸引更多的人参与调查、尽量减少无效问卷、保护个人信息声明、避免滥用市场调查功能等八个方面进行了分析

三、文献成果综述

1.从理论方面对网络调查与实地调查比较进行研究

在2006—2019年发表的13篇关于网络调查与实地调查比较的文献中，从理论方面研究的有6篇。具体而言，方佳明等4人基于网络问卷调查回复率影响因素进行了实证研究，通过对调查数据分析后发现，在网络调查中物质的激励在提高回复率方面并不具有国外相关研究中所起到的决定性作用，相反，被调查者参与网络调查最主要的原因在于其对所调查内容感兴趣。刘小平在《网络市场调查能取代传统市场调查吗?》一文中通过对比分析发现，网络调查尽管发展很快，它与传统市场调查相比具有许多优势，但也存在不少局限性与问题，它并不能取代传统市场调查，二者各有其存在的必要性和应用价值。陈永泰等2人对网络调查和传统纸质调查的差异性研究认为，在单位无回答方面网络调查劣于纸质调查；但在项目无回答方面，网络调查明显优于纸质调查。对不同题目类型、行为问题和态度问题的数据分析结果表明，对两种调查方法来说，被访者对调查问卷的回答没有明显区别。张彦霞在《网络调查研究与实地调查的整合应用》中分别分析了两种方法的使用优劣，得出结论：网络调查研究需要与实地调查法结合，能够相互弥补，提高调查效果。王东在《网上调查与实地调查孰优孰劣》一文中指出网上调查是伴随着电脑网络技术的成熟和普及而兴起的，从社会研究方法的角度来看，它更多地属于一种具体的调查方法和技术，它的实现方式多种多样，主要包括通过电子邮件发放调查问卷、通过网络会议或网络实时交流进行访谈或调查。于洪彦等2人在《书面调查和网络调查的区别——两种数据收集方法的比较》一文中，从数据收集质量和测量效果两个方面对纸笔调查与网络调查进行了比较，两种调查方法在测量模型和测量信度方面没有显著差异，但是纸笔调查的测量均值高于网络调查，而网络调查的测量误差高于纸笔调查，网络调查的缺失率更低，纸笔调查与网络调查具有测量不变性。清穿与昂的《如何进行有效的问卷调查设计》和松锋的《网上调查问卷设计技巧和注意事项》，都从如何提高网络调查的有效性方面进行了分析。

总之，从理论研究的角度看两种调查方法运用不同指标进行对比分析各有优缺点，因此，在实施调查时应根据调查内容、调查对象进行合理整合运用，随着网络技术的发展，网络调查成为问卷调查的一个很重要的方面。

2.从实证方面对网络调查与实地调查比较进行研究

在2006—2019年发表的13篇关于网络调查与实地调查比较的文献中，从实证方面研究的有7篇。如潘绥铭等3人在《网站调查与实地调查的实证对比研究：样本偏差程度及其方法论意义》一文中，在完成总人口的多阶段抽样的电脑辅助的实地调查之后，以缩减的同一问卷进行网络调查，得出结论：网站调查只能向着开展定性调查的方向发展。周永广、桂晶晶2人在《网络调查与现场问卷调查的比较研究——以普陀山旅游调研为例》一文中，通过对普陀山旅游调查中网络调查与现场问卷调查两种不同调查方式的比较，发现两者在人口统计学特征、旅游行为与效果以及旅游决策影响因素量表三个方面都存在显著差异。企业在利用网页问卷、电子邮件问卷、网上聊天室、电子公告板等网络多媒体通信手段进行调研时，应认真思考调查内容、调查对象、调查方式方法的特殊要求，审慎采取网络调查。刘得格、黄晓治、张梦华3人在《网络调查和纸笔调查法对比研究——以领导成员交换与员工离职意向关系为例》一文中，采用验证性因子分析和嵌套模型，以领导成员交换与员工离职意向关系为例，对网络调查和传统纸笔调查进行对比分析。组织情感承诺、领导情感承诺在领导成员交换和员工离职意向之间起中介作用，这四个变量在网络调查和纸笔调查不同群组之间具有测量模型不变性、变量测量信度不变性和路径系数的不变性；针对比较敏感的问题，网络调查的变量均值较大，反之则较小。张木子、李君轶、张高军3人在《孰优孰劣：旅游在线调查与田野调查对比分析》一文中，以旅游目的地形象研究为载体，从调查的基本要素和数据分析两方面进行了分析，描述统计、代表性和数据质量考察的结果表明：网络问卷和纸质问卷产生的数据都存在一定的偏差。网络问卷在发放回收效率、统计便利程度方面优于纸质问卷；纸质问卷在代表性上比网络问卷强；网络问卷和纸质问卷的数据质量各有千秋，在缺失值上，网络问卷有优势，从数据损坏方面来看，纸质问卷更可靠。结论：在旅游研究中采取多模式方法则更为可取。Jsselena（1980）在百度文库发表的《网络购物调查问卷报告》一文中，从调查方法、调查数据统计分析、结论三个方面详细报告了网络调查的现状。清穿与昂在百度文库发表的《如何进行有效的问卷调查设计》一文中，结合公司的中层干部360°调查，认为一次有效的问卷调查必须从调查问卷的结构、问卷项目的设计、调查问卷设计注意事项进行详细说明。松锋在百度文库发表的《网上调查问卷设计技巧和注意事项》一文中，从认真设计调查问卷表、吸引更多的人参与调查、尽量减少无效问卷、保护个人信息声明、避免滥用市场调查功能等八个方面进行了分析，都针对网络调查如何更有效的问题进行了分析。

总之，经过不同载体的实证研究，由于调查内容不同、调查对象等的差异，两种调查方法各有所长，也有不足，实际运用中要注意合理运用，但是随着网络技术的发展，上网人数增加，网络调查越来越受到重视。

主要参考文献

［1］刘小平. 网络市场调查能取代传统市场调查吗？［J］. 商场现代化，2006（25）.

［2］方佳明，邵培基，粟婕，等. 基于网络的问卷调查回复率影响因素实证研究［J］. 管理评论，2006（10）.

［3］陈永泰，何有世. 网络调查和传统纸质调查的差异性研究［J］. 统计与决策，2008（16）.

［4］张彦霞. 网络调查研究与实地调查的整合应用［J］. 高校教育研究，2009（5）.

［5］潘绥铭，张娜，黄盈盈. 网站调查与实地调查的实证对比研究：样本偏差程度及其方法论意义［J］. 江淮论坛，2009（4）.

［6］王东．网上调查与实地调查孰优孰劣［J］．中国统计，2010（5）．

［7］于洪彦，黄晓治．书面调查和网络调查的区别——两种数据收集方法的比较［J］．统计与信息论坛，2011（10）．

［8］周永广，桂晶晶．网络调查与现场问卷调查的比较研究——以普陀山旅游调研为例［J］．青岛酒店管理职业技术学院学报，2012（1）．

［9］刘得格，黄晓治，张梦华．网络调查和纸笔调查法对比研究——以领导成员交换与员工离职意向关系为例［J］．商业研究，2014（9）．

［10］张木子，李君轶，张高军．孰优孰劣：旅游在线调查与田野调查对比分析［J］．旅游学刊，2015（4）．

主要参考文献与网址

[1] 赵轶. 市场调查与分析 [M]. 3版. 北京：清华大学出版社，2023.

[2] 王晓燕. 市场调查与分析（慕课版）[M]. 北京：人民邮电出版社，2022.

[3] 刘红霞. 市场调查与预测 [M]. 5版. 北京：科学出版社，2021.

[4] 辛磊，等. 市场调查与预测 [M]. 上海：上海交通大学出版社，2021.

[5] 庄贵军. 市场调查与预测 [M]. 3版. 北京：北京大学出版社，2020.

[6] 李晓梅，傅书勇. 市场调查分析与预测 [M]. 北京：清华大学出版社，2020.

[7] 夏学文，周惠娟. 市场调查与分析 [M]. 2版. 北京：高等教育出版社，2020.

[8] 王冲，等. 市场调查与预测 [M]. 上海：复旦大学出版社，2019.

[9] 李昊. 市场调查与预测 [M]. 2版. 北京：中国人民大学出版社，2019.

[10] 魏炳麒，陈晖. 市场调查与预测 [M]. 大连：东北财经大学出版社，2019.

[11] 丹尼尔. 当代市场调查 [M]. 范成秀，译. 10版. 北京：机械工业出版社，2019.

[12] 闫秀荣，崔佳. 市场调查与预测 [M]. 4版. 上海：上海财经大学出版社，2019.

[13] 刘常宝. 市场调查与分析预测 [M]. 北京：机械工业出版社，2017.

[14] 张丽华. 市场调查与预测 [M]. 北京：中国人民大学出版社，2017.

[15] 林红菱. 市场调查与预测 [M]. 2版. 北京：机械工业出版社，2016.

[16] 杨勇. 市场调查与预测 [M]. 北京：机械工业出版社，2016.

[17] 马连福. 现代市场调查与预测 [M]. 北京：首都经济贸易大学出版社，2016.

[18] http://www.docin.com.

[19] http://wenwen.soso.com.

[20] http://www.sojump.com.

[21] http://www.doc88.com.

[22] http://www.itongji.cn.

附 录

附录一 职业核心能力强化训练"知识准备"参照范围

"单元训练"和"综合训练"中"实训题"的"职业核心能力'强化训练'"需要一些"知识准备",其"参照范围"详见"附表1"。

附表1　　　　　职业核心能力强化训练"知识准备"参照表

领域	等级	技能点	"知识准备"参照范围
自主学习	初级	确定短期学习目标	激发学习动力的方法;学习的基本原理;确定目标的原则和方法;编写学习计划的基本规则;取得他人帮助和支持的方法与技巧
		实施短期学习计划	学习的基本原理;学习的方法和技巧;计划落实、控制和调整的方法和技巧;节约时间的诀窍
		检查学习进度	学习方法与学习效果的关系;检查目标进度的方法和技巧(总结、归纳、测量);成功学的基本要点
	中级	确定中期学习目标	学习的基本原理;确定目标的原则和方法;编写学习计划的基本规则;取得他人帮助和支持的方法或技巧
		实施中期学习计划	学习的基本原理;学习的方法和技巧;计划落实、控制和调整的方法和技巧;关于方法的知识;时间管理的诀窍
		检查学习进度	成功学的基本要点;项目目标检查、总结、归纳的方法;学习迁移的原理与应用知识;学习的观察、认知记忆及提高效率的规律;养成良好学习习惯的方法
	高级	确定长期学习目标	收集和运用信息的方法;有效资源利用的策略;项目论证和测评的方法;编写计划和检查调控计划执行的方法;团队合作的策略和方法
		实施长期学习计划	学习的方法和技巧;有关学习与实践关系的原理;计划落实、控制和调整的方法和技巧;关于思维方法的知识;目标管理的诀窍
		检查学习进度	成功学的基本要点;项目目标检查、总结、归纳的方法;学习迁移的原理与应用知识;学习的观察、认知记忆及提高效率的规律;养成良好学习习惯的方法
信息处理	初级	获取信息	信息的含义、特征与种类;信息收集的原则、渠道和方式;文献和网络索引法;一般阅读法;计算机和网络相关知识
		整理信息	信息的分类方法与原则;信息筛选方法与要求;信息资料手工存储方法;信息的计算机存储方法;计算机其他相关知识
		传递信息	信息传递的种类与形式;口语和文字符号的信息传递技巧;现代办公自动化技术;计算机和网络相关技术
	中级	获取信息	信息的特征与种类;信息收集的范围、渠道与原则;信息收集方法(观察法、询访法);计算机相关知识;网络相关知识
		开发信息	信息筛选、存储的方法与原则;信息资料分析、加工的方法;新信息生成或信息预测的方法
		展示信息	口语和文字符号信息展示的技巧;多媒体制作与使用技术;计算机相关应用技术
	高级	获取信息	调查研究的方法和原理;信息收集的范围、方法(问卷法、检索法、购买法、交换法)和原则;信息收集方案选择;计算机和网络相关技术
		开发信息	信息资料鉴别方法;信息资料核校方法;信息资料分析方法;信息资料编写方法(主题提炼、标题选择、结构安排、语言组织);信息资料加工方法;计算机信息生成知识
		展示信息	口语和文字符号的信息表达技巧;多媒体制作技术;科学决策知识;信息反馈方式与要求;网页设计与网络使用知识;知识产权知识

续表

领域	等级	技能点	"知识准备"参照范围
数字应用	初级	采集、解读数据信息	获取数据的方法（测量法、调查法、读取法）；数的意义（整数、小数、分数及百分数）；常用测量器具的功能与使用方法，常用单位，单位的换算；近似的概念与精度；图表（数表、扇形统计图、条形统计图、示意图）知识
		进行数据计算	计算方法（笔算、口算、珠算、计算器计算）；整数、分数四则运算；近似计算法；验算（逆算法、估算法、奇偶对应法）
		展示和使用数据信息	评价指标；最大值，最小值；平均值；精度
	中级	解读数据信息	获取数据信息的渠道与方法（测量法、调查法、读取法）；数的意义（整数、分数、正数、负数）；总量与分量，比例；误差、精度、估计；复合单位（如速度、速率等）；图表（数表、扇形统计图、条形统计图、折线图、示意图）知识
		进行数据计算	计算方法（笔算、计算器计算、查表、Excel等软件）；整式、分式四则运算、乘方、开方；近似计算（误差估计）；验算（逆算法、估算法、奇偶对应法）
		展示和使用数据信息	评价指标；最大值，最小值；平均值，期值，方差；绝对误差，相对误差；图表的制作
	高级	解读数据信息	数据信息源的筛选原则（多样性、代表性、可靠性）；数据的采集方案；图表（数表、坐标、比例尺）；频率、频率稳定性；平均、加权平均；误差分析、估算
		进行数据计算	计算方法（笔算、计算器计算、查表、编程计算、Excel等软件）；整式、分式四则运算，乘方、开方；函数（幂函数、指数函数、对数函数、三角函数、反三角函数、复合函数）；近似计算（误差分析）；验算（逆算法、估算法）
		展示和使用数据信息	评价指标；最大值，最小值；平均值，期值，方差；绝对误差，相对误差；图表的制作
与人交流	初级	交谈讨论	与与人交谈主题相关的信息和知识；正确使用规范语言的基本知识；口语交谈方式和技巧；身体语言运用技巧
		阅读和获取资料	资料查询和搜索的方法；一般阅读的方法；文件资料归类的方法；词典类工具书的功能和使用方法；各种图表的功能；网上阅读的方法
		书面表达	与工作任务相关的知识；实用文体的应用；图表的功能和应用；素材选用的基本方法；写作的基本技法；逻辑和修辞初步技法
	中级	交谈讨论	与交谈主题相关的知识和信息；正确使用规范语言的基本知识；口语交谈的技巧；身体语言运用技巧；掌握交谈心理的方法；交谈的辅助手段或多媒体演示技术；会谈和会议准备基本要点
		简短发言	与发言主题相关的知识和信息；当众讲话的技巧（包括运用身体语言的技巧）；简短发言的辅助手段或多媒体演示技术
		阅读和获取资料	资料查询和搜索方法；快速阅读的原理与方法；文件归类的方法；各种图表的功能
		书面表达	与工作任务相关的知识；实用文体的应用；图表的功能和应用；素材选用的基本方法；文稿排版和编辑的技法；写作的基本技法；逻辑和修辞常用技法
	高级	交谈讨论	与会谈主题相关的知识和信息；语言交流的艺术和技巧；交谈的辅助手段或多媒体演示技术；总结性话语运用的技巧；谈判的心理和技巧；会议准备的基本要点；主持会议的相关程序
		当众讲演	与发言主题相关的知识和信息；演讲的技巧和艺术；演讲辅助手段或多媒体演示技术
		阅读和获取资料	资料查询和搜索方法；快速阅读的技巧；各种图表的功能
		书面表达	与工作任务相关的知识；实用文体的应用；图表的功能和应用；素材选用的基本方法；文稿排版和编辑的技法；写作的基本技法；逻辑和修辞技法

领域	等级	技能点	"知识准备"参照范围
与人合作	初级	理解合作目标	活动要素的群体性与分工合作的关系；职业团队的概念、特征与种类，组织的使命、目标、任务；自身的职业价值，个人在组织中的作用
		执行合作计划	服从的基本概念，指令、命令的含义；求助的意义，人的求助意识；职业生活的互助性，帮助他人的价值
		检查合作效果	工作进度的概念，影响工作进度的因素；工作进程的检查，调整工作程序；工作汇报的程序和要领
	中级	制订合作计划	聚合型团队、松散型团队和内耗型团队的特征；组织内部的冲突情况，剖析内耗型团队的心理根源；合作双方的利益需求和社会心理需求
		完成合作任务	民族、学历、地域、年龄等差异；人的工作和生活习惯、办事规律；宽容的心态，容忍的方法
		改善合作效果	使他人接受自己的意见、改变态度的策略；在会议上提出意见和建议的规则；改变自己的态度，接受他人批评指责的心理准备
	高级	调整合作目标	领导科学与管理方法；组织文化的形成与发展；目标管理与时间管理
		控制合作进程	人际交往与沟通的知识和相关能力；有效激励的方法与技巧；批评的途径、方法和注意事项
		达到合作目标	信息的采集与整理，组织经济效益的统计学知识；员工绩效测评的基本方法和程序；合作过程的风险控制意识和防范
解决问题	初级	分析问题提出方案	分析问题的方法；归纳问题的方法；对比选择的方法；判断和决策的方法；关于相关问题本身的专业知识和对发展规律的认识
		实施计划解决问题	撰写工作计划的相关知识；信息检索、文献查询的有关方法；逻辑判断、推理的相关知识；解决问题的技巧
		验证方案改进方式	分析和检查问题的方法；跟踪调查的方法；工作总结的规则和写作方法
	中级	分析问题提出方案	分析问题的方法；归纳问题的方法；对比选择的方法；判断和决策的方法；关于相关问题本身的专业知识和对变化规律的认识
		实施计划解决问题	应用写作学中关于撰写工作计划的相关知识；信息检索、文献查询的有关方法；逻辑判断、推理的相关知识；解决问题的技巧；与他人合作的知识和方法
		验证方案改进计划	分析和检查问题的方法；跟踪调查的方法；工作总结的规则和写作方法
	高级	分析问题提出方案	决策科学的系统知识；形式逻辑、辩证逻辑思维的系统知识和方法；分析问题的系统知识和技巧；群体创新技法的系统知识；数学建模方法；关于相关问题本身的专业知识和对变化规律的认识
		实施方案解决问题	关于撰写工作计划的系统知识；信息检索、文献查询的系统知识和方法；有关价值工程、现场分析和形态分析的知识；解决问题的技巧；有关进度评估的知识；与人合作的系统知识和方法
		验证方案改进计划	分析和检查问题的方法；跟踪调查的方法；工作总结的规则和写作方法；创新技法

续表

领域	等级	技能点	"知识准备"参照范围
革新创新	初级	揭示不足提出改进	关于思维和创造性思维的一般知识；关于思维定式和突破思维障碍的知识；关于相关事物本身的专业知识和对发展规律的认识
		做出创新方案	列举类技法和设问类技法的原理、特点、适用范围和具体操作的知识；有关分解类技法、组合类技法、分解组合类技法的原理、特点、适用范围和具体操作方法的知识；收集信息、案例的知识和方法
		评估创新方案	有关创新成果价值评定的知识；可行性分析的知识；撰写可行性报告的知识
	中级	揭示不足提出改进	有关思维障碍形成的知识；横向、逆向、灵感思维的知识；换向、换位思维的知识；逻辑判断和推理的知识；关于相关事物本身的专业知识和对发展规律的认识
		做出并实施创新方案	有关类比类技法和移植类技法的知识；有关德尔菲法和综摄法的知识；有关还原法、换向思考类技法的知识
		评估创新方案	有关项目可行性测评的技术；有关最佳方案评估的知识；撰写评估报告的知识
	高级	揭示不足提出改进	创新能力构成和提升的知识；有关事物运动、变化和发展的知识；灵活运用各种思维形式的知识；关于相关事物本身的专业知识和对发展规律的认识
		做出并实施创新方案	有关价值工程、现场分析和形态分析的知识；针对不同事物运用不同创新方法的知识；综合运用各种创新方法的知识
		评估创新方案	可持续创新的知识；有关创新原理的知识；有关知识产权的知识；技术预测和市场预测知识

资料来源　中华人民共和国劳动和社会保障部职业技能鉴定中心. 职业核心能力培训测评标准［M］. 北京：人民出版社，2007. 本表参照"资料来源"所列文献相关内容提炼与编制.

附录二　案例分析训练考核评价参照指标与标准

附表2　　　　　　　　　　案例分析训练考核指标与标准参照表

附表2-1　　　　　　　　　　形成性考核评价参照表

考核指标		考核标准	分项成绩
领域	考核点		
案例分析 ∑50	个人准备 ∑20	①案例概况；②讨论主题；③问题理解；④揭示不足；⑤创新意见；⑥决策标准；⑦可行性方案	
	小组讨论 ∑20	①上课出席情况；②讨论发言的参与度；③言语表达能力；④说服力大小；⑤思维是否敏捷	
	班级交流 ∑10	①团队协作；②与人交流；③课堂互动；④讨论参与	
课程思政 ∑50	个人准备 ∑20	①案例概况；②讨论主题；③问题理解；④揭示不足；⑤创新意见；⑥决策标准；⑦可行性方案	
	小组讨论 ∑20	①上课出席情况；②讨论发言的参与度；③言语表达能力；④说服力大小；⑤思维是否敏捷	
	班级交流 ∑10	①团队协作；②与人交流；③课堂互动；④讨论参与	
总成绩∑100			
学生意见		团队负责人签名： 考生签名： 　年　　月　　日	
教师评语		签名： 　年　　月　　日	

附表2-2　　　　　　　　　　成果性考核评价参照表

考核指标	考核标准	分项成绩
《案例分析提纲》《思政研判提纲》∑30	①内容的完整性；②结构的合理性；③要点的切中性；④格式的规范性；⑤文理的通顺性	
《案例分析报告》《思政研判报告》∑70	①价值取向的正确性；②要素把握的全面性；③资料理解的透彻性；④分析步骤的条理性；⑤方案论证的逻辑性；⑥思路表征的独特性；⑦解决问题的达标性；⑧文字表达的流畅性	
总成绩∑100		
教师评语	签名： 　　　年　　月　　日	
学生意见	签名： 　　　年　　月　　日	

附录三　职业核心能力训练与考核参照规范

附表3　　　　　　　　职业核心能力考核参照规范与标准

领域	等级	基本要求	技能点	参照规范与标准
自主学习	初级	具备学习的基本能力，在常规条件下能运用这些能力适应工作和学习要求	确定短期学习目标	能明确学习动机和目标，并计划时间、寻求指导
			实施短期学习计划	能按照行动要点开展工作、按时完成任务，使用不同方式、选择和运用不同的学习方法实现目标，并能对计划及时做出调整
			检查学习进度	能对学习情况提出看法、改进意见和提高学习能力的设想
	中级	主要用理解式接受法，对有兴趣的任务可以用发现法掌握知识信息；在更广泛的工作范围内灵活运用这些能力以适应工作岗位各方面需要	确定中期学习目标	能明确提出多个学习目标，列出实现各目标的行动要点，确定实现目标的计划，并运筹时间
			实施中期学习计划	能开展学习和活动，通过简单的课程和技能训练，提高工作能力
			检查学习进度	能证明取得的学习成果，并能将学到的东西用于新的工作任务
	高级	能较熟练灵活地运用各种学习法在最短时间内掌握急需的知识信息；能广泛地收集、整理、开发和运用信息，善于学习、接受新的事物，以适应复杂工作和终身发展的要求	确定长期学习目标	能根据各种信息和资源确定要实现的多个目标及途径，明确可能影响计划实现的因素，确认实现目标的时限，制定行动要点和时间表，预计困难和变化
			实施长期学习计划	能保证重点、调整落实、处理困难、选择方法，通过复杂的课程和技能训练提高工作能力
			检查学习进度	能汇总学习成果、成功经验和已实现的目标，证明新学到的东西能有效运用于新选择的职业或工作任务
信息处理	初级	具备进入工作岗位最基本的信息处理能力，在常规条件下能收集、整理并传递适应既定工作需要的信息	获取信息	能通过阅读、计算机或网络获取信息
			整理信息	能使用不同方法从多个资源中选择、收集和综合信息，并通过计算机编辑、生成和保存信息
			传递信息	能通过口语、书面形式，用合适的版面编排、规范的方式展示、电子手段传输信息
	中级	在更广泛的工作范围内获取需要的信息，进行信息开发处理，并根据工作岗位各方面的需要展示组合信息	获取信息	能定义复杂信息任务，确定搜寻范围，列出资源优先顺序，通过询访法和观察法搜寻信息
			开发信息	能对信息进行分类、定量筛选、运算分析、加工整理，用计算机扩展信息
			展示信息	能通过演说传递信息，用文字图表、计算机排版展示组合信息，用多媒体辅助信息传达
	高级	广泛地收集、深入地整理开发、多样地传递、灵活地运用信息，以适应复杂的工作需要；具备信息处理工作的设计与评估能力，并表现出较强的组织与管理能力	获取信息	能分析复杂信息任务，比较不同信息来源的优势和限制条件，选择适当技术，使用各种电子方法发现和搜寻信息
			开发信息	能辨别信息真伪，定性核校、分析综合、解读与验证资料，建立较大规模的数据库，用计算机生成新的信息
			展示信息	能用新闻方式发布、平面方式展示、网络技术传递信息，利用信息预测趋势创新设计，收集信息反馈，评估使用效果

续表

领域	等级	基本要求	技能点	参照规范与标准
数字应用	初级	具备进入工作岗位最基本的数字应用能力，在常规条件下能运用这些能力适应既定工作的需要	采集、解读数据信息	能按要求测量并记录结果，准确统计数据，解读简单图表，读懂各种数字，并汇总数据
			进行数据计算	能进行简单计算并验算结果
			展示和使用数据信息	能正确使用单位，根据计算结果说明工作任务
	中级	在更广泛的工作范围内，灵活地运用数字应用能力以适应工作岗位各方面的需要	解读数据信息	能从不同信息源获取信息，读懂、归纳、汇总数据，编制图表
			进行数据计算	能从事多步骤、较复杂的计算，使用公式计算结果
			展示和使用数据信息	能使用适当方法展示数据信息和计算结果，设计并使用图表，根据结果准确说明工作任务
	高级	具备熟练把握数字和通过数字运算来解决实际工作中的问题的能力，适应更复杂的工作需要	解读数据信息	能组织大型数据采集活动，通过调查和实验获取、整理与加工数据
			进行数据计算	能从事多步骤的复杂计算，并统计与分析数据
			展示和使用数据信息	能选择合适的方法阐明和比较计算结果，检查并论证其合理性，设计并绘制图表，根据结果做出推论，说明和指导工作
与人交流	初级	具备进入工作岗位最基本的与人交流能力，在常规条件下能运用这些能力适应既定工作的需要	交谈讨论	能围绕主题，把握讲话的时机、内容与长短，倾听他人讲话，以多种形式回应；使用规范易懂的语言、恰当的语调和连贯的语句清楚地表达意思
			阅读和获取资料	能通过有效途径找到所需资料，识别有效信息，归纳内容要点，整理确认内容，会作简单笔记
			书面表达	能选择基本文体，利用图表、资料撰写简单文稿，并掌握基本写作技巧
	中级	在更广泛的工作范围内，灵活运用这些能力以适应工作岗位各方面的需要	交谈讨论	能始终围绕主题参与，主动把握讲话时机、方式和内容，理解对方谈话内容，推动讨论进行，全面准确传达一个信息或观点
			简短发言	能为发言作准备，当众讲话并把握讲话内容、方式，借助各种手段说明主题
			阅读和获取资料	能根据工作要求从多种资料中筛选有用信息，看懂资料的观点、思路和要点，并整理汇总资料
			书面表达	能掌握应用文体，注意行文格式；组织利用材料，充实内容要点；掌握写作技巧，清楚表达主题；注意文章风格，提高说服力
	高级	在工作岗位上表现出更强的组织和管理能力，通过运用与人交流的能力适应更复杂的工作需要	交谈讨论	始终把握会议主题，听懂他人讲话内容并做出反应，主持会议或会谈，全面准确表述复杂事件或观点
			当众讲演	能为讲演作准备，把握讲演的内容、方式，借助各种手段强化主题
			阅读和获取资料	能为一个问题或课题找到相关资料，看懂资料的思路、要点、价值和问题，分析、筛选和利用资料表达主题
			书面表达	能熟悉专业文书，把握基本要求；有机利用素材，说明内容要点；掌握写作技巧，清楚恰当表达主题；采用适当风格，增强说服力

续表

领域	等级	基本要求	技能点	参照规范与标准
与人合作	初级	理解个人与他人、群体的合作目标，有效地接受上级指令；准确、顺利地执行合作计划；调整工作进度，改进工作方式；检查工作效果	理解合作目标	能确定合作的基础和利益共同点，掌握合作目标要点和本单位人事组织结构，明确个人在团队中的职责和任务
			执行合作计划	能接受上级指令，准确、顺利地执行合作计划
			检查合作效果	能通过检查工作进展情况，改进工作方式，促进合作目标实现
	中级	与本部门同事、内部横向部门、外部相关部门共同制订合作计划；协调合作过程中的矛盾关系，按照计划完成任务；在合作过程中遇到障碍时提出改进意见，推进合作进程	制订合作计划	能与本部门同事、组织内部横向部门、组织外部相关部门共同制订合作计划
			完成合作任务	能与他人协同工作，处理合作过程中的矛盾
			改善合作效果	能判断合作障碍，表达不同意见，接受批评建议，弥补双方失误
	高级	根据情况变化和合作各方的需要，调整合作目标；在变动的工作环境中，控制合作进程；预测和评价合作效果，达成合作目的	调整合作目标	能发现各方问题，协调利益关系，进行有效沟通，调整合作计划与工作顺序
			控制合作进程	能发现各方问题，协调利益关系，进行有效沟通，调整合作计划与工作顺序
			达到合作目标	能及时全面检查工作成效，不断改善合作方式
解决问题	初级	具备进入工作岗位最基本的解决问题能力，在常规条件下能根据工作的需要，解决一般简单和熟悉的问题	分析问题提出方案	能用几种常用的办法理解问题，确立目标，提出对策或方案
			实施计划解决问题	能准备、制订和实施被人认可并具有一定可行性的计划
			验证方案改进方式	能寻找方法，实施检查，鉴定结果，提出改进方式
	中级	在有限的资源条件下，根据工作岗位的需要，解决较复杂的问题	分析问题提出方案	能描述问题，确定目标，提出并选择较佳方案
			实施计划解决问题	能准备、制订和实施获得支持的较具体计划，并充分利用相关资源
			验证方案改进计划	能确定方法，实施检查，说明结果，利用经验解决新问题
	高级	在工作岗位上表现出更强的解决问题能力，在多种资源条件下，根据工作需要解决复杂和综合性问题	分析问题提出对策	在提出解决问题的对策时，能分析探讨问题的实质，提出解决问题的最优方案，并证明这种方案的合理性
			实施方案解决问题	在制订计划、实施解决方案时，能制订并实施获得认可的详细计划与方案，并能在实施中寻求信息反馈，评估进度
			验证方案改进计划	在检查问题、分析结果时，能优选方法，分析总结，提出解决同类问题的建议与方案

续表

领域	等级	基本要求	技能点	参照规范与标准
革新创新	初级	在常规工作条件下，能根据工作需要，初步揭示事物的不足，运用创新思维和创新技法进行创新活动	揭示不足提出改进	能揭示事物不足，提出改进意见
			做出创新方案	能在采纳各方意见的基础上，确定创新方案的目标、方法、步骤、难点和对策，指出创新方案需要的资源和条件
			评估创新方案	能进行自我检查，正确地对待反馈信息和他人意见，对创新方案及实施做出客观评估，并根据实际条件加以调整
	中级	根据工作发展需要，在更广泛的工作范围内揭示事物的不足，较熟练地运用创新思维和创新技法进行创新活动，并对创新成果进行分析总结	揭示不足提出改进	能在新需求条件下揭示事物的不足，提出改进事物的创新点和具体方案
			做出并实施创新方案	能从多种选择中确认最佳方案，并利用外界信息、资源和条件实施创新活动
			评估创新方案	能按常规方式和专业要求，对创新改进方法和结果的价值进行评估，根据实际条件进行调整，并指导他人的创新活动
	高级	在工作岗位上表现出更强的创新能力，在复杂的工作领域，能根据工作需要揭示事物的不足，熟练运用创新思维和创新技法进行创新活动，对创新成果进行理论分析、论证、总结和评估，并指导他人的创新活动	揭示不足提出改进	能通过客观分析事物发展与需求之间的矛盾揭示事物的不足，提出首创性的改进意见和方法
			做出并实施创新方案	能根据实际需要，设计并实施创新工作方案，在条件变化时坚持创新活动
			评估创新方案	能按常规方式和专业要求，对创新方法和结果进行检测并预测风险；针对问题调整工作方案，总结经验，指导他人，提出进一步创新改进的方法

资料来源　中华人民共和国劳动和社会保障部职业技能鉴定中心. 职业核心能力培训测评标准（试行）［M］. 北京：人民出版社，2007. 本表参照"资料来源"所列文献相关内容提炼与编制.

（说明：本表用于章后"单元训练"和书后"综合训练"的"实训题"和"自主学习"，作为"职业核心能力强化训练"之"考核指标"与"考核标准"的参照）

附录四　职业道德训练与考核参照规范

附表4　　　　　　　　　职业道德训练与考核参照规范与标准

领域	参照规范与标准
职业观念	对职业、职业选择、职业工作、营销人员职业道德和企业营销伦理等问题具有正确的看法
职业情感	对职业或职业模拟有愉快的主观体验、稳定的情绪表现、健康的心态、良好的心境，具有强烈的职业认同感、职业荣誉感和职业敬业感
职业理想	对将要从事的职业种类、职业方向与事业成就有积极的向往和执着的追求
职业态度	对职业选择或模拟选择有充分的认知和积极的倾向与行动
职业良心	在履行职业义务时具有强烈的道德责任感和较高的自我评价能力
职业作风	在职业模拟、职业实践或职业生活的自觉行动中，具有体现职业道德内涵的一贯表现
职业守则	热爱岗位，忠于职守；遵纪守法，尊师爱徒；讲求信誉，公平竞争；关心企业，善待顾客；热情服务，勤于思考；实事求是，注重调查；严于律己，认真负责；勇于开拓，善于创新

资料来源　中华人民共和国劳动和社会保障部．国家职业标准：营销师［M］．北京：中国劳动社会保障出版社，2002：5．本表参照"资料来源"所列文献相关内容编制．

（说明：本表用于章后"单元训练"和书后"综合训练"的"实训题"，作为市场营销专业"职业道德相关训练"之"考核指标"与"考核标准"的参照）

附录五　能力训练与考核参照采分系数

附表5　　　　　　　　　　　能力考核参照采分系数表

系数	达标程度
90%~100%	能依照全部考核要求，圆满、高质地完成此种能力所属各项技能操作，其效率与稳定性俱佳
80%~89%	能依照多数考核要求，圆满、高质地完成此种能力所属各项技能操作，其效率与稳定性较佳
70%~79%	能依照多数考核要求，较圆满、高质地完成此种能力所属各项技能操作，其效率与稳定性一般
60%~69%	能依照多数考核要求，基本完成此种能力所属各项技能操作，其效率与稳定性一般
60%以下	只能依照少数考核要求，基本完成此种能力所属各项技能操作，其效率与稳定性较低

（说明：本表用于章后"单元考核"和"综合考核"，作为"职业核心能力"、"职业道德"和"专业能力"考核达标程度的参照）